《祖庭事苑》校釋

鄭莉娟◎著

四川大學出版社
SICHUAN UNIVERSITY PRESS

項目策劃：徐　凱
責任編輯：毛張琳
責任校對：張伊伊
封面設計：墨創文化
責任印製：王　煒

圖書在版編目（CIP）數據

《祖庭事苑》校釋 / 鄭莉娟著． — 成都：四川大
學出版社，2021.9
　ISBN 978-7-5690-5019-6

　Ⅰ．①祖… Ⅱ．①鄭… Ⅲ．①佛學—著作—研究
Ⅳ．① B848

中國版本圖書館 CIP 數據核字 (2021) 第 195201 號

書　名　《祖庭事苑》校釋
著　　者　鄭莉娟
出　　版　四川大學出版社
地　　址　成都市一環路南一段 24 號（610065）
發　　行　四川大學出版社
書　　號　ISBN 978-7-5690-5019-6
印前製作　四川勝翔數碼印務設計有限公司
印　　刷　四川盛圖彩色印刷有限公司
成品尺寸　170mm×240mm
印　　張　20.5
字　　數　356 千字
版　　次　2021 年 10 月第 1 版
印　　次　2021 年 10 月第 1 次印刷
定　　價　88.00 圓

◆ 讀者郵購本書，請與本社發行科聯繫。
　電話：(028)85408408/(028)85401670/
　(028)86408023　郵政編碼：610065
◆ 本社圖書如有印裝質量問題，請寄回出版社調換。
◆ 網址：http://press.scu.edu.cn

四川大學出版社
微信公眾號

前　言

　　睦庵善卿，北宋僧人，生卒年不詳（活躍於 1050—1108 年）。俗姓陳，字師節，生於東越。[①] 幼年便出家，師從開元慈惠禪師（生卒年不詳），後四處訪學參道。元符年中（1098—1100），睦庵善卿因母親年邁，不忍心再遠遊他方而歸隱。又聽聞以前睦州[②]有一陳姓尊宿，"親老無所歸，織蒲履鬻以自給"[③]，因爲仰慕他的德行，故命居所爲睦庵，慕效前賢。

　　善卿雲遊參訪之際，見學人"援引釋教因緣，儒書事迹"，不知宗門語詞的來龍去脉，往往含糊其辭，胡謅亂説，頗有感觸。他認爲禪林如此行徑，必會貽誤後學。

　　爲了杜絶此種弊病，善卿泛覽群經，咨詢博學之人，將收集到的材料熟記在心，付諸筆端，再利用這些材料與其他古籍進行核對，以校訂正誤，歷經二十年終於撰寫成《祖庭事苑》。其在序中亦提到了編寫過程："因獵涉眾經，遍詢知識，或聞一緣，得一事，則録之於心，編之於簡。而又求諸古録，以較其是非，念兹在兹，僅二十載，總得二千四百餘目。"[④]

　　善卿深知校勘諸家禪録訛誤是有違達摩西來傳心之意的，但爲了學人能通過閱讀《祖庭事苑》明白釋教之因緣或儒書之事迹的源流，從《祖庭事苑》中體會到深刻的禪意，從而"推一而適萬，會事以歸真"。

　　全書以唐、北宋禪師的語録或單篇作品爲收詞範圍，共收録 2400 多條詞目，解釋一些詞語的深難語義和特殊字音，揭示語源，並利用所見的

---

　　① 東越即今福建省。參永井政之《祖庭事苑の基礎的研究》，《駒沢大学仏教学部論集》第 4 號，1973 年，第 78 頁。

　　② 約今浙江建德。

　　③ 見《祖庭事苑·序》。

　　④ 《祖庭事苑》的作序者爲四明法英。據黃繹勛考證，四明法英爲明州大梅祖鏡禪師。詳參《宋代禪宗辭書〈祖庭事苑〉之研究》，佛光出版社，2011 年，第 12～14 頁。

不同版本校勘訛誤字形。睦庵善卿爲宋人，其所見單行本禪録與今人藏本語録内容詳略有別，有的古本今已亡佚，無從對勘。現將各卷所收禪録的存世情況介紹如下：

卷一所收的《雲門録》（上、下）、《雲門室中録》爲雲門宗創始者雲門文偃禪師的語録。有關《雲門録》的版本，現存最早的是收於《古尊宿語録》卷一五至卷一八的《雲門匡真禪師廣録》，刊於宋咸淳丁卯年（1267），存於台灣圖書館。另外，我們常見的《大正藏》本《雲門匡真禪師廣録》是以德富猪一郎氏的五山版《雲門匡真禪師廣録》爲底本，以日本宮内省圖書寮藏五山版、明萬曆四十三年（1615）刊增上寺報恩藏本《古尊宿語録》和寬永十七年（1640）刊大谷大學藏本爲校本。① 祖庭事苑》所收《雲門録》大部分條目可見於《大正藏》本《雲門匡真禪師廣録》。

卷一的《雪竇洞庭録》《雪竇後録》，卷二的《雪竇瀑泉集》《雪竇拈古》《雪竇頌古》，卷三、卷四的《雪竇祖英集》（上、下）、《雪竇開堂録》合稱爲“雪竇七集”，與《雪竇拾遺》皆爲雪竇重顯禪師的語録。現今流傳最广的版本爲《大正藏》本《明覺禪師語録》②，共收六卷，未收《雪竇頌古》。《雪竇頌古》的單行本很少見，今天所見主要是明代道霖性福編的《雪竇頌古直注》③。但《碧岩録》中所用雪竇百則頌古的次序則與《雪竇頌古直注》略有不同。

卷五《懷禪師前録》《懷禪師後録》爲天衣義懷禪師的語録，將其與現存《續古尊宿語要·天衣懷和尚語》《禪林僧寶傳》《續傳燈録》《五燈會元》中有關義懷禪師的語句進行比對，發現善卿所見的《懷禪師録》皆不存在於這些典籍中，故推斷善卿所見的《懷禪師録》今已散佚④。《池陽問》爲天衣義懷的問答集成，今亦不存。

卷六《風穴衆吼集》爲風穴延昭禪師之語録。該語録的内容今可見於《大正藏》第 51 册《景德傳燈録》卷一五《汝州風穴延沼禪師》和《卍續

---

① 據學者 Urs App 研究發現，目前的《雲門匡真禪師廣録》（《大正藏》第 47 册）三卷内容是由不同時間的文獻彙集編訂而成的。轉引自黃繹勳《宋代禪宗辭書〈祖庭事苑〉之研究》，佛光出版社，2011 年，第 13 頁。

② 《大正藏》，第 47 册。

③ 《卍續藏》，第 67 册。

④ 黃繹勳：《宋代禪宗辭書〈祖庭事苑〉之研究》，佛光出版社，2011 年，第 243~244 頁。

藏》第 78 册《天聖廣燈録》卷一五《汝州風穴山延沼禪師》。但將《祖庭事苑》收録的條目與之比對，仍有部分條目不見於其中。《法眼録》和卷七的《蓮華峰語録》分別爲法眼文益與其徒天台德韶的語録，二者今皆不存。

《八方珠玉集》爲 320 則諸家禪語的集録，由宋僧祖慶重編集成，《卍續藏》本《拈八方珠玉集》①以此爲底本。《永嘉證道歌》是永嘉玄覺的著作，現存最早的寫本爲巴黎博物館所藏敦煌本《禪門秘要集》，内容與《證道歌》相同。此外，較常見的爲《大正藏》本《永嘉證道歌》，亦是本書討論《永嘉證道歌》條目的依據。

卷八《十玄談》爲同安常察禪師所作，可見於《大正藏》第 51 册《景德傳燈録》卷二九《同安察禪師玄談十首》。"釋名""語緣""雜志"是善卿在注解十七部禪宗典籍后，綜合不同禪書和僧史上的用語額外收集的條目。其中，"釋名"和"語緣"主要詮釋禪宗祖師的一些偈讖和禪家的習語，"雜志"主要解釋禪林的名物制度，相比之下，"雜志"的學術價值更高。

《祖庭事苑》於宋大觀二年（1108）由趙仲爰開印②，後由九頂澄公（生卒年不詳）於紹興二年（1154）重新刊印。但自宋至清的歷代藏經均未收録《祖庭事苑》。究其原因，蓋如玉津比丘紫雲《祖庭事苑·後序》所述："睦庵道人集《祖庭事苑》刊行於世，於兹有年，或謂前輩以聾瞽後進，嘗毀之。"在此期間，僅見《祖庭事苑》被引用的痕迹，如宋圓悟克勤的《碧岩録》和明清時期白岩净符的《法門鋤宄》均有引用《祖庭事

---

① 《卍續藏》，第 67 册。
② 趙仲爰的名字見於日本國立國會圖書館所藏五山版《祖庭事苑》的跋文最後一句"仲爰謹題"。從《宋史》中有關趙仲爰的簡短記載，可推知趙仲爰的生卒年爲 1054—1123 年，符合《祖庭事苑》的初版时间。詳參黄繹勛《宋代禪宗辭書〈祖庭事苑〉之研究》，佛光出版社，2011 年，第 15～17 頁。

苑》的内容。①

　　紹興二年的本子後流傳到日本。日本駒澤大學圖書館所編《新修禪籍
目録》記載，日本水户彰考館原本收藏了紹興二年《祖庭事苑》的重刊
本，但永井政之在其論文中説此重刻本已經在戰火中燒毁。② 現在我們所
見到的日本收藏的《祖庭事苑》有五山版、活字版、町版。五山版是指日
本鐮倉時代（1192—1333）和室町時代（1338—1573）以佛教寺院爲中心
的刻版印本，現收藏於日本國立國會圖書館。之後陸續沿襲五山版重刻的
有日本寬永年中（1624—1644）京都中村長兵衛所刊的活字版、正保四年
（1647）田原仁左衛門刊的木活字版以及寶歷八年（1758）的町版，其中
活字版和木活字版現收藏於日本京都大學圖書館，町版現收藏於日本駒澤
大學圖書館。

　　國内使用的《祖庭事苑》版本有《卍續藏》本，還有臺灣佛光大藏經
編修委員會所編《佛光大藏經・禪藏・雜集部》中的《祖庭事苑》。

---

　　① 《碧巖録》卷一〇：“《祖庭事苑》載《孝子傳》云：楚王夫人嘗夏乘涼，抱鐵柱感孕，後産
一鐵塊。楚王令干將鑄爲劍，三年乃成雙劍，一雌一雄。干將密留雄，以雌進於楚王。王秘於匣中，
常聞悲鳴。王問群臣。臣曰：‘劍有雌雄，鳴者憶雄耳。’王大怒，即收干將殺之。干將知其應，乃以
劍藏屋柱中，因囑妻莫耶曰：‘日出北户，南山其松。松生於石，劍在其中。’妻後生男，名眉間赤。
年十五問母曰：‘父何在？’母乃述前事，久思惟剖柱得劍，日夜欲干將報仇。楚王亦募覓其人。宣
言：‘有得眉間赤者厚賞之。’眉間赤遂逃。俄有客曰：‘子得非眉間赤邪。’曰：‘然。’客曰：‘吾甌
山人也，能爲子報父仇。’赤曰：‘父昔無辜，枉被荼毒。君今惠念，何所須邪？’客曰：‘當得子頭并
劍。’赤乃與劍并頭，客得之進於楚王。王大喜。客：‘願煎油烹之。’王遂投於鼎中。客詒於王曰：
‘其首不爛。’王方臨視。客於後以劍擬王頭墮鼎中，於是二首相噆。客恐眉間赤不勝，乃自刎以助
之。三頭相噆，尋亦俱爛。’”《法門鋤宄》：“然睦庵：‘《雪寶拾遺録》師示寂偈曰：白雲本無羈，
明月照寰宇。吾今七十三，天地誰爲侣。此偈會稽思一禪者出示然，吕之説非，故録之云。’余又謂
雪寶垂滅師資取訣正是切要之時也，吕説言或曰疎謬也，甚矣。豈又以欠末後一句爲救平日之饒舌
耶。《事苑》所糾尤爲切當，況彼不諳宗脉不足怪耳。”

　　② 永井政之：《祖庭事苑の基礎的研究》，《駒沢大学仏教学部論集》第 4 號，1973 年，第 77
頁。

凡　例

一、本書以《卍續藏》本《祖庭事苑》爲底本，以日本國立國會圖書館所藏日本鐮倉時代（1192—1333）的五山版《祖庭事苑》、日本京都大學圖書館所藏日本寬永年中（1624—1644）京都中村長兵衛所刊的活字版《祖庭事苑》爲參校本，采用橫排繁體過録，以新式標點加以點校。

二、底本有錯訛或脱衍的，予以校改删補，并出校説明；原文疑有錯訛或脱衍的，保持原文，出校説明删改意見。

三、底本中的异體字、俗字一般按照原字型過録，常見俗字一般改爲通行字，必要時在校記中説明。

四、原文文句隔礙難通而相關文獻中有异文可資參考者，出校并過録相關文獻；個别事實或者文字有所考訂者，出校説明。引用和用典之處都一一出注説明。疑難字詞也盡可能作出言之有據的解釋。

五、對人名、地名、佛教術語及其他疑難字詞也盡可能作出言之有據的解釋。佛教術語注釋多依《佛學大辭典》，禪宗語詞注釋多依《禪宗大詞典》，一般詞語注釋參考《漢語大詞典》。另外還參考了多種書籍或詞語考釋論文，爲節省篇幅，未一一注明。

六、對於部分詞目，爲了更清楚地知道該詞在原文中的意義，釋義前列出該詞目所在的原文語句。

序

　　天下之尊尚佛氏者，以其言出乎耳目之表，理存於六合之外，信而思之於一言之下，頓證不失而灼見本性，成佛無疑。是故學者雖遊心於語言文字而不泥文字，蓋所以爲道也。

　　其道由迦葉，至達摩方傳於震且①。後達摩五百年而生雲門，隨機應問，逗接來學。凡有言句，競務私記，積以成編。雖不許傳錄，而密相受授，閟之巾衍。後世惜其流布之不廣，遂刊木以印行於時。吾少讀之，疑其書之脱誤，欲求他本較之而未暇。然吾宗印寫傳錄率多舛謬者，蓋禪家流清心省事，而未嘗以文字爲意。

　　大觀二年春，吾以輔道之緣，寓都寺之華嚴，會睦庵卿上人過予手書一編甚鉅，其目曰《祖庭事苑》，以盡讀之，見其筆削叙致，動有師法，皆可考據，因扣其述作之由。且曰曩遊叢林，竊見大宗師陞堂、入室之外，復許學者記誦，所謂雲門、雪竇諸家禪錄，出衆舉之，而爲演説其緣，謂之請益。學者或得其土苴緒餘，輒相傳授。其間援引釋教之因緣，儒書之事迹，往往不知其源流，而妄爲臆説，豈特取笑識者，其誤累後學，爲不淺鮮。

　　卿因獵涉衆經，遍詢知識，或聞一緣，得一事，則錄之於心，編之於簡，而又求諸古錄，以較其是非。念兹在兹，僅二十載，總得二千四百餘目。此雖深違達摩西來傳心之意，庶幾通明之士推一而適萬，會事以歸真，而《事苑》之作豈曰小補？或得此書讀之，而能詆斥嫚罵，特立意於語言文字之外，以力扶吾道，豈斯人之可喜可愕也！是亦由吾《事苑》而啓焉。愚壯其言，而奇其志，謹書以爲序。

　　上人生東越，姓陳氏，號善卿，字師節。幼去家，事開元慈惠師爲弟子。訪道諸方。元符中，以母老不忍遠遊，而歸隱卿里。昔睦州有尊宿，姓陳氏，親老無所歸，織蒲屨鬻以自給。上人竊慕之，因命所居曰睦庵，其志識固可尚矣！

四明苾芻法英書。

校勘：① "且"，当作 "旦"。

目　録

卷一

《雲門録》上

師諱文偃，生東吳之嘉興，姓張氏。受業於兜①率院。訪道諸方。初至睦州，參陳尊宿，扣其門，陳問："阿誰？"曰："文偃。"陳開門把住曰："道！道！"師無語。陳曰："秦時□轢鑽。"遂托開，以門掩折右足，師因發明大意。陳指遊雪峰②，師既至，適雪峰升堂，乃出衆曰："項上三百斤鐵枷何不脫郤③？"峰下座，把住云："因甚到與麽？"師以手拭目。自後道振叢席，再歷禪林。至韶州靈樹，居第一座。靈樹既没，廣主劉氏令州牧何希範請師繼其法席，由是大唱雪峰之道於天下。遷雲門，而學者輻湊。至南漢乾和七年四月十日，坐而示化，即大漢之乾祐二年也。本朝太祖乾德元年，感阮紹莊之夢，時進李托奏上之，發塔得全身，容止如生，迎赴闕供養。既而得旨，歸葬於本山，謐號大慈雲匡真弘明大師。

嗚呼！師之亡後一十四年，復顯於藝祖之時，其道流通洋洋於今日，豈偶然乎？

注：①"兜"，活字版作"兙"。②"峰"，活字版作"峯"。③"郤"，活字版作"却"。

【師資】老氏曰："善人，不善人之師；不善人，善人之資。"説者曰："善人有不善人，然後善救之功著，故曰資。"

【喻筏】房越切。正作橃。《説文》云："海中大船也，亦作筏。"《金剛般若》曰："如來常説：'汝等①！説法如筏喻者，法尚應捨，何況②非法？'"

校勘：①"等"字下脱"比丘知我"。②"況"，五山版作"况"。

注釋："筏"爲"橃"之俗體。慧琳《一切經音義》卷八："橃諭，煩轙反。《考聲》：'縛竹木浮於水上謂之機也。'《説文》從木，發聲也。《廣雅》從舟作，皆正也。經作筏，或有作栰，並俗字，皆非也。"同書

1

卷一〇："筏謅，夫轄反，俗字也，正體從木從發，作橃。《集訓》云：'縛竹木浮於水上，或運載名之爲撥。'南土吳人或謂之，即筏也。音排。經中從伐作栰，或從竹作筏，皆非也。"

【止啼】譬如嬰兒啼哭之時，父母即以楊樹黃葉而語之言："莫啼！莫啼！我與汝金。"嬰兒見已，生真金想，便止不啼。然此楊葉實非金也。見《涅盤經》。

注釋：《大般涅槃經》卷二〇："又嬰兒行者，如彼嬰兒啼哭之時，父母即以楊樹黃葉而語之言：'莫啼，莫啼，我與汝金。'嬰兒見已生真金，想便止不啼。然此楊葉實非金也。"黃葉，枯黃的楊樹葉，把枯黃的楊樹葉當作黃金來阻止小兒啼哭。佛典中用以比喻天上極樂引勸眾生，以阻止眾生做惡。

【忘筌】《易略例》曰："言者所以明象，得象而忘言；象者所以存意，得意而忘象。猶蹄者所以在兔，得兔而忘蹄；筌者所以在魚，得魚而忘筌也。然則言者象之蹄也，象者意之筌也。存言者非得象者也，存象者非得意者也。"

【摩竭揜室】梵云摩竭陀，此云文物國。揜室，言世①尊禪定於普光法堂也。《西域記》云："昔如來於摩竭陀國初成正覺，梵王建七寶堂，帝釋建七寶座，佛坐其上，於七日中思惟是事。"義同揜室也。

校勘：①"世"，五山版作"丗"。

注釋：摩竭揜室、净名杜口，均指法之玄妙不可言説。睦庵誤引普光堂三七日思惟事，以證摩羯掩室，則有主觀臆斷之嫌。無著道忠《盆雲靈雨》卷一二："忠依此按：釋尊見眾生懈怠相，入石室隱形不説法，令生難遭之想，而非初成道觀樹，思惟事。"

【毗耶杜口】梵云毗耶離，此言廣嚴，維摩所居之城。杜，閉也。《維摩·入不二法門品》曰："文殊問維摩詰：'我等各自説已，仁者當説何等是菩薩入不二法門？'時維摩詰默然無言。文殊嘆曰：'善哉！善哉！乃至無有文字語言，是真入不二法門。'"

【异儻】當作异黨。黨，輩、類也。儻，它郎切，非義。

注釋："儻"，《廣韻》他郎切。"儻"當爲"黨"的假借字。"儻"無"輩、類"義。《廣韻·蕩韻》："黨，輩也。"慧琳《一切經音義》卷四："兇黨，《考聲》'黨，類也。'""异黨"，指异己的派別或門類。

【迦葉】梵云迦葉波，此云飲光。謂其身光最勝，飲服諸天，故名焉。

【曹溪】《寶林傳》："唐儀鳳中，居人曹叔良施地六祖大師。居之地有雙峰、大溪，因曹侯之姓，曰曹溪。"天下參祖道者，枝分派列皆其流裔。

注釋：睦庵釋"曹溪"引《寶林傳》"唐儀鳳中，居人曹叔良施地六祖大師"，認爲曹叔良與六祖乃同時人，實則有誤。同書《曹溪中興錄》記載："其道場自梁神僧智藥三藏從西天汎海而來，携菩提樹於五羊之法性寺。讖云：百六十年有肉身菩薩於此出家度人無量，將入嶺過曹溪水口，掬水飲之而甘且香，乃曰：'此我西天水也，原上必有聖地因溯流而上，至觀其山似形。曰：'此山宛似我西天寶林山也。'乃謂居人曹叔良曰：'此山宜建梵刹，百六年後當有肉身菩薩於此説法。'叔良即白州牧某，具奏梁武帝，遂命建寺。額曰：'寶害林乃開山之始也。'至唐龍朔間有新州盧道者，得黃梅衣盂，號爲六祖。回至曹溪時，害林已廢。"又《天聖廣燈錄》卷七《惠能大師》："《南越記》云：'晋初，海内崩裂，各據兵權，署曹叔良爲鎮南將軍，知平南總管事。晋剋復之後，以王爵封叔良。此地本山双峰間，叔良有別墅，捨其地爲双峰曹溪。曹溪由是名著。'寶林寺者，梁天監中，有僧經始之刻石。曰：'却後一百七十年，有大權菩薩説法度人，傳化四方，學徒霧集，宜以寶林題之。'州將具奏，仍御書其額。"可知曹叔良乃晋時鎮南將軍，六祖乃唐鳳儀間來，時隔逾一百七十年，故曹叔良所處時代先於六祖。

【烈派】烈，當依①列，言行列也。

校勘："依"，當作"作"。

注釋："烈""列"，《廣韻》皆讀良薛切，來母薛韻入聲；"烈"爲"列"之加形諧聲假借字。"列派"出自《雲門匡真禪師廣錄·序》，大正藏本《雲門匡真禪師廣錄》和《古尊宿語錄》都用"列派"，未見"烈派"。

【石頭洪注】桉①唐丘玄素作《天王道悟禪師碑》，天王嗣馬祖，而非石頭弟子。然考其碑，悟生荆州，得法於江西馬大師。師囑之曰："汝若住持，莫離舊處。"由是返荆州，結茅於渚宮之上。荆師以居處荒榛，而怒投之於水中。已而，天王神發火光於師庭，師感悟，爲之建寺。今荆州天王寺存焉。今作天皇者，誤矣。又復考《傳燈》，謂："師婺州東陽人也。年十四，依昭州僧剃髮，受具杭州。"與荆州碑全異，今據丘玄素碑，天王嗣馬祖明矣，非石頭洪注也。

校勘：①"桉"，五山版作"按"。

注釋：善卿立此目主要是爲了說明天王道悟禪師是馬祖的法嗣而不是石頭希遷的法嗣，並指出今人致誤的原因當是混淆了天王道悟禪師與天皇道悟禪師。今唐丘素所作《天王碑》已失，但《全唐文》卷七一三載有邱元素撰《天王道悟禪師碑》，另卷六九一又載有《荆州城東天皇寺道悟禪師碑》。將兩個碑文進行比較，發現兩位禪師有許多相似之處，如名均爲道悟，活動年代基本相同，住持地又都在荆州，其寺名又僅有"王""皇"一字之差，故易混淆。但二者又有區別：天王道悟俗姓崔，渚官人，"謁馬祖"後"於言下大悟"，嗣法於馬祖道一禪師；天皇道悟俗姓張，婺州東陽人，"參石頭，乃大悟"，嗣法於石頭希遷禪師。其他典籍亦記載了兩位禪師的事迹。覺夢堂《重校五家宗派序》亦云："緣同時道悟有兩人：一曰江陵城西天王寺道悟者，渚官人也，崔子玉之後嗣馬祖，元和十三年四月十三日化。……一曰江陵城東天皇寺道悟者，婺州東陽人也，姓張氏嗣石頭，元和二年丁亥化。《五燈會元》卷七《天皇道悟禪師》條下注云："按《景德傳燈錄》稱：青原下出石頭遷，遷下出天皇悟，悟下出龍潭信，信下出德山鑒，鑒下出雪峰存，存下出雲門偃、玄沙備，備再傳爲法眼益，皆謂雲門、法眼二宗來自青原石頭。雖二家兒孫，亦自謂青原石頭所自出，不知其差誤所從來久矣。道悟同時有二人，一住荆南城西天王寺，嗣馬祖；一住荆南城東天皇寺，嗣石頭。其下出龍潭信者，乃馬祖下天王道悟，非石頭下天皇道悟也。"

【當胄】直祐切，胤也。故字從肉。胄，裔之謂也。裔，從衣，以子孫爲裔者，取衣有下垂之義。裔，余製切。

【藏六】《雜阿含》云："有龜被野干所得，藏六不出，野干恕[1]而捨去。佛告諸比丘：'汝當如龜藏六，自藏六根，魔不得便。'"

校勘：①"恕"，五山版作"怒"，當作"怒"。

【三句】一、截斷衆流；二、函[1]蓋乾坤；三、隨波逐浪。立此三句，自德山圓明大師始也。今皆謂雲門三句者，蓋參尋之不審也。然德山即雲門之嗣，有此三句爾。

校勘：①"函"，五山版作"函"。

【囊穎】《平原君傳》："曰：'夫賢士之處世也，譬如錐之處囊中，其末立見。'毛遂曰：'使遂早得處囊中，乃穎脱而出，非特末見而已。'"

【待兔】《韓子》曰："宋人有耕者，田中有株，兔走抵株，折頸而死。因釋耕而守株，冀復得兔，爲宋國笑。"

注釋：禪籍中多用"守株待兔"比喻那些混沌無知、不開竅、難以啓發接引的參學者。

【勉歷】上當作免，止也。勉強，非義。

注釋：按"勉"爲"免"之加形諧聲假借字。《佛説預修十王生七經》："依名放出三塗獄，免歷冥間遭苦辛。"據文大意，當爲："免於經歷，免遭經歷。"

【瘖疣】羽求切，結病也。《釋名》曰："疣，丘也。出皮上聚高，如地之有丘。"

注釋：按該詞在《祖庭事苑》詞目中出現的順序，未能在《大正藏》本《雲門匡真禪師廣録》卷上中找到原詞。但通過"瘖疣"前後的條目，可推知該詞的位置在《雲門匡真禪師廣録》卷上："舉一則語，教汝直下承當，早是撒屎著爾頭上也，直饒拈一毛頭，盡大地一時明得，也是剜肉作瘡。"原文作"剜肉作瘡"。"瘡""疣"皆有"病"義。禪籍中多用其比喻佛教義理、語言文字對學人的纏縛。

【雖搜①徧訣】當作雖徧搜抉。謂師弗容抄寫，遂徧行搜抉於他處，今方得自於真公也。抉，絹悦切，挑也。

校勘：①"搜"，五山版作"搜"。

【玄鶴】《相鶴經》云："鶴者，陽鳥也。禀金氣以生，二年，頂赤；七年，飛薄雲漢；又七年，晝夜十二時鳴；六十年，大毛落，茸毛生，色白如雪，泥水不能污；百六年，雌雄相視乃孕；三百六十歲則色純黑如漆，故曰玄鶴。二千六百歲，飲而不食，胎化，産而爲仙人之騏驥。"

【師曠】師曠，晋平公樂師也。公使曠鼓琴，公曰："琴無此最悲乎？有可得聞乎？"曰："君德義薄，不可以聽之。"曰："寡人所好音也，願聞之。"師曠不得已，援琴鼓之，一奏之，有玄鶴六集於郭門；再奏之，延頸而鳴，舒翼而舞。平公大喜，起爲師曠壽。

【子期、伯牙】《吕氏春秋》曰："伯牙善琴，子期善於聽。伯牙志在高山，子期曰：'峨①峨兮②若太山。'志在流水，'洋洋兮若江河'。伯牙所念，子期必得之。伯牙遊太山之陰③，逢暴雨，止於巖下，心悲乃鼓琴，作淋雨之操，更造崩山之音。每奏，子期輒窮其趣。伯牙捨琴而嘆曰：'善哉！子聽志想像於吾心，吾何逃聲哉？'"

校勘：①"峨"，五山版、活字版作"峩"。②"兮"，五山版作"㫋"。③"陰"，五山版作"隂"。

【涉瀝】瀝，當作歷。狼狄切，過也。瀝，水下滴瀝，非義。

注釋：①瀝，《廣韻》郎擊切。"瀝"爲"歷"之加形諧聲通假字。"涉歷"當爲"遊歷，經歷"義。《禪林寶訓筆說》："遊，涉歷也，謂我於淳熙間。"《禪林寶訓合注》："涉，歷也。""涉"與"歷"同義連言。《异出菩薩本起經》："今吾有一子，未曾出遊，不知天下白黑，一旦捨吾，遠處行入名山，涉歷窈林，趣度溪谷，寒暑飢渴，誰當知之?""涉歷"爲"遊歷"義，與"未曾出遊"相呼應。禪籍中的"涉歷名山""涉歷萬里""涉歷大方"等均爲此義。

【昇堂】昇，當作陞，登也。昇，日之昇也，非義。師劉隱，僭號稱漢，據廣州，幸韶石，覽先靈樹知聖大師遺誡，詔師受紫衣，令太守何希範請師開堂。錄中謂何公者，即希範。

注釋：按《說文新附·日部》："昇，日上也。從日，升聲。古只用升。""升"爲"昇"之古字。"昇"與"陞"則同爲"升"之异體。《方言箋疏》卷十二："《衆經音義》卷二引陞作昇，卷二十四同謂之。《文選·蜀都賦》：'魯靈光殿賦。'李善注：'引陞又作升。'《廣雅》：'陞，上也。'《衆經音義》卷二十四引亦作昇。《玉篇》：'陞與升同。'"現禪錄"昇""陞"同用。

【三藏】一、修多羅藏，《四阿含》等經；二、阿毗曇藏，《俱舍》《婆沙》等論；三、毗尼藏，五部律。

【五乘】一、持戒，得人乘；二、行十善，得天乘；三、修四諦，得聲聞乘；四、修十二因緣，得緣覺乘；五、具六度行，得菩薩乘。

【四時】按台宗有五時，言四時，蓋誤也。所謂五者：一、華嚴時，譬如日出先照高山；二、鹿苑時，說《四阿含》，如日照幽谷；三、方等時，說《維摩》《思益》《楞伽》《楞嚴三昧》《金光明》《勝鬘》等經，約時，即食時；四、般若時，說《摩訶般若》諸般若經，則禺中時；五、法華、涅槃時，則日輪當午，罄無形影。

【八教】台宗有化法四教：一藏、二通、三別、四圓；有化儀四教：一頓、二漸、三祕①密、四不定。一乘圓頓，教家之極則也。

校勘：①"祕"，五山版作"秘"。

【這】當作者，別事之詞。禪錄多作這，或作遮，皆非義。這，《三蒼詁訓》云："古文適字。"今非此用。

注釋：《禪林寶訓筆說》："者字有虛實兩用。此是虛用。語助之辭。

凡文有者字。所以分別隔異也。"

【忘想】當作妄。無放切，亂也。

注釋：按"忘"與"妄"通。《大戴禮·衛將軍文子》："是故不忘。"《孔子家語·弟子行》："忘作妄。"又《莊子·盜蹠》："故推正不忘邪。"《釋文》："忘或作妄。"

【曒眼】上正作曬，所賣切，暴也。曒，書無此字。

注釋："曒"是"曬"的異體字，烈日曝曬之義。

【贏】當作贏，音盈，有餘賈利也。

注釋："贏"與"贏"通。《國語·越語下》："贏縮轉化。"宋庠本贏作"贏"。又《韓非子·外儲說左下》："猶贏勝而履蹻。"《太平御覽》卷八二九引贏作贏。

【三乘】一聲聞、二緣覺、三菩薩。乘以運載，進趣無窮也。

【十二分】一、梵語修多羅，此云契經；二、祇夜，應頌；三、和伽羅，授記；四、伽陀，諷頌；五、尼陀羅，因緣；六、優陀那，自說；七、伊帝目多，本事；八、闍陀伽，本生；九、毘①舍略，方廣；十、阿浮達摩②，未有；十一、婆陀，譬喻；十二、優婆提舍，論議。

校勘：①"毘"，五山版作"毗"。②"摩"，五山版作"磨"。

【教外別傳】《正宗記①》曰："其所謂教外別傳者，非謂黃卷赤軸間言聲字色，樅然之有狀者，直與寶②相無相一也；亦非果別於佛教也，正其教迹所不到者也。按《智度論》曰：'諸佛斷法愛，不立經書，亦不莊嚴語言。'如此則大聖人其意何嘗必在於教乎？經曰：'我坐道場時，不得一法實，空拳誑小兒，以度於一切。'是豈非大聖人以教爲權，而不必專之乎？又經曰：'修多羅教如標月指，若復見月，了知所標畢竟非月。'是豈使人執其教迹邪？又經曰：'始從鹿野苑，終至拔提河，中間五十年，未曾說一字。'斯固其教外之謂也。然此極且奧③密，雖載於經，亦但④說耳。聖人驗⑤此，故命以心相傳；而禪者所謂教外別傳，乃此也。又吾宋章聖皇帝爲之修心詩曰：'初祖安禪在少林，不傳經教但傳心。後人若悟真如性，密印由來妙理深。'"

校勘：①"記"，當作"論"。②"寶"，當作"實"。③"奧"，五山版作"奧"。④"但"，五山版、活字版作"佀"。⑤"驗"，五山版作"驗"。

【十地】一、歡喜；二、離垢；三、發光；四、焰慧；五、難勝；六、現前；七、遠行；八、不動；九、善慧；十、法雲。

【隔羅縠】《華嚴疏》云："菩薩智與如來智，如明眼人隔輕縠睹衆色像。"此言菩薩與佛見性不同。

【嗄】所嫁切，聲變也。今借爲夏音，詐疑之意。如唧，本音斜聲也，今借爲耶音。

【埋】側六切，塞也。

注釋：埋，堵塞。《玉篇・土部》："埋，塞也。"《大正藏》本《雲門匡真禪師廣録》卷中："扇子勃跳上三十三天，築著帝釋鼻孔。東海鯉魚打一棒，雨似盆傾相似。"

【有嚮】當作有響。尚嚮，當作尚饗。

注釋："嚮"與"響"可通用。《左傳・昭公十二年》："今與王言如響。"《釋文》："響本作嚮。"又"嚮"通"響"。《尚書・洪範》："嚮用五福。"《漢書・谷永傳》引嚮作響。

【透法身】嘗①讀《雲門古録》："僧問：'如何是透法身句？'師拈起拄杖云：'會②麼？'僧云：'不會。'師云：'北斗裏藏身。'今脫拈杖一節，似失當時宗旨。"

校勘：①"嘗"，五山版作"嚐"。②"會"，五山版作"會"。

注釋：《雲門匡真禪師廣録・對機》："問：'如何是透法生句？'師云：'北斗裏藏身。'"按善卿所言該問答之間有脫落字句，"問：'如何是透法生句？'師拈起拄杖云：'會麼？'僧云：'不會。'師云：'北斗裏藏身。'"

【骼胔】上音格，刀入骨聲。又枯骨曰骼。下疾智切，骨有肉也。又鳥獸殘骨，又刀入肉聲。《月令》："掩骼薶胔。"

注釋：《大正藏》本《雲門匡真禪師廣録》卷上、《古尊宿語録》卷一五《雲門匡真禪師廣録》上："問：'如何是吹毛劍？'師云：'骼。'又云：'胔。'""骼""胔"當爲睦庵從文句中抽取後並立爲一條。

【吃】居乞切，言塞也。

【對牛彈琴】魯賢士公明儀對牛彈琴，弄清角之操，牛食如故。非牛不聞，不合耳也。轉爲蚊虻之聲，乳犢之鳴，乃掉尾躞蹄，奮耳而聽，合意故也。躞，悉協切，行貌。

注釋："對牛彈琴"語出漢牟融《理惑論》，比喻對不明事理的人講道理或交談。禪籍中多用來指禪師對根器下等、愚鈍學人的呵責。

【一榼】苦盍切。榼，椑榼也。即今偏榼，所以盛酒。椑，鼙音。

【脣吻】當作唇。脣音真，驚也，非義。吻。武粉切。

注釋：《正字通·口部》：「脣，同唇。《六書故》：'脣，即唇。'」禪籍中"脣""唇"並用，亦無須改之。脣吻，借指言詞、口才。

【起無】當作豈無。

【吉嘹】下音料。北人方言，合音爲字。吉嘹，言繳。繳，斜戾也。繳其舌，猶縮却舌頭也。如呼窟籠爲孔，窟馳爲窠也。又或以多言爲吉嘹者，嶺南有鳥似鸜鵒，籠養，久則能言，南人謂之吉嘹。開元初，廣州獻之。言音雄重如丈夫，委曲識人情性，非鸚鵡、鸜鵒之比。雲門居嶺南，亦恐用此意。

注釋：《大正藏》本《雲門匡真禪師廣録》作"吃嘹"。另外，該詞在禪籍又有多個異形詞：乞嘹、咭嘹、吉了、犵獠、吉撩。下文論述混用，不作區別。善卿於該詞給出兩種釋義：其一，"吉嘹"爲"繳"的反切，繳其舍，猶縮却舌頭也；其二，"吉嘹"義謂多言，以南方一種能言的鳥"吉嘹"爲證。善卿明確表明有此二義乃南北方言差異所致。針對善卿的兩種釋義，當今學者亦形成了兩種對立的觀點，或主張第一種釋義，或採用第二種解釋。《禪宗大詞典》"吉了舌頭"一條云：吉了是一種能模仿人説話的鳥，"吉了舌頭"即取此喻。何小宛《禪録詞語釋義商補》"吃嘹"一詞釋義與《禪宗大詞典》相同。雷漢卿先生《語文辭書詞語釋義商補》"吃嘹舌頭"一條云："比喻學舌喋喋不休而言不及義。……'吃嘹'得名於'吉了'。"此説溯源與何文相同，釋義更進一步。張文冠《"吃嘹"補釋》一文贊同雷先生的釋義，但對"吃嘹"的語源則持不同看法，認爲"譑"是"吉了""吃嘹""蜘蟟"等的合音字。唯王閏吉《〈禪録詞語釋義商補〉商補》《"犵獠"的詞義及其宗教學意義》則對"吉嘹舌頭"一詞的意義持不同的觀點，認爲"吉嘹""犵獠""吃嘹"等是"繳"的分音字，"吉嘹舌頭"即縮却舌頭，並舉北方方言、禪籍用例多方面進行論證，指出"吃嘹舌頭，更將一問來"是禪師批評問法僧人拘泥於言語知解，希望禪人能有截斷語言障礙，見性成佛的問題來。

【特石】大石也。如牛曰特牛。《説文》曰："特牛，牛父也。言其朴特。"

注釋："特"，《説文》段注："鉉本云：'朴特，牛父也。'按：《天問》"焉得夫朴牛"，洪氏引《説文》'特牛，牛父也'，言其樸特。皆與鍇本异。”

【皆是佛法】《寶積》云：“佛告無邊莊嚴：‘如來常説一切法皆是佛法，以於諸法能善了知，名爲佛法。諸佛本性與佛法等，是故諸法皆是法。’”

【性懆】懆當作懰。蘇到切，性疏貌。

注釋：《大正藏》本《雲門匡真禪師廣録》卷上：“上堂云：‘盡乾坤一時將來著爾眼睫上，爾諸人聞與麽道，不敢望汝出來性燥把老僧打一摑，且緩緩子細看，是有是無，是箇什麽道理，直饒爾向這裏明得。’”作“性燥”。而善卿所見《雲門録》作“懰”，今其他禪録可見“性懰”一詞。如《佛果克勤禪師心要》卷下《示元長禪人》：“然今學者尚看他底不破，只管落語言執解會認光影做窠窟，好不性懰也。”善卿改爲“懰”，釋爲性情疏放義，不確。禪録常見“性燥”一詞。《嘉泰普燈録》卷二一《福州乾元宗頴禪師》：“卓拄杖曰：‘性燥漢只在一槌。’遂靠拄杖曰：‘靈利人不勞再舉，而今莫有靈利底麽？’良久，比擬張麟，兔亦不遇。”“燥”，《説文·火部》：“燥，乾也。”《玉篇·火部》：“燥，乾燥也。”《虛堂録犁耕》：“《篇海》一曰：‘燥，先到切，音噪，乾燥也。忠謂燥謂物乾則輕揚，不如濕物滯著也。蓋性燥，靈利俊快也。”今按無著道忠所釋，“性燥”有靈利、爽快义，“性燥汉”即迅疾領會禪義的灵利汉，爲褒義，與后文“靈利人”相照應。“性躁”“性懆”“性懰”均爲“性燥”的异形詞，爲“靈利、爽快”義。

【㨮㨮】借音盒僮。糞壤也。

注釋：按《大正藏》本《雲門匡真禪師廣録》卷上作“搕𢶍”：“若是一般掠虛漢，食人膿唾，記得一堆一擔搕𢶍，到處馳騁驢唇馬嘴，誇我解問十轉五轉話。饒爾朝問至夜答到夜論劫，還夢見麽？”俗書“扌”“木”不分，“㨮㨮”又作“搕𢶍”。善卿注音盒僮，甚是。搕，禪籍文獻有隨文注音。《建中靖國續燈録》卷一二《福州玄沙明惠閣文禪師》：“向此不明，翻成搕𢶍（上音㹊下音靸）。”《景德傳燈録》卷二二《英州大容諲禪師》：大海不容尘，小豀多搕（烏合切），𢶍（私盍切）。”“搕”直音“㹊”或“烏合反”。又“搕”，《廣韻·合韻》：“搕𢶍，糞也。”𢶍，《廣韻·盍韻》：“搕𢶍，糞。”搕𢶍，垃圾，污穢不净物。《月林師觀禪師語録》：“無法可説，是名説法。搕𢶍堆頭，重添搕𢶍。盡底掀翻，歸家穩坐。”該詞又作

“堎圾”“磕墍”“磕搕”“堎撒”等形。墭墍，即垃圾，臟東西。善卿釋爲“糞壤”同義，甚是。清梁同書《頻羅庵遺集》卷十四《直語補證》：“堎撒堆，三字爲庸豎常談，即今搕搕，垃圾字，言穢雜不净也。”

【務原】當作翁源。邑名，在韶州。其邑有靈山，山頂有泉下流，人飲此水者多壽，故以名焉。務，原當从女作婺，在歙州，非此用。

【滅胡種】稱西竺爲胡，自秦晋沿[1]襲而來，卒難變革，故有名佛爲老胡，經爲胡語，祖爲碧眼胡，裔其後者爲胡種。爲釋氏子，而名胡種，得不撫膺自愧？所謂必也正名乎。世法師云：“竊觀上代有經已來，賢德筆受，每至度語，無不稱云：‘譯胡爲漢。’且東夏、九州、西域爲天竺者，是總名也，或云身毒。如梵稱此方爲支那、震旦。若稱漢，漢止劉氏兩代二號，已後禪讓。魏、晋不同，須依帝王，稱謂甄別。且胡之雜戎，乃是西方邊俗，類此土有羌狄變[2]夷之屬，何得經書乃爲胡語？佛生天竺，彼土士族婆羅門總稱爲梵。梵者，清净也。承胤光音天，劫初來此，食地肥，身重不去，因即爲人，仍其本名，故稱爲梵。但有胡言處，以梵替之，庶後哲善談得其真正者矣。”今雲門稱佛祖爲胡，亦相襲而言也。身毒，毒，音篤。

校勘：①“沿”，五山版作“沿”。②“變”，當作“蠻”。

注釋：意爲破壞佛法的人。

【打野榸】卓皆切，枯木根出貌。遠浮山九帶作野狸。

注釋：“枯木根出貌”當爲“榸”的本義。榸，《廣韻·皆韻》：“榸，枯木根。”野榸，荒野中的枯木根或枯樹樁。《碧岩録》卷五：“明招云：‘朗上座喫却招慶飯了，却去江外打野榸。’野榸即荒野中火燒底木橛，謂之野榸。用明朗上座不向正處行，却向外邊走。”打野榸，禪籍用其比喻義，由砍野外的榾柮，比喻向外馳求，即在外遊方行脚。

【以字】以字不成，其説有三：一謂是嘔啊二字，二謂是音字不譯，三謂是梵書心字，並指經籤[1]題上“以”字也。嘔啊者，清凉疏主云：“經首立如是，謂异外道，故外道經首皆立嘔啊，或云阿優，以爲吉[2]。阿之言無，優之言有，萬法雖衆，不出有無，此則斷常之計。今如即真如是，即妙有對破邪宗，以彰中道。一代時教，不出如是二字。”《高僧傳》有譯經新意六例，一譯字譯音例，内分四：一、譯字不譯音，謂陀羅尼；二、譯音不譯字，謂佛胸[3]前卍字；三、音字俱譯，謂經、律、論；四、音字俱不譯，謂經題以字。所謂嘔啊，經首如是我聞，即不在經外籤題之上。所謂音字俱不譯，未詳起自於誰。考其二説，似乎無稽。或者妄指爲梵書心字，梵本且無此説，尤謬。愚嘗過興國之傳法院，竊取西竺貝④葉真書，考之其未譯之書，經題尚且未立，何有以字之文？蓋自古習謬妄爲其説，先聖法門不在斯焉。或問經首以形自何而得？蓋當時備書者運筆以覆經題，固無疑矣。然宗匠假此以接來學，豈知識擬議哉？

校勘：①“籤”，五山版作“籤”。②“吉”，五山版作“吉”。③“胸”，五山版、活字版作“胷”。④“貝”，五山版、活字版作“具”。

【庚①峯】當作庚峰②。

校勘：①“庚”，五山版作“庚”。②“峰”，五山版、活字版作“峯”。

注釋：《雲門匡真禪師廣録》卷上：“問：‘如何是雲門山？’師云：‘庚峯定穴。’”已作“庚峯”。又《古尊宿語録》卷一五、《五燈會元》卷一五亦作“庚峯”。蓋“庚”與“庚”形近，“庚”訛作“庚”。

【覿體】覿，當作敵，對也。

注釋：“覿”，本義爲見、相見。《説文新附·見部》：“覿，見也。从見，賣聲。”《爾雅·釋詁上》：“覿，見也。”“覿”作介詞，表“對着，當着”義當是由動詞表“見”虛化而來。《文選》卷一〇：“眺華岳之陰崖，覿高掌之遺踪。”同書卷一四：“夢登山而迴眺兮，覿幽人之髣髴。”又卷一五：“叫帝閽使闢扉兮，覿天皇於瓊宮。”例中的“覿”爲動詞，其後接有表物的名詞。從語義上看，“覿”之“見”義都隱含正對所見之物（如高掌、幽人、天皇）才能實施這一動作，由此引申出“當、對”義較自然。漢語中的介詞大多數是由動詞虛化而來的，唐宋禪宗文獻中有不少“覿”作介詞的用例。《袁州仰山慧寂禪師語録》：“潙山云：‘覿面相呈，猶是鈍漢，豈況形於紙墨。’”“覿體”當與“覿面”義同。指面臨禪機，本分相見，即超越一切言語知解，示機者直指禪法根本，應機者頓見本來面目。”在禪籍中亦能找到類似“覿面”的有關“覿體”的組合。《林野奇禪師語録》卷四：“舊冬結制，將無作有。新春解制，以實爲虛。縱有十分相爲，怎如覿體提持。”

【提剛】當作提綱。謂提綱振領也。下皆倣此。

【鑿壁】《西京雜記》云：“匡衡，字雉圭，東陽人。好讀書，家貧無油燭，乃鑿鄰壁孔，映光讀書，位至丞相。”

注釋：《雲門匡真禪師廣録》卷上：“問：‘如何是非思量處？’師云：

'識情難測。'問：'鑿壁偷光時如何?'師云：'恰。'問：'一言道盡時如何?'師云：'裂破。'"善卿指出"鑿壁偷光"語出《西京雜記》，但未解釋該詞在禪籍中的用義。"鑿壁偷光"，後代多用作刻苦學習的典範，禪籍則取其貶義。禪宗講究不立文字，明心悟道，參禪之人不該拘泥於經典教説。"鑿壁偷光"於佛法教義的參禪悟道方法並不被禪師提倡。

【盲龜】《阿含》云："佛告諸比丘：'如大海中有一盲龜，壽無量劫，百年一過出頭。浮有一木，正有一孔，漂流海浪，隨流東西。盲龜百年一出，得遇此孔，至海東，浮木或至海西，圍繞亦爾，雖復差違，或復相得。凡夫漂流五趣之海，還復人身，甚難於此。'"又《莊嚴論》云："有一小兒，聞佛説人身難得，如盲龜值浮木孔。小兒穿板作孔，置池水中，以頭出入，終不能入，曰：'盲龜在海百年一出，何日值耶? 我今爲人，有於面目，一日百出，值木孔猶難。'"

【刽利】當作靈利。下皆倣此。

注釋：按《字彙‧刀部》："霽，郎丁切，音靈。霽利，快性人也。""靈"爲"霽"之同音借字。又"靈""刽"同爲俗字。《正字通‧刀部》："霽，俗字。舊注音訓同刽，不知刽霽灵丛俗字。"刽利，《廣韻》："利快性人也。"《類音》卷五"韻譜"："刽利，使性"。

【穿楊】《史記》云："養叔，字由基，百步射楊葉，百發百中。"

【伶俜】正作玲娉①。上盧經切，下澪丁切，行不正也。

校勘：①娉，《廣韻》》普丁切。

注釋：按《玉篇‧立部》："玲，玲娉，行不正。"《廣韻‧青韻》："娉，玲娉，行不正。亦作伶俜。""伶俜"當爲"玲娉"之异體。

【撒披】當作散披。桑担切。撒，音薩，非義。

注釋："散"，《廣韻》蘇旰切。《雲門匡真禪師廣録》卷上："上堂云：'大眾汝等還有鄆州針麼? 若有試將來看，有麼? 有麼?'眾無對。師云：'若無，散披衣裳去也。'便下座。""散披衣裳"即未穿好衣服而使衣服散亂。"撒"爲"散"之借字。

【蚰蟟】上子悉切，下音寮，皆蟲名。

【浮桑】《淮南子》云："扶桑，日所出也，在陽谷中，其桑相扶而生。"浮，當作扶。

注釋：扶桑，太陽出來的地方。

【蝦蟇】下正作蟆，音麻。

注釋："蟆"爲"蟇"之俗。慧琳《一切經音義》卷三八："蝦蟇，上下加反，下馬巴反，《蒼頡篇》云：'筈，諸也。一名蛙，古今正字義同。二字並從虫，段莫皆聲也。蟇，正作蟇，或作蟆。"《六藝之一録》卷一八八："蟇，從虫莫聲，俗作蟆。"

【五性】見《證道歌》。

【斬頭截臂】西域法，凡遇論議，義墮，即斬首截臂，以謝不敏。

【二祖償債】可祖傳授之後，於筦城縣匡救寺之三門談無上道，聽者林會。時辯和法師，於其寺講《涅槃經》，其徒聞師闡法，稍稍引去。和不勝其憤，乃興謗於邑宰翟仲侃。侃惑其説，加師以非法，師怡然委順。識真者，謂之償債。皓月供奉問長沙岑云："了即業障本來空，未了應須償宿債。師子尊者、二祖大師爲甚麽却償債？"岑云："大德不識本來空。""如何是本來空？"云："業障是。""如何是業障是？"云："本來空是。"供奉無語。長沙乃示偈云："假有元非有，假滅亦非無。涅槃償債義，一性更無殊。"

【槨示雙趺】《涅槃》：爾時，迦葉與諸弟子在耆闍崛山入於正定。於正受中，忽然心驚，舉身戰慄，從定中出，見諸山地皆大振動，即知如來已入涅槃。於是將諸弟子尋路疾行，悲哀速往①。正滿七日，至拘尸城，右遶寶棺七匝，盈目流泪，説偈贊②嘆。其略云："世尊！我今大苦痛，情亂昏悶迷濁心，我今爲禮世尊頂？爲復哀禮如來肩？爲復敬禮大聖手？爲復悲禮如來腰？爲復敬禮如來臍？爲復深心禮佛足？何因不見佛涅槃？唯願示我敬禮處。"世尊大悲，即現千輻輪相出於棺外，回示迦葉，從千輻輪放千光明，遍照十方一切世界，然後還自入棺，封閉如故。

校勘：①"往"，五山版作"徃"。②"贊"，五山版、活字版作"賛"。

【緊梢】當作哨。七笑切，縛也。梢，音筲，非義。

注釋："哨"，《廣韻》七肖切。按"梢"《廣韻》讀所交切，《説文·木部》："梢，木也。""哨"，《廣韻》七肖切，《集韻·笑韻》："哨，縛也。""梢"當是"哨"之借字。"緊哨"爲系緊，縛緊之義。"緊哨草鞋"即系緊草鞋，繼續行脚參學以求悟道，是禪師譏斥未悟僧徒的習語。

【氣勳①】當作熏。許云切，火氣盛貌。勳，勛之異體，功勛也，非義。

校勘：①"勳"，五山版、活字版作"勳"。

注釋："气熏"非词。《雲門匡真禪師廣錄》卷上："師云：'雖然屎臭氣熏我，我且問爾，晝行三千夜行八百，爾鉢盂裏什麼處著?'無對。""勳"通"熏"。

【橫說竪說】黃蘗示衆云："馬大師下有八十八人坐道場，得正眼者止三兩人，廬山和上是其一。夫出家人，須知有從上來事，且如四祖下融大師，橫說竪說，猶未知向上關棙子。有此眼腦，方辨得邪正宗黨。"

注釋：橫說竪說，義謂從多方面反復論說喻解。禪籍多用來指四祖牛頭融大師言教傳法，義同"直說曲說"。《大慧普覺禪師語錄》卷二四："三乘十二分教，天下老和尚橫說竪說，直說曲說，讚說毀說，隨俗說顯了說，當甚熱碗鳴聲，嚴禪還信得及麼?"《了庵清欲禪師語錄》卷一："三百法會橫說竪說，直說曲說，密說顯說，無問而自說，也出者圈繢不得。"此"×說×說"皆爲"反復言說"之義。

【關棙】下正作棙，音戾，可撥物也。

注釋：《雲門匡真禪師廣錄》卷上："牛頭橫說竪說，不知有向上關棙子，如何是向上關棙子?"關棙，本指一種能够轉動的木製機關。機關內置轉軸，人操縱之，便可轉動。禪宗用來指禪機至極玄妙之處，悟道之關鍵。"棙""捩"，音義皆同，"棙"爲正。

【疥狗】上正作疥，音介，癩也。

注釋：《雲門匡真禪師廣錄》卷上："上堂。云：'我今日共汝說葛藤，屎灰尿火泥猪疥狗不識好惡，屎坑裏作活計。'"疥"意爲一種瘙癢之病。"癩"亦有"病"之義。《廣韻·泰韻》："癩，疾也。《説文》作癘，惡疾也。""疥"作"犭"旁當受到"狗"的偏旁類化作用。

【忙忙】當作茫茫，無窮也。忙，乃心迫也，非義。

【謔】當作謔。許亞切，誰也。謔，虛約切，戲也，非義。下皆做此。

注釋：①"謔"，《廣韻》虛訝切。按《通志》卷三十二六"書略第二"："謔，虛訝切，誰也。"《説文·言部》："謔，戲也。從言虐聲。""謔"當爲"謔"之形近誤字。

【蓋國】上與盍同，胡臘切。或依丐，音呼，非義。解見《雪竇頌古》。

【躇躕】當作躊躇，音儔除，行不前也。躇躕，非義。躕，音厨。

注釋：《雲門匡真禪師廣錄》卷上："進云：'學人親近得不?'師云：'子細踟躕看。'"與善卿所見所改均不同。慧琳《一切經音義》卷一四：

"踟蹰,上雉知反,下柱誅反。《考聲》云:'踟蹰,猶俳佪也。或作躊躇。上音籌,下音除。'《廣雅》:'躊躇,猶豫也。'《考聲》云:'躊躇,不即行也。'《毛詩傳》曰:'躊躇,猶躑躅也。'踟蹰與躊躇,方言輕重有异。其心疑未定,其義一也。二字並從足,形聲字也。"

【酌然】當作灼然。隻略切,昭灼也。酌,《説文》:"盛酒行觴也。"非義。

注釋:灼,《廣韻》之若切。《雲門匡真禪師廣錄》上:"時有僧問:'如何是超佛越祖之談?'師云:'餬餅。'進云:'這個有什麼交涉?'師云:'灼然有什麼交涉。'"與善卿所改同。"灼",《玉篇·火部》:"灼,明也。""酌",《説文·酉部》:"酌,盛酒行觴也。從酉,勺聲。""灼""酌",二者音通。"灼然",義作確實、實在、顯然解。二者是一個詞的兩種寫法,義無二致。

【冥濛】當作冥蒙。蒙,猶昧也。

【桳濟】正作拯。拯,蒸之上聲呼,上舉也。

注釋:《五經文字》卷上:"拯作桳,訛。"俗書"木"旁、"扌"相混不分,故桳又可寫作"捹"。"拯"又寫作"㧞"。《古今韻會舉要》卷一六"上聲":"拯,或作㧞。古《易》:'不㧞其隨。'今作拯。"

【艾燋】當作艾燋。子肖切,灼龜炬也。或作爝,爝即行火官名。湯得伊尹,爝以爟火。乃有炬焰者爾,非義。

注釋:"燋",義謂引火的火炬。《説文·火部》:"燋,所以然持火也。""燋"與"爝"通。《集韻·藥韻》:"爝,或作燋。"《莊子·逍遥遊》:"日月出矣而爝火不息。"陸德明釋:"爝,本亦作燋。"

【認認詛詛】按天衣古本作悾悾傯傯。音孔揔,事多也。

【鈍置】下當作躓,音致,礙不行也。

注釋:《雲門匡真禪師廣錄》卷上:"上堂云:'去!去!遞相鈍置,有什麼了時!'"仍作"鈍置"。"置"校"躓",甚是。"鈍躓"當為折騰、作弄義。

【五蘊】謂色、受、想、行、識。有相爲色,領納名受,取像曰想,遷流爲行,分別爲識。蘊者,積聚爲義,謂積聚生死之過患。亦曰五陰,陰以陰覆爲義,無明黑雲之所陰覆,蓋覆真性,攝盡有爲。

【擗口】上當作劈,匹歷切,破也。擗,音闢,撫也,非義。

注釋：劈，《廣韻》普擊切。《雲門匡真禪師廣録》卷上："有僧擬問次，師以拄杖劈口打。"與善卿所改同。"擗"無須改作"劈"。這裏的"擗""劈"皆有"對着、朝"義。

【視聽無聲】老氏曰："視之不見，名曰夷。聽之不聞，名曰希。搏之不得，名曰微。"

【鐘聲】桉天衣古本作鐘聲裏披七條。

【骨臗】上當作胐，音窟。胐，股上也。

釋：按"胐"，《廣韻》讀苦骨切，溪母没韻入聲；《玉篇·肉部》："胐，臗也。"《正字通·肉部》："胐，俗謂髀之近竅者爲髀窟。""骨"，《廣韻》讀古忽切，見母没韻入聲，《説文·骨部》："骨，肉之覈也。""胐""骨"音近相通。

【嚏唾】上正作洟，音替，鼻液也。下吐卧切，口液也。

注釋：《雲門匡真禪師廣録》未見。"涕"之"鼻液"義來自"洟"，"涕""洟"形近相訛。洟，《説文·水部》："洟，鼻液也。"段注："古書弟、夷二字多相混，於是謂自鼻出者曰洟，而自目出者別製淚字。"慧琳《一切經音義》卷六七："洟唾，《周易·齊咨》：'涕洟，自目曰涕，自鼻曰洟。'論文從口作嚏，又作涕，並非體也。"

【斧打】當作斧斫。蓋見它本。

校勘："蓋"，活字版作"盖"。

【韓情】當作韓盧。盧，黑也。謂黑狗也。齊人韓國相狗於市，遂有狗號鳴，而國知其善。見《選·注》。

注釋：《雲門匡真禪師廣録》："平旦寅，曉何人？日出卯，韓情枯骨咬。""韓情枯骨咬"，文意不通。善卿改作"韓盧"，甚確。"盧"通"獹"。《集韻·模韻》："獹，通作盧。"韓獹，黑狗，良犬，駿犬。《戰國策》卷一〇："齊欲伐魏。淳于髡謂齊王曰：'韓子盧者，天下之疾犬也。'"《博物志》卷四："韓國有黑犬名盧。"《玉篇·犬部》："韓獹，天下駿犬。"考佛經文獻可知，"韓盧枯骨咬"的含義當源自佛經文獻的"狗（犬）咬（嚙）枯骨"。唐地婆訶羅譯《方廣大莊嚴經》卷五："如見狂犬，疾走而避，如蜜塗刀，如毒蛇首，如戈戟刃，如糞穢瓶，不能捨離，猶如餓狗，嚙其枯骨。"唐義淨譯《大寶積經》卷五七："凡食啖時，牙齒咀嚼，濕以涎唾，咽入喉中，髓腦相和，流津腹内，如犬咬枯骨，妄生美想，食至臍間，嘔逆覆上，還復却咽。""枯骨"，已無肉附著的乾枯骨頭。

這樣的骨頭咬起來自然"無味不充飽"，只得"自食津液"。《禪林方語》收"狗咬枯骨"，釋"沒滋味，空咽津"，又"狗喫枯骨"，釋"沒滋味"，禪籍中"韓獹咬枯骨"與佛經文獻用意相同，比喻那些貪戀妄念俗情，不識自心是佛，却一味向外尋求佛法的參學人。不過"狗（犬）咬（嚙）枯骨"過於直白，有失含蓄文雅，故禪錄改之。

【偈頌】雲門所著偈頌，皆不立題目，或舉揚宗旨，或激勸後昆，非同詩人俟題而後有作。然後世學者議論不一，或多臆説，亡失道真。愚嘗讀《傳燈》《廣燈》並《雪峰①廣錄》，有其緣者，唯一二偈，未聞其它，今錄於下。《傳燈》云："僧問雲門：'十二時中如何即得不空過？'雲門云：'你向甚麼處著此一問？''學人不會，請師舉。'門迺索筆成頌云：'舉不顧，即差互。擬思量，何劫悟？'"又《雪峰廣錄》："僧問：'如何是學人自己②？'峰云：'築著鼻孔。'僧舉目雲門，門云：'你作麼生會？'其僧方思惟，門亦以此頌而示之。"《廣燈》云："福朗上座幼出家，常遊講肆。因聞：僧問雲門：'如何是透法身句？'門云：'北斗裏藏身。'朗罔側③，遂造焉。雲門一見，把住云：'道！道！'朗擬議，門乃托開，因作雲門聳剔頌以示之，朗從此悟入。"是故後世學者因睹此緣，遂妄生穿鑿。然何必爾也。

校勘：①"峰"，活字版當作"峯"。②"己"，活字版當作"巳"。③"側"，當作"測"。

【管解】古語："持蠡酌海，握管窺天。"

【康氏】《梁慧皎傳》：僧會法師，本康居國王大①子，故稱康氏。師形儀偉麗，爲世所重。

校勘：①"大"，活字版作"太"。

【晋鋒八博】晋鋒，蓋指晋王逸少之筆鋒也。八博，未詳，疑八法，聲近之訛也。《禁經》云："八法起於隸字之始，自崔、張、鐘、王傳授所用，墨道之最，不可不明也。隋僧智永，發其旨趣於虞世南，自兹傳授彰厥存焉。"李陽冰云："昔逸少工書，遂歷多載，十五年中偏工永字，以其八法之勢，能通一切字也。"八法者，永字八畫矣。一、點爲側，二、橫爲勒；三、竪爲弩；四、挑爲趯；五、左上爲策；六、下爲掠；七、右上爲啄；八、下爲磔。"丶"，此爲側。側者，側也，不得平直其筆。"一"，此爲勒。勒如錐戞石，不得卧筆。"丨"，此爲竪。竪牽爲弩，弩不得直，直則無力。"亅"，此爲挑。挑爲趯，須存鋒得勢而出。"丿"此爲策，斫筆背發而仰收。"ノ",此爲掠,筆鋒左出而須和。"ノ",此爲啄,須疾爲之,"ㄟ",此爲磔,不得疾而不得遲。磔,陟格切。

【出三句語】雲門有時示衆云:"函蓋乾坤、目機殊①兩、不涉世緣,作麼生承當?"自代云:"一鏃破三關。"然雖有此意,且未嘗立爲三句。昔普安道禪師,因德山出三句語,隨以頌之附於卷末,往往亦指此頌爲雲門所作,是皆看閱不審也。道即德山之的嗣。

校勘:①"殊",当作"鉢"。

注釋:善卿指出雲門禪師有"函蓋乾坤,目機鉢兩,不涉世緣"這三句,但"截斷眾流""函蓋乾坤""隨波逐浪"這三句實則爲雲門法嗣德山緣密汲取雲門之精華,改其語句,禪林或稱"德山三句"。《景德傳燈録》卷二二《朗州德山第九世緣密圓明大師》:"德山有三句語:一句函蓋乾坤,一句隨波逐浪,一句截斷眾流。"善卿亦指出禪人誤把德山緣密禪師的弟子普安道對此三句作的頌當作雲門禪師所作。《大正藏》本《雲門匡真禪師廣録》卷下末尾可見 12 首頌仍以《頌雲門三句語並餘頌八首》爲題,記爲"門人住德山圓明大師緣密述"。然經筆者考察,此 12 首頌可見於《天聖廣燈録》卷二一《鼎州普安道禪師》,《聯燈會要》卷三〇《鼎州普安道和尚》,足見善卿此校正確有必要。

【頭頭物物傷】當作惣。不傷,形近之誤也。

注釋:《大正藏》本《雲門匡真禪師廣録·函蓋乾坤》:"物物皆真現,頭頭總不傷。"已據改。

【軫候】上當作診,止忍切,視也。軫,車後橫木,非義。

校勘:候,当作"候"。

注釋:"診",《廣韻》章忍切。《雲門匡真禪師廣録》卷上:"還如應病藥,診候在臨時。"與善卿所改同。"診候",察病候脉,診斷病情。"軫"通"診"。

【眼中瞖】當作瞖,於計切,障也。

注釋:《雲門匡真禪師廣録》卷上:"金屑眼中瞖,衣珠法上塵。"與善卿所改同。"醫",《説文·酉部》:"醫,治病工也。""醫"俗作"毉"。《集韻·之韻》:"醫,或從巫。"慧琳《一切經音義》卷一:"醫藥,經文作毉,俗用亦通。""瞖",《説文·羽部》:"瞖,華蓋也。"段玉裁釋"翳"注:"翳者,引伸爲凡覆蔽之稱。"故"瞖"又可引申爲"障"義。《廣韻·霽韻》:"瞖,隱也,奄也,障也。""瞖"通"醫"。世俗文獻已見用例。《史記·秦始皇本紀》：“董翳。”《三輔黄圖》作“董醫”。綜上，“瞖”爲“醫”的俗字，“翳”通“醫”，故“翳”亦通“瞖”。

【商量】如商賈之量度，使不失於中平，以各得其意也。

【消得個非遥】當作消得個摇頭。休頭，同韻也。

【終諸】方言，猶舉止也。

【什方】當作十方。什，雜也，非此義。

注釋：“十方”指東、南、西、北、東南、東北、西南、西北、上、下十個方位，也泛指各方、各地。按“什”當爲“十”之加形諧聲假借。

【同一眼】當作開一眼。《雲門·對機録》後，附普安道禪師所作一十二頌。自三句三頌之題出於德山，餘之九題兼頌皆道自作也。並見《廣燈録》。

注釋：《大正藏》本《雲門匡真禪師廣録》卷下：“得用由來處處通，臨機施設認家風。揚眉瞬目同一眼，竪拂敲床爲耳聾。”此處仍作“同一眼”。上文中“同一眼”與前面“揚眉瞬目”文意不協，又《天聖廣燈録》卷二一《鼎州普安道禪師》作“開一眼”，故改作“開一眼”甚是。

《雲門録》下

【刻舟】《呂①氏春秋》曰：“楚人有涉江行舟，自舟遺劍②，遽刻其舟，曰：‘吾於此墜劍，求必得之。’其迷有如此者。”

校勘：①“呂”，五山版作“吕”。②“劍”，五山版、活字版作“劒”。

【舉覺】當作推。《博雅》云：“揚推，都凡也。”推，音角。

注釋：“舉覺”一詞見於《雲門匡真禪師廣録》卷中：“一日，云：‘商量舉覺個什麽？’代云：‘鹽貴米賤。’”又同書卷下：“又見一老宿上堂云：‘若是商量舉覺，如當門利劍相似。’”善卿改“覺”爲“推”，竊以爲不妥。“舉覺”乃禪宗行業語，實爲動補式複合詞，義謂舉說以啓發學人而使其開悟。禪師舉說公案，提出問題，是禪家說法問話常見的方式，其目的在於啓發開悟參禪者。

【死而不吊】吊，當作弔，多嘯切。《説文》曰：“問終也。古之葬者，厚衣之以薪。從①人持弓，會敺禽獸。”《禮記》：“死而不弔者有三：畏、壓、溺。”溺，謂憑河者也。

校勘：①"从"，《说文》作"故"。

注釋："吊"爲"弔"之俗體。宋張有《復古編》編上："弔，問終也。从人持弓。別作吊，非。"李文仲《字鑒》卷四"去聲"："弔，多嘯切。《説文》問終也，从人持弓。隷作弔，俗作吊。"《俗書刊誤》卷三十三"效"："弔，俗作吊，非。"

【城地】當作城池。城池之中，君所居爾。地，筆誤，見它本。

【任你當何】何，下可切，儋也。亦音何①。徐鉉曰："儋何，即負何也。"

校勘：①"何"，五山版作"河"。

【十五入夏】天台寒山子於國清寺見僧半月説戒次，云："聚頭作相，那事悠悠。"僧皆打叱之，乃與拾得撫掌大笑而出。

【羅浮檀特】二山名也。羅浮，在今廣州。檀特，在西域瓶沙國，即世尊見阿藍迦藍處也。

【蹙舌】子六切，猶縮也。

【斗擻】當作抖擻，音斗叟，舉索物也。

注釋："斗藪"又作"抖擻""抖藪"。《金石萃編》卷一一七："斗藪與抖藪、抖擻通用。""抖藪"，方言詞。《方言》卷六："鋪頒，索也。東齊曰鋪頒猶秦晋言抖藪也。"郭璞注："謂斗藪，舉索物也。"戴震疏："案藪亦作擻，《玉篇》云：'抖擻，起物也。'《廣韻》：'抖擻，舉貌。'""抖擻"用於禪籍中則爲"抖落、叙説"義。

【摩宪】《提婆菩薩釋楞伽經中小乘涅槃論》云："外道女人眷屬論師説：'摩醯首羅天作八女人：一名阿提傲，生諸天；二名提提傲，生阿修羅；三名蘇羅娑，生諸龍；四名毘①那多，生諸鳥；五名迦毘羅，生四足；六名摩提宪，生人；七名伊羅，生一切榖子；八名歌頭，生一切蛇、蝎、蚊、蝱、蠅、蚤、蚰、蜓、百足等。'"

校勘：①"毘"，活字版作"毗"。

【鴟①吻】炙榖子云："漢栢梁殿頻火起，巫獻術取鴟魚尾，置於殿上穰之。今以瓦爲之，相傳爲鴟吻，不言鴟尾，蓋俗流之誤也。"

校勘：①"鴟"，五山版作"鴞"。

【莊香】莊，當作裝，裹也。

注釋：《雲門匡真禪師廣録》卷下："佛殿裏裝香，三門外合掌。""裝香"指燃香並安插在香爐上。"莊"與"裝"通。《廣雅·釋詁二》："妝，飾也。”王念孫疏證：“斐、妝、裝、莊並通。”

【大殺】上它蓋切，甚也。下所拜切，猛也。

【摩抄①】正作抄，桑何切，摩也。

校勘：①“抄”，五山版作“抄”。

注釋：《雲門匡真禪師廣録》卷中：“又云：‘大斧斫了手摩抄。’”與睦庵善卿所見底本用字同。“摩抄”又作“摩挲”。“抄”省作“抄”，“抄”當爲誤字。《集韻·戈韻》：“抄抄，摩抄也。亦省，或書作挲。”慧琳《一切經音義》卷五七：“摩抄，下索何反。《聲類》云：‘摩抄，猶捫摸也。’《古今正字》：‘從手沙聲，經從少作抄，誤，遺脱也。’”

【黄泉】人死歸地，黄泉深幽。此指其極。

【日榭】當從彳，作謝凋也。榭，臺榭，非義。

注釋：《雲門匡真禪師廣録》卷下：“或云：‘日謝樹無影。這個是佛殿，那個是無影。’”“榭”，《説文新附·木部》：“榭，臺有屋也。”《廣韻·禡韻》：“榭，臺榭。”“榭”通“謝”。《左傳·襄公三十一年》：“成周宣榭火。”《公羊傳》榭作謝。又“凋”同“謝”，今用“謝”字。張慎儀《蜀方言》下：“花殘曰凋……今用謝字。”故“榭”亦通“凋”。

【深坑】正作阬，丘庚切。

注釋：《雲門匡真禪師廣録》卷中：“一日拈起拄杖云：‘解脱深坑勃跳。’”據俗未改。“阬”，《説文·阜部》：“阬，阬閬也。”本義爲門洞深。俗作“坑”。《玉篇·土部》：“坑，塹也，丘虚也，壑也。阬，亦作坑。”《説文新附·阜部》曰：“今俗作坑。”今“坑”通用，不必改。

【踣跳】正作敦趒，音字跳，排越也。

注釋：《雲門匡真禪師廣録》卷下：“師云：‘地神惡發，把須彌山，一搊勃跳上梵天，捺破帝釋鼻孔。’……師云：‘勃跳。’無對。代前語云：‘常得此便。’又云：‘一任勃跳。’”“踣跳”“勃跳”“敦跳”系同詞異寫。《六書故》卷十六：“跳，又作趒。《説文》：‘跳，蹶也。’”《古今韻會舉要》卷二十二：“趒，越也。《集韻》本作趠、今作趒，或作超。《增韻》又作跳。”《韻府群玉》卷十五“去聲”：“跳，本作趒。現俗體‘跳’通行。”

【玄殊】當作懸殊。懸，遠也。

注釋：按“玄”“懸”《廣韻》皆讀胡涓切，匣母先韻平聲。“玄”當爲“懸”之同音假借。今本《雲門匡真禪師廣録》三處都爲“懸殊”。

【江華】縣名，在湘南道州。

【眚】所景切，目病生翳也。

【不溺】當作匿，奴力切，藏匿也。溺，沈①溺，非義。

校勘：①“沈”，活字版作“沉”。

注釋：“溺”通“匿”。

【恁麼】上當作與。麼，正从幺，作麼。與麼，指辭也。或作恁麼。恁，音稔，思也。恁麼，審辭也。或作什麼，當作甚麼。甚麼，問辭也。什，雜也，非義。或作溜麼。溜，音十，水貌。又音習，溜溜，水貌，皆非義。然果，言外之士無不可者。

【國師問經】禪席多舉南陽國師勘念經僧蝙蝠事，忠國師録不載，未詳別出。按《西域傳》一緣頗類。《傳》曰：“南海之濱有一枯樹，五百蝙蝠於中穴居。時有商侶①止於樹下，既屬風寒，人皆飢凍，聚藉樵薪，蘊火其下，烟焰漸熾，枯樹自然。商侶中有一賈客，夜分已後，誦阿毗達摩藏，彼諸蝙蝠雖爲火困，愛好法音，忍而不去。於是命終，隨業受生，俱得人身，捨家修學乘，聞法音，聰明利智，並證聖果。迦尼色迦王與脅②尊者招集五百賢聖，於迦濕彌羅國作《毗婆沙論》，斯並枯樹中五百蝙蝠也。”

校勘：①“侶”，五山版作“侶”。②“脅”，五山版作“脇”。

【摩斯吒】梵云摩斯吒，此言獼猴。《本行經》云：“我念往昔海中有一大虯，其虯有婦懷妊，思獼猴心食。夫言：‘此事甚難，我居於海，獼猴在山。汝且容忍，我當求之。’時虯即出于①岸，見一獼猴在大樹上，即以善言尉②問，結爲交友。‘我當將汝度③海，彼岸別有大林，花果豐饒。汝可下來，騎我背上。’獼猴心無定故，即依虯言。俱没於水，虯即報言：‘我婦懷妊，思食汝心，故將汝來。’獼猴即誑虯言：‘汝何不預説，我心適留於娑羅樹上，不持將行。善友！還回，放我取心，得已却來。’於是虯復水岸，獼猴努力跳上大樹。其虯夕停，見猴不下，而語之曰：‘善友！汝速下來，同至我家。’猴説偈言：‘汝虯計校雖能寬，而心智慮甚狹劣，汝但審諦自思忖，一切衆類誰無心？’”虯，《六度經》作鼈。

校勘：①“于”，五山版、活字版作“千”。②“尉”，五山版、活字版作“慰”。③“度”，五山版作“渡”。

【聽冰】《述征記》云：“河冰①人須狐聽而行。”

校勘：①“冰”，活字版作“氷”。

23

【鄆州】當作鄆，音運。

注釋：《雲門匡真禪師廣録》卷中："又云：'爾若道不得，向鼻孔裏道將一句來。'代云：'新羅火鐵鄆州針。'"《古尊宿語録》卷一七亦作"鄆州"。"鄆"通"運"。"鄆"，《廣韻·問韻》："州名，秦爲薛郡地，漢爲東平國，武帝爲大河郡，隋爲鄆州。"

【綣襸】當作圈襸。上去園切，屈木也。下丘媿切，纽也。綣襸，非義。

注釋：《雲門匡真禪師廣録》卷中："師拈起袈裟云：'爾若道得，落我袈裟綣襸裏；爾若道不得，又在鬼窟裏座作麼生？'""綣襸"又作"綣襸""圈襸""圈綣"。圈，《集韻·元韻》："去爰切，屈木也。""綣"亦有"屈"義。《淮南子·人間》"兵橫行天下而無所綣"，高誘注：綣，屈也。"襸"作"綣"，蓋"綣"受"綣"之偏旁類化的影響。綣，《説文·系部》："綣，織餘也。"襸，《玉篇·衣部》："襸，纽也。"圈襸，本义爲繩索製作的圈，可引申爲圈套。善卿無須改"綣襸"爲"圈襸"。"圈"又作"捲"，《説文》"圈"字，朱駿聲《説文通訓定聲》："圈，字亦作捲。""綣"通"圈"。"匱"爲"圓"之俗訛字。《正字通·口部》："圓，俗匱字。""襸""綣"皆爲"圓"之借字。

【鼻孔遼天】遼，當作撩，撩取也，昂視之貌。遼，遠也，非義。

注釋："鼻孔遼天"本指鼻孔朝（向）天，此爲"見徹本心"的"覺來"者超然脱俗，傲視一切的形象説法。遼，《説文·辵部》："遼，遠也。"《廣韻·蕭韻》："遼，遠也。""遼天"指冲向天空、飛向天空。按"鼻孔遼天""鼻孔撩天"當爲同詞異寫，"撩"無"昂視之貌"義，不必改。

【夜叉説半偈】《涅槃經》云①："佛言：'過去之世②，佛日未出，我於爾時作婆羅門，修菩薩行，周遍求索大乘經典，乃至不聞方等文字。住雪山中，思惟坐禪。時釋提桓因心大驚怪，要當自試，自變其身作羅刹像，去其不遠，其聲清雅，宣過去佛所説半偈：諸行無常，是生滅法。聞是半偈，心生歡喜，即從座起，四向顧視云：向所聞偈，誰之所説？唯見羅刹，即便前至。善哉大士！汝於何處得是過去離怖畏者所説半偈？即答我言：我不食多日，心亂癲語，非我本心之所知也。汝所食者爲是何物？答言：食人暖肉，飲人熱血。汝但具足説是半偈已，當以此身奉施。誰當信汝爲八字故，捨所愛身？我所證者，梵天釋提桓因、十方世尊。汝若如是，諦聽！諦聽！當爲汝説：生滅滅已，寂滅爲樂。'"

　　校勘：①"去"，五山版、活字版作"云"。②"世"，五山版作
"丗"。

　　【折半烈三】折，當從木，作析，音錫，劈析也。烈，當作列，分解
也。烈，火盛貌，非義。

　　注釋：《雲門匡真禪師廣録•垂示代語》：一日，云："紐半破三，針
筒鼻孔裏道將一句來？"代云："海裏使風山上船。"或云："折半列三，針
筒鼻孔在什麼處？與我個個拈出來看。""紐半破三"義同"折半列三"。
俗書中"扌"旁和"木"旁不分，所以"折"可作"析"。"列"通"烈"，
《说文》段注："古假借烈爲列。如《鄭風》：'火烈具舉。'毛曰：'烈，列
也，是也。羽獵賦舉燀烈火，烈亦與列同。'列，後作"裂"，《荀子•哀
公问》："兩驂列兩服入厩。"楊倞注："列與裂同。""折半列三"又作"折
半破三""析半裂三"。《嘉泰普燈録•江州圓通圓機道旻禪師》："三百年
後，當興佛事，臨行一著，不落見知，折半破三，好好薦取。"《虛堂和尚
語録》卷五："雲門示衆，析半裂三，針個鼻孔在甚麼處？"

　　【文殊解脱】《古清凉傳》："大隋五臺縣昭果寺解脱禪師，自文殊示心
印之後，乃謙卑自牧，專精侍衆。厥後，文殊躬臨試驗。解脱每清旦①爲
衆營粥，文殊忽見於前，脱殊不顧視。文殊警之曰：'吾是文殊！吾是文
殊！'脱應聲曰：'文殊自文殊，解脱自解脱。'"

　　校勘：①"旦"，五山版、活字版作"且"。

　　【怛薩阿竭】此言如來。演義云："若依法身如來者，即諸法如義；若
依報身，即乘如實道，來成正覺；若依化身，則乘薩婆若乘，來化衆生，
故曰如來。"

　　【托子】茶托子。建中初，蜀相崔寧之女以金茶杯無儲，病其熨指，
取楪子盛之；既啜而杯傾，乃以蠟環楪子，使其杯遂定，即遣匠以漆環代
蠟，進於相國。相奇①之，爲製名托子。因行於代，是後傳者更環其
底焉。

　　校勘：①"奇"，五山版作"竒"。

　　【入京】雲門入京，即五代東漢劉氏之世乾祐四年。或謂廣南偏霸劉
龑，非也。龑，音儼。

　　注釋：《雲門匡真禪師廣録》卷下："師以乾和七年己酉四月十日順
寂。"乾和七年即南漢洪熙乾和七年，此正值後漢高祖乾祐二年。善卿所

言"乾祐四年"，蓋"四"爲"二"字之訛。

【觸忤】忤，當作忏，音誤，逆也。忤，欺也，非此義。

注釋：《雲門匡真禪師廣録》卷下："僧云：'某甲罪過觸忏和尚？'師云：'我不能唾得儞。'"按"忤""忏"《廣韻》同爲五故切，疑母暮韻去聲，"忤"當爲"忏"之同音假借。觸忏，觸犯。

【朦朧】上音蒙，下盧紅切。朦朧，月入貌。

【人義】當作仁義。

注釋：《雲門匡真禪師廣録》卷下："祇爲仁義道中。"仁義，仁愛和正義。《易·繫辭》："何以守位？曰：'人。'"《釋文》："人，王肅本作仁。"《禮記·禮運》注引同。又《中庸》："仁者，人也。"《釋名》："人，仁也。""人""仁"二字互假借。

【老兒作歌舞】《智度論》云："佛功德已滿，更無所須，爲教弟子故，語之言：'我尚作功德，汝云何不作？如伎家百歲老翁自舞，有人呵之言：老翁年已百歲，何用舞爲？答曰：我不須舞，但欲教子孫故爾。'"

【羅漢藥食】食，當作石，取療病義，故曰藥石。夫攻病曰藥，劫病曰石。古以砭石爲針也。全元起欲注《素問》，訪以砭石。王僧孺答曰："古人當以石爲針，必不用鐵。《説文》有此砭字，許慎云：'以石刺病也。'《東山經》：'高氏之山多針石。'郭璞云：'可以爲砭針。'《春秋》：'美疢不如惡石。'服子慎注云：'石，砭石也。'季世無復佳石，故以鐵代之爾。"又以服石子止飢，如《高僧僧善傳》："善疾篤將殞，告弟子曰：'吾患腹中冷結者，昔在少年，山居服業，粮粒既斷，懶往追求，啖小石子用充日夕，因覺爲病，死後可破腹看之。'果如所言。"愚竊詳二意，皆不然也。又《神仙傳》或以藥煮①石而食之，又非先聖之意。今叢林習以爲常，未有非之者焉，又況四果真人，詎肯輒違佛制，來享非時之餐？雲門欲以誘接學者，而正言似反。後世或資以爲口實，豈不誤乎？疢，音趁，熱病也。殞，音棘，死也。

校勘：①"煮"，五山版作"煑"。"煑"乃"煮"之异體。

【入水見長人】按耀禪師録，唐武后召嵩山老安、北宗神秀入禁中供養，因澡浴，以宮姬給侍，獨安怡然無它。后嘆曰："入水始知有長人。"

【徒什麼】徒，當作圖，謀也。什麼①，當作甚麼。

校勘：①"麼"，五山版作"麽"。

注釋：按"徒""圖"《廣韻》皆讀同都切，定母模韻平聲，徒當爲

"圖"之同音假借。

【師溺】當作匿。師子藏匿也。

注釋：《雲門匡真禪師廣錄》："或云：'龍潛師溺起自何來，作麼生是不活底句？'代云：'有什麼難辨。'""龍潛"一詞出自《易·乾》："潛龍勿用，陽氣潛藏。"佛教典籍多用該詞指帝王未即位之時。如《宋高僧傳》："乾祐元年，漢祖以龍潛晉土之日。""師溺"與"龍潛"相對應。"師溺"爲"獅（師）子溺水"，與"龍潛藏"義不相協。"溺"與"匿"音近，故通。

【馳駀】當作馱駀。上陟革切，下莫百切。獸名也。驢父牛母，形似騾而小。

注釋：馱駀，騾屬。《玉篇·馬部》："馱，陟格切。馱駀，驢父牛母。駀，莫百切，馱駀。"宋訥《竹嶼山房雜部》卷十二："騾，《漢匈奴傳》曰奇畜即騾，驢也。又驢父牛母曰馱駀。""馱""馳"同爲"駝"之俗體，指駱駝。慧琳《一切經音義》卷八十一：白騾駝，錄作馱、馳，俗字也。但表"驢父牛母"當用"馱"而非用"馳"。又駀爲"駓"之俗字，爲"駓"之省去"一"而誤。善卿此改精當。

【騾】盧戈切①。驢父馬母也。

注釋：①"騾"，《廣韻》落戈切。

【麳圝】上音丸。小麥麳也。此乃稱完全之方言，當云凸圝。圝，音鑾。

注釋："麳"，《廣韻》戶昆切，匣母魂韻平聲；"完"，《廣韻》胡官切，匣母桓韻平聲。"麳"與"完"當爲音近相通。"完圝"爲"完全、完整"義。

《雲門室中錄》

【五葉】達摩傳法偈曰："吾本來茲①土，傳法救迷情。一花開五葉，結果自然成。"

校勘：①"茲"，五山版作"兹"。

【善吉】梵云須菩提，此言善吉。序云："毗耶問疾，何獨美於文殊？舍①衛解空，亦偏推於善吉。"蓋序家抑揚之意。亦，當作豈，乃傳寫之誤。《智論》七十人^②：“問曰：‘佛爲一切智，何以不自爲説主，而令須菩提説般若?’答^③：‘須菩提樂於空行，偏善説空；般^④波羅蜜多説空，故令須菩提説也。’”

校勘：①“舍”，五山版作“舍”。②“人”，当作“八”。③“答”，五山版作“荅”。④“般”字下，疑脱“若”。

【倜儻】上它歷切，下它郎切。大節非常也。

注釋：“倜”，《廣韻》他歷切。“儻”，《廣韻》他郎切。倜儻，卓越奇特，不同尋常。漢司馬遷《報任安書》：“古者富貴而名摩滅，不可勝紀，惟倜儻非常之人稱。”禪籍中“倜儻”一詞，形容根性靈利，徹底領悟禪法。

【買䴵餅】䴵當作胡，胡虜之總稱。用胡麻作餅，故曰胡餅。故《釋名》曰胡餅，言以胡麻著之也。《前趙録》云：“石季龍諱胡，改爲麻餅。”胡麻，即油麻也。䴵，寄食也，非義。

注釋：按“䴵”“胡”《廣韻》皆讀户吴切，匣母模韻平聲；“䴵”《説文》：“寄食也。”“胡”，《集韻》：“虜惣稱。”“䴵”當是“胡”的加形假借。“胡餅”又稱胡麻餅，一種涂以香油、嵌入芝麻，於爐中烘烤的面餅，其製法從胡地傳來，故稱。

【是分不分】當作不可不分也。見懷和上本。

【明星】曉星也。《修行本起經》云：“菩薩自知，云^①弃惡本，無婬怒癡，生死已除，五陰諸種悉斷，無餘我^②蘖，所作已成，智慧已了，明星出時，廓然大悟，得無上正真，爲最正覺。”

校勘：①“云”，五山版、活字版作“已”，《修行本起經》作“已”。②“我”，《修行本起經》作“災”。

【如來禪】香嚴智閑初參大溈祐，因並净道路，弃瓦礫，擊竹響，忽然省悟。有頌云：“一擊忘所知，更不自修持。動容揚古路，不墮悄然機。處處無踪迹，聲色外威儀。諸方達道者，咸言上上機。”仰山聞，云：“此是夙構記持所成，若是正悟發明，別更説看。”又云：“去年貧，未是貧；今年貧，始是貧。去年貧，有卓錐之地；今年貧，錐也無。”仰山云：“如來禪許師兄會，祖師禪未夢見在。”嚴又成一頌：“我有一機，瞬目示伊。若人不會，別唤沙彌。”仰山云：“且喜師兄會祖師禪也。”

【致問】致，當作置，立也。致，至也，非此義。

【時云】若有，第五板十五行上脱“若有”二字。

【本來法】賞個名，喚作本來法。第六板第十三行上少八字。見懷和上本。

注釋：《雲門匡真禪師廣録·室中舉要》："祖師偈云：'法法本來法。'師云：'行住坐卧不是本來法，一切處不是本來法，秖如山河大地，與爾日夕著衣吃飯，有什麼過？'"按善卿所言，懷和尚本作："祖師偈云：'法法本來法，賞個名，喚作本來法。'師云：'行住坐卧不是本來法，一切處不是本來法，秖如山河大地，與爾日夕著衣吃飯，有什麼過？'"

【師云】"一切法皆是佛法，繩床露柱是一切法，還我佛法來。"僧無對。師又問僧："經中道。"第六板第十八行少三十字。見懷和尚本。

【那】乃賀切，語餘聲。

注釋："那"，《廣韻》奴個切。

【南方禪客】忠國師問禪客："何方來？"曰："南方來。"師曰："南方有何知識？"曰："知識頗多。"師曰："如何示人？"曰："彼方知識直下示學人：'即心是佛，佛是覺義。汝今悉具見聞覺知之性，此性善能揚眉瞬目，去來運用，遍於身中，抶頭頭知，抶脚脚知，故名正遍知。離此之外，更無別佛。此身即有生滅，心性無始以來未曾生滅。身生滅者，如龍換骨，蛇蛻皮，人出故宅，即身是無常，其性常也。'"師曰："若然者，與彼先尼外道無有差別。我此間佛性全不生滅，汝南方佛性半生半滅，半不生滅。"曰："如何區別？"師曰："此則身心一如，身外無餘，所以全不生滅；汝南方身是無常，神性是常，所以半生半滅，半不生滅。"曰："和尚色身豈得便同法身不生滅耶？"曰："汝那得入邪道？"曰："學人早晚入邪道？"曰："汝不見《金剛經》云：'色見聲求，皆行邪道。'今汝所見，不其然乎！"

【破凡】上破，音潑。

注釋：《雲門匡真禪師廣録·室中語要》："師拈拄杖指燈籠云：'還見麼？若言見，是破凡夫；若言不見，有一雙眼在。爾作麼生會？'良久復拈拄杖云：'盡大地不是浪。'"善卿擇"破凡"作爲詞目，欠妥。"破凡夫"又見於其他禪籍。《大慧普覺禪師語録》卷一六："達磨灼然是甚老臊胡，十地菩薩是擔糞漢，等妙二覺是破凡夫，菩提涅槃是繫驢橛。"《大慧普覺禪師語録》卷三〇："後來泐潭真净和尚撰皆證論，論内痛罵圭峰，謂之破凡夫臊臭漢。"破凡夫，比喻根性愚鈍的凡夫。"破"，善卿注"潑"音。又無著道忠《碗雲靈雨》卷二"破凡夫"條："世本見《事苑》以潑爲普活切，遂破凡夫，破爲普活切，非也。按《餘冬序録》曰：'雲間志方言謂醜惡爲潑賴。'註潑音如派，乃知破凡夫者，潑賴凡夫也。破、潑音通，故潑作破。"可知無著道忠以"潑"之"潑賴"義，"破""潑"音通爲由否定善卿注音。破，《廣韻》滂母過韻去聲，普過切；潑，《集韻》滂母活韻入聲，普活切；二字音不全同，故"破"不可用"潑"直接注音。無著言"破爲普活切，非也"甚是。"破"在唐代時已有輕賤罵詈之義。何光遠《鑒誡録》卷五《因詩辱》："忽一日，於江干飲酣，仰視白鹽，斜睨漲瀨：'剛有破（普忽反）措大欲於此死。'遂令壯士拽劉離席，囚縛於砂石上，烈日曬之。"凡夫，即平庸的、普通的人。《字彙》："今人鄙人爲凡夫，輕稱也。"禪籍中的"凡夫"指未能領悟禪法的淺識愚鈍之人。"破凡夫"的結構當爲"破十凡夫"，"破"是對淺陋愚昧學人的罵詞。睦庵善卿立"破凡"這一形式作詞目，而不收正確形式"破凡夫"，正是未深究詞義，不分析短語結構所致。

【搣】當作撼，砂獲切，拂也。搣[①]，子育切，非義。

校勘：① "搣"，五山版作"撼"。

注釋：按《正字通·手部》："撼，俗搣字。""搣"當爲"撼"之俗字。《集韻·麥韻》："撼，拂也。""拂"又有"擊"義。《説文·手部》："拂，過擊也。"《廣韻·物韻》："拂，擊也。"

【謦欬】上去挺切，下正作欬，口漑切。屰气也。

注釋："謦欬"乃咳嗽義。"欬"寫作"欬"當是受"謦"字影響而偏旁發生的類化。

【且致】當作且置。置，猶赦也。

【白氎】徒葉切。草名也，出高昌國，採其花，織以爲布。又出婆利國，粗者名古具，細者名白氎。

【國師看戲】叢林多説唐帝盛展歌舞齋衆，端肅無聞。帝問："聽察如何？"國師爲説死囚持油之喻。然窺覽國師廣録，而無此緣。嘗讀《毗柰耶雜事》，即大迦演那爲猛光大王説此攝心之緣。此蓋當時之誤，學者詳焉。

【者裏】乃喝云："長連床上飽喫飯了，説葛藤。"第十二板第十二行下少十四字。見懷和尚本。

【屎上加尖】當作矢上。謂尖上加尖。今用屎尿字，甚無謂也。

注釋：《雲門匡真禪師廣録》卷中："時有靈虛上座。出眾云：'虛空是概。'茱萸便打。虛云：'和尚莫錯打某甲。'萸便歸方丈。師云：'屎上加尖。'僧云：'和尚適來與麼道那。'"未改。"矢上加尖"即"尖上加尖"，指多此一舉。"矢"與"尖"義近，"矢上加尖"意義顯闊。"屎"，《類篇·尸部》："屎，糞也。""矢"與"屎"通。世俗文獻已見。《莊子·人世間》："以筐盛矢。"陸德明釋文："矢或作屎。"《史記·廉頗藺相如列傳》："頃之三遺矢矣。"司馬貞索隱："矢，一作屎。"

【蜜嵒】當作密巖。

【便打】師舉："僧問睦州：'以一重去一重即不問，不以一重不去一重時如何？'州云：'昨日栽茄子，今日種冬芯。'"第十三板三行後脫此一節。古本云"不以一重不去一重"，今學者多不舉不字，而或妄以爲園頭之緣者，誤矣。

【是你忘却】當作只者忘却。

【舉法身説法】舉："法身説法，青青翠竹總是法身，未是提掇時節，有爲無三世，是有爲法，何處得三世來？無爲有三世，不是守寂處法。此是實學葛藤言語，未是提掇時節，於拈提猶在半途。"已上一節，印本分作三段，而又語言顛錯，故録此以證之。

【舉三種人】師舉："三人，一人因説得悟，一人因舉得悟，一人才見舉便却回去。你道却回者意旨如何？"師云："直饒與麼，也好與三十棒。"與印本不同，而又旨意顯焕，故用録之爾[①]。

校勘：①"爾"，五山版、活字版作"尔"。

【舉僧問】舉："僧問雲居：'湛湛時如何？'居云：'不流。'説甚麼湛湛？"師云："此是嚼[①]鐵之言。"已上三節，見懷和尚本。

校勘：①"嚼"，五山版、活字版作"爵"。

【舉光明寂照】因僧舉光明寂照遍河沙，師云："豈不是張拙秀才語？"僧云："是。"師云："話墮也。"此緣印本語意倒錯，而或謂張拙爲相公，因録其緣以示學者。拙，唐人也。因訪石霜，霜問曰："公何姓？"曰："姓張。""何名？"曰："名拙。"霜曰："覓巧了不可得，拙自何來？"公於言下有省，乃述悟道頌曰："光明寂照遍河沙，凡聖含靈共我家。一念不生全體見，六根才動被雲遮。斷除煩惱重增病，趣向真如總[①]是邪。隨順衆緣無罣礙，涅盤生死是空花。"

校勘：①"總"，五山版、活字版作"揔"。

【簾纖】上當作廉，下正作纖。廉纖，猶檢①斂細微也。

校勘：①"檢"，五山版作"撿"。

注釋：《雲門匡真禪師廣録》卷上："問不涉廉纖，請師道。師云：'一怕汝不問，二怕汝不舉，三到老僧勃跳，四到爾退後。速道！速道！'"作"廉纖"。"廉纖"，疊韻聯綿詞。"廉"與"簾"通。"纖"，《正字通·糸部》："俗纖字。"善卿釋作"檢斂細微"，是。《葛藤語箋》："廉纖者，心涉微細造作也。"禪籍用其引申義，指情識分別對參學者的糾纏，亦指言句囉嗦。

【無情】說法，第十六板六行下脱二字。

【本身盧舍那】此緣《傳燈》諸録皆云"僧問鹽官齊安和上"，今云國師者，非也。況國師廣録且無此緣。

【漚麻】烏侯切。久漬也。

【國師云】當作國師碑文云。第十七板九行上。

【說法】身說，即是應化身說。十七板二十二行上脱九字，見懷和尚本。

【應化非真佛】《般若金剛論》云："應化非真佛，亦非說法者。說法不二取，無說離言相。"

【輥毬】雪峰義存禪師常輥二毬以示人。一日，玄沙到，師亦輥毬示之，沙便放身倒作閃勢。

【以字】見對機。

【水椀】未見所出。

【羅漢書字】仰山和尚在洪州觀音時，粥後坐次，有僧來禮拜，師不顧，其僧問："師識字否？"師云："粗識。"僧乃右旋一帀①，云："是甚麼字？"師於地上書十字酬之，僧左旋一帀，云："是甚麼字？"師改十字作卍字，僧以兩手托圓相，如修羅掌日月勢云："是甚麼字？"師乃畫一圓相圍却卍字，僧乃作金剛勢。師云："如是！如是！"僧禮謝，騰空而去。

校勘：①"帀"，五山版作"匝"。

【書字】"曾有僧問老僧：'如何是諸佛出身處？'我向伊道：'東山水上行。'此總是向上拈提時節。"此一節脱一十六字，第十九板第二行中。

【名身句身】《楞伽經》偈云："名身與句身，及字身差別，凡愚所計著，如象溺深泥。"解者曰："身者，以依聚爲義。聲名句文，是教主言音詮表之法。名者，是次第行列；句者，是次第安布；文者，是次第聯合；

聲即説法之聲，此四皆爲幻法也。”

【什麼】物合成一塊。第十九板十一行少“物”字，剩“不是”二字。什麼，當作甚麼。

【鹽軍】當作監軍。監軍，唐官也，皆中貴爲之，如魚朝恩至德中監軍事是也。

注釋：《雲門匡真禪師廣録》卷中：“舉韋監軍見帳子畫牛抵樹。問僧：‘牛抵樹，樹抵牛。’無對。”已作“監軍”。善卿校釋甚是。監軍，管理軍隊的官員。“鹽軍”不明其義。“鹽”，《説文·鹽部》：“鹽，鹹也。從鹵，監聲。”“監”，《説文·臥部》：“監，臨下也。”“鹽”當爲“監”之形近訛字。

【向繩墨】當作打椀子。第二十板二十二行中，見懷本。

【蹤橫】當從糸，作縱。東西曰橫，南北曰縱。蹤，迹也，非義。

【袈裟】梵語，此云不正色，即壞色染衣也。染，表心染於法；壞，即要無所染也。

【媿圖】當作貴圖。

注釋：貴：欲，要。《戰國策·東周策》：“謂周最曰：‘魏王以國與先生，貴合於秦以伐齊。’”鮑彪注：“貴，猶欲。”由“欲，要”可引申出“希望，謀求”義。禪籍中有用例。如《五燈會元》卷一〇：“天台德韶：‘若只貴答話揀辨，有甚么難？但恐無益於人，翻成賺誤。’”“貴圖”當爲同義並列復詞。《雲門匡真禪師廣録》卷中：“我當時若見，一棒打殺與狗子喫却，貴圖天下太平。”《密庵和尚語録》：“道眼不明宗師，胡説亂道。將古今言句，妄意穿鑿，以爲根則。貴圖稱他會禪，此是第一等大病。”

【漕溪】當作曹溪。漕，衛邑名，非義。

注釋：《雲門匡真禪師廣録》卷中：“舉僧到曹溪，有守衣鉢上座。”與善卿所改同。曹溪，地名。《憨山老人夢遊集》卷三七《曹溪中興録上》：“師曰曹溪者，乃昔曹叔良爲魏武之裔避地於此，因以名焉。”“漕”當爲“曹”的借字。

【控缺】當作空缺。苦貢切，缺也。缺亦空也。古之重語，如殫盡、咨謀之類是也。

注釋：按“控”“空”《廣韻》皆讀苦貢切，溪母送韻去聲。又《正字通·穴部》：“空，缺也。”“空”與“缺”同義連言，“控”當爲“空”之加形諧聲假借。

【依鉢】依，當作衣。鉢，梵語鉢多羅，此方云應量器。

注釋：《雲門匡真禪師廣録》卷上："堪取性多齋供，易得衣鉢。"卷中："舉僧到曹溪有守衣鉢上座。……某甲歸衣鉢下，得個安樂。"卷下："衣鉢分付什麽人了來？""衣鉢"指三衣及一鉢。三衣，指九條衣、七條衣、五條衣三种袈裟。鉢，乃修行僧之食器。衣鉢爲出家眾所有物中最重要者，受戒時，三衣一鉢爲必不可少之物，亦为袈裟、鐵鉢之總稱。"依"通"衣"。

【攫浪】一獲切，手取也。

【唅啄】當作鴿啄。竹咸切。鳥啄物。

注釋：《雲門匡真禪師廣録》卷中："師云：'直饒與麽也好喫棒。'又云：'當時但喚近前來，已後教伊無鴿啄處。'""唅"，《説文·口部》："唅，食也。"鴿，《廣韻·咸韻》："鳥啄物也。""唅""鴿"音近義通，"唅啄"又作"鴿啄"。"啄"，《説文·口部》："鳥食也。""唅"（鴿）與"啄"同義連文，禪籍常見。

【趙州無賓①主】趙州垂語云："我三十年前在南方火爐頭有一則無賓主話，舉似諸人。"雪峰聞舉，云："當時便好與一踏。"

校勘：①"賓"，五山版作"賔"。

【猴白】當作侯白，姓也。和靖詩云："伶倫今日無侯白，奴僕當年有衛青。"伶倫，謂滑稽之士也。

注釋：侯白，姓也。爲隋朝之辯士，滑稽，善謔其言。釋行秀《從容庵録》卷三："隋朝有侯白，字君素，滑稽辯給之士也。大將軍楊素見知撰旌异記人神，報應甚詳，亦可尚也。唐朝有李白能詩，後有李赤效之，甚不類也，人傳爲笑。今言侯黑亦其類也，有本云：'我早侯白，伊更侯黑。'言更甚也。""我早侯白，伊更侯黑"是唐宋時期閩地的俗諺。禪録中多見使用，如《景德傳燈録》卷一五："趙州問：'死中得活時如何？'師曰：'不許夜行，投明須到。'趙州曰：'我早侯白，伊更侯黑。'"趙州和尚引用此諺語，大概是説："我本想勘辨他，反被他勘辨了。""侯白侯黑"又作"猴白猴黑"，或"候白候黑"。《雲門匡真禪師廣録》卷下："師問乾峰，請師答話。峰云：'到老僧也未？'師云：'與麽則學人在遲也。'峰云：'與麽那，與麽那。'師云：'將謂猴白更有猴黑。'"此諺后被稱爲"雲門白黑"公案。

【拾遺】舉："雪峰云：'我且作死馬醫，一口吞盡乾坤。'"師云："山河大地何處得來？直饒者裏偶儻分明，特舍兒七十棒反成一百四十。”師舉：“西禪東平共官人坐次，西禪云：‘風作何色？’官人無對。禪却問僧：‘風作何色？’僧拈起衲衣云：‘在府中鋪。’禪云：‘用多少帛子？’僧云：‘勿交涉。’禪無語。”師代云：“咄！者話墮阿師。”師因炙茄次，問僧：“喫得多少茄子？”僧云：“和上試道看。”師云：“你問我，與你道。”僧便問，師云：“消不得。”

《雪竇洞庭録》

師諱重顯，字隱之，遂州李氏子，生於興[①]國五年四月八日。出家，受具，學經論，業於鄉里。晚參隨州智門祚和上，因扣“不起一念”之旨，豁然知歸，遂遍遊叢席，眾所推仰。

先居吳門之洞庭，遷四明之雪竇，由是雲門之道復振於江淅[②]。都尉李侯奏章服；侍中賈公奏聞朝廷，乞賜明覺之號。至皇祐五年七月七日，不遺囑，亦不說偈，攝衣北首而亡。

校勘：①“興”，五山版作“興”。②“淅”，當作“浙”。

【龍象】《智度論》云：“言其力大。龍，水行中力大；象，陸行中力大。”今以鉅禪碩師比之龍象。

【覺城】當作福城。《華嚴》六十二云：“文殊師利勸諸比丘發菩提心已，漸次南行，經歷人間，至福城東，住莊嚴幢娑羅林中大塔廟處。”覺，當作角。梵云拘尸，此云角，以其城有三角，故名焉。然非善財見文殊處也。

注釋：“覺城”“福城”因譯人譯名不同所致，“覺城”與“福城”可互相替換，意義完全相同。又“覺”改作“角”，欠妥。“角城”乃“拘尸”的漢譯。《大般涅槃經疏》卷一：“具存，應言拘尸那竭，此無翻，或翻爲角城。有三角，《華嚴》云：‘角城南者，即其城也。或云蓑草城。或言茅城，此城草覆因以名之。或云仙人城，昔仙人壽長，崇其人，以人名，名於住處。亦以名，名國，故言拘尸國。’”《止觀輔行傳弘決》卷一：“拘尸那城，此云角城，其城三角故云角也。”

【古佛廟】清涼云：“古佛塔廟者，即善財歸宗之所。此塔在南天竺城東，是古佛之塔。佛在世時，已有此塔，日照三藏親到其所。其塔極大，東面鼓樂供養，西面不聞。於今現在此處居人，多唱善財歌辭。”

【賺】當作詀，佇陷切。

注釋：《明覺禪師語録》卷五："誰當機舉不賺亦還稀，摧殘峭峻銷爍玄微。"與善卿所見底本同。"賺"似是"詀"的後出俗字。"詀"，《廣韻·陷韻》："詀，被誑。譧，俗。"《集韻·沾韻》："詀，巧言。"又《龍龕手鑒》："賺，俗；譧，正。""詀"，《廣韻·陷韻》："詀，被誑。""詀"之欺騙義已然。"賺"亦有欺騙義。"賺"，《集韻·陷韻》："賺，市物失實。"《正字通·貝部》："賺，重賣也。《説文》本作賺。又"賺"，《説文新附·貝部》："賺，重買，錯也。"朱駿聲《説文通訓定聲》："賺，字亦作賺。"可知"賺"與"賺"同。"賺"由"市物失實"義引申爲"欺騙"義。《正字通·貝部》："俗謂相欺誑曰賺。"今北京官話、冀魯官話、中原官話和江淮官話等仍用"賺"表"欺騙、哄騙"義。綜上，"賺""詀"皆有"欺騙"義，可不改。

【衒耀】上音縣。行且賣曰衒。

【四花】一、曼陀羅；二、大曼陀羅；三、曼殊沙；四、大曼殊沙。曼陀羅，此言悦意。曼殊沙，此言柔軟。

【六震】一者動，二者起，三者涌，四者震，五者吼，六者覺。

【措悮】當作錯誤，謂不敢差誤也。

注釋：《六書故》卷十一："誤，俗作悮。""悮"當是"誤"的俗字。

【寰中塞外】寰中，猶寰内、天子畿内也。塞，隔也，謂隔塞於它邦。漢文帝以周亞夫爲將軍，軍細柳①，以備胡。帝之細柳營，軍士被甲，弓努持滿。天子先驅至，不得入，先驅曰："天子且至。"軍門都尉曰："軍中聞將軍之令，不聞天子之詔。"有頃，上至，又不得入。於是上使使持節詔將軍曰："吾欲勞軍爾。"亞夫迺傳言開壁門，帝方得入，曰："此真將軍也！向者霸②上棘門，如兒戲爾。"勞，郎到切，慰勉也。

校勘：①"柳"，五山版作"栁"。②"霸"，五山版作"覇"。

注釋：睦庵善卿援引史書中有名的"棘門軍"故事解釋"寰中天子，塞外將軍"的意思。此典故可見於《漢書》和《史記》。

【四流】一、欲流；二、有流；三、見流；四、無明流。

【三界】謂欲界、色界、無色界。亦謂三有。

【昇座】當作陞座。登也。

注釋：見卷一《雲門録》"昇堂"條。

【簫然】上當作蕭，肅也。

注釋：漢字隸變過程中從竹之字常隸變從艸，如“節”之作“莭”、“第”之作“苐”。從竹之字和從艸之字常相混，“簫”和“蕭”亦屬於此類。《新集藏經音義隨函錄》：“簫然，上蘇條反，正作蕭。”

【暫時歛念】《華嚴》：“德生童子謂善財言：‘於此南方，有國名海岸，有園名大莊嚴，其中有一廣大樓閣名毗盧遮那藏，從菩薩善根果報生，以至從菩薩福德智慧生。彌勒菩薩安處其中。汝詣彼問：云何行菩薩行，修菩薩道？’時善財童子知善知識教，至海岸國毗盧遮那莊嚴藏大樓閣前，五體投地，暫時歛念，思惟觀察，一心瞻仰。”

【掌中世界】維摩詰言：“舍利弗！住不思議解脱菩薩斷取三千大千世界，如陶家輪著右掌中，擲過恒河沙世界外，其中衆生不覺不知己之所往。”見《不思議品》。

【鐵券】區眷切。莂書也。

【諕】當作諕①，許亞切，誑也。

校勘：①“諕”，《廣韻》虛訏切。

【筋】正作筋，舉欣切。

注釋：“筋”爲“筋”之俗字。《玉篇·竹部》：“筋，俗筋字，肉之力也。”《干禄字書》：“筋筋，上通下正。”

【抉】於汶切，挑也。

【拔楔】當作楔，音薛。櫼楔，門限也，非義。

注釋：《明覺禪師語錄》卷一：“進云：‘和尚豈無方便。’師云：‘腦後拔楔。’”“楔”，門限。《説文·木部》：“楔，限也。”“楔”，本義爲楔子。《説文·木部》：“楔，櫼也。”二者本義不同。“拔楔”即“拔去木楔”。表“木楔”義，“楔”與“楔”同，“楔”爲正。玄應《一切經音義》卷一〇：“以楔，楔，又作楔，同。”《正字通·木部》：“楔，俗楔字。”“拔楔”字面義爲“拔出木椿”，禪籍中多見“拔楔”與“抽釘”連用，作“拔楔抽釘”或“抽釘拔楔”，比喻驅除俗情迷障，澄清疑念妄想。

【一棚】薄萌切。獵者養鶻搦兔，必次第三發之而後得。俗以架三鶻者，謂之一棚。

【顧杼】直呂切。《説文》：“機之持緯者。”

【道遠乎哉】“觸事而真，意旨如何？”第七板第四行上脱八字。

注釋：《明覺禪師語錄》卷一：“問：‘道遠乎哉？’師云：‘青山夾亂

流。'"與善卿所見底本同。善卿認爲上述問答的完整内容應加入脱落的八個字，當作："'道遠乎哉？觸事而真。'意旨如何？"師云："青山夾亂流。'""道遠乎哉？觸事而真"一句語出後秦僧肇《肇論·不真空論》："故經云：'甚奇，世尊！不動真際爲諸法立處。'非離真而立處，立處即真也。然則道遠乎哉？觸事而真。聖遠乎哉？體之即神！"禪籍中亦多見禪者用"道遠乎哉？觸事而真"，或問師，或答徒。如《景德傳燈録》卷二五《金陵章義道欽禪師》："師上堂曰：'道遠乎哉？觸事而真。聖遠乎哉？體之則神。我尋常示汝，何不向衣鉢下坐地，直下參取，要須上來討個什麼？'"又《古尊宿語録》卷二七《舒州龍門佛眼和尚語録》："僧問：'道遠乎哉？觸事而真。如何是道？'師云：'頂上八尺五。'"綜上可知，"道遠乎哉？觸事而真"有據可依。上文的問句中增補上"意旨如何"才能與雪竇的回答"青山夾亂流"相對應。尤其是若將雪竇的回答"青山夾亂流"與添補的"觸事而真"一句相對，以"青山"喻"道"，"亂流"喻"事"，問答之間所對應的内容就更相符了。利用善卿所補脱字，亦可對現存的《明覺禪師語録》進行校勘。

【燎】音了。《説文》云："放火也。"

【太阿】《越絶書》云："楚王召風湖子，令之吳越見歐治子、干將，使之爲鐵劍三枚：一曰龍泉，二曰太阿，三曰上市。楚王問之曰："何謂龍泉？"風湖子曰："龍泉狀如登高山，臨深淵。""何謂太阿？"曰："巍巍翼如流水之波。""何謂上市？"曰："從文閑起，止脊而止，如珠而不衽，若流而不絶。"

【死而不弔】見《雲門録》上。

【罽賓①】上正作罽，居②例切。五天國名也。正云迦濕彌羅，此言賤種，又云買得，其國在北印土。

校勘：①"賓"，五山版作"賓"。②"居"，五山版作"屈"。

注釋：《漢語大字典》第八册所附"异體字表"以"罽"爲正字，以"劚"爲"罽"的异體字，可知"罽"可省寫成"劚"。罽賓，國名，其國土在北印度。慧琳《一切經音義》卷二十四："《漢書》云：'罽賓者，古譯訛略也。'正梵音羯濕弭羅，北天竺國也。"又卷五十一："罽賓，《漢書》曰：'罽賓，西域國名也。'古今正字從网劚聲。"《翻譯名義集》卷三："罽賓，此云賤種。《西域記》云：'迦濕彌羅。'舊曰罽賓，訛也。北印度境。末田底迦，既得其地，立五百伽藍，於諸異國買鬻賤人，以充投使，用供眾僧。末田底迦入寂滅後，彼諸賤人，自立君長，鄰境諸國，鄙其賤種，莫與交親，謂之訖利多。唐言買得。"

【斬之白乳】《四諦論》云："菩薩行慈，血變成乳，如慈母育子，以慈愛心故，生子有乳，乳自然出。"

注釋：《明覺禪師語錄》卷一："王曰：'可施我頭。'尊者曰：'身非我有，豈況於頭？'王遂斬之，白乳高丈餘。王臂自落。"若爲"斬之白乳"，"之"爲介詞，與文意相悖。"之"當爲指示代詞，指代尊者，"斬之"即"斬尊者"。當在"之"后標句讀，此當是善卿未達文意所致。

【玄沙道底】《玄沙廣錄》云："師因鐘鳴次，作忍痛聲，騰身曰：'者個鐘在我肚裏鳴，你諸人作麼生？'時展上坐云：'和上尊位如何？'師云：'你猶似分疏作麼？'展云：'和上又問作麼？'師云：'我也要不如此。'展云：'某甲何曾如此？'師云：'是！是！'展云：'喏！喏！'"《傳燈》作打我心痛。

【鈯斧】鈯，音突。《博雅》云："鈍也。"

【勞撓】當作勞擾。擾，煩也。

注釋："撓"，《説文·手部》："撓，擾也。一曰捄也。"段玉裁注："捄，篆下曰：'一曰擾也。'是撓、擾、捄三字義同。"又"擾"，《説文·手部》："擾，煩也。"可知"勞撓""勞擾""勞攘"三者義同，均有"煩擾"義。《天如惟則禪師語錄》卷八："十一月西山間有願聞法要者倡率成會，余懼其勞擾乃往就之。"《大慧普覺禪師語錄》卷二七："彥冲却無許多勞攘，只是中得毒深，只管外邊亂走。"

【鄧隱峰】師姓鄧氏，隱峰，名也，建州邵武人。將示滅，有遺偈云："獨絃琴子爲君彈，松栢長青不怯寒。金鑛相和性自別，任向君前試取看。"見《宋僧傳》。

【性懇】蘇到切。性麤①疏②貌③也。

校勘：①"麤"，五山版作"麁"。②"疏"，五山版作"疎"。③"貌"，五山版作"皃"。

【折挫】子臥切。摧挫也。

注釋：挫，《廣韻》則臥切。

【攔面】正作闌，郎千切，遮也。

注釋："闌"，《説文·門部》："闌，門遮也。""攔"，《説文》未收。又"闌"表阻攔義。《廣雅·釋詁二》："闌，遮也。"此義后又寫作"攔"。

《玉篇·手部》："攔，遮攔也。""攔"當爲"闌"的今字。

【十字】兄弟添十字，宗門極唱，唯證乃知，固非文理妄加穿鑿。然叢林建立頗多，學者攻之不已。或謂十字加一儀，土字也；或謂兄弟成二人，添十爲卒也；或謂雪峰垂誡，今大家出手；或謂閩越方言，第恐方册不載，非先德本懷。然如斯之論，吾家素有之也，如祖師讖偈皆此類爾。至於三點①如流水，其止羊二十口。又達摩云九十無彼我，並載禪書，應機而設無不可者。此乃折卒字，無疑也。

校勘：①"點"，五山版作"黙"。

【難提】梵云塔婆，此言方墳。或云支提，或云難提，此言滅惡。或云抖藪波，此言贊護。或云窣堵波，此云靈廟，或云高顯。

【胡家曲】胡家，當作胡笳。笳，笛之類，胡人吹之爲曲。漢李陵答蘇武書云："胡笳互動，牧馬悲鳴。"今借此以况吾道。新豐云"胡笳曲子不墮五音，韻出清霄任君吹唱"是也。或者指世尊梵國爲胡家，豈不大謬妄乎！

【夜雨山草滋】此詩即禪月擬齊梁體四首，此其一，今雪竇全舉之，所謂借水獻花也。《詩》蟋蟀鳴壞墻，謂微蟲候時而鳴，如賢人待明君而仕。知明時而見，雖草木禽魚無遠不及。故雪竇借此詩爲太平之歌，意見王子淵《聖主得賢臣頌》。

【睿澤】正作睿①，以芮切，聖也。

校勘：①"睿"作"睿"乃書寫筆誤所致。

【龔黃】《漢書·循史傳》："龔遂爲渤海太守，異政當時，人賣釖買牛，賣刀買犢，可謂帶刀佩犢也。黃霸爲潁川太守，仁風大行，郡內蕭清，德感上天，嘉穀生於野，鳳凰集於境，宣帝美之，賜金四十斤。"

【褒】搏毛切，進揚美德也。

【吾禱】《論語》云："子疾病，子路請禱。子曰：'有諸？'子路曰：'有之。'誄曰：'禱爾於上下神祇。'子曰：'丘之禱久矣！'"誄，音累。

《雪竇後録》

【三千劍客】昔趙文王喜劍，劍士夾門三千餘人，日夜相擊於前，死傷者數百餘人。好之不厭。如是三年，國衰，諸侯謀之。太子悝患之，奉千金賜莊子上說。莊子陳三劍曰："有天子劍，有諸侯劍，有庶人劍。今大王有天子之位而好庶人之劍，臣竊爲大王薄之。”王乃率而上殿。宰人上食，王三環之。莊子曰：“大王安坐定氣，劍事以畢奏矣。”於是文王不出宮三月，劍士皆服斃其處。見《莊子·説劍》。悝，苦回切。

【一片田地】僧問靈雲：“佛未出世時如何？”雲豎起拂子。“出世後如何？”雲亦豎拂子。僧不肯，復問雪峰：“佛未出世時如何？”峰豎起拂子。“出世後如何？”峰抛下拂子，僧禮拜，峰便打。僧又問玄沙：“此意如何？”沙云：“大似一片田地，四至界分一時屬你，只欠中間一樹子在。”

【憨】武酣切，癡也。

【皚】五來切，霜雪白貌①。

校勘：①“貌”，五山版、活字版作“皃”。

【金色尊者】即大迦葉也。先是毗婆尸佛滅後，眾以其舍利建塔，塔之像其面金色缺壞。是時迦葉方爲鍛金師，會有貧女持一金錢求治爲薄，欲往補之，迦葉聞且樂爲。補已，因相與願爲無姻夫妻。以是報，九十一劫體皆金色，最後生摩竭國，出家爲佛弟子，頭陀第一。

注釋：大迦葉“金色尊者”的稱號得名於其身有金色之光。又叫“金色迦葉”。《四分律開宗記》卷六：“故《智論》五十四云：‘摩訶迦葉，娶金色女爲妻，不生愛樂，弃捨出家。’或以身作金色，名金色迦葉。”

【恢恢】苦回切，大也。老氏曰：“天網恢恢，疏①而不漏。”

校勘：①“疏”，五山版作“踈”。

【能惻】當作測，深所至也。惻，痛也，非義。

【愛䶉鼻】雪峰示眾：“南山有一條蛇，汝等諸人切須好看。”玄沙云：“用南山作麼？”

【青天喫棒】僧問古德：“萬里無雲時如何？”云：“青天也須喫棒。”

【傻傻】當作灑灑。聲下切。傻，沙瓦切，俏也，不仁貌，非義。

注釋：《明覺禪師語錄》卷二：“净裸裸，赤傻傻，没可把。”赤，裸露；灑灑，灑脱自在。净裸裸，指潔净袒露。二者義近。“灑灑”“裸裸”皆爲形容詞後綴。

【憋破】音鼈，方言。憋，惡也。郭璞云：“憋忥，急性也。”忥，音孚。

【須菩提岩中】“須菩提岩中宴坐，説法雨花子”，遍考眾經，即無此緣。岩中宴坐，即《分別功德論》：“佛謂蓮花色比丘尼言：‘須菩提於岩中補衣，最先見我。’”且無宴坐之緣。雨花，即《大般若》八十四：“須菩提謂憍尸迦：‘是花非生花，亦非心樹生。’”且無贊嘆之緣。未曾説一字，即《大般若》八十一："善現告諸天子言：‘我曾於此不説一字，汝亦不聞，當何所解？’”以此考之，衆經雖共有此意而無此緣，實恐後世宗匠借爲此説也。

注釋：善卿於該目下言"須菩提説法雨花子"無語源，誤。吳支謙譯《大明度經》卷二："釋心念：‘尊者善業雨法寶，我寧可化作花以散其上。’便化作甘香花以散佛及善業、諸比丘上，花至其膝。善業即知言：‘是華不出於忉利天上，釋所散花，出於幻耳。’釋言：‘是花非從樹出。如賢者善業所可説，斯事本寂，自幻樹出矣。’釋言：‘是花從幻樹出也，不從樹出者爲非是，非是者爲非花。’”又後秦僧肇《肇論》："須菩提唱無説以顯道，釋梵約聽而雨華。"元文才《肇論新疏》卷下："釋梵等者，大品般若自天主品以來，須菩提依幻化喻，廣説甚深般若無説無聽之理。至散花品釋提桓因及三千大千世界中四天王等，化作天花散佛及大衆上等。意云：‘須菩提以説聽空，故説而無説，以顯實相，諸天解空聽而無聽，爲供深法故散花也。’”綜上可知，善卿未覽經書而言無緣，又折中《般若經》之義，確有不妥。

【似地擎山】盤山示衆，疑其語意，斷絶不通。及見古録，凡有九段，今科節録之於後。其一，心若無事，萬法不生；意絶玄機，纖塵何立？其二，道本無體，因道而立名；名本無名，因名而得號。其三，若言即心即佛，今時未入玄微；若言非心非佛，猶是指踪之極則。其四，向上一路，千聖不傳，學者勞形，如猿提①影。其五，夫大道無中，復誰先後？長空絶際，何用稱量？空既如斯，道復何説？其六，夫心月孤圓，光吞萬象，光非照境，境亦非存，光境俱忘，復是何物？其七，禪德！譬如擲劍揮空，莫論及之不及，斯乃空輪絶迹，劍刃無虧。若能如是，心心無知，全心即佛，全佛即人②，心佛無殊，始爲道矣。其八，禪德！可中學道，似地擎山，不知山之孤峻；如石函玉，不知玉之無瑕。若如此者，是名出家。故道師云："法本不相礙，三際亦復然，無爲無事人，猶是金鎖難。"所以靈源獨耀，道絶無生，大智非明，真空絶迹，真如凡聖，皆是夢言；佛及涅盤，並爲增語。其九，禪德！直須自看，無人替代。三界無法，何處求心？四大本空，佛依何住？璨璨不動，寂爾無言。覿面相呈，更無餘事。

校勘：①"提"，當作"捉"。②"人"，當作"心"。

【同光帝】即五代莊宗。同光，即莊宗時年號，如命宣宗爲大中帝之類。

【胡釘鉸】唐之散人，世不以名顯。嘗與保福、趙州問答，語流叢席。嘗一夕夢吞五色毬，既覺，遂能作句語，膾炙人口，至今稱誦不已。唐高文集謂，祭列子墓，夢中換五藏者，正胡釘鉸也。與五色毬相傳之異，未知孰是？其詩云：“日暮堂前花蕊嬌，爭拈小筆上床描。宗成安向春園裏，引得黃鶯下柳條。”“忽聞梅福來相訪，笑著荷衣出草堂。兒童不慣見車馬，爭入蘆花深處藏。”“蓬頭稚子學垂綸，側坐莓苔草映身。路人借問遙招手，恐畏魚驚不應人。”

注釋：釘鉸，指洗鏡、補鍋、焗碗等手工勞動。“胡”乃姓氏。宋陳葆光《三洞群仙錄》卷一〇：“在鄭郊，有胡生者，家貧，少爲洗鑑鍍釘之業，號胡釘鉸。”“胡釘鉸”即胡令能。

【舉肅宗】當作代宗。詳見《頌古》。

【入水見長人】見《雲門錄》下。

【椎擊妙喜】雲門一日聞打椎聲，妙喜世界百雜碎，托鉢向湖南城裏喫粥。

【頻到香積】雲門一日見僧在殿角立，師拍手一下云：“佛殿露柱走入厨庫去也。”僧回首看，師云：“見你不會，却來祗候佛殿。”

【德山卓牌】德山卓牌於鬧市，牌上書字云：“佛來也打，祖來也打。”《傳燈》岩頭卓牌：“岩頭廢教後，在鄂州湖邊作渡子，兩岸立板牌一所，書云：‘如有渡者，請擊此牌一下。’凡有擊者，師乃舞橈而渡之。”然德山卓牌，未見所出。

【五色索】僧問投子：“丹霄獨步時如何？”子云：“脚下一條索。”

注釋：“五色索”出自唐伽梵達摩譯《千手千眼觀世音菩薩廣大圓滿無礙大悲心陀羅尼經》：“誦此咒五遍，取五色綫作索，咒二十一遍，結作二十一結，繫項。”

【世事悠悠】南嶽瓚和上歌，其略云：“世事悠悠，不如山丘。青松蔽日，碧澗長流。山雲當幕，夜月爲鈎。卧藤蘿下，塊石枕頭。不朝天子，豈羨王侯？生死無慮，更復何憂？”師諱明瓚，嵩山普寂之嗣子，北秀之的孫，世號嬾瓚。然禪門有三嬾：牛頭嬾融，嗣四祖；潙山嬾安，嗣百丈；師預其一焉。瓚，在坦切。

【一切不是句】黃蘗示衆：“欲知佛法省徑處，一切不是。”見《廣録》。

【天鼓】當作天瞽，謂生盲也。

注釋：《明覺禪師語録》卷二："瞞瞞頇頇非爲正觀，一切法即非一切法，莽莽鹵鹵還同天鼓。""瞽"，《説文·目部》："瞽，目但有朕也。"《廣雅·釋詁三》："瞽，盲也。""鼓"，《説文·鼓部》："鼓，郭也。春分之音，萬物郭皮甲而出，故謂之鼓。""鼓"當是"瞽"之借字。天瞽，即天生看不見的人。

【孟常之門】孟常，當作孟嘗，即齊之孟嘗君。名文，姓田氏，嬰之子。父使生①家。後代嬰立於薛，故稱孟嘗君。君在薛招致諸侯、賓客及亡人有罪者，皆歸孟嘗君。傾天下之賢，食客數千人，無貴賤，一與文等。有客馮驩，甚貧，猶有一劍，又蒯緱。彈其劍而歌曰："長鋏歸來乎，食無魚。"君遷之，食有魚；既又彈劍而歌曰："長鋏歸來乎，出無輿。"君又遷之，出入乘輿車。後爲君燒券，以彰君之善聲。

校勘：①"生"，五山版作"主"。

【應緣而化物】二十六祖不如蜜多傳法偈："真性心地藏，無頭亦無尾。應緣而化物，方便呼爲智。"

【𨻶】正作隙，乞逆切，壁際孔也。

注釋："𨻶"當爲"隙"之俗字。《方言箋疏》卷三："𨻶，俗隙字。"《干禄字書》："𨻶隙：上通下正。"慧琳《一切經音義》卷六七："隙，論文作𨻶，俗字也。"

【㶿】蒲没切，烟起貌。

【紆】憶俱切。縈紆，曲也。

【敹氛】敷文切。祥氣也。

注釋："氛"，《廣韻》撫文切。

【青蘿黃緣】語出忠國師碑。乃草堂沙門飛錫撰。其間數語，叢林率多舉唱。如："青蘿黃緣，直上寒松之頂；白雲淡泞，出没大虚之中。""萬法本閑而人自鬧。""論頓也，不留朕迹；語漸也，返常合道。""得之於心，伊蘭作栴檀之樹；失之於旨，甘露乃蒺藜之圍。""白雲志高，青松節峻，唯帝之師，親傳法印。解深貌古，言嶮理順，不有定門，將何演頓?"此皆草堂飛錫之語，今叢林説者往往指作國師之言。蓋由看尋之疏率，又豈能明雪竇之旨哉?"

注釋：因"看尋之疏率"而易誤把飛錫《忠國師碑》的内容當作忠國

師本人的話語的現象，禪籍中多見。如《無异元來禪師廣録》卷七："上堂。南陽忠國師云：'青蘿夤緣，直上寒松之頂。白雲淡泞，出没太虛之中。萬法本閑，而人自鬧。'"《天界覺浪盛禪師全録》卷七："師下堂，眾禮拜，各歸位，久立。師顧眾云：'正恁麼時也，恰好有甚麼相辜負處？'復舉南陽忠國師云：'青蘿夤緣，直上寒松之頂。白雲淡泊，出没太虛之中。萬法本閑，惟人自鬧。'"上文皆將"青蘿夤緣"句誤作忠國師之語，如此看來，學者用之當仔細閱讀。

【混沌】上胡本切，下徒壏切。清濁未分，混爲一也。

【虛空爲鼓①】鹽官齊安和上示眾云："虛空爲鼓，須彌爲椎，甚麼人打得？"眾皆無對。僧舉似南泉，泉云："王老師不打者破鼓。"法眼別云："王老師不打。"破，普活切。

校勘："鼓"，五山版作"鼓"。

【慚愥】上忙果切，下郎可切。慚也。

校勘："慚"，《廣韻》亡果切。

【蝕木】乘力切。《釋名》曰："日月虧曰蝕，稍小侵虧，如蟲食木之葉。"《智論》第二云："佛言：'善說無失，無過佛語。諸外道中，設有好語，如蟲食木，偶得成文。'"

【尼猲】尼，當作犳，陟革切。猲，色責切。犳猲，犬張耳貌，故云耳犳猲。或音卓朔，非義。

注釋：按"尼""犳"《廣韻》皆讀陟革切，知母麥韻入聲；"尼"爲"犳"的同音假借。"尼"《玉篇·厂部》："尼，亦作碟。開也。"《集韻·陌韻》："尼，張也。""犳"《説文·犬部》："犳，犬張耳也。"

【洛浦遍參】洛浦和上問僧："你笠子爲甚破？"僧云："遍參。""忽若撞著牛屎時如何？"僧近前云："不審。"浦便打。按《廣燈》："寶應顒和上問僧：'汝名甚麼？'僧云：'普參。'師云：'忽遇木橛，又作麼生？'僧不審，師便打。"

【長嘴鳥】雲門問僧："你從向北來，曾遊臺否？"僧云："是。"師云："關西湖南還見長嘴鳥説禪麼？"僧云："不見。"師拈拄杖，以口作吹勢，引聲云："禪！禪！"

【摩斯吒】見《雲門録》之下。

【巨靈】郭緣生《述征記》云："華山與首陽，本一山河神，巨靈擘開，以通河流，故掌迹存焉。"

【演若】《楞嚴經》云："佛言：'汝豈不聞：室羅城中演若達多忽於晨朝以鏡照面，愛鏡中頭眉目可見，嗔責己頭不見面目，以爲魑魅，無狀狂走。'"

【懶統】當作儴侗。

【塻窰】本作莫傜。地名，今潙山塔莊是矣。古語云："不作潙山一頂笠，無由得到莫傜村。"

注釋：《大正藏》本《明覺禪師語録》卷三："猷窰人設齊且致，水中拈月致將一間來。"作"猷窰"。《嘉慶藏》本《明覺禪師語録》卷二作"塻窰"，"設齊"作"設齋"。卷後附音義："塻，莫、模二音。窰，餘招切，與窰同。"可知"猷"當爲"塻"之誤字。莫傜，即瑶族的古稱。《梁書·張纘傳》："纘爲湘州刺史，州界零陵衡陽等郡，有莫傜蠻者依山險爲居，歷政不賓服因此向北。"《隋書·地理志下》："長沙郡又雜有夷蜒，名曰莫傜，自云：'其先祖有功，常免傜役，故以爲名。'"

卷二

《雪竇瀑泉集》

【多聞】《楞嚴經》云："阿難見佛，頂禮悲泣，恨無始來，一向多聞，未全道力。"

【記諸善言】《論語·序》云："魯《論語》二十篇，皆孔子弟子記諸善言也。"

【西乾】正作乾。西乾即天竺國五印土，或云西天。西乾皆譯師之義立。

注釋："乾"當爲"乾"之俗體字。《集韻·寒韻》："乾，俗作乾。"《正字通》："乾，俗乾字。"《干禄字書》："乾乾乾，上俗中通下正。"

【東震】或云震旦，或云真丹，或旃丹，或指難，皆梵音訛轉，並翻漢地。又《婆沙》中有二音：一云指那，此云文物國，謂此方是衣冠文物之地也；二云指難，此云邊鄙，謂此方非中國也。《西域記》翻摩訶支那爲大漢國。或謂日出東隅，其色如丹，故云震旦、真丹者，此皆訛說。

【來昌】昌，猶明也，盛也。

【蜀川】雪竇生西蜀之遂州。

【吳苑】明覺始唱道於洞庭之翠峰，屬吳王之國。苑謂宮苑。

【句章】句章縣故城在鄞縣西。《十三州志》云："句踐之地，南至句無，後並吳，國因大成，章伯之功，遂名句章，以示其子孫。"見《東漢·蓋勳傳》。

【猊座】猊，狻猊也，師子之屬。西方王者所坐之座，猶中國龍床①也。《西域記》云："君王朝坐，彌復高廣，珠璣間錯，謂師子座也。"《智論》："問云：'佛坐師子座，爲佛化作？爲實師子來？爲金銀木石作師子？'答曰：'是號名師子，非實師子也。佛爲人中師子，佛所坐處，若床若地，皆名師子座。'"

校勘：①"床"，活字版作"牀"。

【輆】陟劣切，止也。

【玉燭】《爾雅》云："春爲青陽，夏爲朱明，秋爲白藏，冬爲玄英，四時和爲之玉燭。"郭璞云："道光照。"

注釋：該處所引《爾雅》原文爲："四氣和爲之玉燭。春爲發生，夏爲長嬴，秋爲收成，冬爲安寧，四時和爲通正。"

【金輪】經云："若王生在剎帝種，紹灌頂位，於十五日受齋戒。時沐浴首身，升高臺殿，臣僚輔翼。東方忽有金輪寶現，其輪千輻，來應王所，及與七寶並皆具足。七寶者：一、輪寶；二、象寶；三、馬寶；四、珠寶；五、女寶；六、藏寶；七、丘寶也。"

【粵】王伐切。語辭也。

【虎策】見《證道歌》解虎錫。

【龍盂】見《證道歌》降龍鉢。

【武林】杭之山名也。秦漢始號虎林，以其棲白虎也；晉曰靈隱，用飛來故事；唐乃曰武林，避諱也。見子潛子《武林山志》。

【呼猿】靈隱之名，由慧理至曰："此吾西竺靈隱鷲峰①也，飛來隱於此地。"人未之信，理曰："彼山白猿呼之可驗。"因呼猿，猿爲之出。今寺之前有呼猿澗、飛來峰，故其山曰靈隱。

校勘：①"峰"，活字版作"峯"。

【嘉遁】嘉之言美也；遁，以道自藏。晉支道林嘗遁藏吳中白馬澗之南，有石庵存焉，故人稱支公爲支遁。又建支硎寺於姑蘇郡，土木壯麗，二眾同處。唐景龍改報恩，今支硎山觀音院是也。養駿，見《祖英》。

【休牛歸馬】《尚書·武成》曰："武王伐殷，乃偃武修文，歸馬於華山之陽，放牛於桃林之野，示天下弗服。"說者曰："山南曰陽，桃林在華山東，皆非長養牛馬之地，欲使自生自死，示天下不復乘用也。"

【輿人】音歟，眾也。

【叢林】梵語貧婆那，此云叢林。《大論》云："僧伽，秦言眾。多比丘一處和合，是名僧伽。譬如大樹叢聚，是名爲林，一一樹不名爲林。如一一比丘不名爲僧，諸比丘和合故名僧。"僧聚處得名叢林。又《大莊嚴論》云："如是眾僧者，乃是勝智之叢林，一切諸善行，運集在其中。"又《雜阿含》二十五："佛告阿難：'汝遙見彼青色叢林否？''唯然已見。''是處名曰優留曼荼山，如來滅後百歲，有商人子名優波掘多，當作佛事，教授師中最爲第一。'"即四祖優波毱多，梵音楚夏爾。以祖師居之，今禪庭稱叢林也。

【黎庶】上郎奚切，下商署切。眾也。

【柯亭】張隲《高士傳》曰："蔡邕告吳人曰：'吾昔嘗經會稽高遷亭，見屋東間第十六竹椽可以爲笛。取用，果有異聲。'"又伏泊①《長笛賦·序》云："柯亭之觀，以竹爲椽，邕取爲笛，奇聲獨絕。"

校勘：①"泊"，當作"滔"。

【陶壁】晋陶侃少漁於雷澤，網得一織梭，挂於壁。後因一日雷電，忽化爲龍飛去。

【德風】《論語》："君子之德風，小人之德草，草上之風必偃。"

【名翼】《管子》："管仲復於桓公曰：'無翼而飛者，聲也。'"謂出言門庭，千里必應，故曰無翼而飛。又《唐聖教序》記云："名無翼而長飛，道無根而永固。"

【啓顙】啓當作稽，音啓，下首拜也。顙，額也。謂額至地。《周禮》太祝之官禮有九焉：一、稽首，即久稽留停，頭至地也；二曰頓首，謂平敵如諸侯相拜，即以頭向下虛搖拜也；三、空首，君答臣下一拜，即以頭至手；四、振動，敬重之，戰慄動變拜也；五、吉拜，謂稽顙齊縗不杖以下。吉者，殷之凶拜也，即先作稽首，後作稽顙，即額觸地。六、凶拜，謂稽顙而後頓首，三年服者也；七、奇拜，謂稽首先屈一膝，即令邪①拜；八、褒拜，謂報拜，即再拜也，或持節之拜；九、肅拜，謂但仰首以手揖之，今之揖讓是也。吾西方之禮亦凡九焉：一、發言問訊；二、俯首示敬；三、柔首高揖；四、合掌平拱；五、屈膝；六、長跪；七、首肘據地；八、五輪著地；九、五體投地。齊縗，音咨催。

校勘：①"令邪"，當作"令雅"。

注釋："稽顙"爲一種頭觸地的跪拜禮。《荀子·大略》："平衡曰拜，下衡曰稽首，至地曰稽顙。"王先謙集解引郝懿行曰："稽首亦頭至手而手至地，故曰下衡；稽顙則頭觸地。""稽"讀作"啓"。《尚書·舜典·虞書》："禹拜稽首讓於稷。"陸德明釋文："稽，音啓。稽首，首至地，臣事君之禮。"

【摳衣】上恪侯切。《曲禮》："兩手摳衣去齊尺，衣毋撥，足毋蹶。先生書策琴瑟在前，坐而遷之，戒勿越。"摳衣，謂以手內舉令離地。毋，音無，止之也。

【漪漣】上於離切，下力延切。風動水文。

【灎澦】《荆州記》云："灎澦如馬，瞿塘莫下；灎澦如象，瞿塘莫上。"此言其險也。瞿塘，峽名。灎澦，石名也。

【江陵】《西漢·貨殖志》："蜀漢江陵千樹橘，比其人與千户侯等。"

【承祧】《禮記》："天子七廟：三昭、三穆，與太祖之廟而七。遠廟爲祧。去祧爲壇，去壇爲墠，去墠爲鬼。"此皆言祭先祖遠近之差。自祧已上，皆爲毀廟。墠，音繕，除也。

【法空座】《法華》云："如來滅後，欲爲四眾説是《法華經》者，云何應説？是善男子、善女人入如來室，著如來衣，坐如來座，爾乃應爲四眾廣説斯經。如來室者，一切眾生大慈悲心是。如來衣者，柔和忍辱心是。如來座者，一切法空是。安住是中，然後以不懈怠心爲諸菩薩及四眾廣説是《法華經》。"

【袖裏藏鋒】《達觀録·四藏鋒頌》序云："叢林舊有四藏鋒：一曰就事藏鋒；二曰就理藏鋒；三曰入就藏鋒；四曰出就藏鋒。不知何人改就爲袖，改理爲裏云云。"今禪家録用就字爲襟袖字，用理字爲表裏字，共所不疑也。且如《風穴録》有四出就語：一曰如何是密室中事？出袖談今古，回顏獨皺眉。二曰九夏賞勞，請師言薦。出袖拂開龍洞雨，泛杯波涌鉢囊花。三、舉南泉辭寒山遊石橋緣，僧問師意旨如何。出袖藏鋒能靈利，毛睫無差滑石橋。四、勘僧云："聲前來，句後殺。"僧應吽。師云："出袖藏鋒無定止，汝潰經雨倒降旗。"此蓋後人不善其意，妄以去就之就，改爲襟袖之袖也。今叢林中以袖裏藏鋒、出袖拂開皆爲用中語，舉口則棒拍已行，豈容擬議？雖然，苟欲詳其問答語脉，則是何旨意？古人之言，豈虛發邪？既學古人之建立，安可忽諸？且就事則全事，就理則全理，入就則事理俱，出就則事理泯。至於四料揀、四賓主、三句、五位，各有宗徒，無自封執，第以風穴四語詳之，則厥旨可見。達觀去臨濟七世，去風穴四世，乃直下正派，頗得詳審。以此校之。則凡曰禪門語録，袖裏皆宜改爲就理。若謂法門時節，不得以語言文字輒生情解者，吾未如之何也矣！

【黃葉】見《雲門》上止啼。

【孟常門下】常當作嘗。齊國孟嘗君門下養三千賓客，不計貴賤，皆分上、中、下三等。因夜食，人蔽火明者，客怒以飯不等，輟食請辭。君乃起，自持己食飯比諸賓，食皆無異，客慚而自刎，四方賢士多歸附之。

後因使秦，秦人説秦王：“孟嘗君族賢，可囚之。”君乃使人投秦王愛姬，得免，秦王釋之歸齊。得出奔馳，夜半至函谷關。秦法，至雞鳴方開關。有下客馮諼，乃法雞鳴，是時群雞皆鳴，君方出關。秦王果悔，令騎追之。使至關，追不及，故脱秦昭王之難也。

注釋：按“常”“嘗”《廣韻》同爲羊市切，禪母陽韻，平聲字，二者當爲同音假借。

【摘楊花】有僧辭趙州，州拈拂子云：“有佛處不得住，無佛處急走過，三千里外逢人不得錯舉。”僧云：“恁麼則不去也。”州云：“摘楊花，摘楊花。”

【口堪喫飯】雲門云：“只①祇堪喫飯，你道古人拈椎竪拂，揚眉動目，作麼生辨？”自代云：“潙山笠子江西別。”又云：“龍頭蛇尾。”

校勘：①“只”，當作“口”。

【横説竪説】見《雲門録》之上。

【佛見法見】《諸佛要集經》：“文殊師利住忍世界，心自念言：‘今日十方各恒沙等諸佛世尊悉來集會東方佛土天王佛所，普光明宣佛要集法，吾寧可往詣彼世界奉覲諸佛，諮受經典。’於是報彌勒云：‘可共俱往詣天王佛普光刹土。’彌勒答曰：‘仁者欲往便可進路，吾不行也。所以者何？道德巍巍，不可攀諭①，身不能見，亦不堪住②睹形聞音。文殊師利！莫以色像觀諸如來，佛者法身，法身叵見，無聞無養。’於是文殊師利飢虛於法而無厭倦，獨己無侶。佛神力所制，使彼眾會無一從者。文殊師利如伸臂頃，至天王佛所。時天王佛心自念言：‘文殊師利，諸佛所嘆，深奧忍辱，行於空慧，無能逮者。今從忍界興心念來，墮大顛倒，極受吾我而有所趣，當退立之鐵圍山頂。’於是天王如來告文殊曰：‘來至於此，欲何所觀？’文殊白言：‘唯然世尊！我在忍界心自念言：諸佛興世，甚難得值，講説經典，亦復難值。欲見如來，聽所説法故，詣此佛土。’天王如來即如其像，三昧正受而現神足，移文殊師利自然立於鐵圍山頂，不自覺知爲誰所舉。文殊復曰：‘今顯神足，成③神變化，無極聖慧，示其道力。’還於眾會，即如其像，三昧正受而現神足。發意之頃，越於東方恒河佛土，不能舍遠彼佛世界如毫釐，況入佛會，未之有也。”

校勘：①“諭”，《諸佛要集經》作“喻”。②“住”，《諸佛要集經》作“任”。③“成”，《諸佛要集經》作“咸”。

【噁】正作啞，音亞，聲也。

注釋："啞"，嘆詞。

【虛空爲鼓】須菩提言："世尊記我聲聞人中無諍三昧最爲第一。是三昧門，我今已得。我若入定，正使有人具大神力，以百億四天下爲一大鼓，取須彌山爲一大椎，於我定時，令一大人住在我前，執彼大椎搗擊大鼓，無暫休廢，乃至經劫，如是鼓聲尚不入耳，何況亂心能令我出。"見《寶積經》。

【魯般繩墨】魯般，古之般輸子也。心匠甚工，而不獨善於繩墨之事。按唐段成式《酉陽雜俎》云："今人每睹棟宇巧麗，必强謂魯般奇工。至兩都寺中，往往托爲魯般所造，其不稽古如此。"據《朝野僉載》云："魯般者，肅州燉煌人。莫詳年代。巧侔造化，於涼州造浮圖，作木鳶，每擊楔三下，乘之以歸。無何，其妻有妊①，父母詰之妻，叙其故。父後伺得鳶，擊楔十餘，乘之，遂至吳會。吳人以爲妖，遂殺之。般爲木鳶，遂得父屍，怨吳人殺其父。於肅州城南作一仙人，舉手指東南，吳地大旱三年。卜曰'般所爲'，貨物巨千數謝之。般爲斷一手，其日，吳中大雨。國初，工人尚祈禱其木仙。鳶，余專切，鷙鳥也。"

校勘：①"妊"，活字版作"姓"。

【駟馬】《論語》："棘成子①曰：'君子質而已矣，何以文爲？'子貢曰：'措惜乎②子之説君子，駟不及舌！文猶質也，質猶文也。虎豹之鞟，猶犬羊之鞟？'"駟馬者，鄭玄曰："過言一出，駟馬追之不及。"鄧析曰："一言而非，駟馬不追；一言而急，四馬不及。"

校勘：①"成子"，《論語·顏淵》作"子成"。②"措惜乎"，《論語·顏淵》作"措惜乎"。

【古人道了】語出《雲門·垂代》。

【開門待知識】龐居士詩："有人嫌龐老，龐老不嫌它。開門待知識，知識不來過。心如具三學，塵識不相和。一丸療萬病，不假藥方多。"

【雲門道底】雲門一日云："宗門作麼生舉令？"自代云："牛。"

【寸草不生】仰山示衆："我若全舉宗乘，法堂上草深一丈；我若東道西説，三門下寸草不生。"

【步步道場】《維摩詰經》云："光嚴童子白佛言：'憶念我昔出毘①耶離大城，我即爲作禮而問言：居士從何所來？答我言：吾從道場來。我問：道場者，何所是？答曰：直心是道場，無虛假故。乃至善男子！菩薩若應諸波羅蜜教化衆生，諸有所作，舉足下足，當知皆從道場來，住於佛法矣。'"

校勘：①"毘"，活字版作"毗"。

【黄巢】黄巢爲雪竇開山和上，蓋俗流妄傳，不足考信也。按《唐書》傳："巢，曹州冤何①人，本以販鹽爲事。乾符中，仍歲凶荒，人飢爲盜，河南尤甚。巢與弟黄揆昆仲八人，率盜數千依里人尚讓。月餘，眾至數萬，讓乃與群盜推巢爲王，曰'衝天大將軍'，仍署宮②屬，蕃鎮不能制。以至於竊據京師，燔掠宮廟，天子爲之奔走，國號稱齊，年稱金統。朝廷以李克用率官軍討之。中和四年五月，大敗之，賊散兖、鄆界。巢入泰山，官軍遺③將捕之。至狼虎谷，巢將林言斬巢及二弟鄴、揆等七人首，並妻子函送徐州。"今禪門應問機緣，亦一期指示學者，以意逆志爲得之矣。然祖塔非黄巢明矣。

校勘：①"何"，《唐書》作"句"。②"宮"，《舊唐書》作"官"。③"遺"，《舊唐書》作"遣"。

【賞不避仇讎】《漢書·東方朔傳》："臣聞聖主爲政，賞不避仇讎，誅不擇骨肉。"

【摩騰不燒】見風穴。

【韓愈端立】韓愈，生於唐代宗之朝，終於穆宗世，去莊宗同光之時已一百餘載。考諸傳録，亦恐此緣誤矣。

【帝令】當作王令。

注釋："帝"作"王"乃義近混寫。

【敊】書無此字，正作舀，以紹切。亦作詔。《詩》曰："或簸或舀。"

注釋："敊"當爲"舀"之異體字。《龍龕手鑑·白部》："敊，同舀。"

【清税】當作清銳。見《傳燈録》。

注釋："清銳"爲僧人的名號。《景德傳燈録》卷一七《撫州曹山本寂禪師》作"清銳"。又《禪宗頌古聯珠通集》卷二九："僧清銳問（今訛作清税者，非）：'清銳孤負，乞師拯濟。'師曰：'銳闍黎近前來。'銳近前。師曰：'泉州白家酒，三盞猶道，未霑唇。'"（《五燈會元》訛作清税孤貧，乞師賑濟。師召税闍黎，税應諾。師曰："清源白家酒，三盞喫了，猶道未霑唇。"）

【揭石】《大涅槃經》云："佛言：'我欲涅槃，始初發足向拘尸那城。五百力士於其中路平治掃灑，中有一石，眾欲舉弃，盡力不能。我時憐愍，即起慈心，彼諸力士尋即見我以足拇指舉此大石，擲弃虛空，還以手接，安置右掌，吹令碎末，復還合聚，令彼力士貢高心息，即爲略説種種法要。'"

注釋：按五百力士移山的故事已見於西晋竺法護譯《佛説力士移山經》，《祖庭事苑》引《大涅槃經》，時代稍晚。

【吹布毛】杭州招賢寺會通，唐德宗時，嘗爲六宫使，屢乞爲僧，帝從其願，禮鳥窠道林禪師落髮。通一日欲辭去，師曰："汝今何往?"曰："會通爲法出家，以和上不垂慈誨，今往諸方學佛法去。"師曰："若是佛法，吾此間亦有少許。"曰："如何是和上佛法?"師於身上拈起布毛吹之，會通遂領悟玄旨，時謂布毛侍者。秦望山有長松，枝華繁茂，盤屈如蓋，林栖止其上，故人謂之鳥窠和上。

【白頭因】因事立號，叢林素有之。因以少年頭白，故得是名。如睸頭副、赤頭璨、钁頭通、安鐵胡、覺鐵觜、劉鐵磨、清八路、米七師、忽雷澄、踢天太、鑒多口、不語通、黑令初、明半面、一宿覺、折床會、岑大蟲、獨眼龍、矬師叔、周金剛、簡浙客、陳溝①鞋、泰布衲、備頭陀、大禪佛、王老師、瀏陽叟，皆禪林之白眉，聞其名者，莫不慕其所以爲道也。

校勘：①"溝"，當作"蒲"。

注釋：璨尊者，因生病而滿頭頭髮脱落，病愈后仍不長黑髮，故稱爲"赤頭璨"。疏山光仁禪師因身形矮小而被稱爲"矬師叔"。婺州明招德謙禪師因左眼失明而被稱作"獨眼龍"。南嶽玄泰上座因衣着簡樸，從未穿過衣帛被稱作"泰布衲"。益州北院通禪師因"入嶺"一案而當下開悟，於是就有了"钁頭通"的稱號。"一宿覺"是永嘉玄覺禪師的稱號，得名於玄覺禪師和六祖慧能之間的一段機緣佳話。玄覺禪師初次與六祖慧能見面，一問一答間，即頓悟法門，於是留宿一夜，時人謂之"一宿覺"。此公案廣泛流傳，禪林因此多用該稱号代指玄覺禪師。"折床會"是如會禪師的稱號。傳説唐代如會禪師的法席昌盛，僧徒衆多，以至僧堂的床榻被折斷，故稱爲"折床會"。福州玄沙院師備禪師苦修頭陀法，衣食簡單，故被衆人稱爲"備頭陀"。朗州宣鑑禪師因經常講讀《金剛般若經》而得名"周金剛"。道明禪師因隱居龍興寺后以織蒲鞋瞻養老母，所以有"陳蒲鞋"之稱。長沙鹿苑招賢大師機鋒十分峻烈，與仰山對機時作大蟲撲噬的姿勢，踏倒仰山，仰山言其"直下似个大蟲"，因此有了"岑大蟲"的稱號。唐代一僧尼，俗姓劉，因其機鋒險峻犀利而有"劉鐵磨"的稱謂。

"覺鐵嘴"，姓名無從考，也是因其機鋒峻峭而有此稱號。廣州和安通禪師因寡言少語，被稱作"不語通"。明州清簡禪師因行事孤潔而被稱爲"簡浙客"。五代岳州巴陵顥鑒禪師能言善辯，世人多稱爲"鑒多口"。

【摛辭】上尹知切。舒布也。

注釋："摛"，《廣韻》丑知切。

【洪規】洪，大也。下居隨切。《字統》云："丈夫識用，必合規矩，故從夫也。"

【淘汰】上徒刀切，擇也。下它蓋切，過也。

【竺土】華梵兼舉也。竺是梵語，土是華言。《西域記》云："梵語天竺，此云月。謂佛日既沒，諸聖法教如月也。五天竺國亦名五印土，周九萬餘里，三垂大海，北背雪山，北廣南狹，形如半月。盡①野區分七十餘國。"

校勘：①"盡"，《西域記》作"畫"。

【大仙】《般若論》云："聲聞、菩薩亦名仙，佛於中最尊上故，已有①一切波羅蜜多功德善根彼岸，故名大仙。"漢明帝問摩騰法師："佛道中亦有仙號②不?"曰："仙者並修梵行，多諸技術，是以爲世所尚。佛初成道時，坐於菩提樹下，世人未識是佛，光明顯照，咸言摩訶大仙，生未曾有也。舍利弗、目連等，坐臥空中，神化自在，各相謂言：'此是大仙弟子也。'佛以隨機應顯，仙號生焉。"

校勘：①"有"，《般若燈論》作"到"。②"號"，活字版作"号"。

【山河爾】爾當作固。蓋見它本。

注釋：按《景德傳燈錄》卷三〇《南嶽石頭和尚參同契》、《聯燈會要》卷三〇、《五燈會元》卷五《南嶽石頭希遷禪師》皆作"山河固"。

【列刹】應法師云："浮圖名刹，訛也，應云刺瑟致。刺，刀割切。此云竿。人以柱代之，名爲刹柱，以安佛骨。以西國竿頭安舍利，故即幡刹竿也。"《長阿含經》云："若沙門於此法中勤苦得一法者，便當豎幡告四遠，今有少欲知足之人居此。"

【天石麟】徐陵，字孝穆。母臧氏，嘗夢五色雲化爲鳳，集左肩上，已而誕。陵年數歲，家人攜①以候沙門寶志，志摩其頂曰："天上石麒麟也!"光宅寺慧雲法師每嗟其早就，爲之顏回。陵官至光祿大夫、太子少傅，年七十七卒。陵少而崇信釋教，經論多所釋解。陳後主在東宮，令陵講《大品經》，義學名僧自遠雲集，每講筵商較，四坐莫能與抗。目有青精，時人以爲聰慧之相。見《南史》。

校勘：①"攜"，活字版作"携"。

【澄徹】當作澄澈。

注釋："徹"，《説文·攴部》："徹，通也。"又引申出通透義，"徹"在表明净義上與"澈"相通。"澄澈"意爲清亮明潔。

【義龍】陳高僧慧榮，講學踪橫，時號義龍。榮聞智者顗師講法，故來設問。數番徵覈，莫非深隱，輕誕自矜，揚眉舞扇，扇便墮地。顗應對事理，焕然清顯，謂榮曰："禪定之力不可難也。"時沙門法歲撫榮背曰："從來義龍，今成伏鹿，扇既墮地，何以遮羞？"榮曰："輕敵失勢，未可欺也。"

【律虎】釋法願，落髮披緇，周行講席，後乃仰踪波離。霜情啓旦，孤映群篇。復歷談對，眾皆杜辭。時以其彭享罕敵，故號律虎。右見《續高僧傳》。

【鼇峯】海山三峰，九鼇負之。《祖英》十二鼇詳矣。

【寶凡】當作寶几。

注釋："凡"當爲"几"之誤字。"寶几"爲"七寶几"之略稱。"七寶"一詞來自佛經文獻。丁福寶《佛學大辭典》"七寶"條："（名數）諸經論所説少异。《法華經受記品》曰：'金、銀、琉璃、硨磲、瑪瑙、真珠、玫瑰七寶合成。'《無量壽經》上就樹説七寶：'金、銀、琉璃、玻璃、珊瑚、瑪瑙、硨磲。'《智度論》十曰：'有七種寶：金、銀、毗琉璃、頗梨、車渠、馬瑙、赤真珠（此珠极貴非珊瑚也）。'……《般若經》以金、銀、琉璃、硨磲、瑪瑙、虎珀、珊瑚为七寶。"

【花巾】《楞嚴》云："即時如來於師子坐，整涅槃僧，斂僧伽梨，攬七寶几，引手於几取劫波羅天所奉花巾，於大眾前綰成一結，示阿難言：'此名何等？'阿難、大眾俱白佛言：'此名爲結。'如是倫次綰疊花巾，總成六結。"

【話月】玄沙示眾云："'吾有正法眼付囑大迦葉'，我道猶如話月；曹溪豎拂子，還如指月。所以道：大唐國内宗乘中事，未曾有一人舉唱。設有人舉唱，大地人失却性命，如無孔鐵鎚相似，一時亡鋒結舌去。"

【乳寶】《四明圖經》云："兩峰如乳，相對爲寶，瀑水飛流如雪，亦云雪寶。"寶，鑿垣爲空曰寶。

【祖佛冤】冤當作冤，於袁切，屈也。怨，於願切，恚也，非義。

注釋："怨""冤"《廣韻》同爲於袁切，影母元韻，平聲字，二者古音相同，"怨"當爲"冤"的借字。《楚辭・七諫》："心悸憚而煩冤兮。"《考异》："冤一作怨。"

【三指七馬】《莊子》："以指喻指之非指，不若以非指喻指之非指也；以馬喻馬之非馬，不若以非馬喻馬之非馬也。天地一指也，萬物一馬也。"上下、彼此、是非之對也。三指七馬，不可偶也，夢身之真理在斯焉。

【三川】荆州爲秦川，河南爲洛川，益爲蜀川。

【指鹿】秦趙高欲爲亂，群臣不聽，乃先設驗。以蒲爲脯，以鹿爲馬，獻於二世。群臣言蒲言鹿者，皆陰誅之矣。

注釋：《明覺禪師語錄》卷四："指鹿爲馬將日作月，罪兮彌天焉可分説。""指鹿爲馬"爲一個成語，典出《史記・秦始皇本紀》。

【安岩照】照當作昫，即大梅保福昫禪師。正字避諱。

【蹴踏】上子六切，下徒闔切。蹴，亦踏也。維摩云："龍象蹴踏，非驢所堪。"

【憤悱】上扶粉切，怒也。下孚匪切，欲有所問而未能宣也。

【品藻】《西漢・注》：品其差次，以藻飾文質。

【飲光】梵云迦葉波，此言飲光，姓也。或云身光殊特，能飲諸天及日月等光，皆悉不見，故曰飲光。

【龍昌】即雲居舊寺名也。今山中有龍昌亭，乃追舊迹也。乃指法眼下道齊禪師。安岩昫嗣雲居齊也。

【迅雷掩耳】炎威赫耀，童子不能正目；迅雷奮擊；懦夫不及掩耳。見《正理論》。

《雪竇拈古》

【稱謂】上昌孕切。《漢書・注》云："凡一物知其名曰識，其所宜皆曰稱謂也。"

【遽明】其據切，急也，卒也。

【抵】都禮切，止也。

【不請之友】《華嚴》二十云："當要先令一切眾生得無上菩提、無餘涅槃，然後成佛。何以故？非眾生請我發心，我自爲眾生作不請之友。"

【列澘】私潤切，深也。

【來哲】如《選·注》云：“非我能及，以待將來之智者矣。”

【某甲】某，如甘在木上，指其實也，然猶未足以定其名；甲，次第之言，亦猶某甲、某乙也。

【船舷】音賢。船邊也。

【閫外】馮唐曰：“上古王者遣將也，跪而推轂曰：‘閫以內者，寡人制之；閫以外者，將軍制之。’”韋昭曰：“此郭門之閫，門中橛曰閫。”

【當斷不斷】黃石公曰：“當斷不斷，反受其亂。”

【百丈再參】百丈一日隨馬祖出田行次，見群雁。祖從中過，雁驚開；丈在後過，雁不驚。丈遂問師：“從群雁中過，爲甚却驚？及懷海過，爲甚不驚？”祖曰：“吾有殺心，汝無殺心。”又行，見水鴨子，指問：“是甚麼？”丈云：“水鴨子。”祖良久，曰：“甚處去也？”丈曰：“飛過那邊去也。”祖近前把丈鼻搣，丈失聲叫：“阿㖿！”祖曰：“又道飛過那邊去，元來只在者裏。”便拓開，丈直得浹背汗流，於此有省。明日，祖上堂，眾才集，丈出，捲却拜簟，祖歸方丈，丈侍立，祖却問：“我適來上堂未曾爲眾説法，你爲甚捲却簟子？”丈曰：“懷海今日鼻頭猶痛在。”祖曰：“汝昨日去甚處來？”丈曰：“今日鼻孔不痛也。”祖曰：“汝深明昨日事。”丈禮謝後，再參馬祖云云。見《宗派錄》。

【刁刀魚魯】古語云：“筆久厭勞，書刁成刀；事歷終古，寫魚爲魯。”

【參差】上楚簪切，下楚宜切。不齊等也。

【瞞】當作謾，欺也。餘倣此。

注釋：“謾”，本義爲“欺騙”。《説文·言部》：“謾，欺也。”“瞞”，本義爲閉目。《説文·目部》：“瞞，平目也。”段玉裁注：“瞞，今俗借爲欺謾字。”朱俊聲《説文通訓定聲》：“瞞，叚借爲謾，今所用欺瞞字。”“瞞”之“欺騙”義唐代已見用例。寒山《詩》卷二〇七：“我見瞞人漢，如籃盛水走。”

【禦木】上音語，蝕也。

【大冶】羊者切。爐①冶。冶，銷也。

校勘：①“爐”，活字版作“炉”。

【凳】都鄧切。

【理能伏豹】伏豹當作伏伨。於教切，很戾也。見遠《浮山錄》。

注釋：“理能伏豹”於義不通，而《浮山錄》“理”“伨”二字，義似相貫，《大慧普覺禪師普説》中可見一例：“所謂理能伏伨，纔到道理上，自然教你禮拜。"理，道理。理能伏拗，即用道理説服執拗的人。

【劈】溥擊切，破也。

注釋："劈"，《廣韻》普擊切。

【瞠目】丈證切，直視貌。

【林際】當作臨濟，院名也。師名義玄，曹州南華人，姓邢氏。髫年出家，弱冠受具。早慕宗門，首參黃蘗，堂中第一座諭令往問佛法大意，蘗打之。凡三造丈室，被六十棒，因欲辭去。第一座留之，且謂蘗曰："義玄雖後生，似堪法器。"蘗曰："我知此子，譬如巨木在野，當爲天下陰涼。"師方取別，蘗曰："汝宜往高安灘頭見大愚，必爲汝明此事。"大愚見師來，問其所以。即舉前話，因而問曰："義玄凡三度被打，未審有甚麼過？"愚曰："黃蘗與麼老婆，爲汝得徹困，更問有過無過？"師於言下知歸，失聲曰："元來黃蘗佛法無多子。"愚把住曰："者尿床鬼！見個甚麼便與麼道？"師於大愚肋下築三拳，愚托開曰："汝師黃蘗，非干我也。"師却回，黃蘗見，便問："來來去去，有甚了期？"師曰："只爲老婆心切。"便禮拜。方起，蘗問曰："汝甚麼處去來？"師遂舉見大愚之緣。蘗曰："如何得大愚老多口漢來？"師曰："要見伊作甚麼？"蘗曰："待伊來，痛與一頓。"師曰："説甚麼待來，即今便與。"遂打黃蘗一掌。蘗曰："風漢却來者裏捋虎須。"師便喝。蘗云："參堂去！"師後因還鄉，徇趙人之請，居鎮府城南之臨濟禪苑。臨終，上堂曰："吾滅後，不得滅吾正法眼藏。"時三聖爲院主，乃曰："爭敢滅却？"師曰："已後有人問，你向伊道甚麼？"院主便喝。師曰："誰知吾正法眼藏向者瞎驢邊滅！"言訖，坐以示化，即唐懿宗咸通七年四月十日也。

注釋：按臨濟，寺院名，"林際"當爲"臨濟"的同音假借。

【不拜彌勒】高揖釋迦，不拜彌勒，乃禪家絕聖凡之語。然不拜之緣，亦有所出。按《三藏傳》云："秣底補羅國城南四五里小伽藍，即德光論師於此作辨真等論，凡百餘部。論師是鉢伐多國人，本習大乘，後退學小乘。時天軍阿羅漢往來睹史多天，德光願見慈氏，決諸疑滯，請天軍以神力接上天宮。既見慈氏，揖而不禮，言：'我今出家具戒，慈氏處天同俗，禮敬非宜。'如是住①來三返皆不致禮，既我慢自高，疑亦不決。"其語雖同，意與此異。

校勘：①"住"，《三藏法師傳》作"往"。

【趕】正作扞，古旱切，推之也。趕，書無此字。

注釋：《明覺禪師語録》卷三："州云：'昨日有人問，趕出了也。'"
"趕"即趕走、驅逐義。"扞"之推義不符。

【苕帚】苕，音條。草屯。帚，正作帚，止西切。

注釋：《説文》收"帚"，訓"糞也"。"帚"，《玉篇·艸部》："帚，炙
久切，俗帚字。""帚"爲"帚"之俗字。

【割城】見《祖英》連城璧。

【舉無業】此節乃録者之不工，當云：舉："僧問無業：'如何是佛?'
云：'莫妄想。'"師云："塞却鼻孔。"又舉："僧問馬祖：'如何是佛?'
云：'即心是佛。'"師云："拄却舌頭。"無業嗣馬祖，謚大達國師。

注釋：今按《明覺禪師語録》卷三："舉無業馬祖。僧問：'如何是
佛?'云：'莫妄想。'師云：'塞却鼻孔。'又問：'如何是佛?'云：'即心
是佛。'師云：'拄却舌頭。'"與善卿所見底本同，可據《祖庭事苑》校
改。無業即汾陽無業禪師，馬祖即馬祖道一。所舉爲無業與馬祖的公案。
但該段問答中，僧人問話有兩處，禪師的回答亦有兩處，但皆不曉何爲無
業的回答，何爲馬祖的回答；抑或是無業問，馬祖答。究其原因，乃節録
者刻工不整所致。依善卿所改，則文意豁然顯明，前部分問答爲僧與無業
的對話，后部分爲僧與馬祖的對話。《古林清茂禪師語録》卷三、《了庵清
欲禪師語録》卷四皆與善卿所改相符，亦可參證。

【以己妨人】妨當作方。方，比也。《論語》："子貢方人。子曰：'賜
也，賢乎哉? 夫我則不暇。'"此孔子鄙子貢之比方人也。

注釋："妨"當爲"方"之加形諧聲假借。

【簽瓜】簽當作籤，七廉切，割也。

注釋：《明覺禪師語録》卷三："保福簽瓜次，太原孚上座到來。福
云：'道得與爾瓜喫。'孚云：'把將來。'福度一片瓜與孚。孚接得便去。'"
"簽瓜"即切瓜。"簽"當爲"籤"的俗字。《復古編》編上："籤，驗也。
一曰銳也，貫也，从竹韱，别作簽。"《正字通·竹部》："簽，同籤，俗
省。舊本籤注引正譌，别作簽，非此。又云：簽書文字前後自相矛盾，从
籤爲正。"《俗書刊誤》卷一"二十二鹽"："籤，俗作簽。"

【只三人】禪是大潙詩是朴，大唐天子只三人。見周朴解王巢語小説。

【媿圖】當作貴圖。

注釋："媿"，《説文·女部》："媿，慚也。从女，鬼聲。""媿"與
"貴"通。《荀子·儒效》："眾人媿之。"楊倞注："媿或爲貴。"貴，欲，

要。《戰國策·東周策》：“謂周最曰：‘魏王以國與先生，貴合於秦以伐齊。’”鮑彪注：“貴，猶欲。”由“欲，要”可引申出“希望，謀求”義。“圖”有“謀劃”義。“貴圖”，當爲同義並列復詞。義謂希望，謀求。

【圓相】圓相之作，始於南陽國師付授侍者耽源，源承讖記，傳於仰山，今遂目爲溈仰家風。明州五峰良和上嘗製四十則，明教子潛子爲之序，稱道其美。良云：“圓相總六名：一、圓相；二、義海；三、暗機；四、字海；五、意語；六、默論。”又溈仰宗派云：“耽源謂仰山曰：‘國師傳六代祖師圓相九十七箇，授與老僧。國師臨示滅，復謂曰：吾滅後三十年，南方有一沙彌到來，大興此道，次第傳授，無令斷絕。吾詳此讖，事在汝躬，我今付汝，汝當奉持。’仰山既得，遂以火燔之。源一日又謂仰山曰：‘向所傳諸圓相，宜深秘之。’山曰：‘已燒却了也。’源曰：‘此乃諸祖相傳至此，何爲燒却？’山曰：‘慧寂一覽，以知其意，但然用得，不可執本也。’源曰：‘於子即得，來者如何？’仰曰：‘和上若要，重録一本。’山乃重録呈似，一無差失。耽源一日上堂，仰出眾作此□相，以手托作呈勢，却又手立，源以兩手交，作拳示之；仰進前三步，作女人拜，源點頭，仰便禮拜。”此乃圓相所自出也，因録以示後學云。

【學唐步】按《莊子·注》：“壽陵，燕之邑。邯鄲，趙之郡。弱齡未壯，謂之餘子，猶孺子也。趙郡之地，其俗能行，故燕國少年來學步，既乖本性，未得趙國之能，舍己効人，失壽陵之故，是以用手踞地，匍匐而還也。”雪竇云：“者僧不是邯鄲人，爲甚學唐步？”此語甚非，事亦倒置，乃燕人學步於邯鄲，非邯鄲學步於燕也。據《莊子》：“燕學趙步。”此云唐步，此蓋誤用風穴“羅越學唐步”之語也。

【一簣】正作簣，求位切，土籠也。《尚書·旅獒》：“不矜細行，終累大德。爲山九仞，功虧一簣。”

注釋：“簣”當爲“簣”之俗字。《正字通·竹部》：“簣，隸省作簣，俗作簣。”

【擡搦】上音臺，舉也。下尼角切，又昵格切，持也。

【豁公】豁當作豁。巘頭，名全豁。禪録有豁上座，乃臨濟嗣子，非巖[①]頭也。

校勘：①“巖”，活字版作“巘”，二者均爲“岩”之异體。

注釋：全豁，唐代禪僧。出居鄂州岩頭院，故又稱岩頭。“豁”通“豁”。“全豁”又作“全豁”。《從容庵録》卷二、《聯燈會要》卷二一作

"豁公"。

【不得封侯】《漢書‧李廣傳》："廣不得爵邑，官不過九卿。廣之軍史及士卒，或取封侯。廣與望氣王朔語曰：'自征匈奴，廣未嘗不在其中，而諸凡校尉而下，材能不及中，以軍功取侯者數十人。廣不爲後人，然終無尺寸功得封邑者，何也？豈吾相不當侯？'朔曰：'將軍自念，豈嘗有恨者乎？'廣曰：'吾爲隴西守，羌嘗反，吾誘降者八百餘人，詐而同日殺之，至今恨獨此爾①。'朔曰：'禍莫大於殺已降，此乃將軍不得侯者也。'"

校勘：①"爾"活字版作"尔"。

【幞頭】房玉切，帊也。周武帝所製幅巾，出四脚①以幞頭，乃名焉。或作蒲沃切，誤也。

校勘：①"脚"，活字版作"腳"。

注釋：幞，《廣韻‧燭韻》："帊也。"《太平御覽》卷七〇四引服虔《通俗文》："帛三幅曰帊，帊衣曰幞。""幞頭"即頭巾。

【切蹉】當作瑳，倉何切，玉色鮮白也。《詩》："如切如瑳。"磋，蹉跌，非義。

【遠害】音授，離也。

【將軍致】致當作置，置立也。致，至也，非義。且致、致得，倣此。

【觸忤】當作觸忤。忤，逆也。悮，欺也，非義。

校勘：《大正藏》本《雲門匡真禪師廣録》有三處，已改。《雲門匡真禪師廣録》卷上："師云：'觸忤老兄得麽？'進云：'如何是接人一句？'"卷中："某甲昨日觸忤和尚。峰云：'知是般事便休。'時有僧問師：'作麽生是觸忤和尚處？'師便打。"卷下："僧云：'某甲罪過觸忤和尚？'師云：'我不能唾得儞。'"

注釋：觸忤，冒犯。"忤"，《廣韻‧暮韻》："忤，逆也。""悮"，《集韻‧莫韻》："悮，欺也。""悮"當爲"忤"之借字。

【伊蘭】《觀佛三昧經》云："伊蘭臭樹與㫃檀同生，然馨香各別，臭薰四十里，猶如死屍；其花紅樹，何愛樂。"聞臭而死，甚可惡也。

【挖】徒可切，引拽也。

【喏】音惹，敬辭。當作吢，應聲也。

注釋：喏，讀"rě"。《玉篇‧口部》："喏，敬言。"然"喏"又讀"nuò"，同"諾"，應聲。《正字通‧口部》："喏，《六書故》：'喏，應聲也。'古無此字，疑即諾字。"清翟灝《通俗編·語辭》："《淮南子·道應訓》：'子發曰：喏。不問其辭而遣之。'注：'喏，應聲。'""吢"，應答聲。《康熙字典》："《廣韻》：'人者切。應聲也。'《集韻》：'爾者切，並音惹。'《廣韻》：'讋聲。'《集韻》：'本作喏。'"

【大禪佛】禪宗有二大禪佛：一名景通，嗣仰山；一名智通，嗣歸宗常。

【撼】砂獲切，拂著也。

注釋：見卷一《雲門室中録》"搣"條。

【禪伯】伯，尊稱也，如侯伯之伯。又晉有八伯，以擬八俊。禪伯亦猶能詩者，稱詩伯。杜工部所謂才大今詩伯。

【憚】徒桉切，難也。

【龜鑑】龜，所以決疑；鑑，所以辨物。

注釋：龜，古代用龜甲作爲占卜的工具；又"鑑"，鏡子，因此善卿言"龜所以決猶豫，鑑所以辨妍蚩"。"龜鑑"用其引申義"供人學習的榜樣或引以爲鑒的教訓"。禪籍所用與經典文獻無異。如《聯燈會要》卷十《鎮州保壽沼禪師》："大潙喆云：'可惜趙州放過，待他道某甲過在甚麼處，劈脊便棒。非但承他保壽威光，亦乃與叢林爲龜鑑。'"

【敠趒】音字朓，排越也。

【橈】當从木，作橈，如招切。

注釋：《明覺禪師語録》卷三："玄沙見鼓山來，作一圓相。山云：'人人出者個不得。'沙云：'情知爾向驢胎馬腹裏作活計。'山云：'和尚又作麼生？'玄沙云：'人人出者個不得。'山云：'和尚湉麼道得？某甲爲什麼不得？'沙云：'我得爾不得。'師云：'只解貪觀白浪，不知失却手橈。'"橈，船槳。手橈，手櫓。這裏喻爲悟禪之時機、禪機。俗書從扌、從木的字常相混，"橈"亦作"撓"。

【墼子】古歷切。土墼也。

【醒醒】當作惺惺。音星憸。了慧也。醒醉解，非義。

注釋：《明覺禪師語録》卷三："沙云：'瑞巖有何言句？'僧云：'長喚主人翁，自云諾。醒醒著，他後莫受人瞞。'""醒"當爲"惺"的假借。"醒"，《說文新附·酉部》："醒，醉解也。"由酒醒可引申出清醒、覺悟義。《楚辭·漁父》："舉世皆濁我獨清，衆人皆醉我獨醒。""惺"，領悟、清醒。《集韻·迥韻》："惺，悟也。""醒"無須改作"惺"。

【示眾云】俱胝和上，第十六板十二行中脱四字。

【寶應老】當作南院老。

【鼯鼠】音吾。鼠名，狀如小狐，以蝙蝠肉翅，亦謂之飛生。

【明窗①下】佛日離雲居，到夾山，問答次，山云："與甚麼人同行？"日云："木上座。"山云："何不來看老僧？"日云："和上看它有分。"山云："在甚處？"日便作卓拄杖勢。山云："莫從天台得麼？"日云："非五嶽之所生。"山云："莫從須彌得麼？"日云："月宮亦不遊。"山云："莫從人得麼？"日云："自己尚似生冤家，豈況從人得？"山曰："冷灰裏一粒豆爆。"山却云："侍者！喚維那明窗下安排。"

校勘：①"窗"，活字版作"窻"。

【鐮】音廉。《釋名》曰："廉也，薄其所刈似廉也。"亦作鐮。

【龍門】龍門，以魚爲喻也。龍門，河水所下之口，在今絳州龍門縣。龍門水險不通，魚鼈之屬莫能上。江海大魚集龍門下者，數千不得上，上即爲龍。今士有被其容接者，名爲登龍門事。見《東漢·李膺傳》。

【一句合頭語】按雲門垂代："古人道：'一句合頭語。萬劫繫驢橛。'作麼明得免此過？"古人，謂船子也。船子問夾山："你何處學得來？"山曰："非耳目之所到。"船子笑曰："一句合頭語。萬劫繫驢橛。"今雪竇云"忽若雲門道。一句合頭語"，此船子語，非雲門也。

注釋："一句合頭語，萬劫繫驢橛"當爲船子所説。"船子"與"夾山"的對話見於《慈受懷深禪師廣錄》卷四："船子纔見夾山。便問：'大德住在甚寺？'夾山云：'寺則不住，住則不似。'船子云：'汝道不似，不似個甚麼？'夾山云：'不是目前法。'船子云：'甚處學得來？'夾山云：'非耳目之所到。'船子云：'一句合頭語，萬劫繫驢橛。垂絲千尺，意在深潭。離鈎三寸，子何不道？'夾山擬開口，船子便打落水，纔擬出，船子又云：'道。道。'夾山擬開口，船子又打，夾山豁然大悟，乃點頭三下。船子云：'竿頭絲綫從君弄，不犯清波意自殊。'夾山云：'抛綸擲釣，師意如何？'船子云：'絲懸渌水浮，定有無之意。速道！速道！'夾山云：'語帶玄而無路，舌頭談而不談。'船子云：'釣盡江波，金鱗始遇。'夾山乃撺耳。船子云：'如是。如是。'"

【耳𣏾】丁果切，小崖也。或止作朵。

【連架打】架當作枷，音加，拂也。《說文》："擊禾連枷。"如僧問普化："明暗俱來時如何？"曰："連枷打。"拂，音弗。《方言》曰："連枷，打穀者也。"

注釋：按"枷"，《説文・木部》："枷，柫也。""架"，《説文》未收。《廣韻・禡韻》："亦作枷。"《廣雅・釋器》："與枷同。""架"當爲"枷"之俗字。《禮記・曲禮上》："不同椸枷。"陸德明釋文："枷，本又作架。徐音嫁，古本無此字。"《復古編・去聲》："枷，柫也。一曰所以舉物，俗作架。"《俗書刊誤》卷三："枷，俗作架。"

《雪竇頌古》

【夥】音禍。《方言》："凡物盛而多，齊宋之郊謂之夥。"

【燀赫】上齒善切①，然也。《春秋・傳》："燀之以薪。"杜詩："燀赫舊家聲。"

注釋：①"燀"，《廣韻》昌善切。

【繇】音由。

【翕然】許汲切①，動也，又盛也。

注釋：①"翕"，《廣韻》許及切。

【魯變】《論語》："子曰：'齊一變，至於魯。魯一變，至於道。'"説者曰："齊、魯有太公、周公之餘化，太公大賢，周公聖人。今政教雖衰，若有明君興之，齊可使如魯，魯可使如大道行之時。"

【洋洋】音羊。《論語》："洋洋乎，盈耳哉！"

【勝】外音。

【徇】辭閏切，從也。

【朕】當作眹，直引切。吉凶之兆曰眹。

注釋："朕""眹"混用的現象，文獻已有記載。《淮南子・俶真訓》："欲與物接而未成兆眹。"高誘本作"兆朕"。洪适《隸釋》卷一："郡將陳留高君者，高眹也。諸書多有誤以眹爲朕者。"

【髣髴】上非雨切，下敷勿切。髣髴，似貌①。

校勘：①"貌"，活字版作"皃"。

【先覺】《孟子》："以先覺覺後覺。"

【啓發】《論語》："不憤不啓，不悱不發。"

【瞬】音舜，目動也。

【昌期】言昌盛之會也。

【挺】徒鼎切，出也。

【粹】雖遂切，純也。

【恢】苦回切，張大也。

【垂裕】羊戍切，道也。

【俾夫】並弭切，使也。

【窒】陟栗切，塞也。

【泥】奴計切，滯陷不通也。

【能事】能，獸也，有筋力，善緣木。故今善其事曰能。

【揭】渠列切，高舉也。

【澆季】上古堯切，薄也。澆季，言澆薄之末世。

【循循】《論語》："夫子循循然善誘人。"循循，次序貌①。言夫子正以此道勸進人，有次序。

校勘：①"貌"，活字版作"皃"。

【繕録】上時戰切，抄也。又治故，造新也。

【攝提格】歲名。太歲建寅，曰攝提格。

【月仲牡】《爾雅》："八月爲牡。"郭璞云："日之別名。歲陽至此，其事義皆所未詳。"

【哉生魄】哉，音載，始也。始生魄，月十六，明消而魄生。歲攝提格月仲牡哉生魄，即寅年八月十六日。

【朕】直稔切，我也。秦始二十六年，始爲天子之稱。

【陛下】應劭曰："陛者，升堂之階①。王者必有執兵陳於階陛之側，群臣與至尊言，不敢指斥，故呼在陛下者而告之。因卑以達尊之意也。若今稱殿下、閣下、侍者、執事，皆此類。

校勘：①"階"，活字版作"陛"。

【盍國】盍，正作盍，胡臘切。按《集韻》，通作蓋，亦胡臘切。今衆中作"居太切"呼之，乃沿①襲之訛。若音丐，訓苦也。又疑辭也，且國何疑之有？如雪竇本録，凡四用盍國，或有從門、從盍者，亦胡臘切。如西漢顏師古解闔郡義曰："闔，閉也。總一郡之中，故曰闔郡。"以此證之，復何疑耶？按《南史》，寶志與達摩固非同時，傳云志公生宋太始初，滅於梁天監十三年。志滅十二年，達摩始來茲土。達摩實大通元年九月二十一日至廣州。《寶林》諸書皆云普通八年。祖源云："史書，普通但至七年，皇祐長曆甲子推則有八年。今撿《南史》有八年，其年三月甲戌改大通。達摩九月至，以達摩至時已無八年也。又云廣州太守蕭昂奏聞。昂，蕭梁宗室，本傳不見守是州。傳載二侄，曰勵、曰勃，嘗作廣州刺史。昂嘗徵爲瑯琊、彭城二郡太守。皆疑其傳寫之誤。惜乎《傳燈》楊大年失於讎校，遂使後之謬傳，它宗疑妄。《傳燈》序云：‘校歲曆以愆殊，約史籍而差謬，咸用刪去。’徒見其言矣。《正宗記》又云：‘達摩實普通元年庚子九月二十二日東來。前錄國本者，既是非不嫌，今不敢輒削去，存其缺疑也。’嗚呼！祖師事迹所出不同，亦若世尊出生、示滅年月，西竺梵本率多差異，亦未免後人之疑。覽是傳之異，事迹之差，使後人疑謗者，此作傳者之謬，豈聖人之意乎？思之！”

校勘：①“沿”，活字版作“沿”。

注釋：“盖”乃“盍”之俗寫字。

【這裏】這，當作者，指事之辭也。這，《三蒼詁訓》云：“古文同適字，之石切。”又篇韻、誕彥二音，唯禪録作“之也切”，皆沿襲所致。

【枯木龍吟】僧問香嚴：“如何是道？”嚴云：“枯木裏龍吟。”學云：“不會。”嚴云：“髑髏裏眼睛。”又問石霜：“如何是髑髏裏眼睛？”霜云：“猶帶識在。”“如何是枯木裏龍吟？”霜云：“猶帶喜在。”僧又問曹山，山有頌云：“枯木龍吟真見道，髑髏識盡眼初明。喜識盡時消息盡，當人那辨濁中清？”僧又問：“如何是枯木裏龍吟？”山云：“血脉不斷。”“如何是髑髏裏眼睛？”山云：“乾盡。”

【著語】知略切，置也。

注釋：“著”，《廣韻》張略切。

【挾複】上胡頰切，持也。下當作幞，房玉切，帊也。複，音福，重也，非義。

注釋：“複”與“幞”通。“挾複”即挾帶包袱。“複”有“包袱”義。複，《字彙》：“方六切，音幅，重也。”《説文·衣部》：“重衣也，一曰褚衣。”禪籍有“德山挾複見潙山”一説。如《聯燈會要》卷二〇：“師到潙山，挾複子於法堂，從西過東，從東過西，顧視方丈，潙山不顧。”同種説法又見《西巖了慧禪師語録》卷上：“舉德山到潙山，挾袱子於法堂上，從東過西，從西過東。”

【飛騎】見《祖英》李將軍。

【虜庭】上郎古切，匈奴號也。

【茸茸】如容切，草生貌。

注釋："茸"，《廣韻》而容切。

【舜若多】此云主空神。《楞嚴》云："舜若多神無身覺觸。"

【鷓鴣】上之夜切，下音姑。形似雉，生江南。

【庈】荒故切。庈斗，舀水器。

注釋："庈"，《廣韻》荒故切。

【白珪】《詩·抑篇》："白圭之玷，尚可磨也；斯言之玷，不可爲也。"説者曰："玷，缺也。玉之缺尚可磨鑢，言不可缺也。"鑢，音慮，錯也。

【劈】普擊切，破也。

注釋："劈"，《廣韻》普擊切。

【爍迦羅】此云金剛，又云堅固。

【掠虚】上音略，奪取也。

【二瞎漢】《廣燈》："寶應省念和上上堂：'諸上座！不得盲喝亂喝。者裏尋常向汝道：賓即始終賓，主即始終主；賓無二賓，主無二主。若有二賓二主，即是兩個瞎漢。'"

【匡徒】上去王切，正也。

【寰海】上户關切。王者畿内縣，即寰中海内。

【大中天子】大中即唐宣宗年号。宣宗潛龍時爲沙彌，與黄蘗同在鹽官。帝一日見黄蘗禮拜次，問曰："不著佛求，不著法求，不著眾求，用禮何爲？"蘗云："當①禮如是事。"帝曰："用禮何爲？"蘗便打。帝曰："大粗生！"蘗又打。《宋僧傳》云："唐宣宗，憲宗第十三子，穆宗異母弟也。武宗常憚忌之，沈之于宫厠。官者仇公武潛施拯護，俾髡髮爲僧，縱之而逸，周遊天下，險阻備嘗。因緣出授江陵少尹，實惡其在朝爾②。武宗崩，左神策軍中尉揚公諷宰臣百官迎而立之。嘗居鹽官安禪師會中，安一日預戒知事曰：'當有異人至此，禁雜言，止横事，恐累佛法。'明日，行脚僧數人參禮，安默識之，遂令維那高位安置，禮珠③它等。安每接談話，益加貧④氣，乃曰：'貧道謬爲海眾圍繞，患齋不供，就上座求一供疏。'帝爲操翰擄辭，安覽之驚悚，知供養僧賣去，所獲豐厚，殆異常度，乃語帝曰：'時至矣，無滯泥蟠。'囑以佛法後事而去。"洎鹽官示寂，帝有詩悼云："像季何教禍所鍾？釋門光彩喪驪龍。香階嬾踏初生草，抵掌悲看舊日容。玉柄永離三教座，金鳴長鎮萬年踪。知師下界因緣盡，應上諸天第幾重？"

校勘：①"當"，當作"常"。②"爾"，活字版作"尔"。③"珠"，

《宋高僧傳》作"殊"。④"加貧"，《宋高僧傳》作"知貴"。

【展事投機】洞山宗教大師守初嗣雲門，上堂云："教家道法法當體不昧，還實已否？若實。"遂指露柱曰："且作麼生會？若有會底，出來對眾道看。若也相委悉，即不得孤負達摩。"時有僧問："列祖陞堂，人天堅請，不昧宗乘，乞師舉唱。"師云："頭髼鬆，耳傷恩。"僧云："恁麼則一句流通人天聳耳。"師云："墨點欄衫日裏曬。"問："師唱誰家曲？宗風嗣阿誰？"師云："重言不當吃。""如何是佛？"師云："麻三斤。""如何是古佛心？"師云："巢知風，穴知雨。"師乃曰："言無展事，語不投機，承言者喪，滯句者迷。於此四句語見得分明也，得個脫灑衲僧，根椽片瓦粥飯因緣，堪爲人天善知識；於此不明，終成莽鹵。"見《廣錄》。

【華簇簇】開福德賢和上，僧問："如何是古佛心？"師云："簇華簇錦。"賢嗣洞山。

【南地竹】隨州師寬和上，聞洞山答佛話麻三斤，乃云："向南有竹，向北有木。"

【陸大夫】唐陸亘，字景山，吳郡人。官至宣歙觀察使加御史大夫。初問南泉曰："古人瓶中養一鵝，鵝漸長大，出瓶不得，如今不得損瓶，不得毀鵝，和上如何出得？"南泉召曰："大夫！"亘應喏。泉云："出也。"亘從此解悟。既南泉示寂，院主問曰："大夫何不哭先師？"亘曰："院主道得即哭。"主無語。長慶代云："合笑不合哭。"雪竇別云："蒼天！蒼天！"南嶽福嚴雅和上嘗頌麻三斤云："玉彩畫牛頭，黃金爲點額。春晴二月天，農人皆取則。寒食賀新正，鐵錢三五百。"雅即洞山之高弟，曾以此頌呈之，洞山深相肯。可後之說者，勿生异見。

【提婆宗】提婆大士，南天竺國人，姓毘①舍羅，長者之子。天性才辨，喜修福業。會龍猛大士，投封②契合，既現月相，最先穎悟，遂傳正法眼藏，爲高足弟子。龍猛曰："吾衰邁矣，朗耀慧日，其在子乎！"提婆避廣③禮足曰："某雖不敏，敢承慈誨。"提婆宗，或者謂外道宗矣。立幡提婆王禪宗第十五祖無別。提婆也，《西域記》《付法藏傳》《寶林》諸書，載之甚詳，並不書外道事。如十三祖，先爲外道，大有幻術，傳亦直書無隱。西域謂東有馬鳴，西有龍猛，南有提婆，北有章④壽，號爲四日，能照眾生惑情。然提婆伏諸外道，其緣頗多。其始謂龍猛曰："我今欲摧邪見山，然正法炬。"龍猛曰："爾非其儔，吾今得矣。"曰："大師立外道議，而我隨文破邪，詳其優劣，然後圖行。"龍猛乃扶立外義，提婆隨破其理。七日之後，龍猛失宗，已而嘆曰："謬詞易失，邪法難扶，爾[4]其行矣。"遂往波吒釐城，破不擊揵推緣；二、破諸外道以殑伽河爲福水緣；三、破婆羅門循名責實，反質窮辭緣；四、鑿大自在天神眼緣；五、執長幡緣；六、立三寶義，破諸外道，化令出家緣；七、與盟咀羅阿羅漢論義緣。盟咀羅，此云上，與之論義，七返辭屈，杜口不酬，竊運通力往睹史請問慈氏。慈氏告曰："彼提婆者，曠劫修行，賢劫中當紹佛位，非爾所知。"由是名振五天。外道輩皆目爲提婆宗者，所謂吾正宗也。

校勘：①"毘"，活字版作"毗"。②"封"，當作"針"。③"廣"，當作"席"。④"爾"，活字版作"尔"。

【老新開】岳州巴陵新開顥鑒禪師，嗣雲門，時謂鑒多口。凡遇雲門諱日，皆不贊供食。人問其故，曰："吾嘗對話有三語，足以報先師恩德。"三語者，僧問："如何是道？"云："明眼人落井。""祖意教意，是同是别？"云："雞寒上樹，鴨寒下水。""如何是提婆宗？"云："銀椀裹盛雪。"叢林有語云"巴陵平生三轉語"。

【加六個】九十六種外道始於六師，每師出十五種類。六師者：一、富闌那迦葉；二、末伽黎俱舍利子；三、删闍耶毘[1]羅胵子；四、阿耆多翅舍飲[2]婆羅；五、迦羅鳩陀迦旃延；六、尼律陀若提子。

校勘：①"毘"，活字版作"毗"。②"飲"，當作"欽"。

【赤幡】提婆大士初得法已，至巴連弗城，聞諸外道欲障佛法，計之既久，大士乃執長幡入彼衆中，其幡八尺，竿長丈二，於彼而立，更不移步。外道曰："汝何不前？"曰："汝何不後？"外道曰："汝似賤者。"曰："汝似良人。"外道曰："汝解何法？"曰："汝百不解。"外道曰："我欲得佛。"曰："我灼然得。"外道曰："汝不合得。"曰："元道我得，汝實不得。"外道曰："汝既不得，云何言得？"曰："汝有我故，所以不得；我無我故，自當得佛。"彼既辭屈，乃問曰："汝名何等？"曰："我名提婆。"外道素聞其名，乃悔過致謝。梵云提婆，此言天。

【楔】先結切。木楔也。

【閻浮】此云勝金。

【拗】於絞切。

【决】正从水，作決。

【八萬四千】衆生具有八萬四千塵勞煩惱故，佛欲斷之，設八萬四千法門折伏對治。《智度論》云："般若波羅蜜能除八萬四千病根本。此八萬四千皆從四病起，一貪、二嗔、三癡、四三毒，等分四病，各分二萬一千。以不淨觀除貪欲二萬一千煩惱，以慈悲觀除嗔恚二萬一千煩惱，以因緣觀除愚癡二萬一千煩惱。總用上藥，除等分病二萬一千煩惱。譬如寶珠能除黑闇，般若波羅蜜亦能除三毒煩惱。”

【鳳毛】宋謝鳳，靈運之子。鳳之子超宗，隨父至嶺南，元嘉末得還，與慧休道人來往。好學，有文辭，盛得名譽，選補新安王子鸞國常侍。王母卒，超宗作誄奏之，帝大嗟賞，謂謝莊曰：“超宗殊有鳳毛，靈運復出。”右衛將軍劉道隆在御座，出候超宗，曰：“聞君有異物，何見乎？”超宗曰：“懸磬之室，復有異物邪？”道隆武人無識，正觸其父名，曰：“且侍宴，至尊説：‘君有鳳毛。’”超宗徒跣還內，道隆謂檢覓鳳毛。至闇，待不得，迺去。

【虎穴】班超，字仲升，彪之子，固之弟。永平中，以軍功，以超爲假司馬，與從事郭恂俱使西域。超到鄯善，鄯善王廣奉超禮敬甚備，後忽更疏懈。超謂其官屬曰：“寧覺廣禮意薄乎？此必有北虜使來，狐疑未知所從故也。明者睹未萌，況已著邪！”乃召侍胡，詐之曰：“匈奴使來數日，今安在乎？”侍胡惶恐，具服其狀，超乃閉侍胡。悉會其吏士三十六人，與共飲酒酣，因教怒之曰：“卿曹與我俱在絕域，欲立大功，以求富貴。今虜使到裁數日，而王廣禮敬即廢，如令鄯善收吾屬送匈奴，骸骨長爲豺狼食矣，爲之奈何？”官屬皆曰：“今在危三①之地，死生從司馬。”超曰：“不入虎穴，不得虎子。當今之計，獨有因夜以火攻虜使，彼不知我多少，必大震怖，可殄盡也。滅此虜，則鄯善破膽，功成事立矣。”

校勘：①“三”，當作“亡”。

【貶剝】上方撿切，退也。下北角切，削也。

注釋：天奇本瑞注《雪竇顯和尚頌古》：“古佛有家風，對揚遭貶剝。子母不相知，是誰同啐啄。”《宗鑑法林》卷四六《越州龍門鏡清道怤禪師》作“貶駁”。“剝”，通“駁”，辯解，駁斥。《漢書·薛宣傳》：“宣謂修三年服少能行之者，兄弟相駁不可，修遂竟服，繇是兄弟不和。”顏師古注：“駁者，執意不同，猶如色之間雜。”《後漢書·胡廣傳》：“若事下之後，議者剝異。”王先謙集解引沈欽韓曰：“邵伯溫《聞見錄》：‘剝，當作駁。剝、駁古字通。’”“貶”，與“褒”相對，給予低評價。《穀梁傳·莊公元年》：“不言氏姓，貶之也。”“貶”“駁”近義連言，貶斥批駁義。

【猶在殼】香嚴和上獨腳頌云：“子啐母啄，子覺無殼。母子俱三①，應緣不錯。同道唱和，妙玄獨腳。"

校勘：①"三"，活字版作"忘"。

【名邈】上與諸同，彌正切，目諸物也。下當作貌，墨角切，容也。邈，遠也，非義。

注釋："邈"《廣韻》莫角切，明母覺韻入聲；"貌"《廣韻》莫教切，明母效韻去聲；"邈"與"貌"音近相通。"貌"原來應該作"邈"。《敦煌變文字義通釋》"貌"條：本義爲容貌，當動詞用時，爲圖寫容貌義，讀入聲。"貌""邈"通用，始見於唐代，如韓愈楸樹詩"不得畫師來貌取"，朱文公校注："'貌'音邈，或作'邈'。"

【角馱】徒個切，負重也，謂驢馬負物也。當从大，作馱。馱，徒何切，騎也，非義。

【紫胡】本作子湖，巖名也，在衢州。

注釋：按"子湖"乃衢州子湖嚴禪師，名利踪。《景德傳燈錄》卷一〇收有《衢州子湖利踪禪師》，"子湖"又作"紫胡""子胡"。

【劉鐵磨】尼也，時流目爲劉鐵磨。參衢州子湖巖利踪和上，師才見，便問："莫是劉鐵磨否？"云："不敢。"師云："左轉？右轉？"云："和上莫顛倒。"師便打。

【肅宗】按《傳燈》，南陽國師以涅槃時至，乃辭代宗，而有造塔之緣。今言肅宗者，誤矣。國師後肅宗一十二年，方歸寂。代宗即肅宗之長子也。

【相之南】相，去聲呼，謂色相之。譚，徒南切，當作談，徒甘切，謂言談也。或作湘之南，潭之北，其説鑿矣。嘗讀遠浮山九帶，向云"相之南，談之北"，亦誤，乃是"牛頭南，馬頭北"。然遠老匠也，深達宗旨，後世學者宜審思之。

【接盲龜】見《雲門録》盲龜。

【勦】子小切，絶也。

【狐疑】狐之性，不果於進者也，故曰狐疑。

【攛】七丸切，擲也。

【孫公】長慶慧稜禪師，杭州鹽官人，姓孫氏。隸業蘇州開元寺，歷參禪肆，後見雪峰，疑情冰釋。同參鼓山常呼爲孫公。

【蓮華峰】廬山蓮華峰祥庵主，嗣奉仙道琛，即雲門之孫。師臨示寂，舉拄杖示眾："汝道古佛到者裏，爲甚麼不肯住？"眾無對。自曰："爲它途路不得力。"復曰："作麼生得力去?"乃橫拄杖肩上曰："椰栗橫擔不顧人，直入千峰萬峰①去。"便告寂。若備此緣，方明頌意。

校勘：①"峰"，活字版作"峯"。

【天馬駒】天馬駒，指馬大師也。師諱道一，漢州什仿人，姓馬氏。以祖師遣①讖云："向後出一馬駒子，踏殺天下人去在。"以師適當其讖，人皆呼爲馬祖。天馬，乃千里駒也。《漢書·西域傳》云："大宛國有高山，其上有馬不可得，因取五色母馬置其下與集，生駒，皆汗血，因號天馬子。"馬二歲曰駒。宛，平聲呼。

校勘：①"遣"，當作"遺"。

【撩虎須】孔子見盜蹠，退而曰："丘所謂無病而自灸也，疾走料虎頭，編虎鬚，幾不免虎口哉!"見《莊子·盜蹠篇》。料，音聊。

【攸】以周切，所也。

【鏃】作木切，箭鏃也。

【百丈】百丈涅槃，逆潙山之嗣子，即海、政之侄孫。然海、政同嗣馬祖，祖之下有二百丈，故《傳燈》呼南泉爲師伯者，即涅槃之百丈也。今反收此緣於政，百丈錄中誤矣。

注釋：百丈涅槃，百丈懷海禪師之嗣子。《碧岩錄》卷三："涅槃和尚，法正禪師也。昔時在百丈作西堂，開田說大義者。"又《林間錄》："百丈山第二代法正禪師，大智之高弟。其先嘗誦《涅槃經》，不言姓名。時呼爲涅槃和尚，住成法席。師功最多。使衆開田方說大義者，乃師也。"

【大煞】與殺同。所戒切，猛也。

【劫火洞然】劫火洞然，大千俱壞。須彌巨海，磨滅無餘。見《仁王般若經》。

【麻浴】浴當作谷，音欲。水法①溪曰谷。言所居也。

校勘：①"法"，當作"注"。

注釋：按"麻古"指唐代禪僧寶徹居住在蒲州（今山西永濟西）麻古山。麻古爲地名，又禪僧多以居住地稱呼。"谷"與"浴"相通。《易·困·初六》："入於幽谷。"漢帛書本谷作浴。《老子》四十一章："上德若谷。"漢帛書乙本谷作浴。

【十二門】《錫杖經》云："是杖有三鬲重，則念三塗，則修戒定慧等，故立三鬲。復有四鈷者，用斷四生，念四諦，修四等，入四禪，故立四楞。通中高五，用斷五道，回轉修五根，具五力故也。十二環者，用念十二因緣，通達無导，修行十二門禪，念心無患。三重、四楞合數成七，以念如來七覺。意法攝八用，念八道，得八解脫，故用八也。”

【好求】上虛到切，愛也。

【巨靈】見後録。

【珊珊】蘇干切。《選》：“珠翠珊珊。”

【馱】當作馱，唐向切，驢馬負物。

注釋：按“馱”“馱”《廣韻》皆讀徒河切，定母歌韻平聲；“馱”“馱”當爲同音假借。《正字通·馬部》：“馱，凡以畜負物曰馱。”可知“馱”亦有用牲口負物之義。《漢書·司馬相如傳上》：“其獸則麒麟角端，駒騊橐駝。”唐顏師古注：“橐駝者，言其可負橐囊而馱物，故以名云。”

【捲攣】捲當作圈，去爰切，屈木也。下吕員切。

注釋：“捲攣”，禪籍中當爲圈套義。捲，收緊也。《説文·手部》：“捲，捲收也。”《集韻·阮韻》：“卷，斂也。或從手。”“捲”由收緊義可引申爲裹成圓形的東西。攣，拘系，牽系。《説文·手部》：“攣，係也。”段玉裁注：“係者，絜束也。”《廣韻·仙韻》：“攣，攣綴。”“捲”與“攣”義近。“捲攣”由收緊束成的圓形的東西引申出圈套。“圈”又作“捲”，朱駿聲《説文通訓定聲》：“圈，字亦作捲。”俗書“扌”與“木”不分。“圈”亦與“捲”通。

【右眄】當作盼，普覓切，顧盼也。眄，音沔，非義。

注釋：盼，《廣韻》匹覓切。按《説文·目部》：“盼，白黑分也。”《説文·目部》：“眄，目偏合也。從目、丏聲。一曰邪視也。秦語。”又段玉裁“盼”字下注：“盼、眄、盻三字形近多互訛，不可不正。”“眄”當爲“盼”之形近而訛。曾良《俗字與古籍文獻通例研究》指出，“眄”字本來與“盼”“盻”區别較大，致訛的原因在於“眄”的俗寫作“眄”，這樣字形相近。

【寒山子】詩云：“欲得安身處，寒山可長保。微風吹幽松，近聽聲逾好。下有班白人，喃喃讀黄老。十年歸不得，忘却來時道。”

【前三三】延一《廣清涼傳》曰：“釋無著，姓董氏，永嘉人。年十二，依本州龍泉寺猗律師出家。誦大乘經數十萬偈。唐天寶八年，以業優得度。二十一歲首習毗尼，因詣金陵牛頭山忠禪師，參受心要。忠謂師曰：‘衆生與佛，元無别心。如雲翳若除，虛空本净。’無著言下頓開法眼。後大曆三年夏五月，至臺山嶺下，時日將暮，倏見寺宇鮮華絶世，因扣扉請入，有童子胸胝启扃出應，無著請童子入白，欲以寓宿。童子得報，延無著入。"僧問師：'自何方來？'著具對。又曰：'彼方佛法如何？'答曰：'時逢像季，隨分戒律。'復問：'眾有幾何？'答：'或三百，或五百。'著曰：'此處佛法如何？'答曰：'龍虵混雜，凡聖同居。'又問：'眾有幾何？'答曰：'前三三，後三三。'著良久無對。僧曰：'解否？'答曰：'不解。'曰：'既不解，速須引去。'童子送客出門，著曰：'此寺何名？'曰：'清涼寺。'童子曰：'向所問前三三，後三三，師解否？'曰：'不解。'童子曰：'金剛背後，汝可觀之。'師乃回首，其寺即隱。著憪然久之，乃有偈云：'廓周沙界聖伽藍，滿目文殊接話談，言下不知開佛印，回頭只見崔山岩。'"

【芙蕖】音扶蕖，荷葉也。

【羸】當从羊，作羸，力爲切，疲也。

注釋："羸"作"羸"，又"羸"作"羸"皆形近之訛。

【哇步】辨正在《風穴録》。

【三玄】臨濟家有三玄三要，謂體中玄、玄中玄、句中玄，以接學者。

【楚王城】即郢州也。《江陵記》曰："楚文王始自丹陽徙都於郢，今州北南城是也。"

【瞞頇】音謾寒，大面貌。

注釋：瞞，《廣韻・桓韻》："瞞，目不明也。""瞞"通"顢"。《玉篇・頁部》："顢，顢頇，大面。"《廣韻・桓韻》："顢，顢頇，大面貌。""目不明"則看不清；"大面貌"則面大而肥，眉眼不分明，故"瞞頇""顢頇"當爲"模糊不清，渾然不分"義。又"顢頇""瞞頇"，蒙昧無知，糊塗貌。《金剛三昧經通宗記》卷一："頇，音憨。顢頇蒙昧不明之狀。"《大慧普覺禪師語録》卷十："南泉打破閑家具，浩浩諸方作話看。今日爲君重舉過，明明歷歷不顢頇。""明明歷歷"清醒明白貌，與"顢頇"相對照。

【藥忌】猶語言也。

【正偏】洞山五位：一、正中偏；二、偏中正；三、正中來；四、兼中至；五、兼中到。

【韓獹】見《雲門録》韓情。

注釋：參卷一"韓情"條釋義。

【禾山】《寶藏論》云："夫學者有三：其一謂之真，其二謂之鄰，其三謂之聞。習學謂之聞，絕學謂之鄰，過此二者謂之真。"本行二過字，說者曰："如人聞它方之事，但信而不親睹，即聞也。不徇生死，不依涅槃，則絕學謂之鄰。鄰，近也。了生死涅槃二際平等，不取不捨，過前二者，名爲無上正真之道。"

注釋："禾山"指吉州禾山無殷禪師，其著名的公案爲"禾山打鼓"，即禾山反復用"解打鼓"擊退僧人的連續發問。《佛果圜悟禪師碧巖錄》卷五："禾山垂語云：'習學謂之聞，絕學謂之鄰，過此二者，是爲真過。'僧出，問：'如何是真過？'山云：'解打鼓。'又問：'如何是真諦？'山云：'解打鼓。'又問：'即心即佛即不問，如何是非心非佛？'山云：'解打鼓。'又問：'向上人來時如何接？'山云：'解打鼓。'禾山垂示云：'習學謂之聞，絕學謂之鄰，過此二者，是爲真過。'此一則語，出《寶藏論》。"該條目下指明禾山垂語的出處爲《寶藏論》。

【拽石】雲門所謂雪峰輥毬，歸宗拽石。

【般土】袁州善道木平和上，凡有新到，未容參禮，先令般土三檐，示與頌曰："東山路側西山低，新到莫辭三檐泥。嗟汝在途經日久，明明向道却成迷。"

【輥毬】見《祖英》下。

【莽鹵】上莫補切，下郎古切。不分明貌。

注釋：按《頌古集》現已不可見，"莽鹵"在文獻中的意義不得而知。禪籍中"莽鹵"有多項引申義。第一，"莽鹵"有"粗疏、粗略"義。《宏智禪師廣錄》卷四："五年分疏不下，一句元無縫罅，只知推過商量，誰信分明酬價，玲瓏底相知，莽鹵底相訝。"第二，"莽鹵"引申有"輕率，草率"義。《佛果圜悟禪師碧巖錄》卷六："放箭之徒莫莽鹵，若善能放箭，則不莽鹵；若不善放，則莽鹵可知。指白石爲玉，點黃金爲土，便恁麼會去？他家未相許，不相許莫莽鹵。"第三，"莽鹵"又有"糊塗，馬虎"義。《佛果圜悟禪師碧巖錄》卷九："莫將問來問，何故問在答處，答在問處。這僧擔一檐莽鹵，換一檐鶻突，致個問端，敗缺不少。"第四，"莽鹵"還有"模模糊糊"義。"不分明貌"即是此義。《續古尊宿語要》卷一《翠巖真禪師語》："解打鼓，幾打鼓，四打鼓，打破鼓，天界地界莫莽鹵，分明記取好參詳。"

【編辟】辟，當作逼，迫也。

注釋：按"辟"，《廣韻》讀必益切，幫母昔韻入聲；"逼"，《廣韻》

讀彼側切，幫母職韻入聲；"辟"與"逼"音近假借。編辟，當爲編織、編結義。"編"，《玉篇·糸部》："編，編織也。"唐玄應《一切經音義》卷二十三引《字林》曰："編，織也。""辟"，績麻、織麻。《孟子·滕文公下》："彼身織屨，妻辟纑，以易之也。"趙岐注："緝績其麻曰辟，練其麻曰纑。"明梁辰魚《浣紗記·遊春》："夜夜辟纑，常向鄰家借燈火。""辟纑"即治麻之事。則"編"與"辟"近義連文。又早期的農耕禪需僧人自己動手生産，編屨織衣已是常事。因而"編辟"當是指編屨織衣之事。然編屨織衣需要用力擠壓蒲草和麻綫，才能使蒲草、麻綫緊凑有序地排列整合。禪籍中"編辟"一詞出自雪竇頌古。《佛果圜悟禪師碧岩録》卷五："雪竇知他落處，故打開義路，與爾頌出：'編辟曾挨老古錐，七斤衫重幾人知。如今抛擲西湖裏，下載清風付與誰。'十八問中，此謂之編辟問。雪竇道：'編辟曾挨老古錐。編辟萬法，教歸一致。這僧要挨拶他趙州，州也不妨作家，向轉不得處有出身之路。'敢開大口便道：'我在青州作一領布衫，重七斤。'雪竇道：'這個七斤布衫能有幾人知，如今抛擲西湖裏。萬法歸一，一亦不要。七斤布衫亦不要，一時抛在西湖裏。'""編辟"與"七斤重布衫"相映照，其"編織"義亦已明了。然"編辟曾挨老古錐、編辟萬法"中"編辟"一詞，當借用編屨織衣的過程及動作來比喻禪師巧作施設，使學人無可用心，處於困頓中，迫使學人躍入悟境。

【挨】乙諧切，推也，又背負也。

注釋："挨"，《廣韻》於駭切。

【不載】趙州有語："向北人來，與他上載；向南人來，與它下載。"

【入流】《楞嚴》觀音圓通：從聞思修入三摩地，初於聞中入流忘所，所入既寂，動靜二相了然不生。

【霶霈】上薄郎切[①]，下鋪蓋切[②]。霶霈，大雨貌。

校勘：[①]"霈"，《廣韻》普蓋切。[②]"霶"，《廣韻》普郎切。

【成風】當作承風。

【獨眼龍】即婺州明招德謙禪師。受羅山印記，不滯一隅，擊揚玄旨，人皆畏其敏捷，鮮敢當鋒。以失左目，遂號獨眼龍。

【鬚】良涉切。須，鬚也。

【無裩】寒山子詩："六極常嬰困，九維彼自論。有干遺草澤，無藝閑蓬門。日上岩猶闇，烟消谷裏昏。其中長者子，個個總無裩。"

【略彴】《釋名》曰："橋木梁也。"又《廣志》曰："獨木之橋曰榷，亦曰礿。謂水上橫一木爲渡也。"榷，音角。

【灌溪】志閑禪師。僧問："久嚮灌溪，到來只見個漚麻池。"師云："汝只識漚麻池，且不識灌溪。"僧云："如何是灌溪?"師云："劈箭急。"玄沙聞，云："更參三十年未會禪。"漚，於候切，久漬也。

【扭】女久切，手轉貌。

【弔】多嘯切，問凶也。

【靈骨】石霜問道吾和上："一片骨敲著似銅鳴，向甚麼處去?"吾喚侍者，侍者應喏。吾云："驢年去。"師唐大和九年九月示疾，十一日將行，謂眾曰："吾當西邁，理無東移。"言訖告寂。闍維，得靈骨數片，建塔於石霜山之陽。①又《宋僧傳》云："得不灰之骨數片，頂盖一節特異而清瑩，其色如金，其響如銅。"

注釋：①此處引自《景德傳燈録》卷一四。

【浩渺】彌沼切。浩渺，遠水貌。

【隻履】初祖達摩自付法傳衣之後，凡九載，示有涅槃，葬於熊耳山吳坂。後三年，有魏使宋雲奉使西域，還見祖於葱嶺，手携隻履，語宋雲曰："汝主已猒代，我歸西國去。"雲初不解，既歸，帝果已崩。遂聞奏後魏孝莊帝，帝乃令發塔，但見一履，遂奉敕取於少林寺供養。自開元十五年，被竊去五臺花嚴寺中，後亦失所在。

【玄沙有言】愚觀此頌，正用常歸宗語，其意甚詳。今云玄沙有言，玄沙又得於歸宗耳。備録二頌，應知所出之前後也。歸宗常禪師頌："歸宗事理絕，日輪正當午。自在如師子，不與物依怙。獨步四山頂，優遊三大路。欠呿飛禽墜，嚬呻眾邪怖。機堅箭易及，影没手難覆。施張若工伎，裁翦如尺度。巧鏤萬般名，歸宗還似土。語默音聲絕，音妙情難措。弃個眼還朧，取個耳還瞽。一鏃破三關，分明箭後路。可憐大丈夫，先天爲心祖。"玄沙頌云："一二三四五，日輪正當午。可憐大丈夫，先天爲心祖。"先天，或指以老盧終於先天之年。先天即老盧也，此牽合之謬論，甚失宗旨。夫天，天豈語言思量而可得邪?

注釋：按善卿擇"玄沙有言"一語立目，指出雪竇頌古中的"一鏃破三關，分明箭後路。可憐大丈夫，先天爲心祖"句乃出自歸宗而非玄沙。《佛果圜悟禪師碧岩録》亦指出了該頌非玄沙所作。其書卷六："此頌數句，取歸宗頌中語。歸宗昔日，因作此頌，號曰歸宗，宗門中謂之宗旨之說。……大丈夫先天爲心祖，玄沙常以此語示眾，此乃是歸宗有此頌，雪寶誤用爲玄沙語。如今參學者，若以此心爲祖宗，參到彌勒佛下生，也未會在若。"

【田庫】式夜切。姓也，非義。當作舍。禪錄多作庫，而復誤後學，有呼爲田庫奴者，適所以發禪席之大噱也。

注釋："舍"《廣韻》始夜切。

【螻蟻】上音婁，下魚豈切。

注釋："蟻"，《廣韻》魚倚切。

【象王嚬呻】《毛詩·傳》："嚬，急也。申，舒也。"謂有勞倦者，以手足胸背左右上下，或急努，或舒展，自解其勞倦。今字從口。

注釋：今按上述釋義中的"謂有勞倦者，以手足胸背左右上下，或急努，或舒展，自解其勞倦"，當引自《續一切經音義》卷二"嚬申"條的注釋內容。

【師子哮吼】《涅槃》云："如師子王自知身力，牙齒鋒鋩，四足據地，安住岩穴，振尾出聲。若有能具如是諸相，當如①是則能師子哮吼。"

校勘：①"如"，《大般涅槃经》作"知"。

【無味之談】洞山初指通機頌云："洞山寥索，一無可有，無味之談，塞斷人口。"

【桃花浪】《月令》："仲春之月，始兩①水，桃始華。"盖桃方華時，既有兩水。川谷冰泮，眾流猥集，波浪盛長，故曰桃花浪。

校勘：①"兩"，疑作"雨"。

【攂】正作攫，屋虢切①，握也。

注釋：①"攫"，《廣韻》一虢切。"攫"當作"攫"。《周禮·天官·獸人》："時田，則守罟。"注："備獸觸攫。"陸德明釋文："攫，俱縛反，又俱碧反，又作攫。"《正字通·手部》："攫，亦作攫。"《洪武正韻·陌韻》："攫，握也，手取也，亦作攫。"又"攂"與"攫"同。《字彙補·爪部》："攂與攫同。""攂""攫"皆爲"攫"之俗字。

【曝顋】上薄報切，乾曝也。下蘇來切，魚頼①也。

校勘：①"頼"，當作"頰"。

【七十二棒】雲門舉："雪峰云：'我且死馬醫，一口吞盡乾坤。'"師云："山河大地何處得來？直饒者裏倜儻分明，特舍兒七十棒反成一百四十。"見懷禪師重修《雲門錄》，與今摹印者頗殊。師製序引云："大師諱文偃，嗣雪峰存禪師。其初，廣王劉氏命住韶州靈樹，後遷居雲門，賜號匡真，演化五十餘載。去此一百三十祀，乃有陞堂、舉古、垂代言句，抑有示者流落華夏禪叢，好事者集而摸板焉。丞數因禪人入室請益，頗見語句訛謬，因緣差錯。噫！去聖時遙，魚目相濫；燕金楚玉，渾有塵沙。秋菊春蘭篋聞其採，常思其芟削，未協素願。今年夏住秋浦，警眾外，聊得披覽斯文，乃援筆修之。刪繁補闕，遂成其秩，庶使遊聖門者，必外堂奥；適大道者，罔惑多歧。子辭藻素謬慚，非作者之文，直筆撫實，聊序其由，哲者無爲文字之累矣。時皇祐五年五月望日，住秋浦景德禪院傳法沙門義懷述。"

【㝵】正作㝵。从爪，又从厂。曳而争之道也。

校勘："正作㝵"的"㝵"應該是"争"。

【外道問佛】禪宗所引涉藏乘之緣頗多，從此因緣而獲證悟者，蓋不鮮少。至如阿難倒門前刹竿、外道不問有無言、世尊拈華、文殊白椎、世尊説不定法、空生岩中雨花、五通問佛、二女評屍，似此等緣，講學輩往往謂經論無文，輒疑而不信。然吾祖之來，固未嘗以語言文字爲能事，而後世傳其道者，欲取信來學，故多引藏乘爲證，此失旨遠甚。雖然，於吾祖佛之道，兩不相妨。如《十門辨惑論》云："維摩是金粟如來。"吉藏法師謂出《思惟三昧經》自云："未見其本，今據諸經目錄，無此經名。"又《順正理論》云："無量聖教皆滅没，上座耳所未聞，便撥言此非聖教邪？"論引契經云："汝等所説，雖非我本意，而所説皆善符正理，成可受持。又況因是言而獲證悟者哉！後世爲師匠者，亦不必區區屬意藏乘而貽謗於乃祖也。"

【塵挨】當从土。作埃。埃，輕塵也。

注釋：按"挨"《廣韻》於駭切，影母駭韻上聲；"埃"《廣韻》烏開切，影母咍韻平聲；"挨"當是"埃"的借字。

【千里】騏驥一日千里。

【追風】追風捕景，言其駿也。

【達道人】香嚴志閑談道頌云："的的無兼帶，獨運何依賴？路逢達道人，不將語默對。"

【瑕纇】上胡加切，玉病。下盧對切，粗絲。

【憲章】許建切。刑憲法也。

【三千條罪】見《池陽問》。五刑之屬三千。

【囙】音韋。

【輕恕】商署切。箋云："己所不欲，勿施於人曰恕。"

【愕】五各切，驚也。

【恓恓】正作悽悽，音妻，愴也。恓恓，書無此字。

注釋："恓"，《説文》未載。"悽"，《説文・心部》："悽，痛也。"《玉篇・心部》："悽，悽愴也，傷也。"《正字通・心部》："恓，與悽同。""恓"爲"悽"之俗字與"栖"爲"棲"之俗字相類似。"棲"，《説文・西部》："棲，西或从木、妻。""棲"又作"栖"。《玉篇・木部》："棲，亦作栖也。"

【潗麼】潗當作愗，音稔，思也。麼，正从幺，作麼。母果切。辭也。潗，音十，水貌；又音習，潗潗，水貌，皆非義。

【是什麼】當作是甚麼。

【由基】《史》養由基善射，楚恭王出遊，見猿在樹，左右射之，猿巧能接箭，箭莫能中。王乃命由基射之，基調弓，矯矢未發，猿乃抱樹以號。

【中的】上知仲切[①]。當也。

注釋：①"中"，《廣韻》陟仲切。

【併】音餅，合也。

【唇吻】上當作脣。唇，音真，驚也，非義。下武粉切。

注釋：唇，《廣韻》爲職鄰切，平聲真韻章母，諄部。《説文・口部》："唇，驚也。"脣，《廣韻》爲食倫切，平聲諄韻船母，諄部。《説文・肉部》："脣，口耑也。""脣"爲"唇"之异體字。"唇"爲今字。"唇"亦有"嘴唇"義。《六書故・人四》："脣，口端也，別作唇。"《論衡・率性》："揚唇吻之音，聒賢聖之耳。"唇吻借指言詞，口才。

【虎頭生角】楊子曰："虎哉！虎哉！角而翼也。"言其可畏爾。

【十洲】皆海外諸國之所附。一、祖州，出反魂香；二、瀛洲，生芝草、玉石，泉如酒味；三、玄州，出仙藥，服之長生；四、長洲，出日瓜、玉英；五、炎洲，出火浣布；六、元洲，出靈泉如蜜；七、生洲，有山川，無寒暑；八、鳳麟洲，人取鳳喙鱗角，煎續絃膠；九、聚窟洲，出師子銅頭獸；十、檀洲，出琨吾石，作劍，切玉如泥。

【珊瑚】《外國雜傳》云："大秦西南漲海中，可七八百里到珊瑚洲，洲底盤石，珊瑚生其石上，人以鐵網取之。"又《十洲記》云："生南海底，如樹高三二尺，有枝無皮，似玉而紅潤，感月而生，凡枝頭皆有月暈。”

【龍蛇陣】六韜五陣。武王問太公曰：“青龍之軍以何爲先後？”曰：“角爲陷，尾爲翼。”又孫子曰：“善用兵者，如常山蛇。”

【空彈指】見《祖英》頻彈指。

【白拈賊】臨濟一日上堂云：“汝等諸人肉團心上有一無位眞人，常向諸人面門出入，汝若不識，但問老僧。”時有僧問：“如何是無位眞人？”師便打云：“無位眞人是甚麼乾屎橛！”後雪峰聞，云：“臨濟大似白拈賊。”

注釋：白拈賊，指在白天行竊的小偷。禪宗指在接引學人、交流禪機時手段奇特而不露痕迹的禪師。

【譊訛】譊當作詨。譊，音鐃。譊譊，恚呼也，非義。

注釋：殽，《說文·殳部》：“殽，相雜錯也。”“殽”與“詨”音同相通。“譊”《廣韻》女交切，娘母肴韻平聲；“詨”《廣韻》胡教切，匣母效韻去聲；“譊”“詨”皆爲“殽”之假借。“譊訛”“詨訛”皆爲“混淆訛誤”義。正作“殽訛”。

【陸沈】《莊子》：“方且與世違而心不屑與之俱，是陸沈者也。”說者曰：“當顯而反隱，如無水而沈也。”

【仙陀】《涅槃》云：“仙陀婆，一名四實：一者鹽，二者水，三者器，四者馬。有一智臣，善會四義，王若欲灑洗，要仙陀婆，臣即奉水；食索奉鹽；食訖奉器飲漿；欲出，索仙陀婆，臣即奉馬。”祚智門嘗作文殊白椎頌：“文殊白椎報衆知，法王法令合如斯。會中若有仙陀客，不待眉間毫相輝。”然頌意皆明此緣。校雪竇之作，工拙可知。

【消得溜麼】當作消得與麼。

【劫石】梵云劫波，此云時分，一云長時。《樓炭經》以事論劫：“有一大石方四十里，百歲諸天來下，取羅縠衣拂石，盡劫猶未盡。”

【滄溟】東海之別名也。後言四溟，謂四海也。

【縫罅】呼評切。孔罅也。

【十六開士】《楞嚴》：“跋陀波羅並其同伴十六開士即從座起，頂禮佛足，而白佛言：‘我等先於威音王佛聞法出家，於浴僧時，隨例入室，忽悟水因，既不洗塵，亦不洗體，中間安然，得無所有，宿習無忘。乃至今時從佛出家，今得無學，彼佛名我跋陀波羅，妙觸宣明，成佛子住。佛問圓通，如我所證，觸因爲上。’”

【屌】丁木切，尾下孔。

注釋："屌"與"豚"同。《廣韻·屋韻》："豚，尾下竅也。"《集韻·屋韻》："豚，《博雅》：'臀也'。或作屌。"

【潘潘】當作湉湉。古活切，水流聲。湉與活同，水流貌，非義。

注釋：湉與詞目"潘"之不同，當爲善卿筆誤，應較。《廣韻·末韻》："活，水流聲。湉，活同。"

【孩子】何開切。小兒笑。

【麈鹿】麈以制字，从主，从鹿。鹿之大者曰麈。群鹿隨之，皆視麈尾所轉爲準。古之談者，揮之良有是也。其尾辟塵以置蒨帛中，能令歲久，紅色不靘，又以拂旆不蠹。蓋蠅點變白，麈尾留紅，而狐白貂鼠之類燕見之，即毛脫。物有相制，其異如此。蒨，倉甸切。靘，子定切，青黑色也。

【七佛祖師】指文殊也。按《處胎經》文殊偈云："計我成佛身，此刹爲最小。座中有疑故，於胎有變化。我身如微塵，今在它國土。三十二相明，在在無不現。昔爲能仁師，今乃爲弟子。佛道極曠大，清净無增減。我欲現佛身，二尊不並立。此界既受教，我刹見佛身。"

【一室】《維摩·文殊問疾品》："爾時長者維摩詰心念：'今文殊師利與大眾俱來。'即以神力空其室内，除去所有及諸侍者，唯置一床①，以疾而卧。"

校勘：①"床"，活字版作"牀"。

【大雄山下】百丈一日問黃蘗："甚麼處來？"曰："大雄山下採菌子來。"丈曰："還見大蟲麼？"蘗便作虎聲，丈拈斧作斫勢；蘗打百丈一摑，丈吟吟大笑便歸。上堂謂眾曰："大雄山下有一大蟲，汝等諸人切須好看，百丈老漢今日親遭一口。"

【挃】當作挟，知栗切，擊也。《莊子》："挟其昔①。"挃，穫禾聲，非義。

校勘：①"昔"，《莊子》作"背"。

注釋：按"挃"《廣韻》陟栗切，知母質韻入聲；"挟"《廣韻》丑栗切，徹母質韻入聲，"挃""挟"音近相通。挟，擊，打。《說文·手部》："挟，笞擊也。"然"挃"亦有"擊"義。《廣韻》："挃，撞挃。"《淮南子·兵略》："五指之更彈，不若捲手之一挃。"可見"挃"與"挟"均有

"撞擊，擊打"之義。

【離朱】司馬云："離朱，一名離婁，黄帝時人，百步能見秋毫之末。"一云見千里針鋒。

【師曠】晉賢大夫也。善音律，能致鬼神。《史記》云："冀州南和人，生而無目。"

【較】古孝切，不等也。

【展翅】施智切，翼也。

【搏風】見《祖英》下。

【埃堁】當作埃垢。見它本，然毫釐其對也。堁，可亥切。爽堁也。傳曰請更諸爽堁，謂求易於開燥之地。今謂其塵埃高燥，是何言與？

【兮】雪竇作句，多用兮字。兮以制字，從八，從丂。丂，氣阻也，八則分矣，故兮爲詠言之助。《文心雕龍》曰："詩人以兮字入句，限楚辭用之。字出句外，尋兮字承句，乃語助餘聲。舜用南風，用之久矣。"丂，苦浩切。

【網珠】《華嚴疏》云："帝釋殿網貫天珠成，以一大珠當心，次以其次大珠貫穿匝繞。如是展轉遞繞，經百千匝，若上、下、四面、四角望之皆行位，相當一明珠内百像俱現，珠珠皆爾。此珠明徹，互相影現，影復現影而無窮盡。"

【吾不見時】經云："此精妙明，誠汝見性。若見是物，則汝亦可見吾之見。若同見者，名爲見吾。吾不見時，何不見吾不見之處？若見不見，自然非彼不見之相。"說者曰："此破轉計也。汝若執言，我亦見佛不見之體，復有何失？故云若見不見即便破。云'自然非彼不見之相'，意云不見之體既被汝見，此則何成不見之相？不見之體已被見故。"經云："若不見吾不見之地，自然非物。云何非汝？"說者曰："此文之意，展轉結歸，都有五重，以顯阿難見性。經文存三而隱二意，若具論者，合云：若不見吾不見之處，亦不見吾見處。既不見吾見處，吾見自然非物。吾見若非是物，汝見亦非是物，汝見既非是物，云何非汝真見？"此以譯師巧略文勢，翻覆難明，故詳錄之。

【全象】《六度經》云："鏡面王令引群盲摸象，王問之曰：'汝曹見象乎？'對曰：'我曹俱見。'王曰：'象何類乎？'持足者對曰：'明王！象如漆桶。'持尾者：'象如帚掃①。'持尾本者言：'如杖。'持腹者言：'如鼓。'持脇者言：'如壁。'持背者言：'如高坑②。'持身③者言：'如簸

箕。'持頭者言：'如魁。'持牙者言：'如角。'持鼻者言：'如大索。'復
於王前共訟言：'大王！象真如我言。'時王大笑之曰：'瞽乎！瞽乎！汝
猶不見。'便作偈言：'今爲無眼會，空諍自謂諦。睹一云餘非，坐一象
相怨。'"

校勘：①"帚掃"，《六度集經》作"掃帚"。②"坑"，《六度集經》
作"几"。③"身"，《六度集經》作"耳"。

注釋：禪籍中"全象"當來源於佛經中的"盲人摸象"這一典故。
《六度集經》並非"盲人摸象"故事的最早源頭。此故事語出三國吳支謙
譯《佛説義足經·鏡面王經第五》卷上："佛言：是曹梵志，非一世癡冥。
過去久遠，是閻浮利地，有王，名曰鏡面。時敕使者：'令行我國界無眼
人，悉將來至殿下。'使者受敕即行，將諸無眼人到殿下，以白王。王敕
大臣：'悉將是人去，示其象。'臣即將到象厩，一一示之。令捉象，有捉
足者、尾者、尾本者、腹者、脇者、背者、耳者、頭者、牙者、鼻者，悉
示已，便將詣王所。王悉問：'汝曹審見象不？'對言：'我悉見。'王言：
'何類？'中有得足者言：'明王，象如柱。'得尾者曰：'如掃帚。'得尾本
者言：'如杖。'得腹者言：'如埵。'得脇者言：'如壁。'得背者言：'如
高岸。'得耳者言：'如大箕。'得頭者言：'如臼。'得牙者言：'如角。'
得鼻者言：'如索。'便復於王前，共諍訟象，諦如我言。王是時説偈言：
'今爲無眼會，空諦自謂諦。見一言餘非，坐一象相怨。'"

【全牛】《莊子》："庖丁爲文慧君解牛，君曰：'噫，善哉！技蓋至此
乎？'庖丁釋刀對曰：'臣之所好者道也，進乎技矣。始臣之解牛之時，所
見無非牛者。三年之後，未嘗見全牛也。方今之時，臣以神遇而不以目
視。'"説者曰："物以有而闊，道以虛而通。人之未聞道，則所見無非物
也，猶其所解牛，所見無非牛也。人之既聞道，則所見無非道也，猶其三
年之後，未嘗見全牛也。方今之時，以神遇，不以目視，猶聞道者之以心
契，而不以知知而識識也。"

【止水】《莊子》："仲尼曰：'人莫鑑於流水而鑑於止水，唯止能止
衆止。'"

【禹門】《水經》云："鱣鮪出鞏穴，三月則上度龍門，得度爲龍矣，
否則點額而還禹門。禹鑿龍門，或曰禹門。"

【點額】見《祖英》上。

【神光】二祖生時，神光照室，故舊名神光。後達摩改名慧可。

【紫胡】紫當作子。子胡巖踪禪師，於門前立牌云："子胡有一犬，上取人頭，中取人心，下取人足，擬擬則喪身失命。"僧問："如何是子胡犬？"師云："嗥！嗥！"

注釋：同"紫胡"條。

【破竈墮】師晦迹不以名顯，嵩山老安以今名稱之。師居嵩嶽，有廟甚靈，殿中唯安一竈。師入廟，以杖敲竈三下，"咄！此竈只是泥瓦合成，聖從何來？靈從何出？"又打三下，竈傾破墮落。須臾，有一青衣戴冠設拜云："我此廟竈神，今日蒙師説無生法，今生天中，特來致謝。"師曰："是汝本有之性，非吾强言。"即再拜而没。

【波旬】見《祖英》下眾魔。

【瞿曇】止梵語云瞿答摩，又云瞿曇彌，此云地勝。謂除天外，在地人類中最①勝。如來世尊之宗祖也。《智度論》云："一切聖人已入正位，一心行樂②，深樂涅槃。魔入邪位，受著邪道，邪正相違，是故增③嫉正行，狂愚自高，喚佛沙門瞿曇。佛稱其實名爲弊魔。"又先尼梵志云："我先有慢因，慢因緣故，故稱如來你瞿曇姓。"

校勘：①"最"，活字版作"寂"。②"樂"，《大智度論》作"道"。③"增"，《大智度論》作"憎"。

【銷鑠】書藥切。鑠亦銷也。

【磨礱】盧紅切。礱亦磨也，皆古之重語。

注釋："古之重語"即同義複合詞。

卷三

《雪竇祖英》上

【陽春白雪】古樂府曲名也。唐顯慶二年，太常上言："《禮記》《家語》云：'舜彈五絃之琴，歌南風之詩。'是知琴操曲弄，皆合於歌。"又張華《博物志》云："白雪，是大帝使素女鼓五十絃瑟曲名。"又楚大夫宋玉，嘗對楚襄王云："客有歌於郢中者，其始曰《下俚》《巴人》，國中屬而和者數千人；其爲《陽歌》①《薤露》，國中屬而和者數百人；其爲《陽春》《白雪》，國中屬而和者數十人而已；引商刻羽，雜以流徵，國中屬而和者不過數人。是以唱彌高，其和彌寡也。"是知《白雪》琴曲，本宜合歌，以其調高，人和遂寡。自宋玉之後②，未有能和者。五年，吕才造琴歌《白雪》等曲，製歌辭，編入樂府。

校勘：①"歌"，《文选》作"阿"。②"後"，五山版作"從"。

【碧雲】江文通《擬休上人別怨》云："西北秋風至，楚客心悠或①。日暮碧雲合，佳人殊未來。露彩方泛艷，月華始裝回。寶書爲君掩，瑤②琴詎能開？相思巫山渚，悵望陽雲臺。膏爐③絶沈燎，綺席生浮埃。桂水日千里，因之平生懷。"

校勘：①"或"，五山版、活字版作"哉"。②"瑤"，五山版、活字版作"瑶"。③"爐"，五山版、活字版作"炉"。

【清風】《丞①民》之詩云："吉甫作誦，穆如清風。"鄭氏云："吉甫作此工歌之誦，其調和人之性，如清風之養萬物。"

校勘：①"丞"，当作"烝"。

注釋：《丞民》之詩是指《詩·大雅·烝民》同。又"鄭氏"爲鄭玄。

【大珪不琢】《禮器》云："禮有以文爲貴者：天子龍袞①，諸侯黼，大夫黻；有以素爲貴者：至敬無文，父黨無容，大珪不琢，大羹不和，大路素而越席，犧尊疏布鼏，禪②杓；此以素爲貴也。"注："大圭三尺，杼上，終葵首。琢，爲篆字之誤也。明堂路曰'大路，殷路也。'冪或作幂。禪，木白理也。黼黻，音甫弗。大羹，上音泰。和，胡卧切。越，音活。犧，素何切。冪，莫歷切③。禪，音善。"

校勘：①"衰"活字版作"袞"。②"禪"，《禮記·禮器》作"樿"。③"冪"，《廣韻》作"莫狄切"。

【衡鑑】衡以平萬物。鑑以照萬類。

【戾】即計切①。《詩·傳》云："來也。"

注釋：①"戾"，《廣韻》作"郎計切"。

【貽贈】上與之切。賜也。

【總緝】文政序"總①緝成二百二十②首"，今此本復增五十首，乃知雪竇平日著述散落甚多，卒難考紀。

校勘：①"總"，五山版、活字版作"惣"。②"二十"，五山版作"廿"。

【舍諸】上始野切。《論語》曰："山川其舍諸?"

【慤志】當作確，堅也。苦角切。《易》："確乎其不可拔。"又《選》云："稚①志彌確。"慤，謹也，非義。

校勘：①"稚"，五山版作"雅"。

注釋：按《廣韻·覺韻》："慤，謹也，善也，愿也，誠也。"又《集韻·覺韻》："確，堅也。""慤"與"確"當爲同音假借。

【炎宋】上於廉切。宋以火德王天下，故曰炎宋。本朝祖宗受禪，自宋而起，故稱宋也。

【孟陬】將侯切①。《爾雅》："月名，正月爲陬。"《離騷》云："攝提貞於孟陬。"事義未詳。

注釋：①"陬"，《廣韻》子侯切。

【辟命】辟，公侯也。謂赴公侯之命。《爾雅》："皇、王、后、辟、公、侯，君也。"

【抑留】於棘切①。屈也。

注釋：①"抑"，《廣韻》作"於力切"。

【撫會】肇云："若能捨己心於封內，尋玄機於事外，齊萬有於一虛，曉至虛之非無者，當言至人，終日應會，與物推移，乘①運撫化，未始爲有也。"

校勘：①"乘"，五山版作"秉"。

【蕪辭】上武扶①切②，荒蕪③也。深蕪淺净，詩病也。

校勘：①"扶"，活字版作"扶"。②"蕪"，《廣韻》武夫切。③"蕪"，五山版作"撫"。

【賣別】徐刃切，財貨也。《孟子》："行者必以賣。"

【奧域】孫綽《遊天台賦》云："天台山者，皆玄聖之所遊化，靈仙之所窟宅。"闕載於常曲①者，以所立冥奧，其路幽迥，故雪竇引用以送僧。

校勘：①"曲"五山版、活字版作"典"。

【絕㯭】古代切。大也。《賦》云："涉海則有方丈、蓬萊，登陸則有四明、天台。"

注釋：獨特的景色。

【烈作】當作列。行列也。烈，炎也，非義。

注釋：按"烈"與"列"自古通用。《戰國策·韓策二》"亦列女也"吳師道注："列、烈通。"《詩·小雅·黍苗》："烈烈征師。"《左傳·襄公二十七年》杜注引"烈烈"作"列列"，可爲其證。

【黛】徒耐切，青黛也。

【彤霞】上徒宗切①，赤也。

注釋：①"彤"，《廣韻》徒冬切。

【赤松子】《神仙傳》云："黄初平，年十五時，在山中牧羊，有道士目而異之，輒將至金華山四十餘年。其兄初起，尋久之不已，遇一道士將見與弟語。兄問：'羊何在?'平曰：'近在山之東。'兄即往視之，一無所睹①。平遂與偕至山所，平環視而叱之，於是白石皆變爲羊而起。兄方嘆曰：'弟得仙道，如此可學否?'曰：'唯好道，即得起。'乃棄②妻孥，服松苓五萬曰，遂得仙。平自號赤松子。"

校勘：①"睹"，五山版、活字版作"觀"。②"棄"，五山版、活字版作"弃"。

【白道猷】《神洲感通錄》云："沙門帛道猷，承天台石梁終古無度者，乃慷慨曰：'彼何人斯，獨無貞操，故使聖寺密爾對面千里!'遂揭錫獨往，徑趣石梁，周瞰崖嶮，久之，方獲其山。石梁非一聖寺，亦多將欲直度，且虹梁亘谷，下望萬尋，上闊尺許，莓苔斜側，東邊似通，西礙大石，攀登路絕。猷乃別思異較。夜宿梁東，便聞寺西磬聲經唄唱薩，勇意相續，通夕不安。又聞聲曰：'却後十年，當來此住，何須苦求?'雖爾不息，辰夕怏恨，結草爲庵。彌年禪觀，後試造梁，乃見橫石洞開，梁道平正，因即得度。遂見棟宇宏壯，圖塔環①奇，神僧接敍，宛同素識。中食既訖，將陳住意，僧曰：'却後十年，自當至此何勞早住？'相送度梁，横石已塞。又《梁僧傳》云："猷居赤城山石室坐禪，有壯蛇競出，大十餘圍，循環往復舉頭向猷，經半日而去。後一日，神現形，詣猷曰：'法師威德既重，來止此山，弟子推室以相奉。'猷曰：'貧道尋山，願得相值，何不共住？'神曰：'弟子無爲，不可。何②部屬未洽法化，卒難制禦，遠人往來，或相侵觸，人神道異，是以去爾。'猷曰：'本是何神？居之久？近欲移何處？'曰：'弟子，夏帝之子，居于此山二千餘年。寒石山是家舅所治，當往彼住③，尋還山陰廟。'臨別手贈猷香三匲。於是凌雲鳴鞭吹角而去。"猷嘗有招道一高僧住雲門詩云："連峰數千里，修林帶平津，雲過迷山翳，風至梗荒榛，茅茨隱不見，雞鳴知有人，閑步踐其徑，處處見遺薪，始知百代下，故有上皇民，開此無事迹，以待無俗賓，長嘯自林際，歸此保天真。"匲，音廉。

校勘：①"環"，五山版作"瓈"，当作"瓈"。②"何"，活字版作"佀"，五山版作"但"，《梁高僧傳》作"但"。③"住"，五山版作"居"。

【大輕】上音泰。

【風虎雲龍】《易·傳》云："同聲相應，同氣相求。水流濕，火就燥。雲從龍，風從虎。"

【飇】甫遇切，風也。

【飀】分勿切，風疾也。

【玲瓏】上郎丁切，下盧紅切。風聲也。

注釋：指山的外觀秀麗挺拔，非風聲義。

【非間】居莧切，隔也。

【副全提】副當作赴，趨也。副，貳也，非義。

注釋：全提，宗門綱要。赴全提，這裏指通往（領悟）禪宗綱要。"副"通"赴"。"赴"，《説文·走部》："赴，趨也。""副"，《説文·刀部》："副，判也。"

【裴相國】唐裴休，字公美，河内濟源人。志操堅正，童龀時，兄弟同學於濟源別墅。休經年不出門，晝講經籍，夜課詩賦。虞人有以鹿贄兄儔者，儔與弟俅烹之，召休食。休曰："我等窮生，菜食不充，今日食肉，翌日何繼？"無宣改饌，獨不食。長慶中登第，又應賢良方正升甲科，歷官在相位五年。咸通初，遷吏部尚書、太子少師，卒。休性寬慧，爲官不尚激①察，而民吏畏服。善爲文，長於書翰，自成筆法。家世奉佛，休尤深於釋典。太原鳳翔近名山，多僧寺，視事之隙，遊踐山林，與義海僧講求佛理。中年後，不食葷血，常齋戒，屏嗜欲，香爐、貝典不離齋中，詠歌贊唄以爲法樂。時人重其高潔，而鄙其太過，多以辭語嘲之，休不以爲忤。鎮洪州日，慕高安黄檗山希運禪師之道，乃迎入府中，居開元寺演法。休一日述所解一編呈師，師接置於座，略不披閱，良久，云："會麽?"休云："未測。"師云："若便與麽會得，猶較些子。若也形於紙墨，何有吾宗?"休乃贈詩一章云："自從大士傳心印，額有圓珠七尺身。挂②錫十年栖蜀水，浮杯今日度漳濱。一千龍象隨高步，萬里香花結勝因。擬欲事師爲弟子，不知將法付何人。"蜀水，在今筠州米山縣北三里。按《晋書·地理志》云："蜀水源出縣内小界山，東流五百九十里，入南昌縣漳水合。"《耆老傳》云："仙人許遜爲旌陽縣令，有奇術。晋末，人皆疾癘，多往③蜀詣遜請救。與水投之上流，疾者飲之，無不愈也。邑人敬其神異，故以蜀水爲名。"元豐④間，高麗僧統義天，以華嚴大教慕學於錢塘净源法師，躬朝上國，當世宗匠悉皆参禮。至如大覺、圓照諸禪師，皆有問答摹印別行，然泥在文字之學，知解之外，詰無所得。嘗問佛印元禪師曰："裴休愛黄檗，重圭峰⑤，優劣如何?"元曰："在黄檗爲優。"天曰："何以知之?"元曰："嘗讀裴休所作《圭峰塔銘》序云：'休與師，於法爲昆仲，於義爲朋友。'又嘗覽《傳燈録·裴公贈黄檗詩》云：'擬欲事師爲弟子，不知將法付何人。'其愛重優劣可知矣!"人皆以爲名對。

校勘：①"激"，《新唐書》作"皦"。②"挂"，五山版作"掛"。③"往"，活字版作"徃"。④"豐"，五山版作"豊"。⑤"峰"，五山版作"峯"。

【**式芳塵**】式，法也。芳塵，猶①清塵也。

校勘：①"猶"，活字版作"倚"。

【**斷際**】筠州黄檗希運禪師也。生閩方。幼從本州黄檗山出家，後嗣百丈之道。裴相國事以師禮，以師酷愛舊山，常名師爲黄檗。唐大中年，終於本山，敕謚斷際禪師。

【**李相國**】唐李翺，字習之。幼勤於儒，博學好古，爲文尚氣質。正元十四年，登進士第，授校書郎，三遷至京兆府，司録参軍。元和初，轉國子博士，史館修撰，尋權知職方員外郎。十五年六月，授考功員外郎，並兼史職。七月初，出爲朗州刺史。大和初，入朝爲諫議大夫，尋以本官知制誥。三月二日拜中書舍人，以繆舉柏耆，坐是左授少府少監，俄出爲鄭州刺史。五年，出爲桂州刺史、御史中丞，充桂管防禦使。七年，改授潭州刺史、湖南觀察使。八年，征爲刑部侍郎。九年，轉戶部侍郎，七月，檢校①戶部尚書、襄州刺史，充山南東道節度使。會昌中卒，諡曰文翱②。不嘗執國政，或謂相國者，誤矣。爲朗州刺史時，聞藥山惟儼禪師玄化，屢請不起，乃躬入山謁之。會師看經，殊不顧揖，侍者云："太守在此。"翱性褊急，乃曰："見面不如聞名。"師呼："太守！"翱應翱。師曰："何得貴耳賤目？"翱拱手謝之，曰："如何是道？"師以手指上下，曰："會麼？"翱曰："不會。"師曰："雲在青天水在瓶。"翱乃忻愜作禮，述偈云："鍊得身形似鶴形，千株松下兩函經。我來問道無餘事，雲在青霄水在瓶。"翱與韓愈、柳宗元、劉禹錫爲文會之交，自相述古言，法六籍，爲文黜浮華，尚理致，言爲文者，韓、柳、劉焉。韓愈常論："仲尼既没，諸子異端所③，荀、孟復之，楊、墨之流洗然遺落。殆周、隋之世，王道弗興，故文中子有作，應在乎諸子左右。唐興，房、魏既亡，失道尚華，至有武后之弊、安史之殘。吾約二三子，同致君復堯舜之道，不可放清言而廢儒，縱梵書而猾夏。敢有邪心歸釋氏者，有渝此盟，無享人爵，無永天年，先聖神明是糾是殛。"無何，翱邂逅於儼禪師，頓了本心。末由戶部尚書、襄州刺史，充山南東道節度使。復遇紫玉禪翁，且增明道趣。著④《復性書》上下二篇，大抵謂本性明白，爲六情玷污，迷而不返。今牽復之，猶地雷之復見天心矣，即內教之返本還源也。其書露而且隱，蓋而又彰；其文則象繫中庸，隱而不隱；釋教其理，則從真捨妄，彰顯自心，弗事言陳，唯萌意許也。韓、劉覽之，嘆曰："吾道萎遲，翱且逃矣！"見《宋僧傳》。

校勘：①"校"，五山版作"挍"。②"翱"，五山版作"翱"。③"所"，五山版作"故"。④"著"，五山版作"箸"。

【列星】《史記·天官書》曰："太微宮，五帝坐，後聚二十五星，蔚然，曰郎位。"漢明帝時，館陶公主爲子求郎，帝不許，賜錢一千萬，曰："天①郎官上應列星，出宰百里，非其人，民受其殃。"

校勘：①"天"，五山版作"夫"。

【藥嶠】渠廟切。山銳而高也。

【緬】彌遠切，遠也。

【台輔】《春秋》曰："三公上應三台星，故曰台輔。"

【藩維】上甫煩切。籬也。《周禮》："九州之外曰藩①國。"

校勘：①"藩"，《周禮》卷十九作"蕃"。

【仙都】處之山名。世傳黃帝升①遐之處。

校勘：①"升"，五山版作"外"。

【太守】漢景帝改郡守爲太守。

【塞帷】東漢賈琮，字孟堅，東郡聊城人也。舊交阯土多珍產，前後刺史率多無清行，故吏民怨叛。中元元年，交阯屯兵反，執刺史及合浦太守。有司舉琮爲交阯刺史。琮到部，訊其反狀，咸言賦斂過重，百姓莫不空單，京師遙遠，告冤無所，民不聊生自活，故聚爲盜賊。琮即移書告示，各使安其資業，誅斬渠師①，百姓以安。巷路爲之歌曰："賈父來晚，使我先反；今見清平，吏不敢飯。"復征拜爲冀州刺史。舊典，傳車驂駕，垂赤帷②裳，迎於州界。及琮之部，升車言曰："刺史當遠視廣聽，糾察美惡，何有反垂帷裳以自揜塞乎？"乃命御者塞之。百城聞風，自然竦震。

校勘：①"師"，《後漢書》作"帥"。②"帷"，五山版作"惟"。

【化條】《漢書》刺史六條分化，顏師古云："《漢官典職儀》云：刺史班宣，周行郡國，省察治狀，黜陟能否，斷治冤獄，以六條問事，非條所問，即不省。一、強宗豪右田宅踰制，以強陵弱，以眾暴寡；二、二千石不奉詔書遵承典制，背公向私，旁詔守利，侵漁百姓，聚斂爲姦；三、二千石不恤疑獄，風勵①殺人，怒則任刑，喜則淫賞，煩擾刻暴，剝截黎元，爲百姓所疾，山崩瓦裂，祅祥訛言；四、二千石選署不平，苟阿所愛，蔽賢寵頑；五、二千石子弟恃怙榮勢，請托所監；六、二千石違公下比，阿附豪強，通行貨賂，割損正令。"

校勘：①"勵"，五山版作"屬"。

【經緯】下於貴切。文能經天，武能緯地。有武無文，無以懷遠；有文無武，無以禦亂。

【牋函】以色加紙曰牋。

【開士】應法師云："梵語菩薩，此言開士。謂以法開導之士。前秦苻堅賜沙門有德解者，名曰開士。"

【恢】苦回切，大也，張也。

【覿】徒的切①，見也。

注釋：①"覿"，《廣韻》徒歷切。

【夜光】《史記》：隋侯祝元暢，因之齊，道上見一蛇將死，遂以水酒，摩傅之神藥而去。忽一夜，中庭皎然有光，意謂有賊，遂案劍視之，酒見一蛇銜珠在地而往，故知前蛇之感報也。以珠光能照夜，故曰夜光。

【焦桐】東漢蔡邕，字伯喈，陳留人也。避地吳會，吳人有燒桐而爨者，邕聞火烈之聲，知其良木，因請而裁爲琴，果有美音，而其尾猶^①焦，時人名曰"焦尾琴"焉。又在陳留，日聞鄰人彈琴於屏，邕潛聽之，謂鄰人曰："公彈琴何爲有殺心？"鄰人曰："向吾鼓絃，見螳蜋方鳴，蟬相去而未飛，螳蜋爲之一前一却。吾心聳然，惟恐螳蜋之失也。此豈爲殺心而形於聲者乎？"邕然之。其妙聽若此。

校勘：①"猶"，活字版作"偹"。

【排】步皆切，推也。

【罔象】當作象罔。黃帝遊於赤水之北，登乎昆崙之丘而望，還歸，遺其玄珠。使智索之而不得，使離朱索之而不得，使喫詬索之而不得。乃使象罔，象罔得之。見《莊子》。喫，口懈切。詬。口豆切。

【塞請】上蘇則切。

【四河】一、殑伽；二、尼連；三、信度；四、私阿^①；此四^②天四大河。

校勘：①"阿"，當作"陀"。②"四"，五山版作"西"。

【枯柎】下五割切，伐木餘也。

【蹤橫】上當作縱。

注釋："蹤"當爲"縱"之異形諧聲假借。

【黃頭】梵云迦毗羅，此言黃頭。以佛生迦毗羅國，就生處而稱佛爲黃頭大士也。

注釋：善卿以佛的出生地釋"黃頭"，甚是。迦毗羅即城名。佛出生於迦毗羅城，迦毗羅譯作黃色，又該地本是黃頭仙人的住處，故稱釋迦牟尼爲"黃頭"。《華嚴經探玄記》卷一九："正云迦毗羅婆窣堵，此云黃物城。則往古黃頭仙人先在此處，後於此作城，故立斯號，亦名寂靜住處。"《大方廣佛華嚴經疏》卷五八："第一婆珊婆演底夜神，寄歡喜地，城名迦毗羅者，此云黃色。往昔黃頭仙人依此處故，黃是中色，表契中道故。又此是佛生之城，表初地生佛家故。"釋迦牟尼佛又稱"黃面""黃面老子"。

【碧眼】初祖達磨大師眼有紺青之色，故稱祖曰碧眼。

注釋：菩提達磨祖師因眼有青色而得名"碧眼"，又可稱爲"穿耳客"。

【離微】《寶藏論》：“其出微，其入離。知入離，外塵無所依；知出微，內心無所爲。內心無所爲，諸見不能移；外塵無所依，萬有不能羈。又離者，體不與物合，亦不與物離，五色不能污，五音不能亂；微者，體妙無形，無色無相，應用萬端，而不見容。離、微二字，道之妙也。”

校勘：按“又離者”，《寶藏論》作“夫所以言離者”，“微者”，《寶藏論》作“所以言微者”。善卿省略“夫所以言”“所以言”，但不影響文意。

【闌】落干切，晚也。

【少林】少林寺，乃魏沙門跋陀製。菩提達磨梁大通元年泛舶至此土。會武帝，問答不契，遂之魏之洛陽，止於嵩山少林寺，面壁而坐，終日默然，如是九年，得二祖可，以傳其法。舊作普通八年，誤矣。

【花末】當作花木。

【庾嶺】六祖盧行者自密授衣法，是夜潛遁。有道明者，與數十人躡迹而追。至大庾嶺，明最先見，祖乃置衣鉢於盤石，曰：“此衣表信，可力爭耶？任君將去。”明舉之，如山不動。

【仲尼伯雪】溫伯雪，南國賢人也。適齊，舍魯。仲尼見之而不言。子路曰：“夫子欲見溫伯雪子久之，今見不言，何也？”仲尼曰：“若夫人者，目擊而道存矣，亦不可以容聲矣。”見《莊子》。

【傾蓋】傾蓋，非溫伯雪，乃程子也。《家語》：“孔子之郯，逢程子於塗，傾蓋而語終日，甚相親，顧謂子路，取束帛以贈先生。子路屑然對曰：‘由聞士不中間見，女嫁無媒，居①子不以交禮也。’有間，又顧謂子路，子路又對如初。孔子曰：‘由！《詩》不云乎：有美一人，清陽②宛兮，邂逅相遇，適我願兮。今程子，天下賢士也，於斯不贈，則終身不能見也。’”傾蓋，駐車也。傾，仄也。郯，音談。

校勘：①“居”，活字版、五山版均作“君”。②“陽”，《家語》作“揚”。

【鱗鳳】《瑞應圖》云：“麟、鳳、龜、龍，國之四瑞。麟，仁獸也，四靈之首；鳳，王者之嘉祥，爲鳥之長；龜，水族之靈，介蟲之長；龍，鱗蟲之長。亦謂之四靈。”又云：“麟有五彩，腹下黃，高一丈二尺。”

【巢許】《逸士傳》：“許由，字仲武，潁川陽城人。隱於箕山，師於齧缺，依山而食，就河而飲。堯知其賢，讓以帝位。由聞之，乃臨河洗耳。有巢父者，飲犢，牽而避之曰：‘惡吾水也。’後卒，堯封其墓曰箕公。”

【蟾印】上時廉切。月光也。

【高蹈】徒到切。踐履也。

【不知爲貴】肇云："如曰不知，則公貴矣。"

【鷲峰】《西域記》云："梵語姞栗陀羅矩吒山，此云鷲峰。即釋尊説《法華》之地。出王舍城最爲高顯故，表出過二乘。以多栖鷲鳥，因以名焉。"又云："山形似鷲頭，亦名鷲頭峰。"

【壞衲】壞衲，指迦葉也。迦葉頭陀第一，著壞衲衣。《十誦》云："衲衣有十利：一、在粗衣數；二、少所求索；三、隨意可坐；四、隨意可臥；五、浣濯易；六、少蟲壞；七、易染①；八、難壞；九、更不須②餘衣；十、不失③求道。"

校勘：①《十住毗婆沙論》卷十六作"染時宜易"。②《十住毗婆沙論》卷十六作"受"。③《十住毗婆沙論》卷十六作"廢"。

【熊嶺】即達磨塔所也。塔記云："大師化緣已畢，傳法得人，乃端居而逝，即大同二年十二月五日也。葬於熊耳山，起塔定林寺。"顏師古云："熊耳山在順陽北，益陽縣東，其山兩峰狀若熊耳，因以名焉。與少林相去三百餘里。"據此，非二祖立雪之處，蓋指事之誤也。

注釋：該詞見於《明覺禪師語録》卷六："熊嶺迢迢兮曾立夜雪，謝池依依兮笑生春草。"可知善卿糾錯的原因乃是該句中的"熊嶺"與"立夜雪"的關係有誤。熊嶺即熊耳山，爲達摩祖師的塔所，而二祖立雪之處不在熊嶺，故善卿説明"蓋指事之誤"。

【索索】昔各切，懼貌，又散也。

【菀轉】當作宛轉。

注釋：按"宛"，《説文·宀部》："宛，屈草自覆也。從宀，夗聲。""菀"，《説文·艸部》："菀，茈菀，出漢中房陵。從艸，宛聲。"朱駿聲《説文通訓定聲》："夗借又爲宛；夗借又爲菀。""菀"當爲"宛"之借字。《明覺禪師語録》卷五《送昭敏首座》："深雪之中有一個，宛轉流落千餘年。"此處的"宛轉"爲"隨順變化"之義。

【平闐】上房連切，下音田。平闐，盛貌。

【弁】當作辨，別也。弁，皮變切。周冠名，非義。下倣此。

注釋：按"弁"《廣韻》皮變切，並母線韻去聲；"辨"《廣韻》符蹇切，並母獮韻上聲，"弁"當爲"辨"之音近假借。

【虎兕】下徐妹切。青色一角似牛，重千斤。

【石窓①】四明記云："山之上有自然石窗②，四面透明，故曰四明。"

校勘：①"窻"，五山版、活字版作"窻"。②"窗"，五山版、活字版均作"窻"。

【掣斷金鑠】禪月覽《李白集》詩："常思李太白，仙筆驅造化。玄宗致之七寶床①，虎殿龍樓無不可。一朝力士脫靴後，玉上青蠅生一個。紫皇案前五色麟，忽然掣斷黃金鑠。五湖太浪如銀山，滿船②載酒搥鼓過。賀老成異物，顛狂誰敢和？寧知江邊墳，不是猶③醉臥。"

校勘：①"床"，活字版作"牀"。②"船"，活字版作"舩"。③"猶"，活字版作"倘"。

【輕舍】書冶切。

【七星】七星，劍飾也。《西京雜記》云："高祖斬白蛇劍，劍上有七星珠、九華玉以爲飾，雜厠五色瑠璃爲匣。劍在室中，光影猶照於外，與挺劍不殊。十二年一加磨鑒，刃上常若霜雪。開匣拔鞘，輒有風氣，光彩射人。"

【把欲】贈行人。當作欲把贈行人。

【卞和】楚人卞和獻玉於楚厲王，王曰："石也。"遣使刖一足。及武王即位，和又獻之武，武王復怒，又刖一足。至楚文王立，和抱璞哭於荆山之下，文王召而謂曰："刖足者，何怨乎？"曰："不怨刖足，而怨真玉以爲凡石，忠事以爲慢事，是以哭之。"文王乃使工剖石，乃真玉也。文王嘆曰："哀哉！二先君易刖人足，而難於剖石。"令和果是璧，乃國寶也。見《韓子》。

【輕觸不輕觸】第三板一行脫三字。

校勘："第三版一行脫三字"，五山版作"第三版第一行脫三字"。

【靡】毋彼切①，無也。

校勘：①"靡"，《廣韻》作"文彼切"。

【慷慨】上苦郎①，下苦愛切。竭誠也。

校勘：①"郎"，五山版作"朗"。

【曲木據位】韶陽雲門大師云："諸方老禿奴，曲木禪床上坐，求名求利，問佛答佛，問祖答祖，痢屎送尿也，三家村裏老婆傳口令相似，識甚麼好惡！總①似者般底，水也難消，利刀斬却百千萬億個有甚麼過！"

校勘：①"總"，五山版、活字版作"惣"。

【楚甸】堂練切。郊甸也。

【纍纍】力追切。《説文》："綴得理也。"一曰蔓也，又網落也。

【尺釐】理之切。十毫曰釐。

【規矩】圜曰規，方曰矩。

【周行】《瑞應經》云：“菩薩示生，即行七步，一手指天，一手指地：‘天上天下，唯我獨尊。’”

注釋：引自《大方廣佛華嚴經疏》卷五十三。

【宏綱】古郎切。網之大繩也。

【郜】音告。

【春雨】春雨如膏，百穀仰之。

【春雲】易通封①驗曰：“立春，青陽雲出，房如積水；春分，正陽雲出，張如白鶴。”

校勘：①“封”，五山版作“卦”。

【枯荄】古哀切。草根也。

【離離】當從草，作蘺。輕細貌。

注釋：《明覺禪師語録》卷五：“枯荄離離維風太遲。幽石片片遼空亦危。”“離離”與後文“片片”相照應，當爲“盛多貌”。同書卷六：“離離雙岸草，變兮且兼緑。”“離離”亦爲“盛多貌”“草木茂盛貌”。“離”與“蘺”相通。“離”，《説文·佳部》：“離，離黄，倉庚也。”“蘺”，《説文·艸部》：“蘺，江蘺，蘼蕪。”《史記·司馬相如列傳》：“被以江離。”《文選·上林賦》離作蘺。又《楚辭·離騷》：“扈江離與辟芷兮。”《考异》：“《文選》離作蘺。”

【維風】維，辭助也。

【幽石】《公羊傳》曰：“雲觸石而生，膚寸而合，不崇朝而遍①天下者，太山之雲也。”

校勘：①“遍”，五山版作“編”。

【一花】達磨謂可祖曰：“内傳法印，以契證心；外付袈裟①，以定宗旨。後代澆薄疑慮競生，但出此衣並吾法偈，用以表明。聽吾偈曰：‘吾本來兹土，傳法救迷情。一花開五葉，結果自然成。’”

校勘：①“袈裟”，五山版、活字版作“加沙”。

【輕觸不輕觸】第三板十三行脱運字。

注釋：《大正藏》本《明覺禪師語録》卷五：“一華開五葉兮不相似，獨孤明夸還自知，還自知。”與善卿所用的底本皆未見“運”字。按《五家正宗贊》卷四：“一花五葉兮不相似，獨運孤明兮還自知。”“一花五葉”

和"獨運孤明"相對應，可知上文當補"運"字。

【歷魏遊梁】見少林。

【矚】之欲切，視也。

【羈】居宜切，絆也。

【態】他代切，姿態美貌也。

【垂天】雲垂於天，莊生取以比鵬翼。

【噫】於其切，恨聲。

【悠悠】夷周切，遠也。

【菡萏】上戶感切①，下徒感切。蓮花欲舒貌。

注釋：①"菡"，《廣韻》胡感切。

【萬卉】許貴切。草之總①名也。

校勘：①"總"，五山版、活字版作"惣"。

【蹙】子六切，迫也。

【皺】側救切。

【讎敵】當作酬敵。謂遠赴酬問，敵應群機。讎，冤也，非義。

注釋："讎""酬"均有應對，對答義。《玉篇·言部》："讎，對也。"《詩·大雅·抑》："無言不讎，無德不報。"朱熹集傳："讎，答。"又《書·召誥》："敢以王之讎民。"《釋文》："讎字或作酬。"

【寒山老】天台寒山子，本無氏族。始豐縣西七十里，有寒、闇二岩，子嘗居寒岩中，故以名焉。容貌枯悴①，布襦②零落，以樺皮爲冠，曳大木屐。時來國清寺，就拾得取菜滓食之，或廊下徐行，或時叫噪，寺僧以杖逐之，翻身撫掌大笑。雖出言如狂，而有意趣。

校勘：①"悴"，五山版作"悴"。②"襦"，五山版作"襦"。

【白雲抱幽石】寒山子詩云："重岩我卜居，鳥道絕人迹。庭際何所有？白雲抱幽石。住茲不記①年，屢見春冬易。寄語鐘鼎家，虛名定無益。"

校勘：①"不記"，《寒山子詩集·五言頌》作"凡幾"。

【蘭芷】左思《齊都賦》曰："其草則有杜若、蘅菊、石蘭、芷蒠①、蘭芷，古人所以比君子。"《家語》曰："芝蘭生於深林，不以無人而不芳。"

校勘：①"蒠"，五山版作"蒠"，當作"蒠"。

【空生】梵云須菩提，又云蘇補底迦。此有三義翻譯：一曰空生，謂初生之時，家室盡空，以表解空之相；二曰善現，謂生時種種善瑞顯現；三曰善吉，謂生已，相師占之云：“此子唯善唯吉。”《西域記》云：“本東方青龍陀佛，影化釋迦會下。”今爲禪者之通稱，謂參玄解空之士也。

【嶺南】黃梅密付老盧衣盂，奔馳爲嶺南之歸。

【鄙彼】《論語》或問子西曰：孔子曰：“彼哉！彼哉！”說者曰：“言無足稱也。”

【伊予】猶是我也。

【古人有言】貫休《擬君子有所思》：“我愛尹吉甫，思賢作商頌；我愛楊子雲，理亂皆如鳳。振衣中夜起，露華香旖旎。撲辟①驪龍明月珠，敲出鳳凰五色髓。陋巷蕭蕭②析析③，緬想斯人勝珪璧。寂寞于④載不相逢，無限浮生盡虛擲。君不見沈約道，佳人不在斯，春光爲誰惜？”

校勘：①“辟”，《禪月集》作“碎”。②“蕭”字下，《禪月集》有“風”。③“析”，活字版作“枡”。④“于”，《禪月集》作“千”。

【驪龍】郎奚切①。黑色龍也。

注釋：①“驪”，《廣韻》郎溪切。

【頻彈指】雲岩晟，初參百丈海，侍左右二十年，不悟玄旨，彈指振①然下山。後謁藥山，方乃契悟。

校勘：①“振”，五山版作“悵”。

【八紘】《淮南子》云：“天有九部八紀，地有九州八桂①。九州之外有八埏，埏之外有八紘。東北方紘曰荒土，東方之紘曰桑野，東南方之紘曰眾安，南方之紘曰反戶，西南方之紘曰火土，西方之紘曰沃野，西北方之紘曰沙所，北方之紘曰委羽，故曰四方四角謂之八紘。八紘之外有八極。又九夷、八狄、七戎、六蠻，謂之四海。”

校勘：①“桂”，五山版作“柱”。

【寥沈】下呼決切。寥，沈空貌。

【藹藹】於蓋切，盛貌。

【天驥】几利切。天馬也。詳見《頌古》。

【驟】鉏祐切，馬疾步也。

【大鵬】步登切。北冥有魚，其名曰鯤。鯤之大，不知其幾千里也。化而爲鳥，其名爲鵬。鵬之背，不知其幾千里也；怒而飛，其翼若垂天之雲。見《莊子》。

【湛盧】吳王劍名也。《筆談》云：“古劍名湛盧者，謂其湛湛然黑色也。”

【射斗牛】《晉書》：“雷煥善天文，張華因望斗牛間常有异氣，乃邀煥夜登樓仰視。煥曰：‘僕察之久矣，乃寶劍之精上於天，在豫章鄷①城縣界。’華乃薦煥爲鄷城令。煥至，修獄，掘基得石匣，有雙劍，光甚艷發。使送一與張公，一留自佩。華後被誅，劍遂失。煥卒，子爲州從事，佩父劍之延平，於腰間忽躍墮水。使人投之，但見兩龍長數丈，燔瑩有文章，投者懼而返。”

校勘：①“鄷”，五山版作“豐”。

【點額】《水經》云：“鱣鮪出鞏穴，三月則上度龍門，得度爲龍矣，否則點額而還。”鱣，張連切。鮪，羽軌切。二魚名。

【雲蘿】女蘿也。《博物志》云：“寄草木生，根不著地，而條葉藹然如植，即菟絲也。”

【洲渚】上音州。《爾雅》曰：“水中可止曰洲。”下章與切。《釋名》曰：“遮也。能遮水使旁流也。”《大般若》云：“善現白佛：‘云何菩薩爲與世間作洲渚故，發趣無上正等菩提？’佛言：‘譬如巨海，大小河中高顯可居，周回水斷。説名洲渚。如是善現！色前後際斷，乃至諸佛正等菩提前後際斷，由此前後際斷，一切法斷。此一切法前後際斷即是寂滅，即是微妙，即是如實。謂空無所得，色斷愛，無餘離染①，永滅涅盤②。菩薩欲爲有情開示寂滅微妙之法，是爲世間作洲渚故，發趣菩提。’”

校勘：①“無餘離染”，五山版作“盡無餘離染”。②“盤”，五山版作“槃”。

【園林】《華嚴》：“普賢菩薩答普慧言：‘佛子！菩薩有十種園林。所謂生死是菩薩園林，無厭①捨故；教化衆生是菩薩園林，不疲倦故。’”

校勘：①“厭”，五山版作“猒”。

【憚】徒案切，懼也，難也。

【十影神駒】王子年《拾遺》云：“周穆王即位三十二年，巡行天下，馭八龍之駿：一名絶地，足不踐土；二名翻羽，行越飛禽；三名奔宵，夜行萬里；四名越影，逐日而行；五名踰輝，毛色炳燿；六名超光，二形十影①；七名騰霧，乘雲而趨；八名挾翼，身有肉翅②。遍而駕焉。”《佛本行經》云：“我念往昔有一馬王名雞尸，行疾如風。時有五百人入海求寶，忽值惡風，吹至羅刹國，其國多有羅刹女③，即往救接，與彼娛樂。時女謂諸商人曰：‘是城南面不得從彼而去。’有一商主自生疑念，以何等過？

不聽，南去。即執利刀尋往所禁之處，見一微徑，甚可畏懼，狀如地獄，近城有一高樹，即上觀看，見彼城中多有死人，或有食半，或唯筋骨。是諸苦人仰觀樹上，作如是言：‘汝今濟拔於我，我本商人，五百同伴船破至岸，遭羅刹女先受五欲，入此城中已被食半。’商主曰：‘頗有方便得脫是苦？’苦人曰：‘有一方便，至十五日，有一馬王來詣海岸，出人聲言：誰欲渡彼大醎海水？我今安隱得度彼岸。若值馬王。即免斯苦。’商主聞已，即告諸人慎莫放逸，共詣彼處，見於馬王。時彼馬王語諸商人：‘汝等莫生染著，可乘我背，或執我身、脚足、支節。’馬即飛騰行疾如風，度海彼岸。”④

校勘：①“二形十影”，五山版作“一形十影”。②“翅”，五山版作“翄”。③“其國多有羅刹女”，五山版作“其國多羅刹女”。

注釋：④此段引文內容已縮略，具體可參見《佛本行集經》卷四十九。

【五色祥麟】《本行經》云：“昔者菩薩身爲鹿王，厥體高大，身毛五色，眾鹿伏從，數千爲群。國王出獵，群鹿分散，投岩墮阬，盪樹貫棘，摧破死傷，所殺不少。鹿王睹①之，哽噎：‘吾爲眾長，宜當明慮，凋殘群小，罪出我也。’徑自入國，乃到殿前，跪而言曰：‘小畜貪生，寄命國界，卒逢獵者，群類奔逃，或生相失，或死狼藉。天仁愛物，實爲可哀。願自相選，日供太官，乞知其數，不敢上欺。’王甚奇之，曰：‘太官所用，日不過一，不知汝等傷死甚多。若實如之，吾誓不獵。’鹿王退還，悉命群鹿具以斯意，群鹿伏聽，自相差次，應先行者，每當就死，過辭其王。王爲涕泣，誨喻之，曰：‘浮世皆爾，孰有免之？卿路念佛仁教，慈心向彼人王，慎無怨矣。’日日若兹，中有應行者而身有胎，曰：‘死不敢避，乞須挽②身。’更取其次，欲以代之。其次頓首涕泣曰：‘必當就死，尚有一日一夜之生，斯須之命，時至不恨。’鹿王不忍枉其生命，明日遁眾，身詣太官。厨人識之，即以上聞。王問其故，辭答如上。王愴然爲之流涕：‘豈有畜獸殺身濟眾？吾爲人君，日殺眾生。’王遣鹿去，還其本居，敕一國界，若有犯鹿者，與人同罰。’”祥麟，今引鹿王緣。鹿，非麟，文者之飾辭耳。

校勘：①“睹”，活字版作“視”。②“挽”，當作“俛”。

注釋：此段引文當引自《六度集經》卷三《布施度無極經》，有刪略。

【瓴瓿頻磨】音令滴。《爾雅》云：“瓴瓿謂之甓。”郭璞云：“甎，甎也。"昔馬祖嘗庵居，但務坐禪。一日，讓和上謂曰："汝坐禪圖甚麼？"祖曰："圖作佛。"讓遂取一片磚磨於庵前，祖曰："磨磚何爲？"讓曰："欲作鏡。"祖曰："磨磚豈得作鏡？"讓曰："磨磚既不作鏡，坐禪豈得成佛？"祖遽然而起曰："如何即是？"讓曰："如人駕車，車若不行，打車即是？打牛即是？"祖無對。讓又曰："汝學坐禪？爲學坐佛？若學坐禪，禪非坐臥；若學坐佛，佛非定相。於無住法，不應取捨。汝若坐佛，即是殺佛；若執坐相，非達其理。"

【盧公語】中宗神龍初，遣內侍薛簡詔六祖赴闕，祖辭以疾，薛簡因問祖曰："京城禪德皆云：'欲得會，必須坐禪習定。若不因禪定而得解脫者，未之有也。'此理如何？"祖曰："道由心悟，豈在坐也？經云：'若見如來，若坐若臥，是行邪道。'故無所從來，亦無所去。若無生滅，是如來清净禪。諸法空寂，是如來清净坐。究竟無證，豈況坐邪？"

【蔕】正作抵，音帝，根也。

注釋："蔕"今作"蒂"，花或瓜果跟枝莖相連的部分。"抵"，擋，拒。《廣韻》："蔕，都計切。"《廣韻》："抵，都禮切。""蒂""抵"音義俱不同，非正俗關係。

【希聲】老氏曰："大音希聲。"

【瞖】於計切，目生障也。

【子州】《史記》："子州，字支父。堯以天下讓許由，由不受。又讓子州，州曰：'以我爲天子，可也。雖然，我適有幽憂之疾，方且治之，未暇治天下也。'"

【單卷】單，姓；卷，名。舜以天下讓卷，卷曰："予立於宇宙之中，冬日衣皮毛，夏日衣葛絺。春耕種，形足以動勞；秋收斂，形足以休食。日出而作，日入而息，消搖於天地之間，而心意自得，吾何以天下爲？"

【歸去來】晋陶潛，爲彭澤令，是時郡遣督郵至，縣吏當束帶見督郵。潛乃嘆曰："我不能爲五斗米折腰，向閭里小兒。"乃自解印綬，將歸田里。因而命篇云《歸去來辭》，見陶潛集。

【甄別】上居延切，察也。下筆列切，辨也。

【曠排】猶遠去也。

【沽待】沽，賣也。《語》云："沽之哉！我待賈者也！"

【忽致】致當作置，弃置也。致，至也，非義。

【譏襃】上幾音，下博毛切。譏�..襃贊也。

注釋："搏"當是筆誤或刊刻致誤。

【衣褫】古得切。衣前襟也。

【一尋】六尺曰尋。

【韜光】它刀切。藏也。

【八駿】《穆天子傳》："天子之八駿：一曰赤驥，二曰盜驪，三曰白
犠，四曰騄駬，五曰驋耳，六曰渠黃，七曰踰輪，八曰山子。"驪，音離，
馬深黑色。騄，音綠。

【觀氣】四祖大師謂眾曰："吾武德中遊廬山，登絕頂，望破頭山，紫
氣如蓋，下有白氣，橫分六道，汝等會否？"眾皆默然。五祖曰："得非和
上它後橫出一枝佛法否？"祖曰："然。"即牛頭嬾融是也。

【師子話】雲岩晟參藥山次，山問："聞汝解弄師子，是否？"曰：
"是。""弄得幾出？"曰："弄得六出。""我亦解弄。"曰："和上弄得幾
出？""我弄得一出。"曰："一即六。六即一。"晟後到潙山，山曰："聞長
老在藥山弄師子，是否？"曰："是。""長弄耶？還有置時？"曰："要弄即
弄，要置即置。""置時①，師子在甚麼處？"曰："置也，置也。"

校勘：①"置時"，五山版作"時"。

注釋：此處釋義指出《明覺禪師語錄》卷五"頌藥山師子話送僧"中
"師子話"的來源。

【乇愬】乇當作犵，陟革切。愬，色責切。犵愬，張耳貌。或音卓
朔，非義。

【剔】它歷切，解也。

注釋："剔"，《廣韻》他歷切。

【西江水】龐蘊居士初參馬祖，問云："不與萬法爲侶者是甚麼人？"
祖曰："待汝一口吸盡西江水即向汝道。"

【帔】披義切，衣帔也。

【扣】音口，擊也。

【凌晨】上當作陵，侵也。下皆倣此。

【屈眴】即達磨大師所傳袈裟，至六祖，遂留於曹溪。屈眴，梵語，
此云大細布。緝木緜①華心織成，其色青黑，裹以碧絹。唐肅宗上元初，
降詔請衣入內供養，凡六年。至永泰初五月五日夜，代宗夢能大師請衣却
歸曹溪。至七日，命中使楊崇景奉而置之。眴，音舜。

校勘：①"緜"，五山版作"綿"。

104

【花偈】初祖達磨傳法一花五葉之偈。

【瀏陽叟】瀏陽，當作瀏陽，邑名也。即潭州石霜慶諸禪師受道吾法印，遁迹自處。於時始爲二夏僧，因避世，混俗於長沙瀏陽陶家坊，人不之識。洞山价訪而得之，遂辟居石霜山。

【希冀】几利切，望也。

【動天地】貫休《擬古別離》：“離恨如旨酒，古今飲皆醉。只恐長江水，盡是兒女淚。伊予非此輩，送人空把臂。它日再相逢，清風動天地。”

【蓬島】即蓬萊山也。其説具①十二鼇。

校勘：①“具”，五山版作“其”。

【宵征】宵，夜也。征，行也。《詩》：“肅肅宵征，夙夜在公。”

【百城】《華嚴》：“善財童子自福城東六①塔廟處，與五眾等禮文殊師利。發菩提心已，漸次南行。歷一百一十城，見五十二善知識，至彌勒樓閣前，白言：‘大聖！開樓閣門，令我得入。’時彌勒菩薩前詣樓閣，彈指出聲，其門即開，命善財入，入已還閉②。”

校勘：①“六”，五山版作“大”，《華嚴經》作“大”。②“入已還閉”，五山版作“已還閉”。

【惠理】惠，當作慧。陸鴻漸記云：“晉西域异僧慧理，指今靈隱飛來峰曰：‘此吾國靈鷲小峰，何時飛來至此？’”頌題“送廣華嚴歸鷲峰”，即靈隱也，故用慧理事。

【樓閣】緣見百城。

【抗】可浪切，拒也。

【九野】即古九州。《爾雅》：“兩河間曰冀州，河南曰豫州，河西曰雍州，漢南曰荆州，江南曰楊州，濟河間曰兗州，濟東曰徐州，燕曰幽州，齊曰營州。”

【茵】於真切，褥也。

【三十四老】西域二十八祖、支那六祖。然達磨來此土爲初祖，實三十四也。

【頹綱】上杜回切，下墜地也。

【襲爾】似入切，合也。

【瓊玖】上渠營切，下舉有切。玉名。《詩》：“投我以木桃，報之以瓊玖。”

注釋：《毛詩》卷四原文爲：“投我以木桃，報之以瓊瑶；……投我以木李，報之以瓊玖。"

【龍騎】當作龍驥。見它①本。

校勘：①"它"，五山版作"佗"。

【睥睨】上匹詣切，下奴計切。視也。

【射虎】西漢李廣，北平出獵①，見草中石，以爲虎而射之，中石没鏃，視之，石也。因復更射之，終不能入矣。又《韓詩外傳》："熊渠子夜行，見寢石似虎，彎弓射之，没金飲羽。"葛稚川《西京雜記》云："李廣與兄弟共獵於冥山之北，見卧虎焉，射之一矢即斃。斷其髑髏以爲枕，示服猛也，鑄銅像其形爲溲器，示猒辱之也。它日復獵於冥山之陽，又見卧虎，射之，矢飲羽，進而視之，乃石也，其形類虎。退而更射，鏃破簳折而石不傷。余嘗以問楊子雲，雲曰：'至誠則金石爲開。'予應之曰：'昔人有遊東海者，既而風惡，船漂不能制，船隨風浪莫知所之。一日一夜，得至一孤洲，共侶歡然，下石植纜，登洲煮食，食未熟而洲没②，在船者斫斷其纜，船復漂蕩。向者孤洲，乃大魚，怒棹揚鬐，吸波吐浪而去，疾如風雲，在洲上死者十餘人。又予所知陳縞，質木人也。入終南山採薪，還晚，趨舍未至，見張丞相墓前石馬，謂爲鹿也，即以斧撾之，斧缺柯折，石馬不傷。此二者亦至誠也，卒有沈溺缺斧之事，何金石所感之偏乎？'子雲無以應子③。"斃，音弊，頓化④也。溲，所留切，小便也。

校勘：①"獵"，活字版作"儼"。②"食未熟而洲没"，五山作版"未熟而洲没"。③"子"，《西京雜記》作"余"。④"化"，五山版作"仆"。

【觀馬】秦穆公使伯樂舉人求馬，伯樂舉九方堙求馬。三月而反，曰："得馬矣，在沙丘，牡而黃。"及馬至，則牝而驪。公謂伯樂曰："子所求馬者，毛色牝牡不知，敗矣。"伯樂太息曰："一至此乎！堙之所觀者，天機也，得其精而忘其粗，見其內而忘其外也。"果得千里馬。見《淮南子》。

【甀人】楚王夫人嘗夏乘凉，抱鐵柱感孕，後產一鐵。楚王令干將鑄以爲劍，三年乃成雙劍，一雌一雄。干將密留雄，以進雌於楚王，王秘於匣中，常聞悲鳴。王問群臣，臣曰："劍有雌雄，鳴者憶雄耳。"王大怒，即收干將殺之。干將知其應，乃以劍藏屋柱中，因囑妻莫耶曰："日出北戶，南山其松，松生於石，劍在其中。"妻後生男，眉間尺。年十五，問母曰："父何在？"母乃述前事。久思惟，剖柱得劍，日夜欲報楚王。王亦慕①覓②其人，宣言："有得眉間尺者，厚賞之。"尺遂逃，俄有客曰："子得非眉間尺耶？"曰："然。"客曰："吾甌山人也，能爲子報父仇。"尺曰："父昔無辜，枉被荼③毒，君今惠念，何所須耶？"客曰："當得子頭並子劍。"尺乃與劍並頭。客得之，進於楚王，王大喜。客曰："願烹之。"王遂投於鼎，客紿於王曰："其首不爛。"王方臨視，客於後以劍擬王頭墮鼎中，於是二首相齧。客恐尺不勝，乃自刎以助之，三頭相齧，尋亦俱爛。《孝子傳》④。紿，音待，欺也。

校勘：①"慕"，當作"慕"。②"覓"，五山版、活字版作"覔"。③"荼"，五山版作"荼"。④"《孝子傳》"，五山版作"見《孝子傳》"。

【崢嶸】上士耕切，下戶萌切。峻貌。

【曾間】古莧切。

注釋："曾間"，曾經間斷。

【葩】溥巴切，花房也。

【卷席】百丈海一日與馬祖遊山，見野鴨子，祖問曰："是甚麼？"丈曰："野鴨子。"曰："甚麼處去？"丈曰："飛過去。"祖遂引手搊①百丈鼻頭，丈作痛聲。祖曰："何曾飛過？"丈於是大悟。至明日，祖②陞堂，丈出卷却面前禮拜席，祖便下座。

校勘：①"搊"，五山版作"扭"。②"祖"，五山版作"祖"。

【撧耳】丹霞天然禪師初參石頭，因緣相契，躬執爨役凡三年。忽一日，石頭告眾曰："來日剗佛殿前草。"至來日，大眾與童行各備鍬钁剗草，唯師以盆盛水洗頭，於和上前胡跪。石頭見而笑之，便與剃髮，方與說戒法，師乃撧耳而去。後謁馬祖，入僧堂，騎聖僧項。眾皆驚呼，祖見之曰："我子天然！下來。"師下作禮曰："謝師賜名。"

【曹溪流】見《雲門錄·序》曹溪。

【止水】《莊子》云："人鑒於止水而不鑒於流水，唯止能止眾止。"此頌意反莊語也。

【皮髓①】達磨大師欲返天竺，乃命門人曰："時將至已，汝等盍各言所得乎？"時道副曰："如我所見，不離文字，不執文字，而爲道用。"師曰："汝得吾皮。"尼總持曰："我今所解，如慶喜見阿閦佛國，一見更不再見。"師曰："汝得吾肉。"道育曰："四大本空，五陰非有，而我見處無一法可得。"師曰："汝得吾骨。"最後，慧可禮拜，依位而立。師曰："汝得吾髓。"遂傳衣鉢。

校勘：①《明覺禪師語録》卷五原文作"得皮得髓"。

【石頭有言】青原思令石頭希遷持書往南嶽讓和上處，曰："待汝回，吾有個鈯斧子與汝住山。"遷至彼，未呈書，便問："不慕諸聖，不重己靈時如何？"讓曰："子問大高生，何不向下問？"遷曰："寧可永劫沈①淪，不慕諸聖解脱。"讓便休。遷回，思曰："書達否？"遷曰："書亦不達，信亦不通。"思曰："作麼生？"遷乃舉前話，復云："去時蒙和上許鈯斧子，便請。"思垂下一足，遷便禮拜。

校勘：①"沈"，五山版作"沉"。

【古之送人】子路將行，辭於孔子，子曰："贈汝車乎？贈汝言乎？"對曰："請以言。"子曰："不强則不達，不勞則無功，不忠則無親，不信則無復，不恭則失禮，慎此五者。"子路曰："由請終身奉之。"見《家語》。

【新豐曲】洞山价，唐大中末，居新豐山，以山稱之也。一日，示眾云："兄弟！初秋夏末，或東去西去，直須向萬里無寸草處去始得。"又曰："只如萬里無寸草處作麼生去？"因僧舉到石霜，霜聞之，乃云："出門便是草。"洞山聞，乃曰："大唐國内能有幾人？"

【杲杳】古老切，日出也。從日在木上，故曰在上爲杲，在下曰杳，在中曰東也。

【光陰】晋陶侃語人曰："聖者惜寸陰，眾人當惜分陰。"

【蒲柳】晋顧悦①，與文帝同年而髮早白，帝問之："何也？"曰："松柏之姿，經霜彌茂；蒲柳之質，望秋先落。"

校勘：①"悦"，五山版作"愷"。

【毋】音無。禁亡辭也。

【奪席】東漢戴憑，字次仲，汝南平輿人也。正旦朝賀，百僚畢會，帝令群臣能説經者，更相難詰，義有不通，輒奪其席以益通者。憑遂重坐五十餘席，故京師爲之語云："解經不窮戴侍中。"

【誦帚】正作箒。《增一阿含》云："尊者周利槃特性多暗鈍，佛教使誦掃帚，得掃忘帚，得帚忘掃，六年之中，專心誦此意，遂解悟。而自准①曰：'帚者箒，掃者除。除箒即喻八正道，糞者喻三毒垢也，以八正道箒掃三毒垢。所謂掃帚義者，正謂此矣。'深思此理，心則開解，得阿羅漢道。"箒，似歲切，帚也。

校勘：①"准"，當作"惟"。

注釋：按《説文》收"帚"，訓"糞也"。《玉篇・竹部》："箒，俗帚字。"慧琳《一切經音義》卷五三："埽箒，經文從竹作箒，俗字也。""箒"爲"帚"之俗字。

【伐木】《詩》："伐木，燕朋友故舊也。自天子至于庶人，未有不須友以成者，親親以睦，友賢不弃，不遺故舊，則民德歸厚矣。伐木丁丁，鳥鳴嚶嚶，出自幽谷，遷於喬木，嚶其鳴矣，求其友聲。相彼鳥矣，猶求友聲，矧伊人矣，不求友生？

【丁丁】中耕切[①]，伐木聲。

注釋：①"丁"，《廣韻》中莖切。

【濛濛】音蒙，細雨貌。

【古人之言】即大法眼頌寄復長老云："渠渠渠，我我我，南北東西皆可可。可可不可可，但唯我無不可。"

【龤】呼括切。

【曾鄙】褒美切，恥[①]也。

校勘：①"恥"，五山版作"耻"。

【遺我】余貴切[①]。

注釋：①"遺"，《廣韻》以醉切。

【木羊兒】行龤長老嘗作頌寄雪竇云："萬變施爲不繫時，清風何必在東西？有人問我西來意，石虎吞却木羊兒。"

【不器】《論語》："子曰：'君子不器。'"包氏曰："器者，各周其用。至於君子，無所不施。"雪竇謂至人者，無所不至者也。

【賺】當作詀。佇陷切，被誑也。餘做此。

注釋：該詞見於《明覺禪師語録》卷五："誰當機舉不賺亦還稀，摧殘峭峻銷爍玄微。"賺，《集韻・陷韻》："直陷切，《廣雅》：'賣也。'一曰：'市物失實。'"詀，《廣韻》佇陷切，澄母陷韻。"賺"與"詀"音近相通。又《正字通・貝部》："賺，俗謂相欺誑曰賺。"賺，蒙騙，哄騙。善卿改"賺"爲"詀"實爲不知"賺"已有"誑騙"義。"賺"之"欺騙"義首見於《全唐詩》中無名氏所作《朝士戲任載》："從此見山須合眼，被山相賺已多時。"又如《祖堂集》卷四院主在外責曰："和尚適來許某甲爲人，如今因什摩却不爲人，賺某甲？《大正藏》本《雲門匡真禪師廣録》卷上："若是初心後學，直須擺動精神，莫空記説。多虛不如少實，向後祇是自賺。"此例《五燈會元》卷十五亦有同句。張錫德在其《〈五燈會元）詞語拾零》一文中將"賺"釋爲"錯"義，並以此句爲例，"自賺"即自錯。此解似乎有所牽強，與前文"多虛不如少實"難以聯繫，此句當是禪師參引學人要以本心爲性，不要受虛言妄語之束縛，否則只會自己欺騙自己。又《雲門匡真禪師廣錄》卷中："良遂云：'和尚莫瞞良遂，若不來禮拜和尚，洎被經論賺過一生。'……良遂道：'莫瞞良遂，不是識破麻谷相見時節。若不來禮拜和尚，洎被經論賺過一生，亦知有賺人處。'""被經論賺過一生"即"被經論騙過一生"，"賺人處"騙人的地方。《圓悟佛果禪師語錄》卷十："若將祖師言教，爲人師範，却成賺人去。"禪宗講究以心傳心而非言教，以言教的方式則爲騙人。《宏智禪師廣錄》卷四："三寸舌兩片唇，無始時來賺殺人。""三寸舌兩片唇"即言教，賺殺人（很騙人）。

【銷爍】下當从金，作鑠，書藥切，銷金也。鑠①，灼鑠，光也，非義。

校勘："鑠"，當作"爍"。

注釋：《明覺禪師語錄》卷五："摧殘峭峻，銷爍玄微。"《元叟行端禪師語錄》卷四、《天岸昇禪師語錄》卷一作"銷爍"。《佛果圜悟禪師碧岩錄》卷三、《列祖提綱錄》卷三四作"銷鑠"。按"爍"通"鑠"。《廣雅·釋詁三》："鑠，磨也。"王念孫疏證："《考工記》云：'爍金以爲刃。'爍與鑠通。"

【因事】叢林或說因事，往①往妄議當日猥瑣世諦雜事，豈其然也？夫宗師唱道，無不因此事而有語言偈頌以接引學者，豈存誠於世諦者哉？若宗師因世諦彼非此是，以出示人天，又何足爲後世法耶？至如初洞山因事頌曰："五臺山上雲蒸飯，佛殿前頭狗尿天，刹竿頭上煎餛子，三個獼猻夜簸錢。"又慈明因事頌："時來開鉢展巾單，飯了收盂困即眠，石人撫掌呵呵笑，木女彈箏你自箏。"又韶九峰因事頌："收得便除四足，兩耳却挂②金鐶，好是月明深夜，一聲清透松關。"此皆因事而作，豈留情於是非動静之間者哉？

校勘：①"往"，五山版作"徃"。②"挂"，五山版作"掛"。

【落落碌碌】碌，當作琭，玉也。碌，石也，非義。老氏曰："不琭琭如玉，落落如石。"説者曰："玉琭琭，貴而已矣，不能賤也。石落落，賤而已矣，不能貴也。"

注釋：按《大正藏》本《明覺禪師語錄》卷五："石本落落玉自碌碌，

古之今之一何謷速。"落落碌碌"非詞。"碌""琭",《廣韻》皆爲盧谷切,來母屋韻入聲。"碌"與"琭"相通。碌,《説文新附・石部》:"碌,石皃。"《廣韻・屋韻》:"碌,多石貌。"琭,《廣韻・屋韻》:"琭,玉名。"《集韻・屋韻》:"琭,玉皃。"

【謷速】謷,音西,聲振也。一曰呻嘆,謂何呻嘆之頻速也。語見度夏空過因緣,故雪竇引用。

注釋:"謷"與"謕"互爲异體。

【白蘋】宋玉《風賦》:"夫風生於地,起於青蘋之末,浸淫溪谷,緣太山之阿,舞於松栢之下。"謂之白蘋者,以其色青而花白也。周處《風土記》曰:"萍蘋,芹菜之名①也。大者蘋,小者萍。"

校勘:①"名",五山版作"石"。

注釋:按《文選》卷一三《風賦》:"夫風生於地,起於青蘋之末,侵淫溪谷,盛怒於土囊之口,緣泰山之阿,舞於松柏之下。"善卿節略了"盛怒於土囊之口"。

【十二鼇】《列子・湯問》:"歸墟之中有五山焉:一曰岱輿,二曰員嶠,三曰方壺,四曰瀛洲,五曰蓬萊。其山高下周旋三萬里,其頂平處九千里。山之中間相去七萬里,以爲鄰居焉。其上臺觀皆金玉,禽獸皆純縞。珠玕之樹皆叢生,花實皆有滋味,食之皆不老不死。所居之人皆仙聖之種,一日一夕飛相往來者,不可數焉。而五山之根無所連著,常隨潮波上下往還,不得暫峙焉。仙聖毒之,訴之於帝。帝恐流於西極,失群聖之居,乃命禺强使巨鼇十五舉首而戴之。迭爲三番,六萬歲一交焉,五山始峙而不動。而龍伯國有大人,舉足不盈數步而暨五山之前,一釣而連六鼇,合負而趨歸其國,灼其骨以數焉。於是岱輿、員嶠二山流於北極,沈於大海,仙聖之播遷者巨億計。帝憑怒,侵減龍伯之國使阨,侵小龍伯之民使短。至伏犧、神農之時,其國人猶數十丈。"桉此止六鼇爾①,頌云十二,諸方互多建立,故難指定,然唯理是從。

校勘:①"爾",五山版作"尔"。

【幾番】孚飯切。

【踟躕】上直離切,下直誅切。踟躕,未見所出。

【猿攀】靈光之猿,攀掾而相追。掾,音傳。陳掾,馳逐也。司馬正説。

【鶴望】飛來雙白鶴篇曰:"五里一反顧,十里一裴回。"又《文選》:

"指蓬壺而翻翰，望崑閬以揚音。"

【王老師】池州南泉普願禪師，鄭州新鄭人，姓王氏。得馬祖之法，即^①唱道南泉，常自稱王老師。嘗示眾云："盡大地覓個癡鈍人不可得。"

校勘：①"即"，五山版作"印"。

注釋：南泉普願禪師俗姓王，自稱王老師。

【金闕】金闕，國門也。崔豹《古今注》云："闕，君門下，以人臣至此思其所闕，或君自思補闕過。布以丹堊，其下畫雲氣仙靈、奇禽怪獸之類，以示萬民。"又闕者，缺也。門兩邊缺然。閌閬，自序也。

【履水】《韓詩外傳》曰："夫水者，緣理而行不遺^①，似有禮者；重而下之，似有智者；履深不疑，似有勇者；障防而消，似知命者；歷險致遠，似有德者。"或本作履冰。

校勘：①"緣理而行不遺"，五山版作"緣理行而不遺"。

注釋：引自《韓詩外傳》卷三，其原文爲：夫水者，緣理而行不遺小間，似有智者；動而下之，似有禮者；蹈深不疑，似有勇者；障防而清，似知命者；歷險致遠，卒成不毀，似有德者。

【傾蓋】見前頌傾蓋，同途不同轍。

【夏雲】陶潛四時詩："春水滿四澤，夏雲多奇峰。秋月揚明輝，冬嶺秀孤松。"古有春雲處處生，詩云："春色遍空明，春雲處處生。入風衣暫斂，隨車蓋轉輕。作葉還依樹，爲樓欲近城。含愁上對影，似有別離情。"

【乾城】苑法師云："乾闥婆，此云尋香城。謂十寶山間有音樂神，名乾闥婆。忉利諸天意須音樂，此神身有異相，則知天意，往彼娛樂。因此事故，西域名樂人爲乾闥婆。彼樂人多幻作城郭，須臾如故，因即謂龍蜃所現城郭亦爲乾闥婆城。"又《物類相感志》云："一說蜃即蛤也。車螯是大蛤，能吐氣爲樓臺，海中常依島嶼間出此氣。一云龍，一云蜃。蜃之爲狀如螭龍，而有耳角皆鬣，江海中望如烈火，而多變化。天之將雨，朝暮間吐氣，黑靄結成樓臺，屋欄分明，一視之間，變現闊狹高低，故無揩定。"

【雨從何來】劉禹端公求雨於雲居山感應，遂問雲居膺曰："雨從何來？"居曰："從端公問處來。"公喜而謝之。膺却問曰："問從何來？"公無語。

【風作何色】西禪東平與官員坐次，西禪云："風作何色？"官無語。禪却問僧，僧拈起衲衣云："在府中鋪。"禪云："用多少帛子。"僧云：

"勿交涉。"禪無語。雲門代云："咄！者話墮阿師。"見懷和上《雲門室錄》。

【波波稜稜】雪竇禪錄，凡作語句，未嘗妄發，必有依據。且如"波波稜稜"之語，即僧問清平："波波稜稜時如何？"平云："爲君不達。"僧云："達後如何？"平曰："休更茵茵陳陳。"又如"大勳不竪賞"，即僧問風穴："刻舟求劍遠，當體事如何？"穴云："大勳不竪賞，柴門草自深。"又"頭長三尺知是誰"，即僧問洞山："如何是沙門行？"山云："頭長三尺，頸長二寸。"又"如今抛擲西湖裏"，即僧問岩頭："如何是道？"頭云："破草鞋抛擲湖裏著。"又如"五帝三皇是何物""誰道黃金如糞土""白月宮中天馬駒"，皆禪月歌詩中語也。

注釋：波波稜稜，奔波、奔走義。

【三三九九】僧問雲門："如何是向上一竅？"門云："九九八十一。"又僧問："如何是最初一句？"門云："九九八十一。"又僧問："以字不是，八字不成，未審是甚麼字？"門云："九九八十一。"

【詨訛】上正作殽，胡交切①，溷殽，雜也。下五禾切，謬也。

校勘：①"殽"，《廣韻》胡茅切。

注釋："殽訛""淆訛""聱訛""謷訛""譊訛""詨訛"爲一組异形詞，禪錄中字形多用"諸"，蓋受"訛"字言旁的影響，偏旁類化的結果。其他諸形均是同音或近音借字。皆爲"混淆訛誤"義。

【冥】當作瞑，合眼也。

【曙】常恕切，曉也。

【毳】楚稅切，細手①衲也。

校勘：①"手"，五山版作"毛"。

【象骨老師】象骨，即雪峰之別山，以形似而稱。雪峰存因送鼓山，後有語云："一隻聖箭子射入九重城裏去也。"時太原孚云："須勘過始得。"遂於中路把住云："甚麼處去？"山云："九重城裏去。"孚云："忽遇圍逼，又作麼生？"山云："它家自有青霄路。"孚云："恁麼則離宮失殿去。"山云："何處不稱尊？"孚便休去。歸謂雪峰云："一隻勝箭子被我拗折了也。"峰云："它有語在。"孚云："者老漢脚跟未點地。"

注釋：象骨老師，即義存禪師。象骨，指象骨山，后稱作雪峰山。

【偃草】於殄切，仰也。《論語》："草上之風必偃。"

注釋："偃"，《廣韻》於幰切。

【毗城癡愛】《維摩詰經》："文殊師利云：'世尊殷勤致問無量，居士是疾何所因起？其生久如？當云何滅？'維摩詰言：'從癡有愛，則我病生。以一切眾生病，是故我病，若一切眾生得不病者，則我病滅。'"

【清拙】潘岳《閑居賦·序》曰："拙者，可以絶意乎寵榮之事。築室種樹，消搖①自得。"此清拙也。

校勘：①"搖"，五山版作"摇"。

【襄岩】當作襄岩。居士龐蘊，字道玄，衡陽人也。元和初，方寓襄陽，止逭岩竇，今襄陽有龐公岩。初參石頭，次謁馬祖，與丹霞爲友。後示疾，州牧干公往省問，居士乃曰："慎勿空諸所有，亦莫實諸所無，善住世間譬如影響。"言訖，枕公膝而化。

【難御】音語，禁也。

【閟】必別切，叶韻。

【齧】正作齧，五結切，噬也。

注釋："齧"，《説文》未載。"齧"，《説文·齒部》："齧，噬也。""齧"爲"齧"之俗體。《正字通·口部》："齧，作齧字加口。"《篇海類編·身體類·口部》："齧，噬也，與齧同。"

【林樾】音越，陰也。

【堪爲】當作堪輿。

【偏索】當作徧索。

【捋】郎括切，手取也。

【后夜】當作後夜。

【擬寒山】擬，比擬也。寒山子詩云："白鶴銜苦桃①，千里作一息，欲往蓬萊山，將此充粮食。未達毛摧落，離群情②慘③惻。却歸舊來巢，妻子不相識。"

校勘：①"桃"，五山版作"花"，《寒山子詩集》作"花"。②"情"，《寒山子詩集》作"心"。③"慘"，五山版作"愴"。

【蓮城】處州之仙都也。

【攲側】上去宜切①。傾也。

校勘：①"宜"，五山版作"宜"。

【飛瀑】蒲木切。山泉急下也。

【再成古詩】此詩前有和於柲①丞白髮詩一章，蓋當時失於編録，故補之於此。詩曰："莖莖鬢上絲，偶對菱花照，孰爲當老顏？我曾幾年少？

知音知未知，相逢且相笑。"

校勘：①"祕"，五山版作"秘"。

【商山吟】商山，即四皓所隱之地。皓爲鬢眉交白老者之稱。四皓者：一、東園公；二、綺里季；三、夏黃公；四、角里先生。顏師古曰："四皓稱號，本起於漢，更無姓名可稱。知此蓋隱居之人，匿迹遠害不自顯，秘其氏族，故史傳無得而詳。班氏不載於書，諸家皆臆說，一無取焉。""在烏如在日①"，未見所出。角，音禄。

校勘：①"在烏如在日"，《大正藏》本《明覺禪師語録》作"在烏不在白"。

【芻狗】老氏曰："天地不仁，以萬物爲芻狗。"說者曰："束芻爲狗，祭祀所用，事已，則弃而捐之。"

【金粟】《十門辨惑論》云："'維摩是金粟如來'，吉藏師云事出《思惟三昧經》，自云未見其本。"

【靠】若到切，相違也。

【戲靠】師一日見安巖，問曰："春秋多少？"巖曰："與陝府鐵牛同歲。"師曰："陝府鐵牛年多少？"巖無語。師因戲作此頌。

【疏黑白】所初切，通也。《演義》九云："西域邪見九十五種，爲十一宗。統收所計不出四見，四見不出二因：一是無而忽有，是曰無因；二是所計處謬，是曰邪因。第十一無因論師，計一切萬物無因無緣，自然而生，自然而滅，故此自然是常，是萬物因。此計一切無染净因，如棘刺自纖，鳥①色非染，鶴色自白。《瑜伽》第七云：'何因緣故，彼諸外道起如是見，立如是法？答：謂見世間無有因緣，或時欻爾大風卒起，或時一日寂然止息；或時忽爾暴沙沫②漫，於一時間頓即空竭；或時鬱爾果木敷榮，或一時間颯然衰頹，由如是故，起如是見，立無因論。'"又此方莊生云："夫鵠不日浴而白，烏不日黔而黑。黑白之朴③，不足以爲辨。"說者曰："鵠白烏黑，稟之自然。"以文會之，正同無因邪見。

校勘：①"鳥"，《華嚴演義鈔》作"烏"。②"沫"，五山版作"涾"；《瑜伽師地論》作"彌"。③"朴"，五山版作"材"；活字版作"村"。

【蠢】尺尹切，動也。

【靦】它典切，面慚也。

【歸帝鄉】《莊子》："夫聖人有道，與物皆昌；天下無道，厭俗上僊，乘彼白雲，歸於帝鄉。"

校勘：①"厭"，五山版、活字版作"猒"。

注釋：引自《莊子·外篇》："天下有道，則與物皆昌；天下無道，則修德就閒；千歲厭世，去而上仙；乘彼白雲，至於帝鄉。"

【偃溪】玄沙會中有道怤上座，夜静入室禮拜云："道怤與麼來，乞和上慈悲，指個入路。"玄沙云："還聞偃溪水聲麼？"怤云："聞。"沙云："從者裏入。"怤即鏡清也。

【桃花】靈雲勤自雪峰謁玄沙，沙云："那裏何似者裏？"雲曰："也祇①是桑梓，别無它故。"沙云："恒然，又云何不道？"雲曰："道有甚麼難？"沙云："便請。"雲乃成頌："三十年來尋劍客，幾回葉落又抽枝。自從一見桃花後，直至如今更不疑。"沙云："灼然桑梓之能。"雲曰："向道固非外物。"沙云："是！是！"雲曰："不敢！不敢！"沙云："諦當！甚諦當！甘保汝未徹在。"雲曰："和上還徹也未？"沙云："與麼始得。"雲曰："亘古亘今。"沙云："甚好！甚好！"遂作偈送行云："三十年來只如常，幾回落葉放毫光。自此一出雲霄外，圓音體性應法王。右二緣見光化三年智嚴所集《玄沙廣録》。

校勘：①"祇"，五山版、活字版作"秖"。

注釋：上述引文皆可見於《卍續藏》本《玄沙師備禪師廣録》。

【庭栢】僧問趙州："如何是祖師西來意？"師云："庭前栢樹子。"僧云："和上莫將境示人。"師云："我不將境示人。"僧云："如何是祖師西來意？"師云："庭前栢樹子。"

注釋："庭前栢樹子"，公案，唐代趙州和尚著名機語。啓示學人切勿尋言逐句，不可陷於知識見解，應該擺脱一切，當下悟入。

【寶陀岩】《西域記》云："梵語寶陀洛伽山，此言孤絶處，觀自在菩薩所居之山，在南海中，眾寶宮殿與大菩薩而爲眷屬。"

【未跡】當作末跡。

注釋：按《大正藏》本《明覺禪師語録》卷五："勝遊生末迹，杳自狎時群。"已作"末迹"，"末"作"未"，當爲筆誤所致。

【狎】胡甲切，近也。

【石城】金陵之石頭城也。

【鶚】五各切，鳥名。

【巘】魚蹇切，山之峰。

【宗雷】宗炳、雷次宗，白蓮社客也。詳見十八人。

【雪】史甲切，吳興水名。

【河聲西聽】周朴詩：“湖州安吉縣，門與白雲齊。禹力不到處，河聲流向西。去衙山色遠，浸水日光低。中有高人在，紗巾倚杖黎①。”

校勘：①“黎”，五山版作“藜”。

【融老】牛頭懶融庵居山中，以禪定爲業，人來輒不起，皆謂之懶融。居常飛走率銜花以獻，自見四祖之後，無有此異。

【賦】方遇切。《釋名》曰：“敷布其義曰賦。”

【瑞雪】臘爲瑞，春爲災①。

校勘：①“災”，五山版作“㷭”。

【五六】《韓詩外傳》云：“凡草木花多五出，獨雪花六出。”

【玉馬】《晉書》：“新蔡王騰發於並州，於常山真定縣遇天大雪，平地數丈，雪融不積。騰怪而使掘之，得玉馬高數尺。”

【銅駝】《北涼錄》云：“先酒泉南有銅駝出，言虜犯者，大雨雪，沮渠蒙遜遣工取之，得銅數萬斤。”

注釋：按該引文當源自《藝文類聚》卷二。

【灣】烏關切，水曲也。

【趙州關】諗和上示眾云：“趙州關也難過。”僧云：“如何是趙州關？”師云：“石橋是。”又問僧云：“甚麼處來？”“南來。”師云：“還知有趙州關否？”僧云：“須知有不涉關者。”師云：“者販私鹽漢。”眾中或以庭前柏、喫茶去爲趙州關，誤矣。

注釋：“趙州關”，雲居山的第一道山門叫趙州關。這裏的“趙州關”是一種禪的境界。“狗子無佛性”當爲趙州禪的第一關，也是禪宗的一關，又叫“無門關”。禪籍中確有誤將“庭前柏樹子”“喫茶”當作趙州關的情況。《大慧普覺禪師語錄》卷八：“示眾。舉僧問趙州：‘如何是祖師西來意？’州云：‘庭前柏樹子。’僧云：‘和尚莫將境示人。’州云：‘我不將境示人。’僧問：‘如何是祖師西來意？’州云：‘庭前柏樹子。’師云：‘庭前柏樹子。’今日重新舉，打破趙州關，特地尋言語。既是打破關，爲甚麼却尋言語？當初將謂茅長短，燒了元來地不平。”《續傳燈錄》卷三十二：“參政李邴居士字漢老，醉心祖道有年。聞大慧排默照爲邪禪，疑怒相半。及見慧示眾舉趙州庭柏垂語曰：‘庭前柏樹子。’今日重新舉，打破趙州關，特地尋言語。敢問大眾：‘即是打破趙州關，爲甚麼却特地尋言語？’良久曰：‘當初祇道茆長短，燒了方知地不平。’”

【靈槎】《博物志》云："天河與海通，海濱年年八月有浮槎，往來不失信。博望侯張騫乃多賚粮食，乘槎而去。忽忽不學①晝夜。奄至一處。見城郭居室，室中多織女，唯一丈夫率②牛，臨渚不飲。驚問之，此人何由至此，騫乃問：'此何處所？'曰：'君可往蜀問嚴君平。'乃如其言，君平曰：'某年月日，有客星犯斗牛。'"《因話錄》云："《漢書》載張騫窮河源，言其奉使之遠，實無天河之説。唯張茂先《博物志》説賚粮乘槎到天河，見飲牛丈夫，遣問嚴君平，客星犯斗牛，即此人也。後人相傳得支機石，持以問君平，都是憑虛河之説。今城都嚴真觀有一石，呼爲支機石，皆云當時君平留之。寶歷中，于③下第還家，於④京師途中，逢官差遞，失舁張騫槎。先在東都禁中，今准詔系有司取進，不知是何物也。先輩詩往往有張騫槎者，相襲訛謬矣，縱出雜書，亦不足據也。"

校勘：①"學"，五山版作"覺"；《博物志》作"覺"。②"率"，五山版作"牽"。③"于"，五山版作"予"。④"於"，五山版作"故"。

【霽】子計切。《説文》云："雨止雲罷曰霽。"

【狖】余救切，獸名，似猿。

【烟水茫茫】洛京慧林寺，故光禄卿李憕居第。禄山陷東都，憕以居守死之。子源少時以貴游於豪侈，善歌聞於時。及憕死，悲憤自誓，不住①、不娶、不食肉，居寺中五十餘年。寺有僧圓澤，富而知音，源與之遊甚密，促交語竟日，人莫能測。一日，相約蜀青城峨②嵋山，源欲自荊州泝峽，澤欲取長安斜谷路。源不可，曰："吾以絶世事，豈可復道京師哉？"澤默然，久之曰："行止固不由人。"遂自荊州路。舟次南浦，見婦人錦襠負甖而汲者，澤望而泣曰："吾不欲由此者，爲是也。"源驚問之，澤曰："婦人姓王氏，吾當爲之子。孕三歲矣，吾不來，故不得乳。今既見，無可逃者，公當以符咒助我速生。三日浴兒時，願公臨，我以一笑爲信。後十二年中秋月夜，杭州天竺外當與公相見。"源悲悔而爲具沐浴、易服，至暮，澤亡。而婦乳三日，往視之，兒見源果笑。具以語王氏，氏以家財葬澤山下。源遂不果行，返寺中，問其徒，則既有命矣。後十二年，自洛適吳赴其約，至所約，聞葛洪川畔有牧童扣牛角而歌曰："三生石上舊精魂，賞月風③莫要論。慚愧情人遠相訪，此身雖異性長存。"呼問："澤公健否？"答曰："李公真信士，然俗緣未盡，慎勿相近，唯勤修不墜，乃復相見。"又歌曰："身前身後事茫茫，欲話因緣恐斷腸，吳越山川尋已遍，却回烟棹上瞿塘。"遂去，不云④所之。後二年，李德裕奏源忠臣子篤孝，拜諫議大夫，不就，死寺中，年八十矣。烟水茫茫，蓋頌家自有深意，且⑤以文勢推之，但創其遠情爾，不必涉事，尤爲簡當。然吾教論受生，經論備載。三緣湊啄，一不可差。安有此身未滅而先托質已⑥三年矣？設以菩薩人隨意生身，一多自在者，如此澤又何必見錦襴而泣耶？詳此，乃好事者爲之，而理不可考。

校勘：①"住"，五山版作"仕"。②"峨"，五山版、活字版作"娥"。③"賞月風"，五山版作"賞月臨風"。④"云"，五山版作"知"。⑤"且"，五山版作"耳"。⑥"已"，五山版作"巳"。

【遺我】余貴切。

注釋："遺"，《廣韻》以醉切。

【呈似君】請道末後句。此五當作注字寫，見它本。

注釋：《大正藏》本《明覺禪師語錄》卷六："七八既難直須教透，來不在前去不在後。粗細自看緊緩相就，一日圓成呈似君。想得諸方未知有。"依善卿所見他本，"想得諸方未知有"句當爲注解。

【難瞞】瞞，當作謾，欺也。下倣此。

【金槌】槌，當從金，作鎚。《説文》云："鐵爲黑金，故曰金鎚。"槌，籀曲挂，非義。

注釋："鎚""槌""椎"三者皆通。慧琳《一切經音義》卷一六："鎚鉆，上直追反，或作槌，亦作椎，並通。""槌"，"椎"之俗字。希麟《續一切經音義》卷四"槌胸"注："槌，俗字也。正作椎。""鎚"亦爲"椎"之俗字。慧琳《一切經音義》卷十"椎打"注："椎，經作鎚。鎚，俗字也。""金椎"，玄應《一切經音義》卷二："金椎，直追反。《蒼頡篇》：'椎，打物也。'案《説文》鐵爲黑金，故名金椎也。"

【指南】《古今注》云："黃帝與蚩尤戰於涿鹿，蚩尤作大霧迷於四方，帝在車以指指南而示士，卒擒蚩尤而斬之，遂號①指南車。"

校勘：①"號"，五山版作"号"。

【三尺】吾佛攝應歸真，了無一相可得。從真起應，乃有千尺、丈六、三尺之身，以至猿猴、鹿、馬隨類化身。三尺多引俱尸長者，未見出於何經。

注釋：《大方廣佛華嚴經隨疏演義鈔》卷二十八："疏：三尺等者，三尺之身即瞿師羅長者所見；丈六應身無邊，即無邊身菩薩窮上界而有餘。"

【懲】直陵切，示也，戒也。

【革轍】上古核切，改也。下直列切，途轍也。

【傅大士】大士，婺州義烏人。齊建武四年五月八日，生於雙林鄉傅宣慈家，名翕。天監十一年，納劉氏女，名妙光②，生普成、普光二子。嘗致書於梁武帝，自號①當來解脫善慧大士。後會西域僧嵩頭陀，曰：“我與汝，毗婆尸佛所發願，今兜率宮衣鉢見在，何時當還？”因命照水觀影，見圓光寶蓋，即彌勒菩薩也。

校勘：①“號”，活字版为“号”。②“妙光”，五山版作“妙先”。

【德雲】《華嚴》：善財童子漸次南行，向勝樂國，登妙峰山。於其山上，東西南北、四維上下，觀察求覓①，渴仰欲見德雲比丘。經於七日，見彼比丘在別山上徐步而行。見已，往詣，頂禮其足。”清涼疏主云：“忘所住位，方爲得旨。”

校勘：①“覓”，活字版作“覔”。

【塗毒鼓】《泥洹①經》云：“佛告迦葉：‘譬如良醫合和諸藥，以塗其鼓，若有眾鬪②戰被瘡，聞彼鼓聲，一切悉愈，唯除命盡，及應死者。此摩訶衍法鼓音聲，亦復如是。一切眾生聞其音聲，婬怒癡③箭不樂，菩提未發意者，犯四墮法及無間罪，一切除愈，唯除一闡提輩。’”

校勘：①“洹”，五山版、活字版作“桓”。②“鬪”，五山版作“鬭”。③“癡”，五山版作“凝”。

【樂聞】魚教切，欲也。

注釋：樂聞，樂意聽取佛法大意。

【毗耶離】此云廣嚴，維摩詰所居之城。

【弋者慕】《楊子·問明》：“或問君子在治，曰：‘若鳳在亂。’曰：‘若鳳或人不諭。’曰：‘未之思矣。’曰：‘治則見，亂則隱，鴻①飛冥冥，弋人何慕②焉？’”説者或引此緣，則弋者何慕，言不可慕也。頌意弋者慕，固反此義。

校勘：①“鴻”，《五山》作“鴻”。②“慕”，《揚子法言》作“篡”。

【透法身】見《雲門錄》上偈頌福朗上座緣。

【潦倒】上雲①皓切②，下盧考③切④。老之狀也。

校勘：①“雲”，當作“盧”。②“潦”，《廣韻》虛皓切。③“盧考”，當作“當老”。④“倒”，《廣韻》都皓切。

【啾秋】即由切。古頌云：“揚湯不止沸，祖師來去薪。啾啾依舊閙，各各謂修真。”

【祕魔岩】宋傳云："名常遇，姓陰，范陽人。出家於燕北安國寺，來居五臺山之秘魔岩，即文殊降龍之所，因以爲名焉。常持一木叉，每見僧來禮拜，即叉却僧頸，云：'那個魔魅教你去出家？那個魔魅教你行脚？道得也叉下死，道不得也叉下死。速道！'學者少有酬對。唯晉州霍山景通，即大禪佛也，才到便趁入懷中坐，師於霍山背撫三下，山便走出云：'三千里外詁我來！'"

【保福謾人】漳州保福從展禪師四謾人：一、問僧："殿裏是甚麼佛？"僧云："和上定當看。"師云："釋迦佛。"僧云："莫謾人好。"師云："却是你謾我。"二、問僧："作甚麼業，喫得與麼大？"僧云："和上也不小。"師便作蹲勢。僧云："和上莫謾人好。"師云："却是你謾我。"三、問僧："汝名甚麼。"僧云："咸澤。"師云："忽遇枯涸者如何？"僧云："誰是枯涸者？"師云："我是。"僧云："和上莫謾人好。"師云："却是你謾我。"四、問浴主："湯鍋闊多少？"主云："請師量。"師便作量勢。主云："和上莫謾人好。"師云："却是你謾我。"

【緣生】緣生，即十二因緣，亦名十二緣生。《解脫論》云："一、無明者，不知四諦；二、行者，身、口、意業；三、識，入胎一念心名識；四、名色，共相續心起心數法及迦羅邏色；五、六入者，六內入；六、觸者，六觸身；七、受者，六受身；八、愛者，六愛身；九、取者，四取；十、有者，是業能起欲色、無色有；十一、生者，於有陰起；十二、老死者，陰熟曰老，陰壞散名死也。又於一刹那中成十二因緣，如眼見色，癡人起愛，於此時净樂者心癡，此謂無明。思著是無明緣行，心著此行緣識，知相應心數法及彼所造色緣故，諸根清净，是名色緣六入。無明、觸是六入緣觸，喜觸緣受欲，受緣愛以著取净樂，是愛緣取。以著思是取緣有，彼法起是有緣生，往已是老，念散壞是死。"

【布鼓】漢王尊爲東平相，謂王之太傅曰："毋持布鼓向雷門。"説者曰："雷門，越之會稽城門也。有大鼓，越擊之，聲聞洛陽。"布鼓，以布爲鼓，無聲也。毋，音無。

【鐵券】僧問雪竇："如何是緣生義？"師云："金剛鑄鐵券。"僧云："學人不會。"師云："閙市裏牌。"僧云："恁麼則行到水窮處，坐看雲起時。"師云："列下。"券，去願切。

【名實無當】肇法師云："夫以名求物，物無當名之實；以物求名，名無得物之功。物無當名之實，非物也；名無得物之功，非名也。是以名不當實，實不當名，名實無當，萬物安在矣？"清涼國師云："若實則名，見面即應知名；若名即實，召火即應燒口。"

【舂米】當作舂，書容功。

注釋：按"舂"當爲"舂"之形近而訛。舂，《說文·臼部》："擣粟也。从廾，持杵臨臼上。午，杵省也。古者雝父初作舂。"舂米，用杵臼搗去穀物皮殼。

【崔嵬】上徂回切，下吾回切。大高也。

【空生巖中】見後録須菩提巖中。

【圖畫】當作圖畫。

【五老師子】《廬山記》云："栖賢寺，寺之東北有五老峰，歷歷可數。中有師子峰，狀若刻削，雲物隱映，尤所肖似。廬山之勝，此最爲優者。"

【居士】凡具四德，乃稱居士：一、不求仕宦；二、寡欲蘊德；三、居財大富；四、守道自悟。又《菩薩行經》云："有居財之士、居家之士、居法之士、居朝居山之士，通名居士也。"

【隈】烏灰切[1]，倚也。

校勘：① "隈"，《廣韻》烏恢切。

【太湖】《吳地志》云："太湖在吳縣西南四十里，周回三萬六千頃，一名具區澤。"

【七百甲子】趙州從諗俗壽一百二十歲，嘗有人問："師年多少？"師云："一穿數珠數不足。"《鎮府塔記》云："師得七百甲子歟。"七百甲子乃泛舉一百二十之大數，實一百一十六歲餘八月，凡四萬二十日也。

【連城璧】《史記》："趙國有卞氏璧，秦欲以十五城易之。趙遣藺相如進璧，秦昭王得璧而不割地。相如詐云璧有瑕，取而指之，因倚柱不還，曰：'請割地，齋戒五日方受璧。王若急臣，臣則頭璧俱碎。'王懼碎璧，而不敢加害，璧竟歸趙。"

【悲風流水】古二曲名。陳纂琴書云仲尼作。

【嗚咽】嗚，心有所惡，若吐也。咽，聲塞也。

【希聲】見《雲門録》上。

【定乾坤句】雲門大師行腳時，有官人問："還有定乾坤句麽？"門云："蘇嚕蘇嚕悉哩薩訶。"

【蘭舟】《選·注》："蘭舟、桂橈，取香潔之异。"

【八詠】唐沈約八詠：登樓望秋月、會圃臨春風、秋至愍衰草、寒[1]

122

來悲落桐、夕行聞夜鶴、晨征聽曉鴻、解佩去朝市、披褐守山東。

校勘：①"寒"，当作"霜"。

【碧雲】"日暮碧雲合，佳人殊未來"，儒釋先輩往往謂湯慧休詩也。雪竇多用此意，如《送僧》云"碧雲流本①是詩家"，又《和頑書記》云"湯慧休辭豈易聞？暮風吹斷②碧溪雲"是也。按《文選》，乃江淹《擬慧休別怨詩》，實江淹作也。

校勘：①"本"，《祖英集》作"水"。②"斷"，五山版作"断"。

【選佛】丹霞然始讀書，方應舉長安，遇禪客，問云："奚爲？"然曰："選官。"客曰："選官何如選佛？"然因扣選佛之由，欣然感悟。後得法於石頭也。

【難兄難弟】東漢陳元方子長文，即陳群也，與季方子孝光①，各論其父功德，爭之不決，咨於太丘，太丘即陳寔，元方、季方父也。太丘曰："元方難爲兄，季方難爲弟。"又晉王珉，字秀杰，少有才藝，名出於兄王珣之右，語曰："法護非不嘉，僧彌難爲兄。"法護，珣小字；僧彌，珉②小字也。

校勘：①"光"，《世说新语》作"先"。②"泯"当作"珉"。

【芳菲】音妙妃，芳香草也。菲，草盛貌。

【玄沙】玄沙，名師備，福州閩縣謝氏子。幼以漁釣爲業。唐咸通初，俄有出塵之志，從芙蓉山靈訓受業。三十落髮，得戒於道玄律師。布衲甚①屢②，食午③接氣，而終日宴坐。晚謁雪峰，峰喜其善抖擻諸業，居以頭陀稱之。既得法於雪峰，竟不它適。晚居玄沙，四方學者而輻湊焉。嗣其道者頗盛，如羅漢琛、安國球，皆師席之白眉也。然門弟子得其法而抱道嘉遁者，不可得而詳，僧傳禪錄豈能悉數？予嘗過抗④之外沙，瞻禮還鄉和上真身，其石刻云："師諱道勤，閩越李氏子。從師落髮，二十受具，得正法眼藏於玄沙備。建隆初，入吳越，抵⑤錢塘之普安。雖不開堂演唱，而參玄入室者，常盈五百。興國丙子夏六月，師忽謂侍僧曰：'吾還鄉矣。'僧莫之曉，因索筆書偈云：'還鄉寂寂杳無踪，不挂孤帆水陸通。踊得故關田地穩，更無南北與西東。'後三日，正坐而盡，壽六十，臘四十五。全身儼然，今留院之北隅，雖庭宇頹圮，而瞻⑥禮者踵武不絕。以師有還鄉偈盛傳於時，故不以名顯，遂號⑦還鄉和上云。"

校勘：①"甚"，五山版作"芸"。②"屢"，五山版作"屦"。③"午"，五山版作"才"。④"抗"，五山版作"杭"。⑤"抵"，五山版作

"抵"。⑥"瞻"，五山版、活字版作"瞻"。⑦"號"，五山版作"号"。

【袈裟】梵云袈裟，此言不正色。律云："一切上色衣不得畜，當作袈裟。"《業疏》曰："字本作迦沙。"梁葛洪撰《寧苑》："下添衣，言道服也。"

注釋：指僧人的法衣。

【刻夜燈】竟陵王子良嘗夜集諸學士，刻燭爲詩，四韻者刻一寸，以此爲率。共以爲無難，遂擊銅鉢立韻，響滅則詩成，皆可觀覽。見《南史》。

【蘆芽穿膝】《觀佛三昧海經》："爾時，菩薩坐於樹下，入滅意三昧，三昧境界名寂諸根。諸天啼泣，泪下如雨，勸請菩薩當起飲食，作是請時，聲遍三千大千世界，菩薩不覺。有一天子，名曰悦意，見地生草穿菩薩肉，上生至肘，告諸天曰：'奇哉男子！苦行乃爾，不食多時，喚聲不聞，草生不覺。'"

【爲蓋】魏文帝詩："西北有浮雲，亭亭如車蓋。"

【莎羅】此云高遠。以其林木森聳，出於餘木之上。或翻堅固，誤矣。由莎羅與娑囉聲相近也。若呼堅固，則轉舌言之；若呼高遠，則依平言之也。

【頑】下浪切。

【磷磷】力珍切，石在澠水間也。

【湯慧休】湯，浴①姓也。古沙門多以俗姓或師姓稱之。如竺道生、帛道猷、竺法汰等是也。自道安法師始稱釋氏。譯《十誦律》，乃見其文"四河入海，無復河名；四姓出家，同一釋種。"慧休，字茂遠，住長干寺。嗜酒好色，輕釋侣，慕俗意。秉筆造牘，文辭斐然，才鋒挺出，名譽頓上。至宋世祖孝武，敕令還俗，授揚州文學從事。意氣既高，甚有慚②慨，會出補句容令，不得意而卒。見沈約、朱書、顏延之，每薄湯慧休③制作，委巷中歌謡耳，方當誤後生事。

校勘：①"浴"，五山版作"俗"，當作"俗"。②"慚"，當作"慷"。③"湯慧休"，五山版作"湯慧"。

注釋：按湯乃俗姓。竺道生，俗姓魏，因從事於竺法汰，故爲竺姓。帛道猷，本姓馮，學於帛尸梨密，故爲帛姓。

【紅葉】志閑頌云："僧家無事最幽閑，近對青松遠對山。詩句不曾題落葉，恐隨流水到人間。"又鄭虔爲廣文博士，學書病無紙，知慈恩寺有柿葉數屋，遂借僧房居止，取紅葉學書，歲久殆遍。

【今古情】當作合古情。見它本。

【槁木】苦皓切。《莊子》：“形固可使如槁木。”

【膺門】東漢孔融，字文舉，魯國人，孔子二十世孫。年十歲，隨父詣京師。時河南尹李膺以簡重自居，不妄接士賓，敕外自非當世名人及與通家，皆不得白。融欲觀其人，故造膺門。語門者曰：“我是李君通家子弟。”門者言之。膺請融，曰：“高明祖父嘗與僕有恩舊乎？”融曰：“然。先君孔子與君先人李老君同德比義，而相師友，則融與君累世通家。”眾坐莫不嘆息。大中大夫陳煒後至，坐中以告煒。煒曰：“夫人小而聰了，大未必奇。”融應聲曰：“觀君所言，將不早慧乎？”膺大笑曰：“高明必爲偉器。”

【朕兆】上直引切。吉凶形兆也。

【鶴樹】《涅槃經》：“爾時，世尊娑羅林下寢臥寶床，於其中夜，入第四禪，寂然無聲。於是時頃，便般涅盤，入涅槃已，其娑羅林東西二雙合爲一樹，南北二雙合爲一樹，垂覆寶床，蓋覆如來。其樹即時慘然變白，猶如白鶴；枝葉、花果、皮幹，悉皆爆烈①墮落，漸漸枯悴摧朽無餘。”

校勘：①“烈”，《涅槃經》作“裂”。

【雙趺】見《雲門錄》上。

【學步】《莊子·秋水》：“壽陵餘子之學行於邯鄲，未得國能，又失其故行矣，直匍匐而歸爾。”

【大嚮】當作大饗。《周禮》：“掌客，主①合諸侯，而饗則具十二牢、具百物。”諸侯爲賓，大饗尚腶脩而已矣。謂不享味也。腶②，丁貫切，籤脯也。

校勘：①“主”，《周禮》作“王”。②“腶”，活字版作“服”。

注釋：按善卿所注非直接引用《周禮》原文。當引自唐《白氏六帖事類集》卷一七：“《周禮》掌客，王合諸侯，而饗則具十二牢，具百物。諸侯爲賓，大饗尚腶脩而已矣。不享味也。”“主合諸侯”當作“王合諸侯”。

【香飯】《維摩詰經》云：“爾時，舍利弗心念：‘日時欲至，此諸菩薩當於何食？’時維摩詰知其意，而語言：‘佛説入①解脱，仁者受行，豈雜欲食而聞法乎？若欲食者，且待須臾，當令汝得未曾有食。’於是維摩詰不起於座，居眾會前，化作菩薩，而告之言：‘汝往上方界分，度如此二②恒河沙佛土，有國名眾香，佛號香積。到彼，如我辭曰：維摩詰稽首世尊足，願得世尊所食之餘，當於娑婆世界施作佛事。'"於是香積如來以衆香鉢盛滿香飯與化菩薩，時彼九百萬菩薩但③發聲言：'我欲詣娑婆世界。'佛言：'可往。'須臾之間，與化菩薩至維摩詰舍，維摩詰即化作九百萬師子之座，諸菩薩皆坐其上。化菩薩以滿鉢香飯與維摩詰，香飯普薰毗耶離城、三千大千世界。語舍利弗，諸大聲聞：'仁者！可食如來甘露美飯，大悲所薰，無以限意，食之使不消也。'有異聲聞念是飯少，化菩薩曰：'勿以聲聞小德小智，稱量如來無量福德。四海有竭，此飯無盡，使一切人食，端④若須彌，乃至一切猶不能盡。'於是鉢飯悉飽衆會，其諸食者，身安快樂。"

校勘：①"入"，《維摩詰經》作"八"。②"二"，《維摩詰經》作"四十二"。③"但"，活字版作"佀"，《維摩詰經》作"俱"。④"端"，《維摩詰經》作"揣"。

【鶖鷺】梵云舍利弗，此言鶖鷺子。以其母之眼如鶖鷺，因母得名，故云舍利子。智慧第一，辯捷無雙。

注釋："舍利弗"因"母之眼如鶖鷺"而得名"鶖鷺"。

【鬱頭藍】《普耀經》云："世尊逾城出家，至檀特山，始於阿藍迦藍處三年，學不用處定，知非便捨，復至鬱頭藍處三年，學非想非非想定，知非亦捨。"《普集經》云："菩薩於二月八日菩提樹下，舉頭見明星，悟道成佛。欲先往報恩，有神人報云：'阿藍迦已死七日，鬱頭藍已死三目①。'乃往鹿野苑度五俱輪。"

校勘：①"目"，五山版作"日"，当作"日"。

【昳】徒結切，日昃也。

【晡】奔謨切，日加申時也。

注釋："晡"，《廣韻》胡孤切。

【頂罩燒鍾】衆中或舉戴火鑷腹外道緣，意其不類。嘗見蜀僧云："此蜀語也。"川人或譏人之無知，則云"燒鍾盖却你頭"，往往喚作孟夏漸熱。蓋雪竇，川人也。

【雨花】王遇切。從上而下曰雨。

【黃金宅】黃金宅，僧伽藍之總稱也。《賢愚經》云："須達長者欲買園造精舍，祇陀太子言：'若能以黃金布地，令間無空者，便當相與。'須達言：'諾①，謹隨其價。'太子言：'我戲語爾。'須達言：'太子不應妄語。'便使人，象負金出，八十頃中，須臾欲滿，殘餘少地。須達思惟：

'何藏金足不多不少，當取滿之。'祇陀問言：'嫌貴置之。'答言：'不也。
自念金藏何者可足，當得補滿。'祇陀念言：'佛必大德，乃使斯人輕寶乃
爾。'教齊且止，'勿更出金，園地屬卿②，樹木屬我，我自上佛，共立
精舍。'"

校勘：①"諸"，《賢愚經》作"諾"。②"卿"，五山版、活字版作
"郷"。

【鬧市】夾山和上垂語云："鬧市裏識取天子，百草頭上薦取老僧。"

【挳】姊末切，逼也。

【憍尸迦】六欲天主帝釋也。《大智度論》云："昔摩伽陀國中，有婆
羅門，名摩伽，姓憍尸迦，有福德大智慧，知友三十三人，共修福德，命
終皆生須彌山頂第二天上。摩伽婆羅門爲天主，三十二人爲輔臣。"

【俱胝老】婺州金華山俱胝和上，始以庵居，以尼實際激屬其志，方
有慕大之心。俄然天龍至庵，因具陳實際到庵之緣扣之，天龍豎一指示
之，師即顯悟。將示寂之秋，謂眾曰："吾得天龍一指頭禪，一生用不
盡。"言訖奄化。天龍嗣大梅常，即馬祖之的孫。

【糲竭節】梵云糲竭節，此言杖。智門祚和上《綱宗歌》云："糲竭
節，拽路布，靈利衲僧通一路。師子不捉麒麟兒，猛獸那堪床下顧？"糲，
或作剌①，郎達切。

注釋：①"剌"，《廣韻》虛達切。

【露冕】東漢郭賀，字喬卿，雒陽人。拜荊州刺史，引見賞賜，恩寵
隆異。及到官，有殊政，百姓便之，歌曰："厥德仁明郭喬卿，忠正朝廷
上下平。"顯宗巡狩到南陽，時見嗟嘆，賜以三公之服，黼黻冕旒，敕行
部去幨帷，使百姓見其容服，以彰有德。每所經過，吏人指以相示，莫不
榮之。

【蒼蒼】蒼蒼青青天之色，穹穹窿窿天之形。蓋以天地之大德，以比
無私之政治也。

【倚毗】猶毗倚也。

【生祠】古人有德政，惠及生民，往有遺愛，去思爲立生祠，繪塑形
像，以四時饗之。東漢王堂，字敬伯，廣漢郪人也。永初中，西羌寇巴
郡，爲民患，詔書遣中郎將尹就攻討，連年不剋①。三府舉堂治劇，拜郡
守。堂馳兵赴賊，斬虜千餘級，巴、庸清净，吏民生爲立祠。庸，即上庸
縣也。郪，千私切。

校勘：①“剋”，五山版作“尅”。

【蒲團】當从浦，作蒲，水艸，可以作席蒲。抟蒲，戲也，非義。

【猿猱】下奴刀切。猴也。

【綸言】《禮記·緇衣》：“子曰：‘王言如絲，其出如綸；王言如綸，其出如綍。故大人不倡遊言。’”游，猶浮也，不可用之言也。綍，音弗。

【紫袍】《僧史》：“古之所貴，名與器焉。賜人章服①，極則朱紫，緣皇②黃綬乃爲降次，故曰加紫綬，必得金章。今僧但受其紫而不金。方袍，非綬也。尋諸史，僧衣赤、黃、黑、青等色，不聞朱紫。按《唐書》，則天朝有僧法朗等，重譯《大雲經》，陳符命言：‘則天是彌勒下生爲閻浮提主。’唐氏含③微，故由之革命稱周，法朗、薛懷義九人並封縣公，賜物有差，皆賜紫迦沙、銀龜袋。賜紫自此始也。又玄宗時④，友愛頗至，以寧王疾，遣中使尚藥，馳驚⑤旁午，唯僧崇憲醫劾，帝悅，賜緋魚袋。又代宗永泰年中，章敬寺僧崇慧與道士角術告勝，中官翬庭玉宜⑥賜紫衣一副。除魚袋也。今大宋降⑦誕節賜，其或内道場僧已著紫，又賜紫羅衣三事，謂之重紫⑧。”

校勘：①“章服”，《僧史略》作“服章”。②“緣皇”，《僧史略》作“緣皂”。③“含”，《僧史略》作“合”。④“又玄宗時”，《僧史略》作“玄宗”。⑤“驚”，《僧史略》作“驚”。⑥“宜”，《僧史略》作“宣”。⑦“降”《僧史略》作“唯”。⑧“紫”，《僧史略》作“賜”。

【都護】西漢鄭吉，會稽人也，以卒伍從軍，數出西域，繇是爲郎。吉初破車師國，又降日逐王歸漢，威震西域，遂並護車師以西北道，故號都護。都護之置，自吉始焉。顏師古曰：“並護南北二道，故謂之都護。都猶大也，功①也。”

校勘：①“功”，《漢書》作“總”。

【百越】《越圖經》：“百越，越之別名。百，以種類不一之稱。亦名越絕，猶破吳之惡、越惡絕也。或謂靈越，言山海靈异所出。”

【信旗】崔豹《古今注》：“信幡，古徽號也。幡亦旗屬①，以題表官號，以爲符信，故爲信幡。若②乘輿，則畫白虎，取其義而有威信之德也。魏有東青龍、南朱雀、西白虎、北玄武。③幾内黃龍，亦信也。今晉朝唯白虎示信，用鳥取其飛騰輕疾也，一曰鴻雁、燕乙④，有去來之信是也。”

校勘：①“幡亦旗屬”衍，《古今注》未見。②“若”，《古今注》作

"無"。③ "魏有東青龍、南朱雀、西白虎、北玄武" 衍，《古今注》未見。
④ "乙"，《古今注》作"氠"。

【白蘋汀】古詩："柳惲江洲採白蘋。" 惲嘗作吳興太守，爲政清净，
人吏懷之。

注釋：引自《文選》卷十三宋玉《風賦》："夫風生於地，起於青蘋之
末，侵淫溪谷，盛怒於土囊之口，緣泰山之阿，舞於松柏之下。"

卷四

《雪竇祖英》下

【三寶】《寶性論》云："佛法僧何以名三寶？曰：'具六義故：一、希有如珍寶等；二、離垢不染；三、勢力除貪去毒；四、莊嚴；五、最勝；六、不改變。'"《報恩經》云："無師大智及無學法名佛寶，盡諦無爲名法寶，聲聞無學功德智慧名僧寶。"同相三寶者：一、佛體上有覺照義名爲佛寶，軌則義邊名爲法寶，違諍過盡是名僧寶，即以無漏界功德爲體；二、法上有覺性即是佛寶，軌持即是法寶，法體無遺即是僧寶；三、僧上觀智爲覺佛寶，軌則爲法寶，在眾無違眾生故名僧寶。同體三寶者：真如有覺性名佛寶，真如有軌①持義名法寶，真如有和合義名僧寶。別體三寶者，此有二宗：一、大乘説三身如來是佛寶，空教是法寶，三賢、十聖是僧寶；二、小乘説丈六金身是佛寶，四諦、十二因緣、生空教法是法寶，四果、圓②覺是僧寶。住持三寶者：範金雕木，繪塑形像是佛寶，三藏文句是法寶，剃髮染衣，同一理事是僧寶。《大方便報恩經》："優波離問佛：'若以法爲師者，於三寶中何不以法爲初？'佛言：'法雖是佛師，而法非佛不弘，所謂道由人弘，故以佛在初。'"

校勘：①"軌"，活字版作"軋"。②"圓"，當作"緣"。

【或處】音杵，止也。

注釋：《大正藏》本《明覺禪師語錄》："予天禧中，寓迹靈隱，與寶真禪者爲友，或遊或處。""處"與"遊"相對照，停留暫居義。"或處"非詞。

【投報】《詩》："投我以木瓜，報之以瓊玖。"

校勘：《毛詩》卷四原文爲："投我以木桃，報之以瓊瑤；……投我以木李，報之以瓊玖。"

【襲】以入切，及也。

【泠泠】郎丁切，清泠。

【賡唱】上音庚，續也。《書》：“迺賡載歌曰。”

【蝕木】垂力切，侵虧也。

【俄屬】音燭，連也。

【荒斐】下敷尾切，文章貌。

【甘蔗】世尊別姓有五：一、瞿曇氏；二、甘蔗氏；三、日種氏；四、舍夷氏；五、釋迦氏。此五氏中趣舉一姓，即是言吾佛也。

【蓮捧足】《大論》云：“佛足行時，去地四指，蓮花捧足，而現印輻文。在空者，人疑難親附；在地者，與常人同傷物命及汙①其足，故去地四指。”

校勘：①“汙”，活字版作“汙”。

【玉毫】如來額廣平正相中有三相，一者所謂白毛相。佛初生時，王與夫人將太子詣阿私陀仙，令相太子。仙人初見太子眉間白毛旋生，於白毫邊有諸輪郭隨白毛旋。相師見毛長大，即取其尺，度量長短，足滿五尺，如琉璃箭。又云眉間①白毫相光流出眾②光，作百寶色。

校勘：①“間”，五山版作“聞”。②“眾”，活字版作“衆”。

注釋：上述釋文“又云”以前當引自《佛說觀佛三昧海經》卷一。“又云”之後當引自宋沮渠京聲譯《佛說觀彌勒菩薩上生兜率天經》。

【挨星】乙諧切，推也。挨星謂月也，即面如净滿月。貫休過①寶道者詩云：“經秦歷魏松千尺，浴海挨星月一輪。”又《般泥洹經》云：“佛如明月，弟子如明星與月相隨，時佛好如是。”

校勘：①“過”，五山版作“遇”。

【螺髮】佛言：“昔我在宮①，乳母爲我沐頭時，大愛道來至我所：‘悉達生時，多諸奇特，有人若問我：汝子之髮爲長幾許？我云何答？今當量髮知其尺度。’即敕我伸髮，母以尺量，長一丈二尺五寸，放已②右旋，還成螺文。至我納妃沐頭，母復量髮，正長一丈三尺五寸。我出家時，天人捧去，亦長一丈三尺五寸。至於成道，以髮示父王，即以手伸其髮，從尼拘樓陀精舍至父王宮，如紺琉璃，遶城七匝，大眾皆見若千③色光，不可具說。斂髮卷光，宛轉還住佛頂，即成螺文。”梁中大通五年，詔遣沙門釋寶雲往扶南國迎佛髮，正長一丈二尺。又中大通三年八月，武帝改造阿育王寺塔，出塔下舍利及佛爪、髮，髮青紺色，眾僧以手伸之，亦長一丈二尺，放之則旋屈如螺形。見《南史》。《古今注》云：“以螺有文章，所以人髻婉轉盤縮似螺。”今佛順俗故爾。

校勘：①“宫”，活字版作“官”。②“巳”，活字版作“巴”。
③“千”，《觀佛三昧海經》作“干”。

【月眉】佛眉如初月相，脩緻紺色可觀。巳①上三緣②並見《觀佛三昧經》。緻，直利切，密也。

校勘：①“巳”，活字版作“巴”。②“緣”，五山版作“緣”。

【瓔珞花鬘】《西域記》云：“國中人物，首冠華鬘，身佩瓔珞。”梵云俱蘇摩，此云花。梵云摩羅，此云鬘。西域結鬘師多用蘇摩那花行列結之，以爲長貫，無問男女貴賤，皆以莊嚴或首或身，以爲飾好。在頭曰瓔，在身曰珞。鬘，音蠻。

【胸字】《觀佛三昧經》云：“是時世尊被僧竭支，示胸①德字，令諸比丘讀誦德字，巳②知佛功德智慧莊嚴於卍字印中，説佛八萬四千功德。比丘見，讚嘆佛言：‘世尊甚奇特，但於胸字説無量義，何况佛心所有功德。’”

校勘：①“胸”，活字版作“胷”。②“巳”，活字版作“巴”。

【頂珠】佛頂珠，即世尊頂圓如珠，常放光明，非今繪塑者別加首飾。如第二十九烏瑟膩沙相，謂佛頂髮骨肉合成，量如覆拳，青圓殊妙。又《僧伽羅刹經》云：“佛世尊頂與髮常放光明。世尊有如是微妙之首，牢①堅無缺漏，猶如圓蓋。觀肉②髻相，無比無有飛③見其頂者。微④妙之髮，善生在頂，各各細耎，無有參差，螺文右旋，煒煒光生，其光照徹，無有比等。”又論云：“佛頂肉髻螺文髮。常如人剃髮後七日形。”

校勘：①“牢”，五山版作“牢”。②“肉”，五山版作“內”。
③“飛”，五山版作“能”。④“微”，五山版作“徵”。

【由旬】此云合也，應也。計度量合應如此，乃驛邏之類。五百里爲一俱盧舍，八俱盧舍爲一由旬，此當三十里也。梵語或俞旬，或云由延，或云踰①繕那，皆一也。

校勘：①“踰”，五山版作“踰”。

【後得智】梁《攝大乘論》云：“從真如流出正體智，正體智流出後得智，後得智流出大悲心，大悲心流出十二部經，名爲勝流法界。通達勝流法界，得無邊法音果。”

【貫花】《雜心論》：“解經具五義：一謂涌泉，二謂貫花，三謂顯示，四謂繩墨，五謂結鬘。”又梵語蘇怛①羅，此云綫取，貫穿攝持之義。

校勘：①"怛"，活字版作"恒"。

【標月】圓覺修多羅教如標①月指，若復見月，了知所標畢竟非月。

校勘：①"標"，活字版作"慄"。

【過量劫】梵云劫波，此言時分。又云日月歲數謂之時，成住壞空謂之劫。過量，謂過等數之量。

【刹那心】《新婆沙論》云："彼刹那量云何可知？有作是言：依施設論說，如中年女，絹績氈時，抖擻細毛，不長不短齊，此說爲怛刹那量。彼不欲說毛縷短長，但①說氈毛從指間出，隨指出量，是怛刹那間。問：刹那，何緣乃引施設怛刹那量？答：此中舉粗以顯於細，以細難知不可顯故，謂百二十②刹那成一怛刹那。"又《俱舍》云："有力丈夫一彈指頃有六十三刹那。"

校勘：①"但"，活字版作"佀"。②"二十"，活字版作"廿"。

【四衢】《爾雅》："一達謂之道路，二達謂之岐①旁，三達謂之劇旁，四達謂之衢，五達謂之康，六達謂之莊，七達謂之劇驂，八達謂之達。"

校勘：①"岐"五山版、活字版作"歧"。

【五欲】謂色、聲、香、味、觸。《大論》云："世間中五欲，無不愛樂。於五欲中，觸爲第一，能繫人心，如人墮在深泥，難可救濟。若受餘欲，猶不失智慧。婬欲會時，身心荒迷，無所省覺，深著自沒。是故出家法中，婬戒在初。"

【綻】直筧以①。《說文》云："衣綻②解也。"

校勘：①"以"，當作"切"。②"綻"，《說文》作"縫"。

【蘘】強魚切，芙蘘。

【斥】昌石切，逐也。

【眾魔】梵云魔波旬，此言殺者，又云奪命，能斷①慧命。故《智論》："問：云何者是魔？答曰：魔名自在天主，雖以福德因緣生彼，而懷②諸邪見，以欲界眾生是己③人民，雖復死生展轉，不離我界。若復上生色、無色界，還來屬我；若有得外道五通，亦未出我界，皆不以爲憂。若佛及菩薩出世者，化度我民，拔生死根，入無餘涅槃，永不復還，空我境界。是故起恨讎疾。"

校勘：①"斷"，五山版作"断"。②"懷"，五山版作"懷"。③"己"，活字版作"巳"。

【安車】《法花》云："此舍已①爲大火所燒，我今諸子若不出時，必爲所焚。我今當設方便，令諸子等，得免此害。父知諸子先心各有所好種種珍玩奇異之物，情必樂著②，而告之言：‘汝等所可玩好，希有難得，汝若不取，後必憂悔。如此種種羊車、鹿車、牛車，今在門外，可以遊戲，汝等於此火宅，宜③速出來。’”

校勘：①“已”，活字版作“巳”②“著”，五山版作“着”。③“宜”，五山版作“宜”。

【義天】《涅槃》云：“以何義故，十住菩薩名爲義天？以能善解諸法義故。云何爲義？見一切法是空義故。”

【熒熒】户扃切，光明也。

【拯】蒸字上聲呼，舉也。

注釋：該詞見於《明覺禪師語録》：“醉海波瀾浩浩歟，違背此恩難拯拔。”《易·艮》：“艮其腓，不拯其隨。”孔穎達疏：“拯，舉也。”然上文取“拯”之“舉”義，未善。“拯”由“舉”義可引申爲“救助，拯救”。“拯”，《廣韻·拯韻》：“拯，救也，助也。”拯拔，同義復詞，即從困境中拯救或解脱。

【躊躇】音細除，猶豫不前也。

【半偈】見《雲門録》下。

【斅】音効。當作效，像也。斅，教也，非義。

【全身】《本行經》云：“我於過去千轉輪王，王千四天下。臨欲終時，千聖王各以國土付其太子，於雪山中各立草庵，求無上道。時有一大夜叉①，身長四千里，左手持劍，右手持叉，住聖王前，高聲唱言：‘唯王矜愍②，施少飲食。’時千聖王言：‘我等誓願一切施與。’各授以仙果。夜叉怒棄③置地，‘我今飢急，唯須心血，何用果爲！’王告夜叉：‘一切難捨，無過己④身。’時有一婆羅門，名窂⑤度跋⑥提言：‘唯願大聖爲我説法，我今不惜心之與血。’時大夜叉即爲説偈：‘欲求無爲道，不惜身心分。割截受眾苦，能忍猶如地。亦不見受者，求法心不悔。一切無悋惜，猶如救頭然。’聞是偈已，即持利刀刺出心，授與夜叉。有五夜叉從四方來爭取分裂，食已大叫，告千聖王：‘如此施者，乃可成佛。’時千聖王驚怖退没，不欲菩提，生變悔心，各還本國。”

校勘：①“叉”，活字版作“义”。②“愍”，五山版作“愍”。③“棄”，五山版、活字版作“弃”。④“己”，活字版作“巳”。⑤“窂”，五山版作“牢”。⑥“跋”，五山版作“跋”。

【激問】古歷切，發也。

【隤幽】士革功①，探隤也。

校勘：①"功"，五山版作"切"。

【花雨】梁僧傳："釋法雲，姓周氏，陽羨人，晉平西將軍處之七世也。初產在草，見雲氣滿室，因以名之。七歲出家，更名法雲。大監中，極受隆遇。初，雲年在息慈，雅尚經術，於《妙法華》研精累思，品酌義理，始未昭覽，乃往幽岩獨講聖典，豎①石爲人，松葉爲拂，自唱自導，兼通難解，所以垂名梁代。嘗②一日講散，感天花狀如飛雪，滿空而下，延於堂內，升空不墜，訖講方去。"

校勘：①"豎"，五山版、活字版作"竪"。②"嘗"，五山版、活字版作"甞"。

【虎馴】四祖至牛頭峰①見懶融，融引祖入後庵，唯見虎狼之類，祖乃舉兩手作怕勢。融曰："猶有者個在。"祖曰："適來見甚麼？"融無語。祖於融坐石上書一佛字，融觀之悚然，祖曰："猶有者個在。"融不之曉。

校勘：①"峰"，五山版、活字版作"峯"。

【稽①詮】上古今切，留止也。

校勘：①"稽"，活字版作"稽"。

【塚宿】《十住論》云："頭陀行，常住於塚①間死人處。其有十利：一、常得無常想；二、得死想；三、得不淨想；四、一切世間不可樂想；五、當得遠離一切所愛人；六、常得悲心；七、遠離戲調心；八、心常厭②離；九、勤行精進；十、能除怖畏。"

校勘：①"塚"，五山版作"塚"。②"厭"，五山版作"猒"。

【練若】亦云蘭若，又云阿蘭拏，此云空寂，亦云閑寂。閑亦無諍之義也。

【誼猾】戶八切，狡猾也。

【方外】《莊子·大宗師》："孔子曰：'彼遊方之外者也，而丘遊方之內者也。'"方，謂區域也。

【三際】過去、未來、見在。

【四禪】初禪三天：梵眾、梵輔、大梵。二禪三天：少光、無量光、光音。三禪三天：少淨、無量淨、遍淨。四禪九天：福生、福愛、廣果、無想、無煩、無熱、善現、善見、色究竟。其①一十八梵禪。梵，皆以清淨爲義。

校勘：①“其”，五山版作“共”。

【逝水】《論語》：“子在川上曰：‘逝者如斯夫！不舍晝夜。’”

【苾蒭】西國①草名。含五義不翻：一、體性柔軟，喻出家能折伏身語粗獷；二、引蔓旁布，喻傳法度生延連不絕；三、馨香遠聞，喻出家戒德芬馥，爲眾所聞；四、療疾病，喻出家能斷煩惱毒害；五、常不背日光，喻出家人常見光明。苾，毗②必切。蒭，測虞切。

校勘：①“國”，五山版作“国”。②“毗”，活字版作“毗”。

【馥】房祿①切，芬馥也。

校勘：①“祿”，五山版作“禄”。

【僧祇】梵云僧祇，此言無量。謂世尊經二①僧祇修行，自十信初發心，至世第一，名初僧祇；從見道至第七地末，名第二僧祇；從第八地至解脫道，名第三僧祇。此三祇外，方得成佛。

校勘：①“二”，五山版作“三”，當作“三”。

【玳瑁盂】玳瑁盂，經律所不載。玳，音代。瑁，莫代切。《西漢·注》：“張揖云：‘形如觜蠵，甲有文。’”又《异物志》云：“玳瑁如龜，生南海，大者如籧篨，背上有鱗，鱗大如扇，有文章。將作器，則煮①其鱗，如柔皮。”佛制，除瓦鐵，餘不許畜。頌家恐欲偶對耳。今按南山，鉢器聽制因緣一二于②下。《中阿含》云：“鉢者，應器。”律云：“量腹而食，度身而衣，趣足而已。”律文大要有二，泥及鐵也。《五分》有用白銅③鉢者，佛言此外道法，畜者得罪。佛自作鉢坯，以爲後式。《十誦》畜金、銀、琉璃、鑞、木石等鉢，非法得罪。《四分》亦爾。《三④分》畜木鉢，偷蘭。《僧祇》云是外道標故，又受垢膩。今世中有夾紵鉢、棍鉢、漆鉢、瓷⑤鉢，並是非法義，須毀之。又宣公問天人持鉢緣。答曰：如來成道已，至第三十八年，於祇桓精舍令文殊鳴鐘，召集十方天龍及比丘眾、諸大菩薩，普告示云：“我初踰城，至瓶沙國，入山修道，天魔迷道，山神示我，即語我言：‘我曾於往古迦葉佛般涅槃時，留一故瓦鉢，屬⑥我護持，待如來下生，令我付世尊。世尊成道，先須受我此鉢，次及四天王鉢。’我語山神：‘若得成佛，當如汝言。’”此所謂盂⑦傳古佛先也。觜，即私切。蠵，弋規切。籧，距於切。篨，直於切⑧。籧篨，竹席也，江東呼籧也。棍，音混，束木也。

校勘：①“煮”，活字版作“羑”。②“于”，五山版作“于”。③“銅”，活字版作“鉬”。④“三”，當作“五”。⑤“瓷”，五山版、活字版作"薲"。⑥"屬"，五山版作"囑"。⑦"盂"，當作"盂"。⑧五山版脫"篠，直於切"。

【虛生白】《莊子》："瞻①彼闋者，虛②室生白。"説者曰："瞻，觀照也。彼，前境也。闋，空也。夫觀察萬有，悉皆空宗③，故能虛其心室，乃照真源而智慧明白，隨用而生白道也。"闋，苦穴切。

校勘：①"瞻"，五山版、活字版作"聸"。②"虛"，五山版作"虗"。③"宗"，五山版作"寂"。

【羽翮】下革切。羽六翼。

【清羸】力爲切，疲也。

【日角】朱建平相書云："額①有龍犀入髮，左角日，右角月，皆極貴也，上可以王天下。"

校勘：①"額"，五山版作"頟"。

注釋：見於《明覺禪師語錄》："聖君鴻業在扶持。日角龍章固不羸。日角，大貴之相。未見朱建平相書。"此段解釋當引自蕭統《六臣注文選》卷五四："朱建平相書曰：'額有龍犀入髮，左角日，右角月，王天下也。'""皆極貴也，上可以"當是善卿增加的内容。

【摛藻】上丑知切，下子皓①切。摛，布也。藻，文辭。

校勘：①"皓"，五山版作"晧"。

【玉堂】翰林院也。在禁中，乃人主燕居之所。承明、金鑾殿，皆在其間。應供奉之人，學士已①下，工伎、群官、司隷，籍其間者，皆稱翰林。

校勘：①"已"，活字版作"巳"。

【彪炳】或問：君子言則成文，動則成德，何以也？以其弸中而彪外也。彪，必幽切。弸，蒲萌切，滿也。

注釋：見於《明覺禪師語錄》："賢才當召試，彪炳對吾君。"彪炳，文采煥發。所釋引自《法言·君子》："或問：'君子言則成文，動則成德，何以也？'曰：'以其弸中而彪外也。'"

【八元】高辛氏才子八人，忠、肅、恭、懿、宣、慈、惠、和，天下之人謂之八元，曰伯奮、仲堪、叔獻、季仲、伯虎、仲熊、叔豹、季狸。見《左氏春秋傳》。

【列斾】蒲蓋切，旗也。

【天籟】落蓋切。風吹萬物有聲也。

【中台】黄帝《泰階六符經》云："太階者，天之三階也，亦云三台。上階爲天子，中階爲諸侯、公卿、大夫，下階爲士、庶人。"又《晉陽秋》云："張華將死，中台星遂坼，太元中後還合正。蓋太傅謝安爲相所致也。"

【鳥道】猶虛空也。洞山《玄中銘》："舉足下足，鳥道無殊；坐臥①經行，莫非玄路。"

校勘：①"臥"，五山版作"卧"。

注釋：《明覺禪師語録》："飛瀑吼蛟宫，幽徑分鳥道。"鳥道，虛空。虛空，禪家行業語，指萬法皆空的真如境界。

【伊途】當作伊余，猶是我也。

【太白】四明之天童峰名。

【扃】古螢切，户外之門關也。

【商頌】《毛詩·商頌》："以中宗有桑穀之異，懼而修德，其道後興，故有此詩。"又《莊子》："曾子居衛，縕袍①無表，顏色腫噲，手足胼胝。三日不舉火，十年不製衣，正冠而纓絶，捉衿而肘見，納屨而踵決。曳縱②而歌商頌，聲滿天地，若出金石。"

校勘：①"袍"，五山版作"袍"，《莊子》作"袍"。②"縱"，五山版作"縱"。

【郢歌】見《祖英》上陽春曰①雪。

校勘：①"曰"，當作"白"；五山版、活字版作"白"。

【抒辭】當從木，作杼，文吕切，機之持緯者。

注釋：見於《明覺禪師語録》："報投漸抒辭，難以論嘉藻。"抒，表達，發泄。《漢書·王襃傳》："雖然，敢不略陳愚而抒情素。"顏師古注："抒猶泄也。"抒辭，抒發，表達。

【和頌】即和天童新和上見訪之什。新後住金山，有《朝陽集》二十①卷。有訪酬雪竇並②會宿二詩頗佳，輒③録於後，貴知當日之勝集。《訪雪竇禪師》："我本人外人，來尋人外境。衣飄④颼颼風，步上蒼蒼嶺。世路望已遠，幽懷轉澄凝。殿閣出雲嵐，杉松接清迥。此中有知識，吾門日⑤藩屏。道將諸祖齊，身與虛空静。見我服忽青，連袂若形影。石磴對山花，砂甌滿春茗。論禪道已同，經宵目不瞑。携手出長林，月在諸峰頂。"《依韻酬雪竇島字十韻》："昔聞太白峰，海際如仙島。松門多紫烟，澗⑥壑生瑶草。何期一日來，歸舟千里道？放意逐雲泉，築室理衰槁。勝遊既在兹，幽人亦探討。古者三擇鄰，良恐不自保。命駕登雪山，鳴足雪山老。欽聞一夜話，軒豁十年抱。賦性已昏默，通辭慚美好。敢謂報瓊琚，璨璨垂高藻。"《山中會宿雪竇禪師》："蒲團斜倚枯木床，瓦爐⑦烟冷柏⑧子香。或言或默坐長夜，秋山月上芙蓉堂。"

校勘：①"二十"，五山版、活字版作"廿"。②"並"，五山版、活字版作"丼"。③"輒"，五山版作"輙"。④"飄"，活字版作"飀"。⑤"日"，活字版作"曰"。⑥"澗"，五山版作"間"。⑦"爐"，五山版、活字版作"炉"。⑧"柏"，活字版作"栢"。

【珍瓏】當作玲瓏。

【冽泉】當从水，作例①，音列。《易》："井冽寒泉。"

校勘：①"例"，當作"冽"。

【凝】乃挺切，叶韻。

【浮根】《楞嚴》："我今觀此浮根四塵只在我面。"

注釋：見於《明覺禪師語錄》："吾愛整頹綱，豈止浮根靜。"浮根，佛教術語。以五官爲"浮根"。

【九包】《瑞應圖》云："鳳有九包：一曰歸命；二曰心合度，謂天度也；三曰耳聽達；四曰舌屈伸；五曰彩色光；六曰冠短州，當朱色也；七曰銳鉤①；八曰音激揚；九曰腹戶。"

校勘：①"鉤"，活字版作"鈎"。

【十影】見《祖英·上》十影神駒。

【爭衡】相與提衡也。又衡平也，言二人齊也。《東漢·陳蕃傳》曰："蕃能樹立風聲，抗論惽俗，而驅馳險阨之中，與刑人腐夫同朝爭衡。"

【鬥①茗】茶晚取者曰茗。

校勘：①"鬥"，五山版作"鬭"。

【磊】郎猥切，眾石貌。

注釋：見於《明覺禪師語錄》："乘時既磊落，照世非昏暝。""磊"，《說文·石部》："磊，眾石也。"上文中"磊落"與"昏暝"對舉，義爲明亮貌。

【昏暝】天童詩云："經宵目不暝，雪竇知照世。"非昏①暝，然誤押暝爲暝。暝，音茗，目不明也。暝，莫定切。从也，故字从②日。

校勘：①"昏"，活字版作"昬"。②"从"，五山版作"夕"。

【佇】直呂切，立也。

【武陵】合鼎州之邑名。

【元化】猶造化也。

【祕邃】雖遂切，深也。

【善卷】善或作單。武陵德山有善卷壇。

【桃花】陶潛《桃花源記》：“晋太元中，武陵人捕魚，緣溪行，忘路。忽逢桃花林，夾數百步，無雜樹木，漁人甚異之。復前行，欲窮其林。林盡水源，便得一山。山有小口，仿佛若有光，便舍舟，從口入。初極狹，行數十步，豁然開朗。屋舍儼然，男女衣著，悉如外人。見漁人，乃大驚，問所從來，具答之。便要還家，爲設酒殺鷄作食。村中聞有此人，咸來問訊。自云：‘避秦時亂，來此絕境，不復出焉。’漁人停數日，辭去。既出，得其船①，便扶向路，處處記之。及郡下，詣太守，説如此，即遣人隨其往，尋向所志，遂迷不復得路。”

校勘：①“船”，活字版作“舩”。

【麟趾】昔鼎之梁山嘗有騶虞出。騶虞，仁獸也，太平則出。今言麟趾，蓋近似而用之耳。

【吾祖】即宣鑒禪師。武陵太守薛①延望請居德山古德禪院。雪竇乃雲門之直派，故云吾祖。

校勘：①“薛”，活字版作“薛”。

【消息】消，盡也。息，生也。謂可加即加，可減即減。

【舜讓】見《祖英》上單卷。

【誕】徒旱切，育也。

【海甸】堂練切，郊也。《周禮》：“九夫爲井，四井爲邑，四邑爲丘，四丘爲甸，四甸爲縣。”

【搏風】《莊子》：“北冥有魚，其名曰鯤。鯤之大，不知其幾千里。化而爲鳥，其名曰鵬。鵬之背，不知其幾千里。怒而飛，其翼若垂天之雲。是鳥也，海運則將徙於南冥。南冥者，天池也。水激三千里，搏①扶搖而上者九萬里，去以六月息也。”搏，鬭也。扶搖②，旋風也。

校勘：①“搏”，《莊子》作“摶”。②“搖”，五山版作“搖”。

【俱字】雲門垂代云：“會佛法如恒河沙，百草頭上道將一句來。”自代云：“俱。”

【輥毬】見《雲門室錄》。

【藍一色】《荀子》：“青，出於藍，而青於藍；冰，水爲之，而寒於水。”

【辰錦珠】洞山初頌云：“辰錦朱砂未爲赤。”今云“敢言赤”，反初意也。辰、錦，二州名，丹砂所出之地。錦州今源州麻源縣是矣。

【紫羅帳】興化示衆云：“我聞前廊也喝，後廊也喝，直饒喝得興化上三十三天，撲下無一點氣，待我穌省後，向你道未在。何故？興化未曾向紫羅帳①裏撒真珠與人在。”

校勘：①“帳”，活字版作“悵”。

【玄沙猛虎】玄沙備與天龍入山，見虎，龍云：“前面是虎。”沙云：“是汝。”雪竇拈云：“要與人天爲師，前面端的是虎。”

【溫故】《論語》：“溫故而知新，可以爲師矣。”溫，尋也，尋以持之也。

【嚬呻】上毗真切，下失人切。敵翻自在無畏。

注釋：見於《明覺禪師語録》：“主中之賓，溫故知新。互換相照，師子嚬呻。”“嚬呻”作“頻申”，指伸展四肢，舒展身體使通達之狀。《續一切經音義》卷二：“頻申，謂以手足胸背左右上下或急疭或舒展，自解其勞倦也。”

【禦】音語，當也。

【瞞頇】上毋官切，下河干切。大面貌。

注釋：《明覺禪師語録》卷六：“賓主分不分，顢頇絶异聞。解布勞生手，寄言來白雲。”瞞，《廣韻·桓韻》：“瞞，目不明也。”“瞞”通“顢”。《玉篇·頁部》：“顢，顢頇，大面。”《廣韻·桓韻》：“顢，顢頇，大面貌。”“目不明”則看不清；“大面貌”則面大而肥，眉眼不分明，故“瞞頇”“顢頇”當爲“模糊不清，渾然不分”義。

【從事】墙從切。幕官。

【隍城】上湖光切，城地①也。有水曰池，無水曰隍。

校勘：①“地”，當作“池”；五山版作“池”。

【芍藥】崔豹《古今注》云：“芍藥有二種：有草芍藥，有木芍藥。木者，花大而色深，俗謂牡丹。非也。牛亨問曰：‘將離相別，贈以芍藥，何也？’答曰：‘芍藥一名何離，故招贈猶相招，贈以文無。文無，一名當歸也。’”

【折柳】古樂府有折楊柳，乃行役別離之意。故送別多用此事，非直謂折柳也。吳兢《樂府題解》序云：“樂府之興，肇於漢魏。歷代文士，篇詠實繁，或不取本章，便斷題取義。贈夫利涉則迷，公無渡河，慶彼再誕。乃引烏生八九子，賦雉斑者，但美綉頸錦臆；歌白馬者，序馳驟亂踏。類皆若兹，不可勝載。遽①相祖襲，積用爲常，欲令後生何以取正？"

校勘：①"遽"，五山版作"遞"。

【未央】猶未半也。

【蘿龕】苦含切。龕，塔也。

【揣】章移切，拄也。

【冠】古玩切。首冠①也。

校勘：①"冠"，五山版作"冣"。

【嬴】當作贏①，餘輕切，有餘賈利也。嬴，力爲切，疲極也，非義。

校勘：①"贏"，當作"贏"。

注釋："嬴"作"贏"，又"贏"作"嬴"皆爲形近之訛。

【滔空】當作涵空。音咸，同也。

【濺】作甸切。《説文》云："激水散也。"

【與誰看】當作與人看。

【漣漪】上力延切，下於離切。風動水紋貌。

【賁】彼義切，飾也。

【愈風】魏陳琳，字孔章。太祖曹操令作徼①書，草成乃呈太祖，讀曰："愈我頭風。"檄，刑狄切，二尺書也。從才②敫聲。檄，宜③布明白其事。字從木者，古未有紙，書文字於木，又插鳥羽於上，以示速。又檄書者，罪責當伐者也。又陳彼之惡，説此之德，曉慰書也。敫，音擊。

校勘：①"徼"，五山版作"檄"。②"才"，當作"木"。③"宜"，當作"宣"。

【舶】傍陌切，海中大船①也。

校勘：①"船"，活字版作"舩"。

【惠持】當作慧持，雁門僧，即廬山遠之弟也。

【國器】昔唐相始興公張九齡，方爲童，其家人携拜六祖，祖撫其頂曰："此奇童也，必爲國器。"國器者，言其器用重大，可施於國政也。

【龍頭】《魏志》："華歆、邴原、管寧俱遊學，三人相善故，時人號三人爲二①龍。謂歆爲龍尾，原爲龍腹，寧爲龍頭。"故今爲魁者號龍頭。歆，虛金切。

校勘：①"二"，五山版作"一"，《魏志》作"一"。

【氍毹頌】仰山頌云：“四大假合是虛妄，肚裏元來無實相。出門不見須菩提，不覺騰身空裏颺。”法眼云：“四大假合是虛妄，從此與君談實相。出門不見一纖毫，滿目白雲與青嶂。”

【儱侗】上方①董切，下它孔切。未成器也，又直也。一曰長大也。

校勘：①“方”，五山版作“力”。

注釋：“儱侗”一詞只見於《明覺禪師語錄》之《祖英集》卷六：“四大假合非虛妄，儱儱侗侗爲一相。東西南北不相知，留與衲僧作榜樣。”“儱儱侗侗”爲“儱侗”的疊音，此處當爲“模糊不清，渾然無別”義。

【雪老入嶺】雪峰嘗有頌云：“光陰倏忽暫須臾①，浮世那能得久居？出嶺始年三十二，如今早是四旬餘。它非不用頻頻舉，已②過當須旋旋除。爲報滿朝朱紫道，閻羅不怕佩金魚。”

校勘：①“臾”，活字版作“更”。②“已”，活字版作“巳”。

【渺茫】上彌沼切。渺茫，水遠貌。

【子規深夜啼】沙門靈一宿越州雲門詩云：“幽人自愛山中宿，況①近葛洪丹井西，門前有個長松樹，半夜子規來上②。”

校勘：①“況”，五山版作“況”。②“來上”，五山版作“來上啼”。

【齊物】《莊子·齊物篇》大意均彼我，平是非，明自然也。郭象云：“夫自是而非彼，美己①而惡人，物莫不皆然。然故是非雖异，而彼我均也。”

校勘：①“己”，活字版作“巳”。

【秋水】君子之交淡若水，小人之交甘如醴。君子淡以親，小人甘以絕。彼無故以合者，則無故以離也。見《莊子》。

【冲雲】音蟲。冲雲，謂天地①。

校勘：①“地”，五山版、活字版作“也”。

【茸茸】如容切，草生貌。

【滔霜】當作涌①霜。

校勘：①“涌”，五山版作“涵”。

【相治】音持，攻理也。

【學海波瀾】崔珏哭李商隱：“丞紀星郎字義山，謫歸幽壤抱長嘆。辭林枝葉三春盡，學海波闌①一夜乾。風雨易吹燈燭滅，姓名長在齒牙寒。應遊物外攀琪樹，便著霓裳上玉壇。”

校勘：①“闌”，五山版、活字版作“瀾”。

【賦冲雲鷁】當云賦冲雲岛闯斳鷁①送豐進二上人。雄飛星流，蓋相對二意。

校勘：①"鷁"，五山版、活字版作"鶂"。

【喇】力葛切。喝喇，言急也。

【風幡競辨】老盧自傳衣之後，至儀鳳初，屆①南海，遇印宗法師於法性寺講《涅槃》。盧寓止廊廡間，暮夜，風颺刹②幡，聞二僧對論，一云風動，一云幡動，往復酬對，曾③未契理。盧曰："可容俗士預高論否？"曰："願聞子説。"曰："不是風動，不是幡動，仁者心動。"印宗竊聆此語，悚然異之。

校勘：①"屆"，五山版作"届"。②"刹"，五山版作"刹"。③"曾"，五山版作"曾"。

注釋：公案。"風幡"傳爲六祖慧能之行事。此事首見於晚唐惠昕改編的《壇經》。其文曰：惠能"到廣州法性寺，值印宗法師講《涅槃經》。時有風吹幡動。一僧云幡動，一僧云風動。惠能云：'非幡動，風動，人心自動。'印宗聞之竦然。"善卿此段當引自《景德傳燈録》，文稍異。《大正藏》本《景德傳燈録》卷五："後傳衣法令隱於懷集四會之間。至儀鳳元年丙子正月八日，屆南海遇印宗法師於法性寺講《涅槃經》。師寓止廊廡間，暮夜風颺刹幡，聞二僧對論：'一云幡動，一云風動。'往復酬答未曾契理。師曰：'可容俗流輒預高論否？直以風幡非動，動自心耳。'印宗竊聆此語，竦然異之。""風鈴"與"風幡"之説，十分相似。《祖堂集》卷二："於彼殿角，有一銅鈴，被風摇響。師曰：'彼風鈴耶？銅鈴鳴耶？'子曰：'我心鳴耶，非風、銅鈴。'師曰：'非風、銅鈴，我心誰耶也？'子曰：'俱寂静故，豈非三昧。'"按《祖堂集》早於惠昕《壇經》，蓋"風鈴"爲"風幡"之源。此兩則公案説明萬事萬物皆生於心，不可認虛爲實。

【筏】房越切。大曰筏，小曰桴，乘之渡水也。

【新開】即巴陵新開禪院顥鑒大師拈風幡因緣云："祖師道：'不是風動，不是幡動。'既不是風幡，向甚麼處著？"

【懜懂】上莫孔切，下多動切。心亂也。

注釋：上述"懜懂"見於《明覺禪師語録》："如今懜懂癡禪和，謾道玄玄爲獨脚。"懜，《玉篇·心部》："懜，心亂，心迷也。"《廣韻·董韻》："懜，心亂貌。"懂，《廣韻·董韻》："懜懂，心亂。"善卿依字書、韻書釋義無誤，但上文中“懵懂”釋爲“心亂”義，與文意不契。《明覺禪師語録》中“懵懂”與“癡”同義連言。癡，呆傻，愚鈍。“懵懂”當“昏鈍、愚昧”義爲確。

【漁父】《説文》云：“漁，捕魚也。”

《南史》云：“漁父者，不知姓名，亦不知何許人也。太康孫緬爲潯陽太守，落日逍遙[①]渚際，見一輕舟淩波隱顯。俄而漁父至，神韻蕭洒，垂綸長嘯，緬甚异之，乃問：‘有魚賣乎？’漁父笑而答曰：‘其釣非釣，寧賣魚者邯[②]？’緬益怪焉，遂褰裳涉水，謂曰：‘竊觀先生有道者也，終朝鼓枻，良亦勞止。吾聞黄金白璧，重利也；駟馬高蓋，榮勢也。今方王道文明，守在海外，隱淪之士，靡然向風，子胡不贊[③]緝熙之美，何晦用其若是也？’漁父曰：‘僕山海狂人，不達世務，未辨賤貧，無論榮貴。’乃歌曰：‘竹竿籊籊，河水浟浟，相忘爲樂，貪餌吞鉤[④]。非夷非惠，聊以忘憂。’於是悠然鼓棹而去。”枻，音裔，楫也。籊，他的切，竹竿貌。

校勘：①“遙”，活字版作“遥”。②“邯”，五山版作“耶”，《南史》作“邪”。③“贊”，活字版作“賛”。④“鉤”，活字版作“鈎”。

【冉冉】而琰切，漸生貌。

【艇】徒鼎切，小船也。

校勘：①“船”，活字版作“舩”。

【鯤鯨】上古渾切，下渠京切。二大魚也，雄曰鯨，雌曰鯤。

【嘔啊】上烏侯切，下烏何切。小兒語也。

【嗚咿】上於胡切，嘆辭也。下於祇切。喔咿，强笑噱也。

注釋：見於《明覺禪師語録》卷六：“嘔啊唱與那嗚咿，百草拈來門不知。”嗚、咿皆爲象聲詞。該處“嗚咿”與“嘔啊”對文，當作“歌唱聲、吟唱聲”解。

【嘘嚱】上音虐[①]，下許其切。戲，作聲也。

校勘：“虐”，五山版作“虚”。

【暈】音運，日光氣也。

【偕游】音皆，俱也。

【韓愈】字退之，昌黎人。父仲卿，無名位。愈生三歲[①]而孤，養於從父兄。幼刻苦學儒，不俟獎勵。尋登進士第，辟藩鎮賓[②]佐。發言真率，無所畏避。操行堅正，拙於世務。累官至吏部侍郎。年五十七卒。憲宗元和十四年正月丁亥，迎鳳翔法門寺佛骨至京師，留禁中三日，乃送諸寺，王公士庶奔走舍施如不及。愈上佛骨論，極言其弊③。憲宗怒甚，間一日，出疏示宰臣，將加極法，斐④度等諫言。愈罪太重，乃貶潮州刺史。愈至潮陽，上表。其略云："臣經涉嶺海，水陸萬里，州南世⑤界，漲海連天，毒霧瘴氛，日夕發作。臣少多病，年才五十，髮白齒落，理不久長。單立一身。朝無親黨，居蠻夷之地，與魑魅爲群。"上覽而憫之，授袁州刺史。而禪録諸書載云："憲宗迎佛骨入禁中，而靈感發光，百辟拜賀，唯愈端立。上問：'何以不拜？'愈曰：'臣頃曾看佛書，佛光非青黄等相，此但⑥神龍荷助之光。'上問：'如何是佛光？'愈無以爲對。翌⑦日遂撰《佛骨論》上進，憲宗頗怒，貶愈潮州刺史。"愈嘗⑧有詩示侄湘云："一封朝奏九重天，夕貶潮州路八千。欲爲聖明除弊事，豈將衰朽惜殘年？雲橫秦嶺家何在？雪擁藍關馬不前。知汝遠來深有意，好收吾骨漳⑨江邊。"既至潮，聆大顛禪師之名，累邀之不至。一日，大顛特往謁之，愈曰："三請不來，不召何來？"曰："三請不來爲侍郎，不召而來爲佛光。"愈曰："如何是佛光？"顛曰："看看！"後又問曰："軍國鞅掌，佛法省要處乞師一言。"顛良久。時三平爲侍者，乃敲禪床三下，顛問："作甚麼⑩？"平曰："先以定動，後以智拔。"愈曰："和上機峻，愈却於侍者處得個入路。"遂拜三平而退。

愈嘗有三帖召顛云：愈啟⑪：孟夏漸熱，惟道體安和。愈弊劣，無謂生事，貶官到此。久⑫聞道德，竊思見顏色。昨到來，未獲參謁。已帖縣令，具舟奉迎，日久佇箑⑬。愈白。愈啟：海上窮處，無以話言。側承高道，思獲披接，輒有咨屈。北⑭旬晴明不甚熱，儻能乘閑一訪，實謂幸也。愈白。

愈啟：慧匀至辱答問，珍悚無已，所示廣大深迴，非造次可量。《傳》云："書不盡言，言不盡意。"然則聖人之意，其終不可見邪？如此讀來一百遍，不如親面而對之。愈聞道無凝滯，行止拘縛，苟非所戀著，則山林閑寂與城隍無异。大顛師論甚宏博⑮，而必守山林不至州郡，自激修行，獨立空曠無累之地者，非通道也。勞於一來，安於所識，道故如是。不宣。愈頓首。

予嘗讀韓子與孟簡書，謂來袁州，留衣與大顛爲別，乃人之情，非崇信其法以求⑯福田利益也。今觀禪録，大顛侍者三平擊禪床以接韓，凡⑰曰："先以定動，後以智拔。"韓謂大顛曰："愈雖問道於師，而在此上人處得入。"遂拜之。若其實有所證入，必不自欺自揜也。書稱大顛實能外形骸，以理自勝。韓既知大顛之理勝己，是崇信其法而爲此言也。詳所答孟簡書，乃欲泯其信佛之迹而護其儒名耳。不然，以三帖招大顛，願見之，何耶？

校勘：①"歲"，活字版作"歲"。②"賓"，五山版作"賓"。③"弊"，活字版作"弊"。④"斐"，五山版、活字版作"裴"。⑤"世"，五山版作"近"，《唐書》作"近"。⑥"但"，五山版、活字版作"佢"，谷本作"佢"。⑦"翌"，五山版作"翊"。⑧"嘗"，五山版作"嘗"。⑨"漳"，五山版作"瘴"。⑩"麼"，活字版作"麼"。⑪"啟"，五山版作"啓"。⑫"久"，五山版作"夕"。⑬"簷"，五山版作"詹"。⑭"北"，五山作"此"。⑮"博"，五山版作"博"。⑯"求"，五山版作"來"。⑰"凡"，五山版作"且"。

【民瘼】莫各切，病也。

【買山】釋支遁，字道林。幼有神理，聰①明秀徹。年二十②五出家，受業講通③之外，猶善《莊》《老》，爲時賢所重。晚年入會稽剡山沃洲小嶺，買山爲嘉遁之鄉。又嘗入山陰講《維摩》，許詢爲都講。人嘗有遺遁馬者，遁愛而養之。時或有譏之者，遁曰："愛其神駿，聊復畜耳。"後有餉鶴者，遁曰："爾沖④天之物，寧爲耳目之玩乎？"遂放之。《世說新書》云："支公因人就深公買隱山，深公曰：'未聞巢由買山而隱。'"

校勘：①"聰"，五山版、活字版作"聰"。②"二十"，活字版作"廿"。③"通"活字版作"誦"。④"沖"，活字版作"冲"。

【枉】紆往切，邪曲也。

【字人】養人也。《易》："十年乃字。"

【道安】梁僧傳："釋道安，姓衛氏。家世英儒，七歲讀書，十二出家。長於講論，形質甚陋，才辯如流，時人有語云：'漆道人，驚四鄰。'時襄陽習聞①齒，鋒辯天逸，籠罩當時。聞安至止，即往②造謁。既坐，稱：'四海習鑿齒。'安曰：'彌天釋道安。'安又與行次，習在前云：'淘之汰之。瓦礫在後。'安云：'颺之播之，糠粃在前。'人以爲佳對。習嘗有書與謝安石云：'來此見釋道安，無變化技術可以惑常人之耳目，無重威大勢可以整群小之參差，而師徒肅肅，自桓③遵敬，洋洋濟濟，乃吾由來所未見。'"

校勘：①"聞"，活字版作"鑿"，當作"鑿"。②"往"，活字版作"徃"。③"桓"，五山版作"相"。

【鴛鷺】上於無①切，下魯故切。職林云："文如鴛鷺之行，武如虎豹之行。"

校勘：①"無"五山版作"元"，活字版作"无"。

【兼葭】上古甜切，下古牙切。蘆荻也。

【少室】即嵩山少林，初祖面①壁之處。《西征記》云："其山東爲太②室，西謂少室。高八百六十丈，上方十里，少室與太室相望，但③小耳。"

校勘：①"面"，活字版作"靣"。②"太"，五山版作"大"。③"但"活字版作"俱"。

【十字】其説見《瀑泉·雪峰塔銘》。

【參星】參，星名，與商星出没不相見。今事有不偶者，故用此意。《春秋·昭元年傳》：昔高辛氏有二子，伯曰閼伯，季曰實沈，居于①曠林，不相能也，日尋干戈以相征討。后帝不臧，遷閼伯於商丘，商人是因，故辰爲商星。遷實沈於大夏，主參，唐人是因，以服事夏商。閼，於葛切。沈，音審。能，音耐。

校勘：①"于"，活字版作"干"。

【隔身】雲門："如何是隔身句?"自代云："初三十一。"

【扣門】僧問雲門："如何是扣門句?"門云："打。"

【窠窟】上苦禾切，下枯骨切。

注釋：見於《明覺禪師語録》卷六："隔身之句是程途，扣門之問非窠窟。"窠窟，同義並列複合詞，本指動物的棲息地，這裏用以比喻陳舊的模式、門徑、規矩等。

【思遲】思，去聲呼。

【天倫】《穀梁傳》云："兄弟，天倫。"又《楞嚴》云："佛告阿難：'汝我同氣，情均天倫。'"兄弟上下相次，恩①愛相屬，蓋自然而然，非使之然也，故曰天倫，倫理均等也。

校勘：①"恩"，活字版作"思"。

【亮禪者】亮，本蜀人。頗通經論。參馬祖悟道，且曰："某所講經論已，謂佛法無它，今日被馬大師一問，平生功夫冰①釋。"乃隱洪州②西山，自後更無消息。

校勘：①"氷"，五山版作"冰"。②"州"，五山版作"洲"。

【陸羽】字鴻漸，隱苕溪，自稱桑苧羽①。久拜召，不就。性嗜茶，著經三篇。時鬻茶者，至陶羽形置煬突間，祀爲茶神。見《唐書·隱逸傳》。羽少事竟陵禪師智積。异日，在它處聞禪師去世，哭之甚哀，乃作詩寄情。其略云："不羨白玉醆，不羨黃金罍，不羨朝入省，不羨暮入臺。千羨萬羨西江水，曾向竟陵城下來。"見李孝美《文房鑒古》。

校勘：①"羽"，《唐書·隱逸傳》作"翁"。

【雀舌】謂茶芽也。茶貴出處，而不貴至嫩。古人謂茶牙無雀舌麥顆，此言其嫩①也。蓋北人無②茶鑒，遂以嫩爲奇。今以茶爲鎗旗者，長雖盈寸，而尚未放葉③，雀舌麥顆何足道哉？

校勘：①"嫩"，五山版作"嫩"。②"無"，五山版、活字版作"爲"。③"葉"，五山版作"棄"。

【解醒】當作解醒。音呈，醉而覺也。英、醒同韻。

【草中英】茶詩云："嫩芽香且靈，吾謂草中英。夜臼和烟搗，寒爐對雪烹。籬憂碧粉散，嘗見緣花生。最是堪珍重，能令睡思清。"此詩非鄭谷郡①官也，乃五代時鄭遨所作。遨，字雲叟，滑州白馬人。唐明宗祖廟諱遨，故世行其字。遨少好學，敏於文辭。唐昭宗時，舉進士不中，見天下已亂，有拂衣遠去之意，欲攜②其妻、子與俱隱，其妻不從，遨乃入少室山爲道士。其妻數以書勸遨還家，輒③投之於火，後聞其妻、子卒，一慟而止。遨與李振故善，振後事梁貴顯，欲以掾④遨，遨不顧。後振得罪南竄，遨徒步千里往省之，由是聞者益高其行。與道士李道殷、羅隱之友善，世目以爲三高士。遨種田，隱之賣樂⑤，道殷有釣魚術，鉤⑥而不餌，又能化石爲金，遨嘗驗其信然，而不之求也。唐明宗以左拾遺、晋高祖以諫議大夫召之，皆不起，即賜號爲逍遙先生。遨好飲酒、奕⑦碁⑧，時時爲詩章落人間，人間多寫以縑素，相贈遺以爲寶，至或圖寫其形，玩於屋壁云。

校勘：①"郡"，五山版作"都"。②"攜"，活字版作"攜"。④"掾"，活字版作"祿"。③"輒"，五山版作"輙"。⑥"鉤"，活字版作"鉤"。⑦"奕"，活字版作"弈"。⑤"樂"，五山版作"藥"。⑧"碁"，五山版作"棊"。

【屨】九遇切，履屬。

【拂雲霧】晋衛瓘見樂廣，曰①："見此人瑩然，若披雲霧而睹②青天也。"

校勘：①"曰"，五山版作"白"。②"睹"，五山版、活字版作"覩"。

【白鵬】户間切，形似雉，尾長四五尺。

【青戩】阻立切。戩翼。

【放亦】當作放你。見它本。

【峨峨①】五何切，高峻貌。

校勘：①"峨"，五山版、活字版作"裁"。

【霄岸】猶天際也。

【少微星】少微，一名處士星。《晉陽秋》云："會稽謝敷，字慶緒。隱於若耶山，忽月犯少微，時戴逵名著於敷，時人憂之。俄而敷死，故會稽人士嘲吳人曰：'吳中高士，求死不得。'"

【三館】一、朝文；二、史館；三、集賢。唐兩京皆有三館，逐館命修撰文字。而本朝三館合爲一，並在崇文院中。景祐中，命修總①目，即在崇文院。餘各置局他所，蓋被人所見。

校勘：①"總"，五山版、活字版作"總"。

【致君】謂致君爲堯舜者，重臣之職也。又《白虎通》曰："致仕者，致其事於君，君不使自去者，尊賢者也。"

【蒲輪】西漢枚乘，字叔，淮陰①人也，爲吳王濞郎中。吳王謀逆，乘奏書諫王，不納。乘去而之梁。吳王果反，卒見禽滅。漢既平七國，乘繇是知名。武帝即位，乘年老，廼以安車蒲輪征乘，道死。蒲輪，以蒲裹車輪，懼聲之喧也。濞，正備切。

校勘：①"陰"，活字版作"陰"。

【堰】於幰切，壅水也。

【嚬眉】弼真切，笑也。當作顰蹙也。

注釋："嚬"當作"顰"。顰眉，緊縮眉毛。

【悰】才宗切，慮也。

【浮圖】梵語佛陀，或云浮圖，或云部多，或母馱，或没陀，皆五天語，今並譯爲覺。道士三破論云："佛，舊經本云浮屠，羅什改爲佛徒，知其源惡故也，所以詔爲浮屠。胡人兇惡故，老子化之，其始不欲傷形，故髠其頭，況屠割也？"釋順法師曰："經云浮圖者，梵語也。或可謂聖瑞靈圖浮海而至，故云浮圖也。吳中，石佛泛海倏來，即其事矣。今子毀圖像之圖爲刑屠之屠，則泰伯端委而治，故無慚德。仲雍翦髮文身，從俗致化，遭子今日離吠聲之尤事，有似而非，非而似者。外書以仲尼爲聖人，內經云：'尼者。女也。'或有謂仲尼爲女子，汝豈信之哉？猶如圖、屠之相類，亦何以殊？"

【否】部鄙切，塞也。

【辭黃蘗】臨濟義玄初參黃蘗運，以契玄旨。一日，辭黃蘗，蘗曰："甚麼處去？"曰："不是河南，即是河北。"蘗拈拄杖便打，濟捉住拄杖云："者老和上！莫旨①栅瞎棒②，已後錯打人去。"蘗喚侍者："把將几③案、禪板來。"濟曰："侍者！把將火來。"蘗曰："不然，子但將去，已後坐斷天下人舌頭去。"

校勘：①"旨"，活字版作"盲"，當作"盲"。②"棒"，五山版作"捧"。③"几"，五山版作"儿"。

【一角】《春秋·感精符》曰："麟一角，明海內共一主也。"

【半途】雲門舉："盤山語云：'光境俱忘，復是何物？'直饒與麼道，猶是半途，未是透脫一路。"僧問："如何是透脫一路？"門云："天台華頂，趙州石橋。"

【送文吉】正字避御名。

【缾謝】謝，猶落也。

【侃】空旱切。

【嘲】陟交切，嘲嘘。

【犀炬】晉溫嶠，至牛渚磯，傳言水深不可測，乃爇犀角照之，頃見水族奇怪，或乘車馬。至夜，夢人謂曰："與君幽明道隔，何苦相照？"嶠甚惡之，未幾而卒。

【鳳膠】鳳膠出鳳麟洲。洲在西海中，地面方正一千五百里，四面①皆弱②水遶之，上多鳳麟，數萬爲群。煮鳳喙及麟角合③煎作膠，名續絃膠，一名連金泥。弓弩已斷之絃，刀釖已④斷之鐵，以膠連續，終不脫也。漢武帝天漢三年，巡北海祠，恒山王母遣⑤使獻靈膠四兩⑥。帝以付外庫，不知膠之妙也，以爲西國雖遠，而貢者不奇。帝幸華林苑射虎，而弩絃斷，使者時隨駕，因上言："請以膠一分，口濡續弩絃。"帝驚曰："异物也！"乃使武士數人，對帝引之，終日不脫，勝未續時也。膠，青色如碧玉。見《仙傳拾遺》。

校勘：①"面"，活字版作"面"。②"弱"，五山版作"溺"。③"合"，五山版作"令"。④"已"，活字版作"巳"。⑤"遣"，活字版作"遺"。⑥"兩"，活字版作"雨"。

【景行】景伏也。謂景伏高行。王簡《栖頭陀碑》，景行迦葉。

【高^①躅】直録^②切，蹢躅也。

校勘：①“高”，活字版作“高”。②“録”，五山版、活字版作“録”。

【思雲侵】當作忽雲侵。

【示眾】此當是二頌，其始七言頌，歇後一句以接學者；後迺^①六言頌，凡四句，文理章章可曉，勿疑也。

校勘：①“迺”，五山版作“廼”。

【丫^①角女】《投子古録》云：“僧問：‘和上住山，有何境界？’師豎起拂子云：‘會麼？’僧云：‘不會。’師云：‘丫角女子白頭絲。’”它録脱豎拂子一節，由是學者妄爲穿鑿。

校勘：①“丫”，活字版作“了”。

【静節】即陶潛淵明也。顏延年《陶徵士誄序》云：“夫實以誄，華名由諡。苟高允德義，貴賤何異^①焉？若其寬樂令終之美好，廉克己之操，有合説^②典，無愆前志，故詢諸友好，宜諡曰静節徵士。”潛既歸宗桑門，種五柳，號^③五柳先生。

校勘：①“異”，五山版作“筭”。②“説”，《文選》作“諡”。③“號”，五山版、活字版作“号”。

【隱居】陶弘景，字通明。長七尺七寸，朗目疏^①眉，細形長額。讀書萬卷餘，一事不知，已^②爲深恥^③。善琴碁，工草隸^④。未弱冠，齊高祖作相，引爲諸王侍讀，除奉朝。謂^⑤永明十年，脱朝服挂^⑥神武門，上未^⑦辭禄^⑧。詔許之，賜以束帛，月給伏^⑨苓五斤，白蜜二升^⑩，以供服餌。居於句曲茅山，立館，自號華陽^⑪隱居。人聞書尺，即以隱居代名。本便馬善射，晚皆不爲，唯聽吹笙而已。時^⑫愛松風，庭院皆植松，每聞^⑬其響，欣然爲樂。又嘗^⑭夢佛授記，號^⑮勝力菩薩。見《南史》。嘗有書答大鸞法師云：“去朝耳聞音聲，茲晨眼受文字。或由頂禮續^⑯歲故，致真應來儀。正爾整拂藤蒲，採汲花水，端襟儼思，佇聆警錫也。”

校勘：①“疏”，五山版、活字版作“踈”。②“已”，活字版作“巳”。③“恥”，五山版作“耻”。④“隸”，五山版作“隸隸”，活字版作“隸”。⑤“謂”，五山版作“請”，《南史》作“請”。⑥“挂”，活字版作“桂”。⑦“未”，五山版作“表”，《南史》作“表”。⑧“禄”，活字版作“禄”。⑨“伏”，五山版作“茯”。⑩“升”，五山版作“斛”。⑪“陽”字下，《南史》有“陶”。⑫“時”，五山版作“特”。⑬“聞”，《南史》作

“間”。⑭“嘗”，活字版作“甞”。⑮“號”，五山版、活字版作“号”。⑯“績”，五山版作“積”。

【芝檢】《漢書①儀》曰：“天子信璽六，皆以武都紫泥封，青囊，白素裏，兩端無縫，尺一板中暑②皇帝。”紫泥，紫芝爲泥也。

校勘：①“書”，當作“舊”。②“暑”，《漢舊儀》作“署”。

【士龍】《世説》：“荀鳴鶴、陸士龍二人未相識，因會張茂先座，張公以其並有大才，謂曰：‘二賢相見，可勿作常語。’陸舉首曰：‘雲間陸士龍。’荀：‘日下荀鳴鶴。’陸曰：‘既開青雲睹白雉，何不張爾弓，挾爾矢？’張公曰：‘荀何遲？’荀曰：‘本謂雲龍騤騤，今乃見山鹿野麋，獸弱弩强，是以發遲。’”一座撫掌。騤，音逵，馬行威儀也。

【彙】于貴劫①，類也。

校勘：①“劫”，當作“切”；五山版、活字版作“切”。

【菱花】魏武帝鏡名。

【香嚴】見《雲門室中》如來禪。

【爍迦羅】此云金剛，又云堅固。

【黐】尹①知切，所以黏鳥。

校勘：①“尹”，五山版作“丑”。

【興化】興化存獎常云：“我南方行脚一回，挂①杖頭未曾撥著個會佛法人。”魏府大覺問云：“汝憑甚道理有此語？”化便②喝，覺便打；化又喝，覺又打③。來日，興化從法堂過，覺召曰：“我直下疑汝昨日行底喝，與我説來。”化云：“存獎平生於三④聖處學得賓主兩喝，盡被和上折倒了也，願與存獎安樂法門。”覺曰：“者瞎驢⑤！卸卻⑥衲衣，待痛決一頓。”化即於言下領旨。

校勘：①“挂”，五山版作“柱”。②“便”，五山版作“又”。③五山版脱“覺便打；化又喝”。④“三”，活字版作“二”。⑤“驢”，活字版作“馿”。⑥“卻”，五山版、活字版作“却”。

【牽羊】牽羊納璧，受降之儀。《春秋》：“楚圍鄭伯，鄭伯肉袒①牽羊，示爲僕隸②也。”納璧，凡弱則降，降則銜璧而歸。璧，國實③也，降者親奉於君面。縛，無手以執，故用曰銜也。

校勘：①“袒”，五山版、活字版作“祖”。②“隸”，活字版作“隷”。③“實”，疑當作“寶”。

【爲日道損①】老氏曰：“爲學日益，爲道日損。”保唐無住禪師問道士曰："爲學日益，爲道日損。損之又損，以至於無爲。無爲而無所不爲。練師等息②生會此是老子語。"士等皆高拱杜默而已。久之，云："却請和上爲説。"師云："爲學日益者，有心貪學知解，唯增生死塵勞，是世間虛妄之益也。爲道日損者，道即眾生本性，性離一切名相知解，慕道之人不重於事，即生死塵勞日減，故曰日損也。損之又損之，以至於無爲，無爲而無所不爲者，悟性微妙，即妄念不生，是損之也；既妄念不生，志無間斷，是又損之也；爲③念寂滅，返本還源，是以至於無爲也；修學無爲，不以無無④爲證，是無不爲也。"明招謙嘗作無題十頌，有云："百歲看看二分過，靈臺一點意如何？貪生逐日迷歸路，撒手臨岐識得麼？"雪竇頗類此頌。

校勘：①"爲日道損"，五山版作"爲道日損"。②"息"，五山版作"怎"。③"爲"，《五山》作"妄"。④"無"五山版、活字版作"爲"。

【名紙】漢時未有紙，書姓名於刺。削竹木爲之，後用名紙代刺①也。唐文宗朝之前未有門狀，朱崖李相貴盛於武宗朝，百官無以取其意，以舊刺禮輕，至是相扇具銜候起居之狀。至合②尚之，以貴賤通用，謂之門狀。見《事始》。

校勘：①"刺"，五山版、活字版作"剌"。②"合"，五山版作"今"，當作"今"。

【倚天長劍】宋玉《大言賦》："方地爲轝，圓天爲蓋。彎弓射扶桑，長劍倚天外。"

【青城】山名，在蜀。

【苧】直呂切，草可作布。

【霜前竹】見《池陽問》葛陂。

【睠戀】上居倦切，還顧也。下力眷切，慕也。

【拗】當作坳，於交切，地不平也。拗，於絞切，拉也，非義。

注釋："拗"，《廣韻》於絞切，影母巧韻上聲；"坳"，《廣韻》於交切，影母肴韻平聲，"拗"與"坳"音近相通。

【從北】當作從此。

注釋："北"和"此"形體相近，"北"乃"此"的訛字。

【使君】《東漢·寇①恂傳》注使君："君，尊之稱也。"

校勘：①"寇"，五山版、活字版作"宼"。

【臺榭】《説文》曰："觀四方而高者曰臺。"《爾雅》："有木曰榭。"

【秋波】《越絕書》云："太阿劍其色如秋水。"

【腐草】上扶雨切，朽①也。《物類志》云："季夏大暑之月，腐草化爲螢，其蟲腹下有火，流光熠然。"

校勘：①"朽"，五山版作"枯"。

【人命呼吸】《四十二章經》："佛問諸沙門：'人命在幾間？'對曰：'在數日間。'佛言：'子未爲道。'復問一沙門：'人命在幾間？'對曰：'在飯食間。'佛言：'子亦未爲道。'復問一沙門：'人命在幾間？'對曰：'呼吸間。'佛言：'善哉！善哉！可爲道者矣。'"

【謝池】謝靈運《登池上樓》："潛①虬媚幽姿，飛鴻響遠音。溥②霄愧雲浮，栖川怍淵沈。進德智所拙，退耕力不任。徇祿③反窮海，臥④痾對空林。衾枕昧節候，褰開暫窺臨。傾耳聆波瀾，舉目眺嶇⑤嵌。初景革緒風，新陽改故陰。池塘生春草，園柳變鳴禽。祁祁傷豳歌，萋萋感楚吟。索居易永久，離群難處心。持操豈獨古？無悶徵在今。"謝作此詩未就，夢族弟惠連，遂得此，因⑥以爲神助，故合⑦鱠炙人口。怍，音昨，慚也。豳，音彬。

校勘：①"潛"，五山版作"潜"。②"溥"，五山版作"薄"。③"祿"，活字版作"禄"。④"臥"，五山版作"卧"。⑤"嶇"，五山版作"嶇"。⑥"因"，五山版作"句"。⑦"合"，五山版作"今"。

【蘭亭】在今越之天章寺。晉人傍蘭爲亭，因以爲名。

【右軍】晉右將軍王羲①之，字逸少。善草隸②，爲古合之冠。論者稱其筆勢飄③若遊雲，矯若驚龍。嘗④爲越州內史。永和九年三月上巳日，與子弟輩至山陰之蘭亭，修禊事也。曲水流觴⑤，賦詩爲樂，遂製《遊蘭亭詩序》。辭翰冠絕，爲世所寶。蘇易簡《文房四讚⑥》云："逸少蘭亭敘⑦，用蠶繭紙、鼠鬚筆，遒媚勁健，絕代更無。唐太宗後得之，洎王華大漸，語高宗曰：'有一事，汝從之，方展孝道。'高宗涕泣，引耳而聽。言：'得《蘭亭序》陪葬，吾無恨矣！'"唐末亂，罹諸陵溫韜所，發其所藏書畫，皆剔取其裝軸金玉而弃之。晉魏以來，諸賢墨迹復流落於人間。今所傳者，皆其模刻，失真遠甚。蘭亭，唯長安薛本尤爲精絕。禊，音系。

校勘：①"羲"，當作"羲"。②"隸"，活字版作"隸"③"飄"活字版作"飈"。④"嘗"，活字版作"甞"。⑤"觴"活字版作"觸"。⑥"讚"，五山版作"譜"，當作"譜"。⑦"敘"，五山版作"叙"。

【墨池】墨池在蘭亭之側，乃逸少滌硯池也。池之旁有細竹，竹之葉皆斑斑①有墨點，世傳當年逸少洒②筆所及，至今尚爾。或移植它處，則不復見矣，蓋亦異事之可傳也。昔雲門僧清隱常賦詩云："枝枝葉葉洒成紋，不比湘川有淚痕。手裏鼠鬚池裏墨，至今踪迹記龍孫。"

校勘：①"斑"，活字版作"班"。②"洒"，五山版作"洒"，當作"洒"。

【蓀】音孫，香艸、菖蒲是矣。

【扶吾病起】六祖謂讓和上曰："西天般若多羅讖汝足下出馬駒子，踏殺天下人，病在汝身，不須速説。"讓自執侍左右一十五年。

【穀雨】三月中氣也。穀雨之日萍始生。

【二疏】漢踈①廣爲太子太傅，子踈受爲少傅。廣謂受曰："吾聞知足不辱，知止不殆，可以長久，巧遂身退，天之道也。"父子遂謝病。上許之，賜金三十斤，東宮復賜五十斤，公卿故人設餞於都門，送車百乘。既歸，散金鄉黨宗族，其②霑其賜。

校勘：①"疏"，活字版作"踈"。②"其"，五山版作"共"；《漢書》作"共"。

【運青】當作韻清。

【蕭搔】當作蕭騷。颷，蘇刀切，風聲。

注釋："搔""騷"《廣韻》皆讀蘇遭切，心母豪韻平聲。二字爲異形諧聲假借。蕭騷，形容風吹樹木的聲音。

【睽】苦圭切，乖异也。

【顏巷】《論語》："子曰：'賢哉回也！一簞食，一瓢飲，在陋巷，人不堪其憂，回也不改其樂。'"

【斯文】子畏於匡。曰："文王既没，文不在兹乎？天之將喪斯文也，後死者，不得與於斯文也。天之未喪斯文也，匡人其如予①何？"

校勘：①"予"，五山版作"子"。

【負舂】六祖初謁五祖於黃梅，法乳相投，遂負石於腰，以供簸舂①之務。

校勘：①"舂"，五山版作"春"。

【寂住】投子大同和上嘗①問翠微云："如何是真理？"微云②："真理不理。""如何是真空？"微曰："真空不空。"微乃有讖偈曰："真理何曾理？真空亦不空。大同居寂住，敷演我真宗。"寂住，即投子，峰名也。

校勘：①“嘗”，活字版作“甞”。②“云”，五山版作“曰”。

【死中得活】投子大同悟翠微宗旨，結茅而居。一日，趙州諗至桐城縣，途中相遇，乃逆而問曰：“莫是投子山主麼[①]？師曰：“茶鹽錢乞一文。”州無語。先到庵中坐，師携油瓶歸，州曰：“久嚮投子，到來只見個賣油翁。”師曰：“汝只見賣油翁，且不識投子。”“如何是投子？”師曰：“油！油！”州又問：“死中得活時如何？”師云：“不許夜行，投明須到。”州云：“我早侯白，伊更侯黑。”

校勘：①“麼”，活字版作“麽”。

【龍朔】即唐高宗之年號，乃六祖得法之時也。

【清塵】《漢書·注》云：“塵，謂行而起塵。清者，尊貴之意。”

【倧】作冬切。

【涪江】縛謀切。屬東川梓州，今涪城縣是也。

【岌岌】魚及切，高貌。

【步武】《曲禮》云：“堂上接武，堂下布武。”武，迹也。謂每移足，各自成迹。步武，言其足迹也。

注釋：《禮記》卷一“堂上接武”，鄭玄注：“武，迹也。迹相接，謂每移足半躡之中，人之迹尺二寸。”“堂下布武”，鄭玄作注：“武，謂每移足，各自成迹。”

【抉】於决切，出也。

【勦絶】上子小切，絶也。勦絶，古之重語。

【駕御昂枾】駕車御馬，猶執鞭之士也。杜詩：“君王自雄武，駕御必英雄。”昂枾，車中之具也。然駕御昂枾，亦無所出。

【一鶚】西漢孔融《薦禰衡書》云：“鷙鳥累百，不如一鶚。”

【指也乎其勢】當作指掌排其勢。見寫本。蓋當時讎校之不工刀筆者，猒其點畫之繁，則戲以簡易者[①]易之，率皆如此。行家所謂水玉[②]一者是也。夫是固不可不慎選其匠手矣。

校勘：①五山版脱“者”。②“玉”，五山版、活字版作“主”。

【良牧】翟方進奏曰：“古選諸侯賢者以爲州伯，令部刺史居牧伯之位，秉一州之統。請罷刺[①]史，置州牧。”善爲政者，故曰良牧。牧，養也。置牧所以養民。

校勘：①“刺”，活字版作“刺”。

【爵】即略切。《文字音義》云：“爵，量也。量其職，盡其林[①]也。”

校勘：①"林"，五山版作"材"，當作"材"。

【棠樹】《詩》："甘棠，美召伯也。召伯之教，明於南國。""蔽芾甘棠，勿翦勿伐，召伯所茇。"茇，音跋①。

校勘：①"跋"，活字版作"跂"。

【非烟】《史》云"若烟非烟，若雲非雲，郁郁紛紛，是謂慶雲"，彰王者之瑞也。

【躤】正作躤，足輒切，蹈也。

注釋：《明覺禪師語録》卷六："春色依依籠遠樹，卷衲搚藤躤輕屨。塵世茫茫無限人，不知誰問曹溪路。""躤"，踏、踩。

【貳職】貳，副貳也。

【白屋】顏師古云："白屋謂白蓋之屋，以茅覆之，賤人所居也。"蓋，音合。

【陞】當作陞，音升，登也。

注釋："陞"當爲"陞"之形近而訛。

【蠹①】當故切，蝕木蟲也。

校勘：①"蠹"，活字版作"蠹"。

【技倆】上渠倚切，下良蔣切。藝也，巧也。

【德星】德星，瑞星也，亦曰景星。其狀無常，常現於有道之國。《禮·稽命徵》曰："内外之制，各得其宜，四方之士無留滯，則天有德星。"見漢陳仲弓從諸子侄造荀①和父子，于②時德星聚，太史奏曰："五百里賢人聚。"又《弘明》云："道開入境，仙人星見。羅什入關，德星見野。"

校勘：①"荀"字下，《異苑》有"季"。②"于"，五山版作"子"。

【高興】當作高興。

【武夷】山名，在建州。

【十八人】社主遠法師，雁門人。年二十①一，聞道安講《般若》，豁然大悟，乃嘆曰："儒道九流皆糠粃爾。"遂與弟慧持投簪落髮，常以大法爲己②任。後之廬山西林之側，山神闢地運木，建寺居之。於是謹律之侶，絶塵之客，不期而至，所謂宗雷等一十八人，同修净土，影迹不至塵俗。每送客，以虎溪爲界。年八十三，順寂於寺。劉遺民，名程之，字仲思。既慕遠公之名，乃録③潯陽柴桑以爲入山之資。公侯辟之皆不應，遂易名遺民。感疾，便依念佛三昧，果見白毫相，次見佛真影，合掌向西而逝。雷次宗，字仲倫。立館東林僧房。宋文帝征至都，立學於雞籠山，主生員百餘人。久之，復還社中。周續之，字道祖。與劉遺民、陶淵明爲潯陽三隱。武帝於東郭外開館待之，乘輿降幸。或問之曰：“時踐王庭，何也？”笑曰：“心馳魏闕者，以江湖爲桎梏；情致兩忘者，市朝亦岩穴爾。”宗炳，字少文。善琴書，累辟不起。衡陽王至其廬，命之，角巾布衣引見不拜。王曰：“屈先生重祿④可乎？”曰：“祿如腐草，衰盛幾何？”嘗⑤遊荊巫衡岳。晚年畫圖於室，曰：“吾老矣，名山不可再覩⑥，唯澄懷觀道，臥以遊之。撫琴動操，欲令眾山皆響。”張野，字萊民。累征不就。一味之甘，一庾之粟，與九族分之，躬自菲薄。師敬遠公，自稱門人。張詮，字秀碩。雖耕鉏，猶帶經自樂。累征不就。西林慧永，內外洞達，言常含笑。別立禪室於嶺上習禪。年八十三而逝，山中聞香，七日不絕。竺道生，預遠公社。元嘉十一年冬講次，法席將畢，忽見塵尾紛然而墜，端坐正容，隱几而逝。慧持，遠公弟也。遍學眾經，遊刃三藏。風神俊爽，衲衣半脛，常躡革屣。社中往來三千，持爲上首。佛陀耶舍，此云覺明。入長安，羅什使姚興迎之。誦曇無德律，興疑其謬，令誦羌⑦籍，王⑧方可五萬言，二日覆之，不誤一字。預社後，還罽賓⑨。佛陀跋陀，甘露飯王裔。神變不一，與遠公傾蓋如舊。年七十一，示疾建鄴。慧叡，博學執節。晉有四聖，叡其一也。曇順，義論精博，志道不群，多以利濟爲本。曇恒，年十三，講大乘經論，德行孤清，歲⑩寒⑪不改。道昺，遠公弟子。深達⑫經律，獵涉外書，一覽不再。道敬，遠公弟子。每嘆戒律終身難全，願淨六根，但稟⑬一戒，師亦聽之。後入若耶山。曇詵，遠公弟子。善別識鳥獸俊鈍之性、草木甘苦之味。昺，音內⑭。

校勘：①“二十”，活字版作“廿”。②“己”，活字版作“巳”。③“錄”活字版作“録”。④“祿”，活字版作“禄”。⑤“嘗”，活字版作“甞”。⑥“覩”，活字版作“覿”。⑦“羌”，五山版作“羗”。⑧“王”，五山版作“藥”，活字版作“五”。⑨“賓”，五山版作“賔”。⑩“歲”，五山版、活字版作“歳”。⑪“寒”，五山版作“塞”。⑫“達”，活字版作“逹”。⑬“稟”，活字版作“禀”。⑭“內”，五山版作“丙”。

【菡萏】《爾雅》：“荷、芙蕖，別名芙蓉。江東呼荷，其莖茄，其葉蕸，其木蔤，其花菡萏，其實蓮，其根藕，其中的，的中薏。”薏，音憶。蕸，音遐。

【天常】楊子：“孰有書不由筆，言不由舌舌①？吾見天常爲帝王之筆舌。"説者曰："天常，五常也。帝王之所制奉也。"

校勘：①"舌"，《揚子法言·問道》無此字。活字版無第二個"舌"字。

【類變】楊子："螟蛉之子殪而逢蜾①赢，咒②曰：'類我類我。'久則肖之。"《搜神記》曰："土蜂名蜾赢，俗謂蠮螉，細腰之類，其爲物而無雄，不交不産，常抱桑蟲子，育之即化成己③子也。"《化書》云："夫蠮螉之蟲，孕螟蛉之子，傳其情，交其精，湜其氣，和其神，隨物大小，俱得其真。蠢動無定情，萬物無定形，小人由是知馬可使之飛，魚可使之馳，土木偶可使之有。知瓔孩似乳母，斯道不遠。"螟蛉，音冥令。殪，音翳，殺也。蜾赢，音果蓏④。蠮螉，上烏結切，下於公切。

校勘：①"蜾"，五山版作"螺"。②"咒"，五山版、活字版作"呪"。③"己"，活字版作"巳"。④"蓏"，五山版作"菰"。

【闍國】見《頌古》。

【小桂】二十①七祖謂達磨曰："吾滅後六十七年，當往東方震旦②國土廣設法藥，度彼眾等，令獲菩提。"磨曰："後往震旦當有何難？有得道者否？"祖曰："彼國有獲菩提者，如稻麻竹葦，不可勝數。汝當至彼，不久即出，聽吾讖曰：'路行跨水忽逢羊，獨自悽悽闍渡江。日下可憐雙象馬，二株嫩桂九昌昌。'"

校勘：①"二十"，活字版作"廿"。②"旦"，五山版、活字版作"且"。

【環中】《莊子》："彼是莫得其偶，謂之道樞。樞始得其環中，以應無窮。"此言循環而無窮，得其環中者也。

【靈徹】當作澈。唐江西使韋丹與東林僧靈澈，忘形之契，篇什唱和，月四五焉。序曰：忘形之契，篇什唱和，月四五焉。"澈公近以匡廬七詠見寄，及吟味之，皆麗絶於文圃也，俾予益起歸歟之興。且芳時勝侶上遊三二道人，心當攀躋千仞之峰①，觀九江之水，是時飄②然而去，不希京口之顧，默爾而遊，不假東門而送，天地爲一朝，萬物任陶鑄。夫二林羽翼，松徑幽邃，則何必措足於丹霄，馳心③於太古矣。偶爲思歸絶句一首，以寄上人法友，幸先達其深趣矣。王事紛紛無暇日，浮生冉冉只如雲。已爲平子歸休計，五老岩前必共聞。"澈酬之云："年老心閑無外事，麻衣草坐亦容身。相逢盡道休官去，林下何曾見一人？"靈澈，字源澄。大曆中，授詩於嚴維，兼與皎然爲友。每講詩道，遂名著焉。是知澈④當作澈。澈，直列切。

校勘：①“峰”，五山版、活字版作“峯”。②“飄”，五山版、活字版作“飇”。③“心”，五山版、活字版作“必”。④“澈”，當作“徹”。

【傭】蜀庸切，懶傭。

【慷愷】下當作慨，苦蓋切。慷慨壯士不得志也。

注釋：愷，《廣韻》苦亥切，溪母海韻上聲；《説文·豈部》：“愷，樂也。”慨，《廣韻》苦蓋切，溪母代韻去聲；《説文·心部》：“慨，忼慨，壯士不得志也。”“愷”“慨”音近相通。

【攣】與率同。

注釋：按《集韻·質韻》：“率攣，朔律切。《説文》：‘捕鳥畢也。象絲網，上下其竿柄也。’一曰：‘領也，從也，自也。’古作攣。”《類篇》卷三十八：“率，凡率之屬皆从率，古作攣。”又《古今韻會舉要》卷二十六“質與術櫛通”：“率，古作攣。”可知“攣”與“率”爲古今字。

【李將軍】《漢·傳》飛騎將軍李廣多與勾①奴戰，勾奴多敗破。單于素聞廣賢，令曰：“得李廣，必生致之。”胡騎一日得廣，置廣兩馬間，絡而盛卧。行十餘里，廣陽死，睨其旁有一胡兒騎善馬，廣暫騰上胡兒馬，因推墮兒，取其弓，鞭馬南馳數十里，復得其餘軍，因引而入塞。勾奴捕者騎數百追之，廣行取胡兒弓射殺追騎，以故得脱，於是至漢。廣後居北平，勾奴聞之，號②曰飛騎將軍，避之數載，不敢入。

校勘：①“勾”，五山版作“匈”。②“號”，五山版、活字版作“号”。

【凱歌】司馬法曰：“得意即凱樂，所以示喜也。”唐天和二年，方定其儀。凡命將征討有大功，將入都門，鼓吹振作，迭奏破陣樂等四曲。其一曰《破陣樂》：“受律辭元首，相將討叛臣，咸歌破陣樂，共賞太平人。”其二曰《應聖期》：“應聖期昌運，雍熙萬寓①清，乾坤資化有②，海嶽用休明。闢土忻耕稼，銷戈遂偃兵。殊方歌帝澤，執贄賀昇平。”其三曰《賀朝歡》：“四海皇風被，千年德水清，戎衣更不著，今日告功成。”其四曰《君臣同慶樂》：“主聖開昌曆③，臣忠奉大猷，君看偃革後，便是太平秋。”

校勘：①“寓”，五山版作“寓”。②“有”，五山版作“育”。③“曆”，五山版、活字版作“曆”。

【荆叢叢】吳均《續齊譜①記》云：“京兆田真與弟田廣、田慶欲議分財。庭前有紫荆，花葉甚盛，一夕，樹即枯死。真見之，驚謂弟曰：'樹本一根，見吾等異居，便乃枯悴，況人兄弟孔懷而可離異？是人不如樹也。'二弟感其言，遂已，樹一旦復榮。"

校勘：①"譜"，五山版作"諧"，當作"諧"。

【莪蔪蔪】《詩·蓼莪》："刺幽王也，民人勞苦，孝子不得終養焉。""蓼蓼者莪，匪莪伊蒿。哀哀父母，生我劬勞。"蓼，音六，艸長大貌。

【孝悌】下特計切。善事父母曰孝，友於兄弟曰悌。

【沚中】《詩》："菁菁者莪，樂育材也。君子能長育人材①，則天下喜樂矣。""菁菁者莪，在彼中沚。既見君子，我心則喜。"

校勘：①"材"，五山版作"林"。

【風之上】《詩》序曰："詩有六義焉：一曰風，二曰賦，三曰比，四曰興，五曰雅，六曰頌。上以風化下，下以風刺①上，主文而譎諫，言之者無罪，聞之者足以自戒，故曰風。"

校勘：①"刺"，活字版作"剌"。

【指馬】近一指，近取諸身也；遠一馬，遠取諸物也。

【澹交】見前頌秋水。

【照乘】魏惠王曰："若寡人之國雖小，有徑寸之珠，照前後車各十二乘者十枚。"

【臆】於力切。

【巴歌】《西漢·注》云："巴，巴人也。當高祖初爲漢王，得巴俞人，並趫健善鬥，與之定三秦滅楚，因存其武樂也。即今之巴州、俞州。宋玉所謂下俚巴歌，國中屬而和者數千人矣。趫，丘祅切。"

【竺卿】釋子之通稱。謂竺國之卿輔也，亦猶此方三公九卿也。《釋名》曰："卿，慶也，言萬物皆慶賴焉。"

【伽耶城】吾佛降誕於迦毘①羅城，成道於伽耶城，轉②法輪度五比丘已，入滅拘尸那城。

校勘：①"毘"，五山版、活字版作"毗"。②"已"，活字版作"巳"。

【銘】莫經切。《釋名》曰："銘，名也。記銘其功也。"《選·注》云："銘則述其功，美使可稱也。"

【刱】楚亮切，初也。

【虞】當作虡，音巨。《釋名》曰："所以懸鍾，橫曰栒，縱曰虡。"

《漢書·注》曰：“虡，鹿頭龍身，神獸也。”謂鐘鼓之栒飾爲此獸。栒，音笋。

【警】居影切，寤也。

【檠】紫微趙公名。

【惡】音烏，安也。

【幽靈息苦】《付法傳》云：“罽服吒王極大聰明，威伏四海，殺九億人，因聞馬鳴説法，方悟先非，恐入地獄。後病，被逆臣坐於面上，氣絕而死。墮大海中，爲千頭魚，常有釼輪隨身，每聞鐘聲，小息其苦，乃托夢與子，鐘令長打。”又《僧傳》：“釋三果，有兄死生地獄，其妻忽夢夫曰：‘已死備經諸苦，今沐禪定寺僧智興鳴鐘聲震，同受苦者一時解脱，今生樂處。可備絹十匹奉之，並伸吾意。’後奉絹與興，興曰：‘子常願也。’絹乃施眾。”

【種智】根本智內證真如，即法報二身，名一切智。後得智外照有緣①，應物現形，如水中月，即三種化身，名種智也。故此二名云一切種智。

校勘：①“緣”，活字版作“緑”。

【飛雄辯】世尊具飛流之大辯。

【感通傳】傳云：“西國修多羅院有一石鐘，形如吴①樣，色如青碧玉，可受十斛。鼻上有三十三天像，四面以金銀隱東西兩面，有寶珠陷在其腹中，大如五升②。一角分耀，狀若華形，周匝作十方諸佛初成道像。至日出時，鐘上有諸化佛説十二部經，舍衛城童男童女悉來聽之，聞法證聖。犯欲者，則不聞法，摩尼大將以金剛杵擊之。百億世界中聞聲，於光明中悉聞百千釋迦佛説修多羅經。此鐘是拘留秦佛所造，彼佛滅度後，娑竭龍王收③去。至釋迦佛興，龍復將來，至佛滅後，鐘先唱言：‘卻④後三月，當般涅槃⑤。’鐘鼻諸天聞皆涕泣，龍復將去。”

校勘：①“吴”五山版、活字版作“吳”。②“升”，五山版作“卄”。③“收”，五山版作“収”。④“卻”，五山版、活字版作“却”。⑤“槃”，活字版作“盤”。

【拘留孫】或言拘留秦，此云應已斷，賢劫第一佛。

【錚錚】楚耕切，金聲也。

【淮甸】上户乖切，水名。《釋名》曰：“圍也。圍繞楊州北界，東至海也。”

【百鈞】居匀切，三十斤爲一鈞。

【蹲熊】上徂尊切，坐也。下爲恭①切，獸也，有爪而多力。

校勘：①"恭"，活字版作"恭"。

【祇園】祇，此言勝氏。梵云僧伽藍摩，此言眾園，祇園寺之通稱。由祇陀太子園造佛精舍，因以爲名。

【殷殷】於謹切，雷聲也。

【師資】見《雲門録》上。

【鏗鏗】口莖切，金石聲也。

【索索】索鐸切。

【二聽】一、天聽；二、人聽。

【五觀】一、肉眼見粗事色；二、天眼見因果細色；三、慧眼見粗細色心徧①真之理；四、法眼見色心粗細因緣②假名俗諦諸法；五、佛眼見中道圓真佛性之理，又能雙照粗細因緣事理。

校勘：①"徧"，五山版作"偏"。②"緣"，活字版作"綠"。

【梵摩】餘招切，座也。

【駢羅】上蒲①眠切。謂駢闐羅列也。

校勘："蒲"，五山版作"蒲"。

【干櫓】《禮記·儒行》："孔子對哀公曰：'儒有忠信爲甲胄，禮義爲干櫓，戴仁而行，抱義而處，雖有暴政，不更其所，其自立有如此者。'"甲，鎧。胄，兜鍪也。干櫓，小盾大盾也。

【爰構】上雨元切，爲也，於也。下古候切，架也。

【鯨音】鯨魚名。生海中，雄曰鯨，雌曰鯢，大者長十餘里。常以五月就岸，生數萬子，至八月，引子還海，鼓浪成雷，噴水成雨，水族畏之。眼爲明珠，或長一千里。《物類相感志》云："海岸有獸曰蒲牢，而性畏鯨魚，食於海畔，鯨或躍，蒲牢則鳴聲如鐘。今人多狀蒲牢獸形施於鐘上，斲撞爲鯨而擊之。鯨本無聲，因鯨躍而蒲牢鳴，故曰鯨音。"

【增悲】猶悲增也。菩薩人不取涅盤而利生，曰增悲也。

【遵晦】上將倫切，循也。下晦昧也。

【陟明】中力切，陟進也。

【禹湯】禹事見《瀑泉》。湯，帝嚳之後，名履，字天乙。母氏扶都，見白氣貫月，感而生湯。豐①下兌上，身長九尺。仕夏爲諸侯，有聖德，諸侯歸之。遭桀無道，囚於夏臺，後得免。桀無道，湯與諸侯同盟於景亳之地，會桀於昆吾之墟，大戰於鳴條之野，桀奔於南巢。湯既克桀，讓天下於務光，務光不受，湯即位都於亳②。

校勘：①"豐"，五山版作"豐"。②"亳"，當作"亳"。

【元凱】八元，見前頌八元應主文。八凱，即高陽氏有才子八人：曰蒼舒、隤敳、檮戭、大臨、尤降、庭堅、仲容、叔達八者。齊聖廣淵，明允篤誠，天下之民謂之八凱。凱，和也。見《春秋傳》。隤敳，上徒回切，下五哀切。檮戭，上徒勞切，下余忍切。

【紺園】梵語僧伽藍摩，此云眾園。西域有給孤獨園、祇園、金園、雞園之名。園以群生種植福慧爲義，皆佛祠之通稱。紺園，即紺宇也。《釋名》曰："紺，含也。謂青而含赤色也。"內教多稱紺目、紺髮，取此義也。

《雪竇開堂錄》

【筌蹄】見《雲門》忘筌。

【既浹】即協切，洽也，徹也。

【開堂】説見雜志。

【白椎】見雜志。

【射虎】見《祖英》上。

【沒羽】王遇切。

【龍鬭】《華嚴》鬻香長者，人間有香，名曰象藏。因龍鬭①生，若燒一丸，即起大香雲彌覆王都，於七日中雨細香雨。

校勘："鬭"，五山版作"鬭"。

【專孜】專孜無出，當作孜孜。《説文》云："孜孜，汲汲也。《周書》：'孜孜無怠。'"又惟日孜孜。

【自貽】當作自怡。

【日用而不勤】當作日月運而不動。此句誤以月爲用，以動爲勤，中脫運字。誤二字，脫一字。

【鼷鼠】胡雞切。《西漢·注》："鼷鼠，一名甘鼠，食人及鳥獸，至盡不痛。"《爾雅》郭璞有螫毒者。

【嘉幸】當作喜幸。

注釋："喜"訛作"嘉"。"嘉""喜"均有歡樂、喜慶之義。

【義烈】當作義例。

【韓信臨朝底】漢呂后因人告韓信欲反，后與蕭相國詐謀，謂信曰：“雖病，可强入賀。”信臨朝，呂后使武士縛信，斬之長樂鍾室。信方斬，曰：“吾不用噲①通，反爲女子所詐。”

校勘：①“噲”，五山版作“蒯”。

注釋：見於《明覺禪師語録》：“進云：‘與麼則入水見長人？’師云：‘韓信臨朝底。’”韓信臨朝底，出自《漢書·淮陰侯列傳》：“漢十年，豨果反。高帝自將而往，信病不從。陰使人之豨所，而與家臣謀夜詐赦諸官徒奴，欲發兵襲呂后、太子。部署已定，待豨報。其舍人得罪信，信囚欲殺之，舍人弟上書變，告信欲反狀於呂后。呂后欲召，恐其黨不就。乃與蕭相國謀，詐令人從帝所來，稱豨已破，群臣皆賀。相國紿信曰：‘雖病，强入賀。’信入，呂后使武士縛信，斬之長樂鍾室。信方斬，曰：‘吾不用蒯通計，反爲女子所詐，豈非天哉！’”比喻生命在别人手裹，不知死活。

【曬浪】浪，當作眼，曝也。

【寮舍】寮①受命於日，寮疏②之以受明，明窻③之室謂之寮舍。

校勘：①“寮”，五山版、活字版作“尞”。②“疏”，五山版、活字版作“疏”。③“窻”，五山版、活字版作“窗”。

【鴠】知咸切，鳥啄物。

【月吶】當作呢。

【厄耐】上正作叵，不可也。

注釋：厄耐，不可忍受也。“厄”是受“耐”字類化而成的俗字。

【韜略】韜謂六韜，武成王作也。第一，霸典文論；第二，文師武論；第三，龍韜主將；第四，虎韜偏裨①；第五，豹韜校尉；第六，犬韜司馬。略，謂三略，上、中、下，黄石公作。韜謂韜藏天機，略謂括略應變。

校勘：①“裨”，活字版作“禆”。

【揉】人久切。

【寄山】當作寄士。

【七十九】七十九或云八十一，或云七十三，互出不同，各有所主。七十九，謂不敢競世尊之壽也。八十一，將晦隱於中①，預爲十年之約。然師實示寂於七十三歲。

校勘：①五山版作“中岩”。

【韶陽奇句】雲門舉："長慶拈拄①杖云：'識得者個，一生參學事畢。'"師云："識得者個，爲甚麼②不住？"

校勘：①"拄"，《五山》作"柱"。②"麼"，五山版、活字版作"麽"。

【九萬】《莊子》："鵾化爲鵬，搏風而上者九萬里。"

【歲月將闌】闌，希也。《西漢·注》："酒闌，謂半罷半在曰闌。"如歲月亦然。

【復枕】當作伏枕，謂困病也。

【一文一技】亡名《寶人銘》曰："一文一藝，空中小蚋；一技一能，日下孤燈。"

【存歷】歷，止其所也。又時也。言存而不忘其時也。

【亮兮犖馬】見《祖英》下亮禪者。

【齡難】當作令難。令，去聲呼。

【負石】見《祖英》下負春。

【投針】提婆菩薩自執師子國來求論難，造龍猛門。龍猛素知其名，遂滿鉢盛水，令弟子持出示之。提婆見水，默而投針。弟子將還，龍猛深嘉嘆曰："水之澄以方我德，彼來投針以窮其底。若斯人者，可以論玄議道。"

【寶冠照水】見《祖英》上傅大士。

【烈宿】當作列宿。

【從容】上七從切。歙曲也。

【磨淬】當从火，作焠，堅刀刃也，七內切。淬，滅火器也，非義。

注釋：《明覺禪師語錄》卷二："大國正搜羅，長劍今磨淬。""淬"，《說文·水部》："淬，滅火器也。"段注："蓋以器盛水濡火使滅其器謂之淬，與火部之焠義略相近，故焠通作淬。""焠"，《說文·火部》："焠，堅刀刃也。"《說文解字義證》："馥按醢能敗鐵故脆也，以水焠之則堅矣。字或作淬。""淬""焠"相通。

【幽游】當作優游。《詩》："優哉游哉！"

【羽韓】當作羽翰，音寒羽也。

《雪竇拾遺》

即《雪竇錄》中所未編集者，得於四明寫本，或諸方石刻，及禪人所藏手澤。凡二十[1]九篇，謹錄[2]於左[3]。上堂云："要會與麼[4]，兔馬有角，古路坦[5]平，忽爾遭撲，復問如何，千錯萬錯；會不與麼，牛羊無角，古殿苔滑，誰敢措脚[6]？王者不來，清風索索。"隨聲便喝。小參，舉法爾不爾，云："不假功成，將何法爾？法爾不爾，俱爲唇齒。不假三寸，衲僧又奚爲開口？除却二聽，且作麼作採取？"乃成頌曰：乾城高鏁[7]月，夏雲欲爲雨。若謂非全功，子細看規矩。"故經云：'汝試於中，次第標指此是文殊、此富[8]樓那、此目犍連、此須菩提、此舍利弗，但如鏡中無別分析。'"復成頌曰：夏雲多奇峰，乾城冷相映。借問諸禪僧，那個堪憑定？"故經云：'汝今諦觀，法法何狀？若離色空，動静通塞，合離生滅。越此諸相，終無所得。生則色空，諸法等生；滅則色空，諸法等滅，作何形相？相狀不有，界云何立？'"代別，舉："王常侍一日訪臨濟，同於僧堂看，侍云：'一堂僧還看經麼？'濟云：'不看經。'侍云：'還參禪麼？'濟云：'不參禪。'侍云：'經又不看，禪又不參，畢竟作甚麼？'濟云：'總[9]教成佛作祖去。'侍云：'金屑雖貴，落眼成翳[10]，又作麼生？'濟云：'我將謂是箇俗漢。'"師代別云："强將手下無弱兵。直饒臨濟全機，也較三千里。"承天宗和上錄中誤收。

校勘：①"二十"，活字版作"廿"。②"錄"，活字版作"録"。③"左"，五山版作"后"。④"麼"，活字版作"麼"。⑤"坦"，五山版、活字版作"坦"。⑥"脚"，五山版、活字版作"腳"。⑦"鏁"，五山版作"鎖"。⑧"富"，五山版作"冨"。⑨"總"，活字版作"總"。⑩"翳"，五山版作"醫"。

【行錄】師行脚時，問大龍和上："語者默者不是，非語非默更非，總是總不是拈却，大用現前，時人知有。未審大龍如何？"龍云："子有如是見解。"師云："者老漢瓦解冰銷。"龍云："放你三十棒。"師禮拜歸眾。大龍却喚適來問話底僧，師便出眾，龍云："老僧因甚麼瓦解冰銷？"師云："轉見敗闕。"龍作色云："叵耐！叵耐！"師便休去。南嶽雅和上聞舉，云："大龍何不與本分草料？"師云："和上更須行脚。"師問廬山羅漢和上云："法爾不爾，如何指南。"漢云："實謂法爾不爾。"師云："且聽諸方斷看。"漢云："道者更須子細。"師云："喏！喏！"師到舒州四面和上處，才相見便問："古人道：'千里無來却肯伊。'即今和上還肯却無？"面云："識取來意好。"師云："暫時不在。"面云："知即得。"師云："大眾一時記取。"師到蘄州回峰和上處，相見便問："舊時朋友忌諱總①無，今日主賓若爲區別？"峰云："老兄遠來不易。"師云："將謂和上忘却。"峰云："放一綫道。"師云："不與麼却與麼。"峰云："且坐喫茶。"師云："喫茶，喫茶。"師問慧日和上："明知生不生相爲生之所流即不問，頗有不知生不生相爲生之所流也無？"日云："還見兩畔僧麼？"師云："三十年後此話大行。"日云："且禮拜著。"來日師上問訊次，日云："上座問底話甚奇怪！"師云："也是尋常。"日云："老僧未明上座問端。"師云："某甲觸忤和上。"日云："住持事繁。"師遂辭去。日云："上座諸處去來，何不且住？"師云："恩大難酬。"日云："前去，善自保愛。"師云："喏！喏！"生不生相緣，見《師子吼了義經》。經云："爾時文殊師利問菴提遮曰：'頗有明知生而不生相爲生所流者否？'答曰：'而②雖自明見，其力未充，而爲生所流者是也。'又問曰：'頗有無知不識生性，有③畢竟不爲生所流者否？'答曰：'無。所以者何？若不見生性，雖因調伏，少得安處，其不安之相常爲對治。若見生性者，雖在不安之處，而安相常現前。若不如是知者，雖有種種勝辯，説甚深典籍，而即是生滅心，説彼實相密要之言，如盲辯色，因它語故，説得青黃赤白黑，而不能見色之正相。'"

校勘：①"總"，活字版作"總"。②"而"，五山版作"有"。③"有"，五山版作"而"。

【疏①古】寶冠峨②峨寒映水，陌路相逢呈卍字。七十九年無處尋，夜來相憶不相似。

校勘：①"疏"，活字版作"疏"。②"峨"，活字版作"峩"。

【偶作】莫學牧童兒，騎牛無準則；莫學取魚父，志筌要多得。三個兩個知是誰？風雨忽來天地黑。

【寄贈】

追南嶽舊遊杼歌紀贈首座素禪客

瀟湘稱絕曾遊歷，五十年來常記憶，錦霞片段①分水光，藍岫憑②凌鎖③寒碧。藏靈掩粹存奧區，雪山草盛滄溟珠，品流誕寄非閑境，泠④澹誰論蟾影孤？素禪客兮聽斯語，道無根兮應自許，五天正令頻頻舉。

校勘：①"段"，五山版作"叚"。②"憑"，五山版作"凴"。③"鎖"，五山版作"鏁"。④"泠"，五山版作"冷"。

寄水陽張居士

水陽禪者張居士，龐公净名可爲侶，衰岸休云觀落花，離城豈有意中語？春風高兮掃雪巖①，寒雲影斷見霄月，月中亦有雙桂樹，三老對誰共攀折？古兮今兮難不難，西江吐②盡滄海乾，一言爲報宣城客，歸去應知天地寬。

校勘：①"雪巖"，五山版作"巖雪"。②"吐"，五山版、活字版作"吸"。

石城病中寄謝王延①評見訪

江城秋病客，門揜晝慵開。鵲報禪家喜，風清國士來。光塵迎不及，静語愧難陪。一日存輕策，重期謁象雷。

校勘：①"延"，五山版作"廷"。

【餞送】

送一禪者歸越

禪者名思一，遁迹會稽華嚴，居常杜門，性介寡合。予嘗①往見之，時年七十有五，出示北②頌。頌尾題云："慶曆八祀正月，乳峰③隱之病中書。"

誰觀春草青？誰對春雲白？若耶溪上寺，去去曾吾宅。

校勘：①"嘗"，活字版作"甞"。②"北"，五山版作"此"；當作"此"。③"峰"，活字版作"峯"。

送祥禪者

禪客秋思生，携笻復卷衲。或問何所來，不知若爲答。十萬迢迢非古今，一言會與風雲合。

賦松拂送僧

落落歲①寒枝，蒼蒼愧春色。對揚曾有規，助語忽無迹。殷勤將贈行，知意不知極。
校勘：①"歲"，五山版作"歲"。

送曉嚴禪

者之瑯瑘①滁上有宗師，域中隱善賈，烏兔懸高明，風雲擬何藉？
卞和未鑒玉，伯樂非辨馬，羨君遠去尋，斯意斯人也。
校勘：①"瑘"，五山版作"邪"。

送瓘禪者

野水輕舟，乘興分流。秋光不盡，誰也争求？
握松爲柄未極，析柳贈行豈休？休休！百川駭浪兮空悠悠。

送僧

萬里迢迢離蜀國，四明得得訪禪家。林間相見又相別，惹祓亂飄①松桂花。
校勘：①"飄"，五山版、活字版作"颲"。

小師元聳再歸省覲以頌送之

黃金列國無影樹，曾泛龍舟振高古。我是狁源來豫章，西江吸盡對吾祖。斯之歸兮非如斯，寒空片段雲垂垂。十萬九萬復何者？一千^①一櫓休相隨。噫！爭之潮落潮生未遠朝。

校勘：① "千"，五山版作"竿"。

【弔悼】

悼武威評事

極數非論亦可論，半爲知幸半銷魂。雖無爵祿^①資名位，況有鸞凰作子孫？鄞水好辭星未揜，越山孤廣^②月應昏。我慚老病松岩下，空對悲風詠德門。

校勘：① "祿"，五山版、活字版作"禄"。② "廣"，五山版作"曠"。

悼河間評事

隨喪人物百千重，彈指郊原事已空。唯有新栽小松栢，爲君遐古動悲風。門亦高門好子孫，孝誠風雨雜愁雲。靈兮後夜應生夢，吾愛論文不在文。休嘆光陰不可追，冥搜何必在清奇。道存交臂新新意，曾許亡兮作者知。

【真贊】

瑞光月禪師並序

師雄峰斷際之宏胄也。昔與我結象^①外之友，萍依殊流，匪謂無定，但二十年夐指霄極。一日，有熙禪者自姑蘇而至，以師真儀示，復請爲贊。古岩蕭蕭，若欸善應，因抽毫勉意，式用增仰。

道兮孤絕，人將枉駕。再生馬駒，踏殺天下。二輪千輻，古今絕回。飛雹擊電，烈風迅雷。東西南北競頭走，相對不知何處來。秋空廓徹兮雲崩騰，滄海鼓蕩兮波澄澄，瑞光之師兮無盡燈。

校勘：①“象”，五山版作“像”。

四明僧正定慧大師

太虛不雲，巨溟有月，善應誰分？纖塵乃絕，良工①妙傳，神姿炳著。定慧大師，像齡調御，俯也仰也，爲權爲衡，德迥嶽峙，辯列河傾。天人聚中，凛然風清。

校勘：①“工”，活字版作“土”。

堯峰寶雲禪師

雕檀不彰，肖像何土？悲興遽圓，是謂方起。起必潛殊，二兮乃圖。塵消海嶠，翳絕天衢。寶雲禪師，寒蟾影孤。

【示寂偈】白雲本無羈，明月照寰宇。吾今七十三，天地誰爲侶？此偈乃會稽思一禪者出示。按①呂夏卿塔碑云：“師將示滅，或曰：‘師獨無頌辭世？’而師曰：‘吾平生患語之多矣。’遂亡。”想必有一偈②，然其頌頗類雪竇之作。疑呂之説非，故錄之云。

校勘：①“按”，活字版作“桉”。②“偽”，當作“偈”。

注釋：善卿所列該目是對呂夏塔銘中有關雪竇重顯禪師“無頌”説法產生了懷疑。根據該頌的風格，善卿認爲當屬雪竇之作。《法門鋤宄》亦肯定了善卿的觀點，現摘錄如下：“且呂碑云：‘師將示滅。或曰：師獨無頌辭世。’師曰：‘吾平生患語之多矣。’遂亡。然睦庵曰：‘《雪竇拾遺錄》師示寂偈曰：白雲本無羈，明月照寰宇。吾今七十三，天地誰爲侶。此偈會稽思一禪者出示然，呂之説非，故錄之云。’余又謂雪竇垂滅，師資取訣，正是切要之時也。呂説言或曰踈謬也，甚矣。豈又以欠末後一句爲救平日之饒舌耶。《事苑》所糾，尤爲切當，況彼不諳宗脉不足怪耳。”

卷五

《懷禪師前録》

　　師諱義懷，温州樂清陳氏子。世以漁爲業，其母夢星殞於庭，而光明滿室，已而有娠。及生，尤多吉祥。師幼①隨父取魚，得必請放。因求出家，父母聽之。初禮郡僧爲師。僧前一夕夢神人曰："法王來也。"翌②旦③，獨師歸之，僧深以爲异。晚隸業都下景德寺。天聖中，業優得度，師遇言法華於闤闠中，言撫其背曰："雲門、臨濟。"初參金鑾善、葉縣省。晚謁翠峰明覺，因營衆務，汲水擔忽墮地，師豁然知歸。由是名振叢林，皆目之爲禪頭云。師開堂演法，凡九遷道場，實明覺之法嗣。後以疾遁居池州杉山庵，雖體疲苶④，而誨人不倦。時門人智才住杭之佛日，迎師養疾。一日，才至蘇未還，師遽令人促之比還。師告之曰："時至。吾將行矣。"才曰："師有何語示徒？"乃説偈曰：紅日照扶桑，寒雲封華嶽。三更過鐵圍，投折驪龍角。才曰："卵⑤塔已⑥成，後有何事？"師豎起拳云："只是者個。"才進曰："復有何事？"師乃彈枕子三下。才曰："師可行矣。"遂推枕而逝，俗壽七十二，僧臘四十六，時治平元年甲辰九月二十五日也。十月葬於佛日山。嗚呼！師之去世⑦，而其道愈傳，嗣子法孫皆奉優詔，演唱都城，天下禪流螘慕雲集，至於王公大人執弟子之禮者多矣。而雲門之道不墜，尤盛於今日者，師之有力焉。崇寧中，今天子敕諡⑧振宗大師。

　　校勘：①"幼"，五山版作"初"。②"翌"，五山版作"翊"。③"旦"，五山版作"且"。④"苶"，活字版作"茶"。⑤"卵"，五山版作"卯"。⑥"已"，五山版作"巳"。⑦"世"，五山版作"丗"。⑧"諡"，五山版、活字版作"謚"。

　　【篋衍】上苦協切，箱篋也。下以淺切，笥也。

　　【燕金】燕國産金，故以名焉。

【趙璧】見《祖英》連城璧。

【捻出】當作拈，奴兼切，持也。捻，諸協切①，捏也，非義也。

注釋："捻"，《廣韻》奴恊切。"拈"，持，拿。《廣雅·釋詁三》："拈，持也。"《玉篇·手部》："拈，指取也。""捻"亦有"持，拿"義。唐玄應《一切經音義》卷五"捻箭"："謂以手指捻持也。"又唐杜甫《陪鄭廣文遊何將軍山林十首》之四："盡捻書籍賣，來問爾東家。"仇兆鰲："捻，指取物也。"

【一瓣】見雜志。

【萬乘①】《孟子》云"方千①里而井，井九百畝②"是也。古之大國不過萬里，以百里賦千乘③，今言萬乘，率千里之賦也。又《孟子》云"天子之制，地方千里；公侯之制，地方百里；伯七十里，男子五十里"是也。

校勘：①"乘"，《五山》作"秉"。②"畝"，谷本作"畝"。③"千"，《孟子》無此字。

【萬歲】呼萬歲，自古至周，未有此禮。桉《春秋後語》：趙惠王得楚和氏璧，秦昭王聞之，遺五①書，願以十五城易之。趙遣藺相如奉璧入秦，秦王見相如奉璧，大喜，左右呼萬歲。又田單守即墨，使老弱女子乘城上，僞約降，燕軍皆呼萬歲。馮瑗之薛，召諸民債者合券。券既合，瑗乃矯孟嘗君之命，所債賜諸民，因燒其券，民皆呼萬歲。至秦始皇殿上上壽，群臣皆呼萬歲，見《優孟傳》。蓋七國之時，眾所喜慶於君，皆呼萬歲。自漢已後，臣下對見於君及拜恩慶賀，以爲常制。又謂山呼者，漢武帝至中嶽，翌日親登崇高，御史乘屬在廟旁，吏卒盛聞呼萬歲者三。山呼萬歲者，自漢武始也。瑗，音院。

校勘：①"五"，五山版作"王"。

【賽】當作簺。《説文》："行碁相塞謂之簺。"先代切，賽，報也，非義。

【臕脂】當作炙脂。以帽似之，言不潔也。

注釋：炙，烤。《説文·炙部》："炙，炙肉也。""臕""炙"音近相通。然"臕"與"脂"同義連言，《漢語大詞典》"臕脂"：油肉腐敗。禪籍多見"臕脂帽子"，爲沾染油脂的帽子，比喻無名的煩惱、情識知見對學人的束縛。

【尶臭】當作鶻臭。以衫似鶻之腥也。尶，睞病，非義也。

注釋：按"尳"，《説文·尤部》："尳病也。""鶻"《説文·鳥部》："鶻鵃也。""尳""鶻"《廣韻》皆讀古忽切，見母没韻入聲。又《正字通·骨部》："骨，呼骨切。音鶻，尳病。""尳"當爲"鶻"的同音假借。"鶻臭布衫"多與"臕脂帽子"並舉，同義，亦比喻無名的煩惱、情識知見對學人的束縛。"鶻"，一種鳥。"鶻臭布衫"，沾染體臭的布衫。同言"不潔净"。

【入廛】正作廛①，直連切，市廛。

校勘：①"廛"，五山版、活字版作"鄽"。

注釋："鄽"爲"廛"之俗字。《説文·广部》："廛，一畝半，一家之居。"柳宗元《與蕭翰林俛書》："買土一廛爲耕氓。"蔣之翹輯注："廛，一作鄽。"清羅士琳《舊唐書校勘記》卷二十五："廛，作鄽。按《六典》廛作鄽。今考《玉篇》云：'廛，亦作鄽。'《五音篇海》云：'鄽，同廛。蓋鄽乃廛之或體，鄽則廛之俗字也。'"

【宇宙】天地四方曰宇，古往今來曰宙。

【似吹】尺僞切，萬籟聲也。

【檀越】檀那，此云施者。越，謂度越彼岸。

注釋：檀越、檀那，梵語音譯，意譯爲布施，引申指施主，可向僧道施舍財物或齋食。

【額上珠】《涅槃經》云："譬如王家有大力士，其人眉間①有金剛珠，與餘力士角力相撲，而彼力士以頭觝觸，其額上珠尋没膚中，都不自知是珠所在。其處有瘡，即命良醫欲自療治。時有明醫，善知方藥，即知是瘡因珠入體，是珠入皮即便停住。是時良醫尋問力士：'卿額上珠爲何所在？'力士驚答：'大師醫王！我額上珠乃無去耶？'憂然啼哭。是時良醫慰喻力士：'汝今不應生大愁苦，汝因鬥時，寶珠入體，今在皮裹，影現於外。汝曹鬥時，瞋恚毒盛，珠陷入體，故不自知。'時力士不信醫言，'汝今云何欺誑於我？'時醫執鏡以照其面②，珠在鏡中明了顯③現。力士見已，心懷驚怪，生奇特想。善男子！一切眾生亦復如是，不能親近善知識故，雖有佛性，皆不能見。而爲貪婬、瞋恚、愚癡之所覆蔽，故墮地獄、畜生、餓鬼。"

校勘：①"間"，五山版作"聞"。②"面"，五山版作"面"。③"顯"，五山版作"顕"。

【衣中寶】《法華》云："譬如有人至親友家，醉酒而卧，是時親友官事當行，以無價寶珠繫其衣裏，與之而去。其人醉臥，都不覺知。起已，游行到於它國，爲衣食故，勤力求索，甚大艱難。若少有所得，便以爲足。於後親友會遇見之，作如是言：'咄哉丈夫！何爲衣食乃至如是？我昔欲令汝得安樂，五欲自恣，於其①年日月以無價寶珠繫汝衣裏。'"

校勘：①"其"，《法華》作"某"。

【眩目】上音縣，目無常主也。

【觀世間】《楞嚴》："文殊偈云：'净極光通達，寂照含虛空，却來觀世間，猶如夢中事。'"

【孫賓】按本傳，孫賓，孫武子後。善兵法，設減竈之術，敗龐涓①於馬陵，以此名顯天下。世②傳其兵法，今禪家流謂設鋪市卜，不知於何而得是説，學者詳焉。賓因臏其足，故更名焉。臏，毗忍切，去膝蓋刑名。

校勘：①"涓"，五山版作"涓"。②"世"，五山版作"丗"。

【闍王殺父】《涅槃》云："阿闍世王，其性弊惡，喜行殺戮，純以惡人而爲眷屬。父王無辜，橫加害逆。因害父已，心生悔熱，身諸瓔珞伎樂不御。心悔熱故，遍體生瘡，其瘡臭穢，不可附近，尋自念言：'我今此身已受花報，地獄果報將近不遠。'乃至求佛悔過。"

【善星】見《證道歌》。

【舲艕】上郎丁切，下溥經切。行不正貌。

【舉揚般若】今以提唱宗乘謂之舉揚般若，可乎？曰："不可也。"涅槃會中祇云"吾有正法眼藏付囑摩訶迦葉"，不聞吾有摩訶般若付囑迦葉也。梵語般若，此云智慧。若是智慧，自合付囑舍利弗，而不當付囑迦葉。然《般若大經》凡六百卷，不聞授記一聲聞。人有佛性義，先聖爲諸眾生説修多羅九部之法及四諦十二因緣。復恐一聞於耳，染污心田故，以般若之經蕩除諸法，故云前所説法皆爲戲論。且吾祖教外別傳之道，不立文字，直指人心，見性成佛，豈得謂之般若乎？幸願同志參究是説，使宗乘不昧於今時，以爲後世學者之法，而又不以人廢言可也。

【仰山三然燈】見《曹山録》。非仰山語也。山云："謂然燈前有二種：一未知有，同於類血之乳；一知有，猶如意未萌時始得本物，此名然燈前。一種知有，往①來言語、聲色、是非，亦不屬正照用，亦不得記，同類血之乳，是漏失邊事，此名然燈。直是三際事盡，表裏②情忘，得無間斷，此始得名正然燈，乃云得記。"

校勘：①“往”五山版作“徃”。②“裏”，五山版作“裹”。

【魚雁】魚雁，謂音書也。唐李季蘭詩云：“尺素如殘雪，結爲雙鯉魚。欲知心裏事，看取腹中書。”西漢漢使謂單①于曰：“天子於上林射得雁，雁足有蘇武繫書。”由是單于不敢欺漢使者。

校勘：①“單”，五山版作“單”。

【無邊身】《釋迦譜》云：“無邊身菩薩以丈六之枚①量佛，佛常出杖餘，至梵天亦爾。”

校勘：①“枚”，當作“杖”。

【九州】冀、兗①、青、徐、楊、荆、豫、梁、雍。

校勘：①“兗”，活字版作“兖”。

【戲論】《般若》云：“聖義諦中無分別，無戲論，一切音聲名字路絶。”

【駞藥】當作馱負也。

【壁觀胡僧】達摩爲法西來，未逢嗣子，面壁冷坐者九載，傳心繼祖者一人，繇是隻履西歸，道傳東土，當是時，皆謂之壁觀婆羅門。然先聖出處，宜①非淺識者所知。今有學其道者亦從其説，何背馳倒置之甚！然祖師面壁，緣乎未見其人，近世往往指爲接人時節，豈不厚誣祖師邪？

校勘：①“宜”，五山版作“冝”。

【三皇塚上】説者指眉間尺事，欲以成禩前語，即三皇之説，未見所出，當云“楚王塚上草離離”。事見祖英甑人。

【翁鬱】上音翁，草木盛貌。

【鼓鞴】鼓動也。鞴，步拜切。韋囊吹火也。

【規繩】權與物均而生衡，衡運生規，規圓生矩，矩方生繩，繩直生準，準正則平衡而均權，是爲五也。繩者，上下端直，經緯四通。準繩連體，衡權合德，百工繇焉以定其式。見《律歷志》。

【幂】莫狄切，覆也。

【唳鶴】鶴頓曲，其聲出戾，故以鶴鳴爲唳。

【賺擧】賺當作詁，直陷切，被誣也。賺，市物失實，非義。

注釋：賺，蒙騙。

【三疑】我聞一唱，頓息三疑：一、疑阿難轉身成佛；二、疑它方佛來；三、疑世尊再起説法。一唱，謂如是我聞也。

【屏跡】上音餅，蔽也。

注釋：屏，《説文·尸部》："屏，蔽也。"禪籍中"屏迹"一指動物的避匿。《虛堂和尚語録》卷一："剪蜂房爲獅子之窟，變荆棘作栴檀之林。香風四馳，狐兔屏迹，以此建法幢立宗旨。"《古尊宿語録》卷九《石門山慈照禪師鳳岩集》："龍騰滄海，魚鼈潛踪，虎嘯高岩，野狐屏迹，象王蹴踏，寶岸皆崩，師子嚬呻，百獸隱匿。"又引申出禪師隱居。《石雨禪師法檀》卷一八："貧道分慚迂拙，道力浸微，祇合屏迹空岩，任情丘壑，故拂然渡江，似不再問人間事矣。"亦作"屏迹"。《續高僧傳》卷一一："既受具戒轉厭囂煩，屏迹山林專崇禪業，居於弘農之伏讀山。"

【法輪】《正理論》云："如世間輪有轂輞，八支聖道似彼，名輪。正見、正思惟、正勤、正念似輻，正語、正業、正命似轂，正定似輞[①]，故也。"

校勘：①"輞"，《順政理論》作"輞"。

【娑婆】此云苦忍。

【雞足守衣】時大迦葉波入王舍城最後乞食，於食已未久，登雞足山。山有三峰[①]，如仰雞足。迦葉入中結加趺坐，作誠言曰："願我此身，並衲鉢杖，久住不壞，乃至經於五十七俱胝六十百千歲，慈氏如來應正等覺出現世時，施作佛事。"發此願已，尋般涅槃。時彼三峰便合成一，掩蔽迦葉，儼然而住。及慈氏佛出現世時，將無量人天至此山上，告諸眾曰："汝等欲見是釋迦牟尼佛杜多德弟子迦葉波否？"咸曰："欲見。"時佛即以右手均雞足山頂，應時峰坼，還爲三分。時迦葉波將衲鉢杖從中而出，上升虛空，無量天人睹斯神變，嘆未曾有，其心調柔。慈氏世尊如應説法，皆得見諦。

校勘：①"峰"，五山版、活字版作"峯"。

注釋：相傳迦葉尊者在雞足山入定，奉持如來的金襴衣，以待彌勒出世。

【女媧補天】《淮南子》云："共工氏兵强凶暴，而與堯帝争功，戰敗力窮，乃以頭觸不周山而死，天柱爲之折。女媧煉五色石而補天，故東傾而水流。"又《列子》云："陰陽失度，二辰盈縮名缺，不必形虧名補。女媧煉五行、五常之精，以調和陰陽，晷度順序不同，氣質相補。"

【金峯窠】撫州金峯[①]和上拈起枕子云："一切人喚作枕子，金峯道不是。"僧云："未審和上喚作甚麼？"師拈起枕子。僧云："恁麼則依而行之。"師云："你喚作甚麼？"僧云："枕子。"師云："落在金峯窠裏。"

校勘：①"峯"，五山版作"峰"。

【桎梏】上之日切，在足曰桎。下古沃切，在手曰梏。桎梏，尌所作。

【一揆】求癸切，度也。

【梅林止渴】魏武帝與軍士失道，大渴而無水，遂令曰："前有梅林，結子甘酸，可以止渴。"士卒聞之，口中水出，遂得及前源。

注釋：所述當引自唐白居易《白氏六帖事類集》卷三〇。禪籍中"梅林止渴"用來比喻以心傳心，不用言語施教的禪法。

【蘺】音離。蘺蘺，輕細貌。

【打春牛】立春日出土牛，以示農耕之早晚。立春早則策牛人近前，立春晚則人在後，所以示人之早晚也。

【單于】上音禪。單于，虜語，此言廣大也。虜入①謂撐犁孤塗單于。撐犁，此言天。孤塗，此言子。謂天子廣大也。撐，丈庚切。

校勘：①"入"，當作"人"。

注釋："撐"，《廣韻》丑庚切。

【金牙作】《唐·尉遲傳》無金牙事，蓋出於俚語。

【蹊徑】胡雞切，徑路曰蹊。

【嚲袖】丁可切，垂下也。

【王孫公子】王孫，王者之裔。公子，公侯貴人之子。

【嚬呻】敵翻自在無畏。

注釋：見卷四"嚬呻"條。

【狼烟】《西漢·注》："邊方備胡寇，作高土櫓，櫓上作桔槔，頭兜零，以草置其中，常低之。有寇即火然舉之，以相告，曰烽。又以狼糞積之，寇至即然，以望其烟。蓋狼糞爲烟，烟氣直上，雖風吹。不斜故也，其烟曰燧。晝則舉燧，夜則舉烽。"

【夤沿】上翼真切，連也。下當作緣。連緣。沿①，流也，非義。

校勘：①沿，活字版作"沿"。

注釋：按《禮記·樂記》："故明王以相沿也。"鄭注："沿或作緣。"又《説文·水部》："沿，緣水而下也。"王筠句讀："沿緣，音義同。《字林》：'從水而下曰沿，順流也。'沿亦緣也。""沿"通"緣"。

【祖送】《西漢·注》："祖者，送行之祭，因饗飲也。昔黃帝之子纍祖好遠遊，而死於道。後人以爲行神。"

【刜鐘】上音弗，斷也。

【琗璨】琗正作璀，七罪切。下七旦切。璀璨，玉光也。

注釋："琗"，《集韻》取内切，清母隊韻去聲；《集韻》："琗，玉光。"又《穉韻》："琗，珠玉廣。""璀"，《廣韻》七罪切，清母賄韻上聲，《説文新附·玉部》："璀，璀璨，玉光也。""琗""璀"音近義同，無正俗體關係。

【赤眉】王莽新室，赤眉力子都樊崇，以飢饉相聚，起於琅邪，轉抄掠眾皆萬數，以朱塗眉爲號，故曰赤眉。

【和南】《寄歸傳》云："梵語訛略，正云畔睨，此言致敬。"

【金剛座陷】菩提樹垣疊塼高峻極固，東西長，南北稍狹，正門東對尼連禪河，正中有金剛座。賢劫初成，與天地俱起。據三千大千之中，下極金輪，上齊地際，金剛所成，周百餘步，賢劫千佛皆就座成道降魔。一二百年來，眾生薄福，往菩提樹，不見金剛座。佛涅槃後，諸國以兩軀觀自在菩薩像，南北標界，東向而坐，相傳此菩薩身没不見，佛法當盡。今南邊菩薩已没至胸。其菩提樹即畢鉢羅樹，佛在時，高數百尺，比頻爲惡王誅伐，今可五丈餘。佛坐其下成無上覺，因謂之菩提樹。樹莖黃白，枝葉清潤，秋冬不凋，唯至如來涅槃日，其葉頓落。經宿，還生如本。

【錢塘】昔郡議曹華倍義立此塘以防海水，遂開募有能致土石一斛，與錢一千。旬日之間，來者雲集，塘未成而謫不復取，遂弃土石而去，塘以之成也。見《東漢書》。

【單傳】傳法諸祖初以三藏教乘兼行，後達摩[①]祖師單傳心印，破執顯宗，所謂教外別傳，不立文字，直指人心，見性成佛。然不立文字，失意者多，往往謂屏去文字，以默坐爲禪，斯實吾門之啞羊爾，且萬法紛然，何止文字不立者哉？殊不知道猶通也，豈拘執於一隅？故即文字而文字不可得。文字既爾，餘法亦然，所以爲見性成佛也，豈待遺而後已？予嘗覽新金山，或曰十篇。其八，或曰：人心本質，皆住其自性，奈何奔走道路，遺溰淳風，且吾聖人之道，自無上乘中不立一塵一名，至於有法過於涅盤，亦説如幻如夢。故蕭梁之世，有達磨西來，不立文字，貴在從其要也。今之知識，昏默斯道，乃互立事迹，得不增其迂[②]倚，而不乖濫者哉？曰：子之所議，志在匹夫，而不善聖人之行事也。且古之人君而有天下，皆省方觀民而設教化，欲使民不濫，吾聖人之道豈不然乎？豈獨志子不言而爲無爲者邪？子豈不聞始皇坑儒焚書，欲我黔黎歸於淳素。民至於今，咸稱無道。子當飲我昌言，無以覆車同轍也。夫爲天下之宗匠者，事欲光大吾道，厥有百家蹊徑，無所不學。苟不然者，凡升堂入室，而四方學者雲萃户庭，機鋒並進，則將何以頓挫？既亡精辨，玉石胡分？紊亂是非，不能排擯。夫是則非，爲异人不服，抑亦將吾道之墜地也。

校勘：①“摩”，五山版作“磨”。②“迁”，活字版作“遷”。

【定光招手】智者顗禪師，十五時，禮佛像，恍然如夢，見大山臨海際，峰頂有僧招手，接入一伽藍：“汝當居此，汝當終此。”天台佛隴有定光禪師，先居此峰，謂弟子曰：“不久當有善知識領徒至此。”俄爾智者至，光曰：“還憶疇昔舉手招引時否？”

【庵摩勒】此言難分別。以此果似奈非奈，故以爲名。彼國或名王樹，謂在王城種也。

【金雞】人間本無金雞之名，以應天上金雞星故也。天上金雞鳴，則人間亦鳴。見《記室新書》。

【阿逸多】此云無能勝，彌勒姓也。

【香嚴拄杖】潙山寄拄①杖與香嚴，嚴乃橫按膝上云：“蒼天！蒼天！”院主問：“尊上寄物至，爲甚麽哭蒼天？”嚴云：“不見道：冬行春令。”

校勘：①“拄”，五山版作“柱”。

【籌室】西竺第四祖優婆毱多，傳法化導得度者甚眾，每度一人，以一籌置於石室。其室縱十八肘，廣十二肘，充滿其間。最後一長者子，名曰香至，出家悟道，因夢易名，曰提多迦者，即五祖也。

【鷓鷓】正作鴣，古闍切。

【七處九會】佛説《華嚴》：一、菩提場中；二、普光明殿；三、忉利天宫；四、夜摩天；五、兜率天；六、它化自在天；七、重會普光明殿；八、重會普光明殿；九、給孤獨園。

【六和】一、身和共住；二、口和無諍；三、意和同事；四、戒和同修；五、見和同解；六、利和同均。

【九流】一曰儒流，謂順陰陽，陳教化，述唐虞之政，宗仲尼之道也；二曰道流，謂守弱自卑，陳堯舜揖讓之德，明南面爲政之術，奉易之謙也；三曰陰陽流，謂順天歷象，敬授民時也；四曰法流，謂明賞敕法，以助禮制也；五曰名流，謂正名別位，言順事成也；六曰墨流，謂清廟宗祀，養老施惠也；七曰縱橫流，謂受命使平，專對權事也；八曰雜流，謂兼儒墨之詮，含名法之訓，知國大體，事無不貫也；九曰農流，謂勸屬耕桑，備陳食貨也。

【虹虹】上音洪，下音降。蟒蝀也。

【謫仙擎月】李白，字太白。十歲通詩書。既長，隱泯山。州舉有道，不應。天寶初，南入會稽，與吳筠善，筠被詔，故白亦至長安。往見賀知章，知章見其父①，嘆曰：“子，謫仙人也！”言於玄宗，召見金鑾殿，論當世事，奏頌一篇。帝賜食，親爲調羹，有詔供奉翰林，猶與酒徒醉於市。帝坐沈香子亭，意有所感，欲得白爲樂章，召入，而自②已醉，左右以水靧面，稍解，授筆成文，婉麗精切，無留思。帝愛其才，數宴見。白嘗侍帝，醉，使高力士脫靴。力士素貴，耻之，摘其詩以激楊貴妃，帝欲官白，妃輒沮止。白自知不爲親近所容，益傲放不自修。懇求還山，帝賜金放還。白浮游四方，嘗乘月與崔宗之自采石至金陵，著宮錦袍坐舟中，旁若無人。代宗立，以左拾遺召，白已卒，年六十餘。或言擎月沈江，未見所出。靧，音誨，洗面也。沮，在呂切，止也。

校勘：①“父”，《唐書》作“文”。②“自”，《唐書》作“白”。

【劫初鈴子】《寶積經》云：“善順菩薩得劫初時閻浮金鈴，於四衢中高聲唱言：‘此舍衛中，誰最貧窮，當以此鈴而施與。’時有耆舊最勝長者：‘我於此城最爲貧窮，可施於我。’菩薩云：‘汝非貧者，有波斯匿王最爲貧者。’即往至彼王所前，白王言：‘我於此城得劫初時閻浮金鈴，有最貧者而施與之。城中最貧，無過王者，今賣此鈴，願以相奉。’復説偈言：‘若人多貪求，積財無猒足，如是狂亂者，名爲最貧人。’王聞斯語，内懷慚愧，‘仁者！汝雖善勸，我猶未信，爲汝自説？爲有證乎？’答曰：‘汝不聞耶？如來至真等正覺，當證大王是貧窮人。’王言：‘我願相與往見如來。’於是善順菩薩説偈遥請，如來從地涌出。爾時世尊告言：‘大王當知，或有於法，善順貧窮，王當富貴；或有於法，王爲貧窮，善順富貴。所以者何？身登王位，於世自在，王爲富貴，善順貧窮；勤持梵行，樂持尸羅，善順富貴，王爲貧窮。’”

【女人定】《諸佛要集經》：“文殊尸①利欲見佛集，不能得到，諸佛各還本處。文殊尸利到諸佛集處，有一女人近彼佛坐，入三昧。文殊尸利入，禮佛足已，白佛言：‘云何此女人得近佛坐，而我不得？’佛告文殊尸利：‘汝覺此女人，令從三昧起，汝自問之。’文殊尸利即彈指覺之，而不可覺；以大聲喚，亦不可覺；捉手牽，亦不可覺；又以神足動三千大千世界，猶亦不覺。文殊尸利白佛言：‘我不令覺。’是時佛放大光明，照下方世界，是中有一菩薩名弃諸蓋，即時從下方來到佛所，頭面禮足，一面而立。佛告弃諸蓋菩薩：'汝覺此女人。'即時彈指，此女從三昧起。文殊尸利白佛：'以何因緣，我動三千大千世界，不能令此女起，弃諸蓋菩薩一彈指，便從三昧起？'佛告文殊尸利：'汝因此女初發阿耨多羅三藐三菩提，是女人因弃諸蓋菩薩發阿耨多羅三藐三菩提，以是故汝不能令覺。'"

頌家謂網明菩薩，乃《傳燈録》所載未詳。桉何經論，撿藏乘不見所出。

校勘：① "尸"，五山版作 "師"。

【想變體殊】想當作相，形相也。所以對情智也，想變甚無謂。華嚴疏主云："眾生包性德而爲體，依智海以爲源，但相變體殊，情生智隔。"

【軒轅鏡】書傳無聞，蓋相承而爲此説。

【驪龍】郎奚切，黑①色龍也。

校勘：① "黑"，五山版作 "黒"。

【編竹籜】當作班竹柄。班、竹，舜二妃，堯之二女也。曰："南湘夫人二女啼，以涕揮竹，竹盡斑。"見張華《博物志》。

【蚩尤】《史記》："蚩尤作亂，不用帝命，於是黄帝乃征師諸侯，與蚩尤戰於涿鹿之野，遂禽殺蚩尤，而諸侯咸遵軒轅爲天子。"用鏡照蚩尤而殺之，事出不經。蚩，赤之切。涿①，音卓。

校勘：① "涿"，五山版作 "涿"。

【季札】《史記》："延陵季子出聘過徐，徐君慕季子劍，季子心許之。及回，徐君已亡，因挂寶劍於墓樹而去。從者曰：'徐君已死。'季子曰：'不然。吾心許之，豈以死背吾心哉？'"

【南柯】東平淳于芬，吳楚游俠之士。恃酒不撿。家住郡東，有大槐樹，枝葉扶疎①，芬嘗與酒徒婆娑其下。一日，過飲致疾，扶歸卧於東序之下。夢中，忽忽然見二紫衣使者跪曰："槐安國王遣臣奉迎。"芬不覺下榻，入門見左右車馬，侍從數人皆盛飾，扶芬登車出户，指古穴而去。忽見山川境物與人世不殊，可十里有都城，左右傳呼甚嚴。次入大城門，門樓榜曰大槐安國。俄有一騎，傳曰："王以駙馬遠到，令館於東華宮。"頃爾間，又見一門洞啓。芬降而入，環際堂宇，金碧彩錯，往來遊玩，皆以淳于郎爲戲語，芬會故人周弁、田子、華方。敘舊間，遽聞呼相至，芬降階而揖。相曰："賢者不以弊國而來國内，寡君欲要賢者托以姻婭。"芬曰："賤迹陋薄，豈有是望？"相因請行。數步間，至殿堂，唯居一人，素服華冠，儼若王者之尊，左右令芬拜。王曰："奉令尊之命，欲一小女配君子。"芬未知所對，但俯伏而已。王曰："卿可且回館舍。"芬沈思父昔在，日作邊臣，陷虜中，往往與虜交和而有是事邪？未幾，羊雁之幣咸備，左右嬪從，或稱華陽姑青溪女、上仙子、下仙子，翠步躞蹀，彩錯玲瓏數里間。撤幔去扇，見一女，號金枝公主，容貌姣好。芬交之，頗甚歡娛。王一日謂芬曰：“吾南柯郡事不理，太守黜②廢，欲藉卿典之，可與小女同行。”遂敕有司備行具甚盛。行至城門，榜曰南柯郡。芬典之二十餘年，芬妻遘疾，旬日而死，謚順義公主，葬於國東盤龍崗。王謂芬曰：“卿辭家日久，可歸。”芬曰：“家即此矣，又何所歸乎？”王笑曰：“卿本人間族，非此也。”芬似稍有悟，王令左右送至門，升自西階，見已卧於東序之下，芬甚驚怪。使者呼芬姓名，數呼，芬方大覺。因出戶尋槐樹下穴，芬指曰：“此即夢中所經。”遂令僕荷斧斷擁腫，析查蘖，尋究穴下，可袤丈尺。有太穴，夷坦洞然，可容一榻，有積壤如臺樹，群蟻輔之，此即蟻王槐安國之都。又一穴，有一腐龜，殼大如斗，有小墳高尺餘，即芬葬妻之墓。芬追前事，感嘆無已。見《靈怪集》。姣，音爻。

校勘：①“踈”，五山版作“踈”。②“黜”，五山版作“黜”。

【嗚呼】《西漢·注》：嗚呼，或作於戲。或作烏虛，或烏呼者，義皆同。蓋嘆聲也。俗之讀者，隨字而別文，曲爲解釋，云有吉凶善惡之殊，是不通其大旨也。義例具《詩》及《尚書》，不可一一徧舉之。

【斷金】張歆與管寧爲友，二人鉏園，見金一挺，寧遂揮鉏，與歆而去。尋有採薪人見之爲蛇，因而析爲二段。歆與寧復來見之，乃金也。

【芥城】《智度論》：“如經有一比丘向佛言：‘幾許名劫？’佛言：‘我雖能說，汝不能知，當以譬喻可解。有方百由旬城，溢滿芥子，有長壽人，過百歲持一芥子去。芥子都盡，劫猶未盡。’”

【拂石】見《雪竇頌古》。

【修羅酒】舊翻①無酒。謂採四天下花於海，釀酒不成，故言無酒。或云非天，此神果報最勝，鄰次諸天而非天，故言非天也。

校勘：①“翻”，五山版作“飜”。

《懷禪師後錄》

【璇璣】璇璣玉衡，以齊七政。璇，美玉也。旋轉而衡平，以玉爲璣衡，謂渾天儀也。

【紅塵】塵本不紅，以言其染也。

【犁奴】音黎①牛。駁文也。

校勘：①"黎"，活字版作"梨"。

【法幢】喻菩薩人高出建立，見者歸向，降伏魔軍，自無怖畏，如世幢幟。

【鴻門】項羽與沛公爲鴻門之會，亞父謀欲殺沛公，令項莊拔劍舞坐中，欲擊沛公，項伯常屏蔽之。時獨沛公與張良得入坐，樊噲居營門外，事急，直撞入立帳下，沛公如厠，走還霸上。

【繽紛】上匹賓切。繽坋①，交雜也。

校勘：①"坋"，當作"紛"。

【金鎚】見《祖英》上。

【方便】《演義》云："方謂方法，便謂便宜①。"

校勘：①"宜"，五山版作"宜"。

注釋："方謂方法，便謂便宜"之釋非出自《演義》。《大方廣佛華嚴經疏》卷八："方便者，即善巧也。方謂方法，便謂便宜。"方便，即用善巧的方式説法，故佛經里有"方便門"之説。

【不怕】當作不泊。音薄，止也。

【皶瞜】上或作皶，都搕切。下充之切，目汁凝也。

【埻埻】蒲没切，起也。

【金鏁難】《智度論》云："譬在囹圄，桎梏所拘，雖復蒙赦，更繫金鏁。人爲愛繫，如在囹圄，雖得出家，更著禁戒，如繫金鏁。"

【破岌】當作岌圾。上逆及切①，下魚合切。危也。

注釋：①"岌"，《廣韻》魚及切。

【忘羊】忘當作亡。《莊子》："臧與穀收①羊，而俱亡羊。問臧何爲，挾策讀書；問穀何事，博塞以遊，亦亡其羊。二人者，業雖不同，其於亡羊一也。"

校勘：①"收"，《庄子》作"牧"。

【天得一】見《老子·昔之得一》章。説曰：一之爲一，無乎不遍，無乎不在，最爲奧密難言。

【無邊刹境】見長者《合論》序。

【彌綸】猶纏裹也，言周匝包裹。見《漢書拾遺》。

【問訊】訊亦猶問，古之重語也。

【烆烆】與赫同，呼格切，火赤貌。

注釋："烾"當爲"赫"之异體俗字。"赫"，《説文·赤部》："火赤貌。從二赤。"朱駿聲《説文通訓定聲》："赫，火赤皃。从二赤，會意字。亦作烾。"《集韵·陌韵》："赫，《説文》：'火赤貌'。或从火，亦作烾。"《正字通·火部》："烾，俗赫字。"

【身現圓月】龍樹大士既受大法眼藏，尋遊化至南天竺國。先是其國之人好修福業，洎大士至，説正法要，乃遞相謂曰："唯此興福，最爲勝事，佛性之説，何可見邪？"大士即語之曰："汝眾欲見佛性，必除我慢，乃可至之。"其人曰："佛性大小？"曰："非小非大，非廣非狹，無福無報，不死不生。"其人聞大士所説臻理，皆願學其法。大士即於座上化其身如一月輪，時眾雖聞説法，而無睹其形。適有長者之子，曰迦那提婆，在彼人之中，視之，獨能契悟，遂謂眾曰："識此相否？"眾曰："非我等能辨。"提婆曰："此蓋大士示現，以表佛性，欲我等詳之爾。夫無相三昧，形如滿月，佛性之義，廓然虛明。"語方已，而輪相忽隱，大士復儼然處其本座，而説偈言："身現圓月相，以表諸佛體。説法無其形，用辨非聲色。"見《正宗記》。

【世諦】《涅槃》云："如出世人所知者，第一義諦；世間人知者，名爲世諦。"諦以審實爲義。

【相治】音持，理也。

【妖孽】上於喬切，下魚列切。《説文》云："衣服、歌謡①、草木之怪，謂之妖；禽獸、蟲蝗之怪，謂之孽。"

校勘：①"謡"，《五山》作"謡"。

【築長城】秦始滅六國，一統天下，有童子云："亡秦者，胡也。"乃遣大子扶蘇、將軍蒙恬領兵役萬姓，築萬里長城，以防胡。始皇崩，丞相李斯乃立少子胡亥爲二世皇帝。帝用佞臣趙高，讒殺李斯，不修國政，天下乃亂，秦遂滅。見《春秋後語》。

【客拈拄杖】叢林商量，尊宿凡過別院陞堂，不當便拈拄①杖，謂之不知賓主。此皆世諦臆論，豈爲見道之高識？且夫寶座一登，道無先後，杖拂應用，蓋對時機，何賓主之間然而妨道用？愚嘗讀天衣至净慈陞座，首拈拄杖卓一下，然後稱提，亦豈曰賓主不分者乎？

校勘：①"拈"，五山版作"柱"。

【那蘭陀】此云施無猒。其地本庵没羅長者園，五百商人以十億金買以施佛。佛於此處三月説法，商人多有證果之者。又曰庵没羅園有池，池中有龍，名施無猒。寺近彼池，故以名焉。

【靈龜曳尾】凡龜之行，常曳尾以掃其迹，而尾迹猶存。《莊子》所謂吾將曳尾於塗中。

【殿後】都殿切①。軍在前曰啓，在後曰殿。

注釋：①"殿"，《廣韻》都甸切。

【蚌鷸】趙伐燕，蘇代説趙曰："臣適遇小水蚌出暴，而鷸啄①其肉，蚌合夾其喙。鷸曰：'今日不雨，明日不雨，必見蚌脯。'蚌亦謂鷸曰：'今日不出，明日不出，必見死鷸。'兩不捨，漁父併擒之。燕趙相支，秦爲漁父矣。"

校勘：①"啄"，五山版作"啄"。

【相馳】當作相持。持，執持也。馳，走也，非義。

【漚和】梵云漚和俱舍羅，此言方便。

【灰池玉管】截竹爲管謂之律，置之密室，以葭莩爲灰，以實其端。其月氣至，則飛灰而管空。見蔡邕《月令章句》云。

【曄曄】筍輒切，光也。

【斆】胡教①切，學也。

校勘：①"教"，五山版作"殺"。

【全威】如大師子殺香象時，皆盡其力，殺兔亦爾，不生輕想。諸佛如來亦復如是，爲諸菩薩及一闡提演説法時，功用無二。見《涅槃經》。

《池陽問》

【常啼賣心】《般若》三百九十八云："爾時，常啼往東方法涌菩薩求學般若。'當以何物而爲供養？然我貧匱，無有花香上妙供具。我今應自賣身，以求價直①，持用供養。'遂入市肆中高聲唱言：'我今自賣，誰欲買人？'時天帝釋言：'我當試之。'化爲婆羅門身，詣常啼所，言：'汝今何緣憂愁不樂？'答言：'我今貧乏，無諸財寶，愛重法故，欲自賣身，遍此城中無相問者。'曰：'我於今者正欲祠天，不用人身，但須人血、人髓、人心，頗能賣否？'曰：'仁所買者，我悉能賣。'即伸右手執取利刀，刺己左臂，令出其血；復割右髀，皮肉置地，破骨出髓；復趣牆邊，欲剖心出，天帝復形，以至平復如本。"《智論》："問：常啼賣身與它，誰賷此物往供養？答：捨身即是大供養，去住無在。有人言：是人賣身取財，因人供養，我爲供養故，賣身爲奴。又人言：爾時世好，人皆如法，雖自賣身，主必聽供養而還。"然觀二緣，乃與問意不相違背。

校勘： ①"直"，五山版作"值"。

【鑰】與鑰同。音藥，關下牡也。

注釋： "鑰"當爲"鑰"之异體俗字。"鑰"《説文·門部》："關下牡也。"《集韻·藥部》"鑰"："或从金。"又《廣雅·釋宫》"投謂之鑰"王念孫疏證："鑰，字或作鑰。"《孝經·五刑》"五刑之屬三千"，鄭玄注："開人關鑰者臏。"唐陸德明釋文："音藥。字或作鑰。"

【汗馬】李廣利爲貳師將軍，伐大宛國，得汗血馬，名蒲捎。漢武作天馬之歌，馬出汗即有功勞，故云汗馬。

【藏機】《經律异相》云："有啖人鬼捉得一人，其人多智，日方欲出，謂鬼曰：'問君一義，我死無恨。'鬼曰：'請言。'曰：'君何以面白背黑？'曰：'我鬼性畏日也。'其人聞之，往日而走，鬼畏日故，更不能獲。其人得脱，因説偈言：'勤學第一道，勤問第一方。道逢羅刹難，背陰向太陽。'"

【禹帝】見《祖英》上大禹。

【巨靈】見《雪竇頌古》。

【蜀魄】即杜宇也。《華陽國志》云："鳥有名杜宇者，其大如鵲，其聲哀而吻有血。土人云：'春至則鳴，聞其初聲者，則有別離之苦，人皆惡聞之。'"又《成都記》曰："杜宇亦曰杜主，自天而降，稱望帝，好稼穡。至今蜀人將農者，必先祀杜主。時荆州人鼈靈死，其尸泝流而上，至文山下復生，見望帝，帝因以爲相，號曰開明。會巫山壅江，人遭洪水，開明爲鑿通流，有大功，望帝因以位禪焉。後望帝死，其魂化爲鳥，名杜宇，一名杜鵑，亦曰子規。"

【鶌鳩】上都括切，鶌，鳩鳥名，大如鴿，無後趾。下陟交切，鶌鵃，黄①也，好剖葦皮，食其中蟲。或音刀，非也。鵃，女女②切。

校勘： ①"黄"字下，脱"鳥"。②"女"，當作"交"。

【通達佛道】《維摩詰經》："文殊師利向維摩詰言：'菩薩云何通達佛道？'維摩詰言：'若菩薩行於非道，是爲通達佛道。'又問：'云何菩薩行於非道？'答曰：'若菩薩行五無間而無惱恚，至於地獄而無罪垢。'"

【色見聲求】《金剛般若》偈曰："若以色見我，以音聲求我，是人行邪道，不能見如來。”

【鶖①王別乳】《正法念經》云：“譬如水乳，同置一器，鶖王飲之，但飲其乳汁，其水猶存。《出曜經》云：“昔有人多捕群鶴，孚乳滋長，展轉相生，其數無限。養鶴之法，以水和乳，乃得飲之。鶴之常法，當飲之時，鼻孔出氣，吹水兩避，純飲其乳。”又犍陀羅白燈光王曰：“我思世事，長項白鶴以水和乳令飲，但飲其乳，唯有水存。”王曰：“此事實否？”答言：“王當日②驗。”王令鶴飲，果如所言。王曰：“此有何緣？”答曰：“鳥口性醋，若飲乳時，遂便成酪，致令水在。”

校勘：①“鶖”，活字版作“鵝”。②“日”，疑當作“自”。

注釋：將水和乳置於同一個容器，鵝王只引乳汁而留下水。此故事用來比喻有覺悟的人雖在污穢之中，仍保持自心，不被塵染。水，表眾生；乳，表佛表聖。又喻指能辨別真偽正邪善惡。

【困魚止箔】箔，簾也。《寶藏論》曰：“夫進道之由，中有萬途，困魚止箔，病鳥栖蘆。”說者曰：“此舉事以況漸，言學者進悟之由也，途道也。即八萬四千之法門，隨機各解，如困魚止小箔，病鳥栖蘆叢，雖各得所安，俱未至於大海、深林也。”

注釋：指學人求道學法半途終止，止步不前。

【一宿祖關】永嘉玄覺因習天台止觀，內心明靜，求證於曹溪大①祖。祖方踞坐丈室，師振錫遶座三帀②，卓然於前，祖曰：“沙門具三千威儀，八萬細行，大德自何方而來，生大我慢？”師曰：“生死事大，無常迅速。”祖曰：“何不體取無生，了無速乎？”曰：“體即無生，了本無速。”祖曰：“如是！如是！”方具威儀參禮畢，辭還永嘉，祖曰：“返太速乎？”曰：“本自非動，豈有速邪？”祖曰：“雖③知非動？”曰：“仁者自生分別。”祖曰：“汝甚得無生之意。”曰：“無生豈有意邪？”祖曰：“無意誰當分別？”曰：“分別亦非意。”祖曰：“善哉！善哉！少留一宿。”世謂之一宿覺。

校勘：①“大”，五山版作“六”，當作“六”。②“帀”，五山版作“匝”。③“雖”，當作“誰”。

【威音王佛】禪宗不立文字，謂之教外別傳。今宗匠引經，所以明道，非循迹也。且威音王佛已前，蓋明實際理地；威音已後，即佛事門中。此借喻以顯道，庶知不從人得。後人謂音王實有此緣，蓋由看閱乘教之不審，各本師承，沿襲而爲此言。今觀威王之問，豈不然乎？

注釋：“威音王佛”即過去莊嚴劫最初的佛名。《法華經》卷六《常不輕菩薩品》："乃往古昔，過無量無邊不可思議阿僧祇劫，有佛名威音王如來、應供、正遍知、明行足、善逝、世間解、無上士、調御丈夫、天人師、佛、世尊。劫名離衰，國名大成。其威音王佛，於彼世中，爲天、人、阿修羅説法，爲求聲聞者，説應四諦法，度生老病死，究竟涅槃；爲求辟支佛者，説應十二因緣法；爲諸菩薩，因阿耨多羅三藐三菩提，説應六波羅蜜法，究竟佛慧。得大勢！是威音王佛，壽四十萬億那由他恒河沙劫；正法住世劫數，如一閻浮提微塵；像法住世劫數，如四天下微塵。其佛饒益眾生已，然後滅度。正法、像法滅盡之後，於此國土復有佛出，亦號威音王如來、應供、正遍知、明行足、善逝、世間解、無上士、調御丈夫、天人師、佛、世尊。"威音王佛已前，指威音王佛未出世之前，距離現在時間久遠。禪錄中多指滅除分別心的禪悟境界。

【泥犁】此言寄係，又云閉城。有罪者，乘中陰身入此城。又曰捺落迦，此言無間。多是造作無間之業，來生此中。或義翻地獄是也。

【調達】梵云調達，或云提婆達多，或云提婆達兜。此並翻天熱，以其生時，人天心皆忽驚熱，故因爲名。或翻爲天授。《報恩經》四云："提婆達多於無量劫常欲毀害世尊，已至成佛，出佛身血，生入地獄。爾時，世尊即遣阿難往地獄問訊苦可忍否，受教即往獄門，問牛頭阿傍言：'爲我喚提婆達多。''汝喚何佛提婆達多？'阿難言：'我喚釋迦佛提婆達多。'時阿傍即語提婆達多言：'阿難在外，欲得相見。'提婆達多言：'善來阿難！如來猶能憐憫於我邪？'阿難言：'如來遣問訊苦痛可堪忍否？'提婆達多言：'我處阿鼻地獄，猶如比丘入三禪樂。'"《智論》八："問：初禪、二禪亦有受樂，何以但言第三禪？答：樂有上、中、下。下者初禪，中者二禪，上者三禪。初禪有二種：樂根、喜根。五識相應樂根，意識相應喜根。二禪中，意識相應喜根。三禪中，意識相應樂根。五識不能分別，不知名字相，眼識生如彈指頃，意識已生。以是故，五識相應樂根不能滿足樂，意識相應樂根能滿足樂。過是三禪更無樂，以是故言猶如比丘入三禪樂。"

【半滿】《涅盤》八云："半字義者，皆是煩惱言説之根本，故名半字。滿字者，乃是一切善法言説之根本也。譬如世間爲惡之者，名爲半人；修善者，名爲滿人。"故西秦曇無讖三藏依《涅槃》此經以了義大乘爲滿字教，不了義小乘爲半字教。立半滿之教，曇無讖始也。

【秀能】慧能居於雙峰曹侯溪，神秀栖於江陵當陽山，同傳五祖之法，盛行天下，並德行相高，於是道興南北。能爲南宗，秀爲北宗，以居處稱之也。

【雕砂】有西蜀首座遊方至白馬，舉華嚴教問曰："一塵含法界時如何？"白馬曰："如鳥二翼，如車二輪。"座曰："將謂禪門別有奇特，元來不出教意。"乃還里中。尋夾山會禪師道化，遂遣弟子持前語問之，山曰："雕砂無鏤玉之談，結草乖道人之思。"弟子回，舉似其師，乃伏膺禪道，參問玄旨。

【一鎚便成】鎚當作椎。雪峰問投子云："一椎便成時如何？子云："不是性懆漢 。"峰云："不假一椎時如何？"子云："不快漆桶。"智覺《心賦》云："如王索一椎之器，言下全通。"注云："王索寶器，須是一椎便成，第二第三皆不中進。此喻一言之下便契無生，不須再問，便落陰界。"

注釋："鎚"亦爲"椎"之俗字。慧琳《一切經音義》卷十"椎打"注："椎，經作鎚。鎚，俗字也。""金椎"，玄應《一切經音義》卷二："金椎，直追反。《蒼頡篇》：'椎，打物也。'案《説文》鐵爲黑金，故名金椎也。"

【不壞四禪】《阿毗曇論》云："初禪內有不定想，有覺有觀，熾然似火，焚燒法體；外有不定想，爲火所燒。二禪內有不定想，喜受似水；外有不定想，爲水所漬。三禪內有不定想，猶風有出入息；外有不定想，便爲風所動。四禪中內無不定想，不爲外法所攝，已得念護，除內不定想。"

【比干相公】《史記》："王子比干，紂之親戚也。以紂沉湎於酒，婦人是用，亂敗湯德。見箕子諫不聽而爲奴，則曰：'君有過而不以死争，則百姓何辜？'乃直言諫紂。紂怒曰：'吾聞聖之心有七竅，信有諸乎？'乃殺王子比干，刳視其心。"比干王子也，爲殷少師令，言相公，誤矣。然相國、丞相，皆秦官。丞，承也，相助也。掌承天子，助理萬機，而服以金印紫綬。

【智爲雜毒】語出《寶藏論》。雜毒者，取相分別，名爲雜毒。如雜毒食、有所得者，無有回向。何以故？是有所得，皆是雜毒。見《小品般若》。

【九曲珠】世傳孔子厄於陳，穿九曲珠，遇桑間女子授之以訣云："密爾思之，思之密爾。"孔子遂曉，乃以絲繫螘，引之以蜜而穿之。故今問云蜜，螘絲之也，然未詳所出。事雖闕疑，問實有由，合多舉其緣，遂録之云。

【九天雲路】古詩云："九天雲路早須尋，莫使蹉月深。謝氏有才憐白髮，顏生無意戀黃金。"九天者：中央鈞天、東方蒼天、東①北方玄天、西北幽天、西方浩天、西南朱天、南方炎天、東南陽天。其説見《淮南子》。

校勘：①"東"字下，脱"北變天"。

【龍門】見《拈古》。

【長劍】見《祖英》。

【俠客】俠，音叶。俠之言俠也，以權力俠輔人也。荀悦①云："立氣齊，作威福，結私交，以立强於世者，謂之游俠。"《史》云："今游俠，其行雖不軌於正義，然其言必信，其行必果，已諾必誠，不愛其軀，赴士之阨困，既已存亡死生矣，而不矜其能，羞伐其德，蓋亦有足多者焉。且緩急，人之所時有也。"

校勘：①"悦"，五山版作"悗"。

【北俱盧】或云北單越、鬱單越，正云鬱怛羅究嚼，此云高上作。謂四天下中，比餘三洲最高最上最勝，國土城邑，四事所須，宛同諸天。《毗婆沙論》云："北俱盧洲無有佛法，亦不得戒，以福報障故，亦愚癡故。"

【善星】見證道謌①。

校勘：①"謌"，五山版作"歌"。

【罾】作滕切。罾，進也，進水取魚具也。

【罩】陟教切，竹籠，捕魚器也。

【網】與网同，庖犧所結繩以漁。

【釣】音弔，鈎魚也。釣有小大勺取焉。

【墨子】墨子見素絲，嘆曰："染蒼則蒼，染黃則黃，五入則爲五色，故染不可不慎乎！國亦有染，舜染許由，湯染伊尹，桀染子辛，紂染惡來。先王正道，規矩有常，苟生穿鑿，則岐路競起，故知漸染之易性也。"

【楊朱】楊朱泣岐路，曰謂其可以南，可以北。

【水逆流】兜率宮中，時諸園内有八色瑠璃渠，一一渠有五百億寶珠而用合成，一一渠有八味水，八色具足，其水上涌，遊梁棟間。見《上生經》。

【劫灰】漢武穿昆明池，池底得黑①灰，帝問於東方朔，朔云："不委。可問西域道人。"後竺法蘭既至，眾人追以問之，蘭曰："世界終盡，劫火洞燒，此灰是也。"前漢元狩三年，穿昆明，方朔已指西域道人，故知佛法其來久矣。至後漢明帝永年②十年，法蘭來，遂決前疑。語非摩騰，問者之誤。

校勘：①"黑"，五山版作"黑"。②"年"，當作"平"。

【垂絲】華亭船子和上，夾山初往參問，師曰："座主住甚麼寺？"山曰："寺即不似。"師曰："不似，又似個甚麼？"山曰："目前無一法可似。"師曰："何處學得來？"山曰："非耳目之所到。"師笑①曰："一句合頭語，萬劫繫驢橛。"師又曰："垂絲②千尺，意在深潭，離鈎三寸，子何不道？"山擬開口，師以篙撞在水中，因而大悟，乃云："竿頭絲綫從君弄，不犯清波意自殊。"

校勘：①"絲"，五山版作"絲"。②"笑"，五山版作"笑"。

【五刑】墨罰之屬千，劓罰之屬千，剕罰之屬五百，宮罰之屬三百，大辟之屬二百。刻其顙而涅之曰墨，截鼻曰劓，刖足曰剕，宮，淫刑也，男割其勢，婦人幽閉。大辟，死刑也。劓，魚器切。剕，符沸切。

【打文殊】打文殊，多傳是無著者，誤矣。按《清涼傳》，無著事凡數條，唯無此緣。因營粥見文殊者，乃是解脫禪師也。詳見《雲門錄》下。

【文殊起佛見】見《瀑泉集》。

【般若一念】《仁王護國經》："一切法皆如也，諸佛、法、僧亦如也。聖智現前，最初一念具足八萬四千波羅蜜多。"

【摩竭】此云大身。《般若論》云："昔有商人入海，見一白山，有三日出，水入赤海。船師曰：'此摩竭魚也。白山，身也；兩眼如日，與日爲三也；水入其中如赤海也。應高聲念佛。'商人命侶共舉佛聲，魚即隱也。以魚昔爲比丘，破戒爲魚，心尚慈故。"

【正受三昧】《華嚴經》云"有勝三昧，名方網，菩薩住此，廣開示一切，方中普現身"，乃至"善女身中入正定，善男身中從定出；善男身中入正定，比丘尼身從定出"。三昧者，三之曰正，昧之曰定。亦云正受，謂正定不亂，能受諸法，憶持揀①擇，故名正受。亦云等持，爲正定能發生正慧，等持諸法，是故名之爲等持。

校勘：①"揀"，五山版作"揀"。

【牛頭坐石】見《祖英》下虎馴。

【葛陂】費長房，汝南人。嘗爲市掾，市中遇壺公，斷青竹，僞爲長房繼死於家，遂同入深山。學道不成，而長房辭歸，公與一竹杖曰："騎此任所之，則自至矣。既至，可以杖投葛陂中。"長房即以杖投陂，顧視即龍也。公嘗爲作符，主地上鬼神，後失其符，爲衆鬼所殺。見《東漢·方術傳》。

【我國晏然】高沙彌，初參藥山，山問："甚麼處來？"曰："南嶽來。"山云："何處去？"白："江陵受戒去。"山云："受戒圖個甚麼？"曰："圖免生死。"曰："有一人不受戒，亦免生死，汝還知否？"曰："恁麼則佛戒何用？"山曰："猶挂唇齒在。"便召維那云："者跛脚沙彌不任僧務，安排向後庵著。"山謂道吾、雲岩曰："適來一個沙彌却有來由。"道吾曰："也須勘過始得。"山乃再問曰："見説長安甚鬧？"曰："我國晏然。"山曰："汝從看經得？請益得？"曰："總①不與麼。"山曰："大有人不與麼不得。"曰："不道他無，只是不肯承當。"

校勘：①"總"，五山版作"惣"。

【上決浮雲】《莊子·説劍》云："天子之劍，直之無前，舉之無上，案之無下，運之無旁，上決浮雲，下絶地紀。此劍一用，匡諸侯，天下服矣。"

【九鼎】《左氏》云："昔夏之方有德也，遠方圖物，貢金九牧，鑄鼎象物，百物而爲之備，使民知神姦。故民入川澤山林，不逢不若，魑魅魍魎，莫能逢之。用能協於上下，以承天休。桀有昏德，鼎遷於商，載祀六百；商紂暴虐，鼎遷於周。德之休明，雖小，重也；其姦回昏①亂，雖大，輕也。天祚明德，有所底②，成王定鼎於郟鄏，卜世三十，卜年七百，天所命也。"《類合志》云："禹鑄九鼎，五者以應陽法，四者以象陰數，使二師以雌金爲陰鼎，以雄金爲陽鼎，鼎中水常滿，以占氣之休否。當夏桀之世，鼎水忽自沸煎，及傳周，周末九鼎咸震，能應亡滅之兆也。"楊子曰："或問：'周寶九鼎，寶乎？'曰：'器寶也，器寶待人而後寶。'"底，音旨，致也。郟鄏，上古洽切，下音辱。郟鄏，今河南。

校勘：①"昏"，五山版作"昬"。②"底"字下，《左傳》有"止"。

【藏山】《莊子·大宗師》："夫藏舟於壑，藏山於澤，謂之固矣。然而夜半有力者負之而走，昧者不知也。藏小大有宜①，猶有所遁。若夫藏天下於天下而不得所遁，是恒物之大清②也。"

校勘：①"宜"，五山版作"宜"。②"清"，《莊子》作"情"。

【於屋】當作於室。見成玄英疏。

注釋："於室""於屋"皆爲在房間、在室内義。"屋""室"二字混寫。

【扣冰】王祥母思魚食，冬求之，冰合，祥剖冰開，感雙鯉出。又王延後母敕延求魚不得，杖①之血流，延叩頭於冰而哭，有一魚躍，長五尺。

校勘：①"杖"，五山版作"杖"。

【泣竹】孟宗後母好筍，令宗冬月求之，宗入竹林慟哭，筍爲之出。並見《孝子傳》。

【三塗】《四解脱經》："以三塗對三毒：一、火塗嗔①忿；二、刀塗慳貪；三、血塗愚癡。"《西域記》曰："儒書《春秋》有三塗危險之處，借此名也。"塗，道也。謂惡道也。

校勘：①"嗔"，五山版作"瞋"。

【七净花】《維摩詰經》："八①解之浴池，定水湛然滿，布以七净花，浴於無垢人。"七净者：一、净戒；二、净定；三、净見；四、度疑净；五、道非道净；六、行净；七、智净。

校勘：①"八"，五山版作"入"。

【七擒縱】《蜀志》："諸葛武侯至南中，所在戰捷，聞猛獲者，爲夷漢所服，募生致之。既得，使觀於營陣之間，曰：'此軍何如？'獲曰：'向者不知虛實，故敗。今蒙賜觀看營陣，若只如此，即定易勝耳。'武侯笑，縱使更戰，七縱七禽，而武使遣獲，獲止不去，曰：'公天威也，南人不復反矣。'"

【繁興大用】繁興大用。起必全真。萬象紛然。參而不雜。見《金師子篇》。

【初下壇】《薩婆多》云："新受戒人與佛戒齊德也。"

【優填雕像】釋提桓因請佛升忉利爲母説法，請三月夏安居。如來欲生人渴仰，不將侍者，不言而去。時舍衛國波斯匿王及拘翼國優填王至阿難所，問佛何在，阿難答言："我亦不知。"二王思睹如來，遂生身疾，乃請尊者没特迦羅子以神通力接工人上宮，親觀妙相，雕刻旃檀。如來自天宮還也，刻檀之像起迎世尊，世尊慰曰："教化勞邪！"

【不輕】《法華經》："威音王如來滅度已，像法中有一菩薩比丘名曰不輕，是此比丘，凡有所見，皆悉禮拜贊①嘆，而作是言：'我深敬汝等，不敢輕慢。所以者何？汝等皆行菩薩道，當得作佛。'四眾之中，有生嗔恚心不净者，惡口罵詈言：'是無智比丘從何所來，自言我不敢輕汝，而與我等授記當得作佛，我等不用如是虛妄授記。'如此經歷多年，常被罵詈，不生嗔恚，常作是言：'汝當作佛。'說是語時，眾人或以杖木瓦石而打擲之，避走遠住，猶高聲唱言：'我不敢輕於汝等，汝等皆當作佛。'"

校勘：①"贊"，五山版作"讚"。

【香如須彌】爾時，世尊初年月八日入大宗①静妙三摩地，身諸毛孔放大光明，普照十方恒沙國土。時無色界雨諸香花，香如須彌，花如車輪，如雲而下。見新譯《仁王般若經》。

校勘：①"宗"，《仁王般若經》作"寂"。

【泪如車軸】時世尊已入般涅槃，四天王天與諸天眾悲哀流泪，各辦無數香花投如來前，悲哀供養。五天如是，倍勝於前。色界、無色界諸天亦如是，倍勝於前。

注釋：所述引自《大般涅槃經後分》卷上："爾時，四天王與諸天眾悲哀流，各辦無數香花、一切供養等，三倍於前，悲泣流泪，來詣佛所，投如來前，悲哀供養。五天如是倍勝於前；色界、無色界、諸天亦如是，倍勝供養。"略有差異。

【窮諸玄辯】《德山廣録》云："師長講《金剛經》，聞南方禪宗大興，將《疏鈔》卷衣南遊，見龍潭發明心地。翌日，擎《疏①鈔》出眾曰：'窮諸玄辯，若一毫置於太虛；竭世樞機，似一滴投於巨壑。'遂焚之。"

校勘：①"疏"，五山版作"疏"。

【枯桑海水】《樂府古辭·飲馬長城行》："枯桑知天風，海水知天寒。入門各自媚，誰肯相爲言？"《選·注》云："知謂豈知也。枯桑無枝葉則不知天風，海水不凝凍則不知天寒，以喻婦人在家不知夫之信息也，亦喻食禄之士各自保己，不能薦賢。"又白氏金針云"枯桑知天風，海水知天寒"，謂隱不之一字也。如詩云"摻摻女手可以縫裳"，言不可也。摻，音杉。

【天地合德】《易·文言》。

【伏羲】羲當作犧。案《帝王世紀》云：太暤帝包犧氏，風姓也。母曰華胥。燧①人之世，有大人迹出於雷澤，華胥履之而生包犧。長於成紀，蛇身人首，有德，取犧牲以充包厨，故號曰包犧氏。後世音謬，故或謂之伏犧，或謂虑犧。一號皇雄氏。在位一百一十年。包犧氏没，女媧氏立爲女皇，亦風姓也。犧，純色也。牛、羊、豕爲牲，故曰犧牲。

校勘：①"燧"，五山版作"遂"。

【未造】當作未畫。

【八卦】謂乾、坎、艮、震、巽、離、坤、兑①，以象天、地、水、火、風、雷、山、澤之八物。

校勘：①"兑"，五山版作"兊"。

【夢覺般若】舍利弗問須菩提："夢中行六波羅蜜，有益於阿耨多羅三藐三菩提不？"須菩提報舍利弗："晝日行六波羅蜜有益，夢中亦應有益。"見《大般若》第三十三帙。覺，音教。

【十科】贊寧僧録撰《宋高僧傳》，其後序略云："爲僧不應於十科，事佛徒消於百載。所謂十科者：一、譯經；二、解①義；三、習禪；四、明律；五、護法；六、感通；七、遺身；八、讀誦；九、興福；十、雜科②。然唐《續高僧傳》及《宋傳》，皆以達摩大師而下所傳如來心宗正法之人，預習禪之科。蓋不參此道，不知此宗，妄立此意。殊不知習禪者，正四禪八定所證，而有大小不同，且③非釋迦將化，專付迦葉，屬以相繼而不絕，至於二十八祖達摩大師之正法眼藏也。是知作高僧傳之妄明矣。或曰：若是禪宗不預於十科，豈不徒勞於事佛乎？曰：吾宗門正統，其釋迦如來之遠裔，何事之有？而《傳燈》《廣燈》《續燈》相繼之不絕者，豈不然乎？

校勘：①"解"，五山版作"觧"。②"科"，五山版作"利"。③"且"，五山版作"但"。

【傅大士】《雙林傳》云："善慧大士，受武帝請於重雲殿講三慧般若，王公貴人或見大士坐不正，問曰：'何不正坐？'答曰：'正人無正性，側人無側心。'"

【爐鞴良醫】善慧大士，始摙魚於稽停塘。遇胡僧嵩頭陀於魚所，語大士："以我昔與汝於毗婆尸佛前發誓願度衆生，今兜率宮房舍見在，何時當還？猶漁於此乎？"大士瞪目而已。頭陀曰："汝既不憶，且臨水自觀汝形影何如？"大士從之，乃見水中圓光寶蓋滿身，因而即悟。盡弃魚具，而獨心喜，謂頭陀曰："爐鞴之所多乎鈍鐵，良醫門下足於病人。當度衆生爲急，有何暇思天宮之樂乎？"

注釋："爐鞴"即火爐與風囊，煉鐵的設備。未經鍛造的鐵自然是鈍鐵，故曰"爐鞴之所多乎鈍鐵"，而千錘百煉後則能鍛造出優質的鐵器。良醫，醫術高明的醫生。好的醫生自然有許多來看病之人，故曰"良醫門下足病人"。二者皆用來比喻禪師將學人造就成法器的手段。

【千鈞】規倫切，三十斤爲一鈞。

【金翅】梵云迦樓羅揭路荼，此言金翅。其軀甚大，兩翅展時相去三百三十六萬里，以龍爲食，日啖五百，居鐵叉[1]大樹，住妙高下層。若飛舉時，非須彌不住，非鐵圍不居。

校勘：[1]"叉"，五山版作"义"。

【日月不到】龍濟頌云："心明諸法朗，性昧眾緣昏[1]。日月不到處，特地好乾坤。"

校勘：[1]"昏"，五山版、活字版作"昏"。

【打破鏡】僧問靈雲："混沌未分時如何？"師云："露柱懷胎。"僧云："分後如何？"云："如片雲點太清。"僧云："只如太清還受點也無？"師不對。僧云："恁麼則含生不來也。"師亦不對。僧云："直得純清絕點時如何？"師云："猶是真常流注。"僧云："如何是真常流注？"師云："似鏡常明。"僧云："未審向上還有事也無？"師云："有。"僧云："如何是向上事？"師云："打破鏡來，與汝相見。"

【獬豸】堯時瑞獸也，形似牛一角，佞臣入朝即以角觸之。《説文》云："古者決訟[1]，令觸不直。"或云："雄曰獬，雌曰豸，形同而難辨。"今問意正謂此矣。詳此問端，出於洞山《新豐吟》"獬豸同欄[2]辨者嗤，薰[3]猶共處須分郁"。

校勘：[1]"訟"，五山版作"説"。[2]"欄"，五山版作"欄"。[3]"薰"，五山版作"薰"。

【猶豫】《爾雅》曰："猶，獸名，形如麂，善登木。"性多疑慮，常居山中，忽聞有聲，即恐且來害之。每豫上樹，久之無人，然後敢下。須臾[1]又上，如此非一。故今不決者，稱猶豫焉。一曰隴西俗謂犬子爲猶。犬隨人行，每豫在前，待人不得，又來迎候也。麂，音凡[2]。

校勘：[1]"臾"，五山版作"臾"。[2]"凡"，當作"几"。

注釋：所述當引自顏師古《漢書·注》。

【翠竹黃花】道生法師説："無情亦有佛性。"尸[1]云："青青翠竹盡是真如，鬱鬱黃花無非般若。"世少信者，謂無佛語所證，法師乃端坐十年，待經而證。後三藏帶《涅槃》後分經至，果有斯説。法師覽畢，塵尾墜地，隱几入滅。又禪客問南陽國師："青青翠竹盡是真如，鬱鬱黃花無非般若。人有信否？意旨如何？"師曰："此盡是文殊、普賢大人境界，非諸凡②小而能信受，皆與大乘了義經意合。故《華嚴經》云：'佛身充滿於法界，普現一切眾生前，隨緣赴感靡不周，而常處此菩提座。'翠竹不出法，豈非法身乎？又經云：'色無邊故，般若亦無邊。'黃花既不越色，豈非般若乎。"又大珠和上云："迷人不知法身無象，應物現形，遂喚青青翠竹總是法身，鬱鬱黃花無非般若。黃花若是般若，般若即同無情；翠竹若是法身，法身即同草木。如人喫筍，應總③喫法身邪？"

校勘：①"尸"，五山版作"師"。②"凡"，五山版作"几"。③"總"，五山版作"惣"。

注釋："翠竹黃花"爲"青青翠竹盡是真如，鬱鬱黃花無非般若"縮略。青青的翠竹，盡皆爲真如實相；茂盛的菊花，無不是般若智慧。意謂真如佛性處處存在，是除盡分別妄心，作到萬物一如，物我一如后的境界。

【廣額】《涅槃經》云："波羅奈國有屠兒，名曰廣額。於日日中殺無量羊，見舍利弗即受八戒，經一日夜，以是因緣，命終得北方天王毗沙門子。"又："迦葉言：'拘尸那城有旃陀羅，名曰歡喜。佛記此人，由一發心，當於此界千佛數中速成無上正真之道。以何等故，如來不記舍利弗、目犍連等速成佛道？'佛言：'善男子！或有聲聞、緣覺、菩薩作誓願言：我當久久護持正法，然後乃成無上佛道。以發願速故，與速記。'"詳觀此經，即無我是千佛之語，恐傳言誤耳。

【抵鵲】音紙。側毛①擊之曰抵。桓寬《鹽鐵論》云："中國所鮮，外國賤之。南越以孔雀珥門戶②，崐山之傍以玉璞抵鵲。今貴人之所賤，珍人之所饒，非所以厚中國而明盛德也。"珥，音餌，飾也。

校勘：①"毛"，疑衍。②"户"，五山版作"戶"。

【相如】見《祖英》上連城璧。

【金鑠難】見本録。

【分半座】《雜阿含》四十一云："尊者迦葉，長須髮，著弊衲衣，來詣佛所。爾時，世尊無數大眾圍繞説法，時諸比丘起輕慢心言：'此何等比丘？衣服粗陋，無有容儀，佯佯而來。'爾時，世尊知諸比丘心之所念，告摩訶迦葉：'善來迦葉！於此半坐，我今竟知誰先出家，汝邪？我邪？'彼諸比丘心生恐怖，身毛皆竪，並相謂言：'奇哉！尊者迦葉，大德大力，大師弟子，請以半座。'爾時，迦葉合掌白佛：'佛是我師，我是弟子。'佛告迦葉：'如是！如是！我爲大師，汝是弟子。今且坐，隨其所安。'"

迦葉，此云飲光，以身光隱伏諸天故。

【六合】《莊子》："六合之外，聖人存而不論；六合之內，聖人論而不議。"

【鶖子】維摩詰室有一天女，現身散花供養，説無導辨。時舍利弗言："汝何以不轉女身？"天曰："我從十二年來，求女人相了不可得，當何所轉？譬如幻師化作幻女，若有人問：'何以不轉女身？'是人爲正問否？"舍利弗言："不也。幻無定相，當何所轉？"天曰："一切諸法亦復如是，無有定相，云何乃問不轉女身？"即時天女以神通力變舍利弗令如天女，天自化身如舍利弗，而問言："何以不轉女身？"舍利弗以天女像而答言："我今不知何轉而變爲女身。"天曰："舍利弗！若能轉此女身，則一切女人亦當能轉。如舍利弗非女而現女身，一切女人亦復如是，雖現女身而非女也。是故佛説一切諸法，非男非女。"即時天女還攝神力，舍利弗身還復如故。舍利弗，此云鶖鷺子。以其母眼如鶖鷺，因母得名，故曰鶖鷺子。

【七大性】謂地、水、火、風、空、覺、識也。一、地性粗爲大地，細爲微塵，更析鄰虛，即實空性；二、水性不定，流息無恒；三、火性無我，寄於諸緣；四、風性無體，動靜不常；五、空性無形，因色顯發；六、覺見無知，因色空有；七、識性無源，因於六種根塵妄出。佛言："汝元不知如來藏中此七大性清净本然，周遍法界。"見《楞嚴》第三。

【三獸】一、兔①；二、馬；三、象。兔之渡水，趣自渡耳；馬雖善猛，猶不知水之深淺；白象之渡，盡其源底。聲聞、緣覺其猶兔、馬，雖渡生死，不達法本；菩薩大乘譬如白象，解暢三界十二緣起，了之本無，一切救護莫不蒙濟。見《智論》。

校勘：①"兔"，五山版作"兎"。

注釋：善卿言"三獸"引自《智度論》。據引文內容可知當爲"三獸渡河"之典故，該典故並非出自《智度論》，而是《普曜經》（西晉竺法護譯）。《普曜經》卷一："世有三獸：一兔，二馬，三白象。兔之渡水，趣自渡耳；馬雖差猛，猶不知水之深淺也；白象之渡盡其源底。聲聞緣覺其猶兔馬，雖度生死不達法本；菩薩大乘譬若白象，解暢三界十二緣起，了之本無，救護一切莫不蒙濟。"又蓋善卿之不審，改"救護一切"爲"一切救護"。《智度論》中亦有"三獸"的叙述，書卷三一："爲求佛道者，説六波羅蜜及法空；爲求辟支佛者，説十二因緣及獨行法；爲求聲聞者，説眾生空及四真諦法。聲聞畏惡生死，聞眾生空，及四真諦，無常、苦、空、無我，不戲論諸法，如圍中有鹿，既被毒箭，一向求脱，更無他念。辟支佛雖厭老、病、死，猶能少觀甚深因緣，亦能少度眾生，譬如犀在圍中，雖被毒箭，猶能顧戀其子。菩薩雖厭老、病、死，能觀諸法實相，究盡深入十二因緣，通達法空，入無量法性，譬如白香象王在獵圍中，雖被箭射，顧視獵者心無所畏，及將營從安步而去。"此三獸"鹿、犀、象"分別用來比喻聲聞、辟支佛、菩薩。與《普曜經》之"三獸"不同。"三獸渡河"比喻小乘、中乘、大乘這"三乘"證道程度的淺深。《阿彌陀經通贊疏·序》："三乘證理不同如三獸之度河淺深别。"又《妙法蓮華經玄贊》卷五："《優婆塞經》説三獸渡河，喻理同證异。《智度論》中説三獸被圍，喻三乘眾在生死圍，用力出圍有其大小。"

【天鼓】《諸佛境界三昧經》云："三十三天善法堂前有妙法鼓，諸天帝釋著欲樂時，其鼓自然有聲，説無常法。若修羅欲至，即報冤來。"

【聞釵釧】若有菩薩自言戒净，雖不與彼女人身合，嘲調戲笑，於壁障外遥聞女人瓔珞環釧種種諸聲，心生愛著，如是菩薩成就欲法，毁破净戒，污辱梵行，不得名爲净戒具足。見《涅槃》。

卷六

《風穴眾吼集》

風穴在汝州，昭禪師居焉，因處得名。其穴，夏則風出，寒則風入，有寒過者，笠子叩於地。

【師諱】師諱延昭。見《傳燈》《廣燈》作延沼。又它本作延照，非也。

【聯綿】上力延切。聯綿不絕貌。

【祖胤】下羊晋切，繼嗣也。

【派渺①】上匹賣切，分流也。下綿沼切，渺㴐，水貌。

注釋：①"渺"，《廣韻》亡沼切。

【千潯】當作千尋。六尺曰尋。潯，水涯，非義。

【轟】呼宏切，群車聲。

【售用】當作受用。受，相付也。一曰承也，承受以爲用。售，音授；賣不去手也，非義。

【先賢付囑】臨濟與黃蘗栽杉次，蘗云："深山裏栽①許多樹作麼？"濟云："與後人作古記。"乃將鍬拍地兩下。蘗拈起挂杖云："汝喫我棒了也。"濟作嘘嘘聲。蘗云："吾宗到汝，此記方出。"潙山舉問仰山："且道黃蘗後語但囑臨濟？爲復別有意旨？"仰云："亦囑臨濟，亦記向後。"潙云："作麼生？"仰云："一人指南，吳越令行。"南塔云："獨坐震威，此記方出。"又云："若遇大風，此記亦出。"見《傳燈》。

校勘：①"栽"，活字版作"戋"。

【覬】几利切。覬覦，希望也。

【見前】音現，顯也。

【滯殼】殼當作穀。猶物在穀而未出。

注釋：《景德傳燈錄》卷一三《汝州風穴延沼禪師》："師上堂謂眾曰：

'夫參學眼目臨機，直須大用現前，勿自拘於小節。設使言前薦得，猶是滯殼迷封。縱然句下精通，未免觸途狂見。'《説文·禾部》："穀，續也。百穀之總名。從禾，㱿聲。"段玉裁注："㱿者，今之殼字。穀必有稃甲，此以形聲包會意也。"㱿"之聲符亦表意，表帶殼的禾谷。又"殼"，本有外皮，外殼之義。《文選·七命》："析龍眼之房，剖椰子之殼。"李善注："殼，即核也。凡物内盛者皆謂之殼。"吕向注："房、殼皆曰皮也。""殼"與"穀"義近，"殼"泛指帶皮的物。

【迷封】封，執也。言執事而不脱迷也。

注釋："滯殼""迷封"禪籍常連用。《景德傳燈録》卷一三《汝州風穴延沼禪師》："師上堂謂眾曰：'夫參學眼目臨機，直須大用現前，勿自拘於小節。設使言前薦得，猶是滯殼迷封。縱然句下精通，未免觸途狂見。'""滯殼迷封"意謂癡迷愚鈍，不開竅。

【吒呀】上知加切，叱怒也。下虐牙切。啥呀，張口貌也。

【鳳[1]翅】施智切。翅，翼也。

校勘：①"鳳"，活字版作"鳯"。

【頓面】上匹米切，傾頭也。

【輥】古本切，轂齊等也。

注釋：《景德傳燈録》卷一三《汝州風穴延沼禪師》："問：'朗月當空時如何？'師曰：'不從天上輥，任向地中埋。'"本義爲車轂整齊貌。《説文·車部》："輥，轂齊等皃。"此處當是動詞，釋爲轉動，滾動，與下文"埋"對舉。慧琳《一切經音義》卷一百"輥芥"："《韻詮》云：'手轉之令下也。或從手作捆，以手轉也。或作緷。'《考聲》云：'如車轂轉也。'"

【挨】乙諧切，推也。

【讚[1]底沙】本生經云："過去久遠有佛，名曰底沙。時有二菩薩，一名釋迦，二名彌勒。是佛觀見釋迦心未成熟，而諸弟子心皆純熟，如是思惟，一人之心易可速化，眾人之心難可疾治，即上雪山，入寶窟中，入大禪定。時釋迦菩薩作外道仙人，上山採藥，見底沙佛，見已歡喜，心生敬信，翹一脚立，叉手向佛，一心而觀，目未曾瞬，七日七夜，以一偈讚[2]佛曰：'天上天下無如佛，十方世界亦無比，世界所有我盡見，一切無有如佛者。'於是超越九劫，於九十一劫得阿耨菩提。"

校勘：①"讚"，活字版作"讃"。②"讚"，活字版作"賛"。

【軒轅】少典之子，姓公孫，名軒轅。神農世衰，蚩尤爲暴，軒轅與戰於涿鹿之野，遂禽殺蚩尤，而諸侯咸尊軒轅爲天子。時播百穀，有土德之瑞，故號黃帝。

【團天】一本作圓天。

【羑里】音酉，獄名也，在蕩陰。崇侯虎譖①西伯於殷紂曰：「西伯積善累德，諸侯皆嚮之，將不利於帝。」帝紂乃囚西伯於羑里。閎夭之徒患之，乃求有莘氏美女、驪戎之文馬、有熊九駟，他奇怪物，因殷嬖臣費仲而獻之紂。紂大說，曰：「此一物足以釋西伯，況其多乎！」乃赦西伯，賜之弓矢斧鉞，使西伯得征伐。譖，莊蔭切。毀也。閎，音宏。莘，音詵。嬖，音壁。

校勘： ①「譖」，活字版作「讚」。

【矛盾】上莫浮切，或矛，長二丈。下食尹切，兵器，可蔽身。昔有賣矛盾者，雙言其功：言盾，則矛刺不入；言矛，則能穿十盾。或云買汝矛，穿汝盾，如何？彼無辭矣。

【圍山】當作爲山。譬之爲一簣之山而欲登九仞，取一捻土而欲壓千鈞，不其難乎？

【戳瞎】敕角切。刺①也。

校勘： ①「刺」，活字版作「剌」。

【九五】《易》之《乾卦》爻辭也。九五，飛龍在天。即大人有爲造物之時也，故以即帝位者，謂之登九五焉。

【見大蟲】見《祖英》玄沙猛虎。

【干木文侯】文侯過段干木之閭而軾之，從者曰：「君何軾之乎？」文侯曰：「此非干木之閭，以吾聞干木不肯以身易寡人，寡人何敢不敬？干木廣於德，寡人廣於地；干木富於義，寡人富於財。地不如德，財不如義。寡人當以師禮事之，何況敬乎？」文侯見段干木，立拱而敬言。及見翟黃，據胡床①而與之語，翟黃不悅，文侯曰：「干木官之則不顧，祿之則不受。今子官之則上卿，祿之則千鍾，又責吾禮。」翟黃大慚，拜謝而出。見魏國史。

校勘： ①「床」，活字版作「牀」。

注釋：《景德傳燈錄》卷一三《汝州風穴延沼禪師》：「問：『干木奉文侯，知心有幾人。』師曰：『少年曾決龍蛇陣，潦倒還聽稚子歌。』」「干木文侯」當爲縮略而成。

【龍蛇陣】《六韜》五陣。武王問太公曰：「青龍之軍以何先後？」曰：

"角爲陷，尾爲翼。"又孫子，善用兵者，言："陳如常山蛇，擊其首則尾至，擊其尾則首至，擊其中心則首尾俱至。"《西漢·注》曰："戰陳之義，本因陳列爲名，而音變耳。"字則作陳，更無別體，而末代學者輒改其字旁從車作陣，非經史之本文。

【老倒】當作潦倒。潦，老之貌也。

注釋：《天聖廣燈録》卷一五《汝州風穴延沼禪師》："問：'干木奉文侯，知心有幾人？'師云：'打年曾決龍蛇陣，老倒還聽雉子歌。'"《從容庵録》卷一、《景德傳燈録》卷一三作"潦倒"。"潦倒"當爲"老"之切字。"潦"無"老"義。宋孫奕《履齋示兒編·字説·集字二》："《緗素雜記》云：'古語有二聲合爲一字者，如不可爲叵，何不爲盍，而犬爲獒，酷寵爲孔。'從西域二合之音，蓋切字之原也。學者不曉龍鍾潦倒之義，正如二合之音是也。龍鍾切爲'癃'字，潦倒切爲'老'字，謂人之老羸癃疾者即以龍鍾潦倒用之，其義取此。"

【稺子】與穉同，幼禾也，直利切。

注釋：《景德傳燈録》卷一三《汝州風穴延沼禪師》："師曰：'少年曾決龍蛇陣，潦倒還聽稚子歌。'""潦倒（老貌）"與"稚子"對舉。稚子，即幼兒，小孩。按"穉"，《説文·禾部》："穉，幼禾也。"段玉裁注："引伸爲凡幼之稱。今字作稚。""稚"爲"穉"之今字，用其引申義。

【杖林山】《西域記》云："昔摩竭陀國有婆羅門，聞釋迦佛身長丈六，常懷疑惑，未之信也。乃以丈六竹杖欲量佛身，恒於丈端出過丈六，如是增高，莫能窮實，遂投杖而去，因植根焉。今竹材①修茂，被山滿谷。"

校勘：①"材"，《西域記》作"林"。

【無著問】見《雪竇頌古》文殊對談。

【迄】許訖切，至也。

【野盤】方言。草宿也。

【寱語】正作寐，音藝，睡語也。

校勘："寱"是"寐"字的訛寫。

【婆孽愛】未詳。

【大昴】《天文志》云："昴畢間爲天街。昴，旄頭，胡星也。"

【周天】本作同天。

【騎牛穿市】《三齊略記》云："齊桓公夜出迎客，有甯戚者騎牛疾擊其角而歌曰：'南山矸，白石爛，生不值堯與舜禪。短布單衣適至骭，從昏飯牛薄夜半，長夜曼曼何時旦？'"公召與語，説之，以爲太夫。《世説》云："晋王愷，字君夫。有牛名曰'八百里駿①'，常瑩其蹄角。與石崇出遊，日晚，爭入洛城，崇牛迅若飛，愷牛絶走不能及。"竇戚嘗著《相牛經》。矸，音岸。骭，下患切。

校勘：①"駿"，《世説》作"駁"。

注釋：未在《景德傳燈録》《天聖廣燈録》中找到"騎牛穿市"的相關語句。《天聖廣燈録》卷一五《汝州風穴山延昭禪師》："問：'十度發言九度休時如何？'師云：'前殿有人橫擔戟，退宮披衮倒騎牛。'"此蓋是善卿根據此句列的詞目。禪籍中的"騎牛穿市"義同"騎牛帶席帽"，多用來隱喻反常識的多餘之舉。

【鶴九皋】《詩》："鶴鳴九皋，聲聞於野。"《箋》云："皋，澤中水溢出所爲坎，自外數至九，喻深遠也。"

【翯翼】上章恕切，飛舉也。

【馬千里】騏、驥、驊、騮，日行千里。

【布鼓】見《祖英》布鼓雷門。

【藏身吞炭】《史記》："預讓，義士也。先仕晋卿范、中行，後被智伯滅之，讓轉仕智伯。智伯被趙襄子所滅，讓逃之山澤，易姓變名，作犯刑罪人，入襄子宮塗掃圊厠，挾匕首，伺襄子而欲殺之。襄子如厠，心不安，撿厠，見讓在厠穴中，左右請殺之。襄子不許，嘆曰：'彼義士也，放令去，吾謹避之。'讓免死，復逃山澤，漆身爲厲，吞炭變聲，潛竊還家，妻子不識。唯友人識之，其友人勸曰：'何不轉事襄子，幸得近殺之。'曰：'事人而殺之，是教後世之臣懷二心以事君，不可也。'其後襄子出遊，預讓伏橋下待之。行未及橋，而襄子馬驚，襄子曰：'得無預讓乎？'使人搜之，果得讓。""於是襄子呼而語曰：'子先事范、中行，而智伯滅之，子不爲報讎而委質而事之。今智伯死，獨求報之深，何也？'讓曰：'臣先事范、中行，中行以衆人遇我，我以衆人報之。智伯以國士禮我，我以國士報之。'襄子嘆曰：'子爲智伯，名既成矣，寡人赦子，義亦足矣。無自爲計焉。'讓曰：'臣聞明主不揜人之美，忠臣以義死爲君，君前赦臣之罪，天下莫不稱君之賢。今日之事，臣固伏誅，願請君之衣而擊之，臣死無愧恨。'襄子義之，乃解衣而授讓，奮劍三踊而擊之，嘆曰：'吾可以下報智伯矣！'遂伏劍而死。"

【天塹】七艷切。塹，遶城水也。

【攙搶】上楚御切，下初庚切。《天文志》云："攙、搶、棓、彗，其殃一也，爲有破國亂軍[①]，伏死其辜，餘殃不盡，爲旱、凶、飢、暴疾。"又《漢書音義》曰："妖星曰孛星、彗星、長星，亦曰攙搶。絶迹而去曰飛星，光迹相連曰流星。"棓彗，音棒衛。

校勘：①"軍"，《天文志》作"君"。

【智積】《妙經·見寶塔品》："爾時四眾見大寶塔從地涌出，住在空中。爾時佛告大眾說：'此寶塔中有如來全身，號多寶佛。'眾皆願見，佛以右指開七寶塔，出大音聲如關鑰，眾皆見之。時多寶世尊所從菩薩，名曰智積。"

【天王】今有狀毘[①]沙門天王像，必右手擎寶塔。然它經無所出，而風穴正用此緣也。予嘗[②]讀贊寧《僧史》云："唐天寶元年，西蕃五國來寇安西。二月十一日，奏請兵解援，發師黃[③]里，累月方到。近臣奏：'且詔不空三藏入內持念。'玄宗秉香爐[④]，不空誦仁王護國陀羅尼方二七遍，帝忽見神人可五百員，帶甲荷戈在殿前。帝問不空，對曰：'此毘沙門天王第二子獨健[⑤]，副陛下心，往救安西也。'其年四月奏：'二月十一日巳時，後城東北三十里，雲霧冥晦，中有神，可長丈餘，皆被金甲。至酉時，鼓角大鳴，地動山搖。經二日，蕃寇奔潰。斯須城樓上有光明，天王現形。謹圖樣，隨表進呈。'因敕諸道州府於西北隅各置天王形像，於佛寺亦敕別院安置。"蓋當時所現之像，手擎浮圖，今相習盡塑於州邑之城上，或伽藍營壘之間是也。

校勘：①"毘"，活字版作"毗"。②"嘗"，活字版作"甞"。③"黃"，《大宋僧史略》作"萬"。④"爐"，活字版作"炉"。⑤"健"，活字版作"健"。

注釋："毘沙門天王像"見於《陀羅尼集經》卷一一《四天王像法》："毘沙門天王像，法其像，大小衣服准前。左手同前，執稍挂地，右手屈肘擎於佛塔。"

【長嘯】蘇弔切，吹聲也。成子《安嘯賦》曰："隨口吻而發揚，假芳氣而遠逝。"

【鵝護雪】《大莊嚴論》："昔有比丘，乞食至穿珠家，穿摩尼珠次，比丘衣赤，映珠色紅。時彼珠師入舍取食，忽有一鵝[①]，即便吞之。珠師尋即覓[②]珠，不知所在，語比丘言：'得我珠邪？'比丘恐殺鵝取珠，即說偈言：'我今爲它命，身分受苦惱。更無餘方便，唯以命代彼。'雖聞此語，即便繫縛搥打，以繩急絞，口鼻盡皆血出。彼鵝即來食血，珠師嗔忿，即打鵝死。比丘乃説偈言：‘我受諸苦惱，望使此鵝活。我今命未絶，鵝在我先死。’珠師曰：‘鵝今於汝，竟是何親？’比丘具説，開鵝腹得珠。珠師舉聲號哭：‘汝護鵝命，使我造此非法之事。’”雪，言鵝色也。此製句之倒爾。

校勘：①“鵝”，活字版作“鷔”。②“竟”，活字版作“覔”。

【蠟人冰】蠟當作臘，謂年臘也。按《增輝記》：臘，接也，謂新故之交接。俗謂臘之明日爲初歲也，蓋臘盡而歲來，故釋式以解制受臘之日謂之法歲是矣。天竺以臘人爲驗者，且其人臘有長幼，又驗其行有染净，言臘人冰者，是言其行之冰潔也。今眾中妄謂西天立制，唯觀蠟人之冰融，然後知其行之染净，佛經無文，律範無制，未詳得是説於何邪？今此集以臘爲蠟，深誤後人，良可嘆也！

【遠使】見《洞庭録》鉏斧。

【振奮】音糞，振也，从大，佳在田上，此其象也。振奮，古之重語。

注釋：“振”，《説文·手部》：“振，舉救也。一曰奮也。”《國語·晉語五》：“治兵之旅。”韋昭注：“振，奮也。”

【一宿懷胎】漢高祖，諱邦，字季沛，豐邑中陽里人也，姓劉氏。母媼嘗息大澤之陂，夢與神遇，是時雷電晦冥，太公往視，則見蛟龍於上，已而有娠，遂産高祖。高祖爲人隆準而龍顔，美須髯，左股有七十二黑子。媼，烏老切。娠，音身。

【一鏃】歸宗頌云：“一鏃破三關，分明箭後路。可憐大丈夫，先天爲心祖。”

【羅越】越當作閲。羅閲，西竺城名。《分別功德論》所謂羅閲城東山，即須菩提把①衲之處。學唐步，亦借燕學趙步意也。

校勘：①“把”，《分別功德論》作“補”。

【十度發言】雲居膺示眾曰：“知有底人，終不取次，十度擬發言，九度却休去。爲甚如此？恐怕無利益。若是體得底人，心如臘月扇子，口邊直得白醭生，不是儞强爲任運如此。”

【前殿橫戟】或者多引唐太宗故事，語言多無典據，誠取笑識者。謹録唐太宗帝紀云：“高祖義旗初建，立長子建成爲皇太子。時太宗功業日盛，高祖私許立爲太子。建成密知之，乃與齊王元吉潛謀作亂，因引太宗入宮夜燕，欲行酖毒。既而太宗心中暴痛，吐血數升，淮安王神通很，俱扶還西宮。高祖幸第問疾，因敕更，勿夜聚，因謂太宗曰：'發迹晉陽，剗平宇内，是汝大功。欲升儲位，汝固讓不受，以成汝美志。建成自立東宮，多歷年所，今復不忍奪之。觀汝兄弟是不和，同在京邑，必有忿競，汝還行臺，居於洛陽。'將行，建成密令數人上封事，於是遂停。"是後日夜連結後宮，譖訴愈切，高祖惑之。九年，突厥犯邊，詔元吉率師，拒之。元吉因兵集將，與建成克期舉事。長孫無忌、房玄齡、杜如晦、尉遲敬德，日夜固爭曰：'事急矣！若不行權道，社稷必危。今大王臨機不斷，坐受屠戮，於義何成？'太宗然其計。六月三日，密奏建成、元吉淫亂後宮，因自陳曰：'臣於兄弟無絲毫所負，今欲殺臣，臣今枉死，永違君親。'高祖省之，愕然曰：'明日當勘問，汝宜早參。'四日，太宗將左右九人至玄武門，自召高祖已。召岐窮覈。建成、元吉覺變，即回馬將歸，太宗隨而呼之，元吉馬上張弓再三，不彀，太宗乃射之，建成應絃而斃，元吉中流矢而走，尉遲敬德殺之。甲子，立太宗爲皇太子。八月，詔傳位于皇太子，尊高祖爲太上皇。"横戟謂太宗也，披袞謂神堯也，語雖不類，意或似之。

【乘槎】見《祖英》上靈槎。槎，水中浮木，鉏如切。

【干將】干將，吳人也。與歐冶子同師闔閭。使造劍二枚，一曰干將，二曰鏌邪。鏌邪，干將妻名。干將作劍，金鐵之精未肯流，夫妻乃翦髮斷指，投之鑪①中，金鐵乃濡，遂以成劍。陽曰干將，而作龜文；陰曰鏌邪，而作漫理。干將而匿其陽，出其陰，獻之闔閭。見《吳越春秋》。

校勘：①"鑪"，《吳越春秋》作"爐"。

【太阿】見《洞庭録》。

【蛆兒】且余切，蠅也。

【金剛】梵云拔折羅，此云金剛。出七金山内，近妙高山，金剛樹節如箭竹，無物不壞。

【羺羊】當作羱羊。《般若論》云："涅槃佛性，理如金剛，無物不壞，唯羚羊角壞之。如其佛性，唯一闡提不可壞也。"

注釋：《天聖廣燈録》卷一五《汝州風穴山延昭禪師》："問：'金剛莫比吹毛利，爲什麼却被羺羊角觸之？'師云：'五頂華冠脆，雙眸眨不禁。'"與善卿所見底本同。羚，小羊。《玉篇・羊部》："羚，羊子。"按《埤雅・釋獸》："羚羊似羊而大，角有圓繞麤文，夜則懸角木上以防患，語曰'羚羊掛角'此之謂也。"可知"羚羊掛角"出自外典，指羚羊夜宿時角掛在樹上，腳不著地面，獵狗無法尋其踪迹。禪籍中比喻不涉理路，不落言詮的妙語。善卿改"羺羊"爲"羚羊"，甚確，但以《般若論》來釋羚羊，却非其語源出處。

【花冠】花冠領謂花萎也。天人五衰：一曰衣裳垢膩；二曰頭上花萎；三曰身體臭穢；四曰腋下汗出；五曰不樂本座。

注釋：花冠，五衰相之一。據説，諸天臨終，將出現"五衰相"。善卿所説的"五衰相"當引自《涅槃經》卷一五，他經所説稍有差異。《大乘理趣六波羅密經·不退轉品》："諸天壽命長遠，無諸苦惱。將命終時，五衰相現。一者，頭上花鬘悉皆萎悴；二者，天衣塵垢所著；三者，腋下自然汗出；四者，兩目數多眴動；五者，不樂本居……五相現前，必知死至。"又據《毗婆沙論》《俱舍論》等説，諸天子將命終時，先有五種"小衰相"現：一者，衣服嚴具出非愛聲；二者，自身光明忽然昧劣；三者，於沐浴位水渧著身；四者，本性嚚馳今滯一境；五者，眼本凝寂今數瞬動。

【眸眨】上莫浮切，目瞳子也。下側夾切，目動也。天目本不瞬，目動即衰也。

注釋：《大正藏》本《天聖廣燈録》卷一五《汝州風穴山延昭禪師》："師云：'五頂華冠脆，雙眸眨不禁。'"可知"眸眨"非詞。"雙眸眨不禁"意爲"雙目不停的眨動"。

【嵩少】嵩，高。總名也。其山東爲太室，西爲少室，故曰二室。五嶽之中也，嵩高維嶽，峻極於天是也。

【汝海】昔汝水平川爲海，禹鑿龍門導，今遂爲郡邑。

【戴席帽】猢猻帶席帽，不是作詩人。見《新金山胡陽集》。如"楊脩見幼婦，一覽便知妙。臘月羅葡頭，又入窖裏去"，皆金山語也。

注釋：《新金山胡陽集》今已佚失。該詞見於《天聖廣燈録》卷一五《汝州風穴山延昭禪師》："問：'承聞汝水波瀾急，疾焰過風事若何？'師云：'猢猻戴席帽。'"猢猻，獼猴的一種，又泛指猴子。席帽，據五代馬縞《中華古今注》卷中："本古之圍帽也，男女通服之。以韋之四周垂絲網之，施以朱翠。丈夫去飾，至煬帝淫侈，欲見女子之容，詔去帽。戴襆頭巾子幗也，以皂羅爲之。丈夫藤席爲之，骨鞔以繒乃名席帽。至馬周以席帽油御雨從事。"禪籍中用"猢猻帶席帽"隱喻反常識的多餘之舉。

【紫陵】山名也，在郢之京山縣。

【白雪樓】在郢之西城之上。始於宋玉對楚襄王謂："《陽春》《白雪》，和之者寡。"因以名焉。玉，郢人也，爲楚襄王之大夫，屈原之弟子也。

【塔印】當作搭印。都合切，打也。

注釋：該詞見於《景德傳燈錄》卷一三《汝州風穴延沼禪師》："昇座示眾云：'祖師心印，狀似鐵牛之機。去即印住，住即印破。祇如不去不住，印即是不印即是。還有人道得麼？'時有盧陂長老出問：'學人有鐵牛之機，請師不搭印。'師云：'慣釣鯨鯢澄巨浸，却嗟蛙步驟泥沙。'""塔"當是"搭"的訛字。然注音"都合切"，釋爲"打"義，未爲善詁。搭印，義謂禪師對學人的禪悟進行鑒定，證明。"搭"當讀作 tà，《廣韻》透母盍韻入聲，吐盍切。義謂手往下壓，印上。印，喻指以心印心的禪法。"學人有鐵牛之機，請師不搭印"是説我已經有了狀似鐵牛之機的心印，師傅可不必再驗證了。

【蛙步驟泥】蛙當作洼，謂馬出於渥洼水也。漢武帝時，有暴利，長於渥洼水旁，見群野馬中有奇者來飲此水，因作土人持勒靽於水旁，馬習以爲常，遂以人代持勒靽，收①得其馬，獻②之。欲神异此馬，云從渥洼水出。風穴所謂驟者，以良馬出清水，而反驟卧於泥沙之中，是其意也。今錄謂蛙者，蝦蟆也，豈能爲馬步而驟卧邪？驟，張扇切。

校勘：①"收"，活字版作"收"。②"獻"，活字版作"獻"。

注釋：見於《景德傳燈錄》卷一三《汝州風穴延沼禪師》："時有盧陂長老出問：'學人有鐵牛之機，請師不搭印。'師云：'慣釣鯨鯢澄巨浸，却嗟蛙步驟泥沙。'"《圓悟佛果禪師語錄》卷一六、《萬松老人評唱天童覺和尚頌古從容庵錄》卷二、《古尊宿語錄》卷七等亦作"蛙步驟泥"。蛙，蝦蟆；鯨鯢，泛指大魚，二者常常對舉。《古尊宿語錄》卷一五《雲門匡真禪師廣錄》："師云："拋釣釣鯤鯨，釣得個蝦蟇。""慣釣鯨鯢沉巨浸，却嗟蛙步驟泥沙"，按字面意思爲"我習慣用牛作餌，來釣深海中的大魚，可嘆只釣到在泥沙中翻騰的小蛙"。語出風穴延昭之口，用其比喻義。鯨鯢比喻具有上等根器之人，蛙步比喻瑣屑之人。盧陂長老自認爲有狀似鐵牛的心印，不需要祖師勘驗。風穴則用此語辛辣地諷刺盧陂長老妄自尊大的言行。此後禪師多用該語批判學僧不學無術，狂妄自大，告誡那些心高腹空的虛妄之徒。

【大舞】先王之制舞也，文以羽籥，武以干戚。武之小舞，則干而無戚也；文之小舞，則干而無籥也。用羽籥、干戚者，文武之大舞也。籥。音藥，如笛三孔而短于盾也。戚，戉也。

【隼旗】《周禮》："州里建旗隼。"旗，謂剝鷙鳥皮毛，置之竿頭。《漢書音義》云："畫鳥隼曰旗，畫龜蛇曰旐。"隼旗，音筍余。

【敲楗椎】楗，巨寒切。椎，音地，此翻聲鳴。《智論》云："摩訶迦葉，世尊滅後作大神通往須彌頂而説偈言：'如來弟子！且莫涅槃，得神通者，當赴結集。'説是偈已，即擊搥銅楗椎，楗椎之中而傳此偈，聲遍三千大千世界。得神通者，其數四百九十有九，悉入王舍城賓鉢岩窟。爾時，阿難爲漏未盡，不得入會，當自念言：'我事如來，亦無缺犯，自爲有漏，不及眾數。'思唯是已，曉夜經行，明相出時，身體疲極，亞卧之次，頭未至枕，得證阿羅漢果，心生歡喜，即往岩中，擊其石門。爾時，迦葉問：'是何人敲我此戶？'答言：'是佛侍者比丘阿難。'曰：'汝漏未盡，不得入來。'阿難曰：'我已證無漏。'迦葉曰：'汝既證無漏，當現神變，以遣眾疑。'爾時，阿難即騁神通，從户鑰入，得在眾會，足數五百。"賓鉢亦云畢鉢，具云畢鉢羅，此言高顯。

【篏破】當作揍，千候切，插也。篏，初救切，倅也，非義。

注釋：《天聖廣燈錄》卷一五《汝州風穴延沼禪師》："問：'滿目荒郊翠，瑞草却滋榮時如何？'師云：'新出紅爐金彈子，篏破闍梨鐵面皮。'"《古尊宿語錄》卷七《風穴禪師語錄》亦作"篏破"。篏破，即衝破，擊破，撞破。"篏"，《玉篇·竹部》："篏，衝也。"《指月錄》卷二三《音釋》："篏，初救切，去聲，疾衝也。"

【穿耳客】謂達摩祖師也。然穿耳非佛制，稱之，蓋表梵人之相。

注釋：該詞見於《天聖廣燈錄》卷一五《汝州風穴山延昭禪師》："問：'問問盡是捏怪，請師直指根源。'師云：'罕逢穿耳客，多遇刻舟人。'"穿耳客，原指西域僧人，他們的習俗多爲穿耳系環，禪宗又借稱菩提達摩。上文中"穿耳客"不是專指達摩祖師，而是泛指靈悟者，具有上等根器的人。刻舟人，即刻板、拘泥而不知變通的人，與"穿耳客"對文。

【刻舟人】見《雲門錄》下。

【和盲悖訴】和盲當作如盲。悖訴當作悖揍，悖，亂也。揍，暗取物也。悖揍亦方言，謂摸揍。見遠浮山九帶。

注釋：和盲悖訴，如盲人一般胡亂摸索。

【耶舍】《雜阿含》曰："王阿育作八萬四千金銀、琉璃、頗梨篋，盛佛舍利。又作八萬四千寶瓶以盛次篋，使諸鬼神各持舍利供養之。具敕諸鬼神言：'於閻浮提，至於海際、城邑、聚落，滿一億家者，爲世尊立舍利塔。'時巴連弗邑有上座，名曰耶舍。王詣彼所，白上座曰：'我欲一日之中立八萬四千佛塔遍閻浮提，意願如是。'上座曰：'善哉大王！剋後十五日月食時，令此閻浮提起諸佛塔。'如是乃至一日之中立八萬四千塔，世間民人興慶無量。"耶舍，此言譽，又云名稱。

【掌侍】當作掌處，見它本。

【盲龜】見《雲門録》上。

【出衻】當作出就。《雪竇瀑泉》解之甚詳。達觀嘗作四藏鋒頌，因録以證之。云：其一，就事藏鋒事獨全，不於理上取言詮，金麟①若不吞香餌，擺尾搖頭戲碧川；其二，就理藏鋒理最微，豈從事上立毫釐？新羅鷂子飛天外，肯搦林中死雀兒；其三，入就藏鋒理事該，碧潭飄起動風雷，禹門三月桃花浪，戴角擎頭免曝腮；其四，出就藏鋒事理亡，長天赫日更無妨，雷公電母分明説，霹靂聲中石火光。

校勘：①"麟"，活字版作"鱗"。

【閬珠】未詳。

【理素琴】《大方便報恩經》："善友太子出城觀看，見其耕桑殺戮之事，世間衣食自活，造諸惡本，心不可忍，悲泪滿目。於是入海採摩尼珠以濟眾生，其弟惡友亦願隨往。善友太子與弟同往，以慈心福德力，至龍王居所，王出奉迎，太子説法，示教利喜。王曰：'遠屈途步，欲須何物？'太子曰：'今欲從王乞左耳中如意摩尼寶珠。'王言：'當以奉給。'時善友即持寶珠還閻浮提，時弟惡友心生嫉妒①，其兄眠臥，即起求二乾竹，刺兄兩目，奪珠而去。時善友唤其弟言：'此有賊刺我兩目，持寶珠去。'而惡友不應，兄便懊②惱，我弟惡友爲賊所殺，如是高聲，經久不應。爾時，樹神即發聲言：'汝弟惡友，是汝惡賊。'善友聞已，悵然飲氣。後遇牧牛人，歸家供養，經於一月，其家畜患，遂白主人：'我今欲去，汝若愛我，爲我作一鳴琴，送我著多人處。'主人即遂其意。太子善巧彈琴，其音和雅，悦可眾心，悉得充足③。"

校勘：①"妒"，活字版作"妬"。②"懊"，活字版作"㦬"。③"足"，活字版作"号"。

【舸】古我切。楚以大船曰舸。

【張行滿】《寶林傳》："六祖大師將欲入滅，乃謂眾曰：'吾没後，當有人竊取吾首，聽吾記云：頭上養親，口裏須餐，遇滿之難，楊柳爲官。'門人慮之，預以鐵葉固護師頸。至開元間，夜半聞塔中拽鐵聲，眾驚起，見一孝子從塔中出，尋見師頸有傷，具以事聞有司。縣令楊侃、刺史柳無添，於石角村捕得之。因劾①問，乃謂吏曰：'姓張氏，名行滿，汝州梁縣人。受洪州開元寺新羅僧金大悲錢二十千，欲取祖師首歸海東供養。'柳守聞之，因知祖讖之驗，遂赦張氏，而加敬焉。"

校勘：①"劾"，活字版作"幼"。

【疊間】當作疊間，見《廣燈》。疊間連里，言其多也。疊，許覲切，非義。

注釋：《卍續藏》本《天聖廣燈録》卷一五《汝州風穴山延昭禪師》："問：'如何是汝州境？'師云：'盜竊祖師張行滿，疊間連里置囊家。'"與善卿所見《天聖廣燈録》的版本同。"疊間連里"同義並舉，指家家户户，與"囊家"相呼應。"疊間"不明其義，"疊"當爲"疊"字之誤。善卿用《天聖廣燈録》互參，甚確。

【智囊】張行滿，汝海人。汝人多瘦，故命瘦人爲智囊。桉《史記》："秦樗里子，瘦而多智，時人號爲智囊。"樗，抽居切。

【禪子訝】訝當作問，見它本。

【三緘】《家語》："孔子觀周，遂入太祖后稷之廟，廟堂右階之前有金人焉，三緘其口，而銘其背曰：'古之慎言人也，戒之哉！無多言，多言多敗；無多事，多事多患。安樂必戒，無所行悔。勿謂何傷，其禍將長；勿謂何害，其禍將大；勿謂不聞，神將伺人。焰焰不滅，炎炎若何？涓涓不壅，終爲江河。綿綿不絶，或成綱①羅；毫末不札，將尋斧柯。誠能慎之，福之垠②也！口是何傷？禍之門也。強梁者，不得其死；好勝者，必遇其敵。'孔子既讀斯文也，顧謂弟子曰：'小人識之，此言實而中，情而信。《詩》曰：戰戰兢兢，如臨深淵，如履薄冰。行身如此，豈以口過患哉？'"識，音志。予嘗讀《傳燈》，有僧亡名，所撰《息心銘》，文勢擬此而作也。然金人之緘於口，而亡名之緘緘於心，其理頗勝，學者宜覽觀焉。

校勘：①"綱"，《家語》作"網"。②"垠"，《家語》作"根"。

【梅柳】赴春闈之時，非人姓也。

【遞】特計切，更易也。

【朕兆】朕，當从目作眹，丈忍切，目眹也。朕，直稔切，我也，非義。

注釋：見卷二"朕"條釋義。

【通玄箭】《雜譬喻經》云："若有一人用三錢布施，乞求三願：一者將來得作國王，二者解眾生語，三者多諸智慧。其人命終，生庶人家，形色端正。王慕①爲左右。此人投慕，得侍王側，見鷰在巢，仰看而笑。王問何笑，答曰：'鷰言我得龍王女，髮長十丈，喚伴看之。'王曰：'審爾者好，無爾者殺。'遣看即得，王欲取龍女爲婦，語小兒曰：'汝解鳥語，必應多策，給汝食糧②，覓此女人。得者，重報；若不得，殺汝及家口。'小兒冒死向東海邊，見二人共諍隱形帽、履水靴、殺活杖。小兒曰：'何須紜紜？我放一箭，君二人逐之，先前得者，與二種物。'答曰：'善。'遂引弓放箭，二人爭走，小兒取帽著靴，捉杖直入海中。至龍所，脫帽令龍女見。女人多欲，遂與小兒持一餅金還至外國。其王遣迎，敕女獨入，女便前進，小兒著隱形帽隨女而入。女見王醜，以金擲王，額破命終。小兒脫帽共女上殿，高聲唱言：'我應爲王，女爲王后，霸王天下。'"

校勘：①"慕"，當作"募"。②"糧"，活字版作"粮"。

【三屍鬼】三屍，非佛經所出。應機對問，未免隨俗，亦一期之言。然所謂三屍者，出道家守庚申事。見《酉陽錄》。今據《譬喻經》，失姦鬼者，正指海邊二鬼也。今言三屍，蓋風穴屬類之失，如五頂雙眸之類是也。

【隨緣不變】佛馱跋陀羅，此云覺賢，出生天竺。少受業於大禪師佛大先，通解經論，應秦僧智嚴之請來長安，從羅什之遊。賢守静，不與眾同，後語弟子云："我昨見本鄉五舶俱發。"而弟子傳告外人，關中僧䂮、道恒等咸謂："顯異惑眾，於律有違，理不同止，宜可時去。"賢曰："我身隨緣，去流甚易。"遂與弟子慧觀等，別長安東邁，神志從容，初無異色。東林慧遠，久服風名，傾蓋若舊，乃請出禪數諸經，因盤桓廬阜，蓋隨緣而住也。䂮，音略。

【炙輠】胡瓦切，轂頭轉貌。炙，脂輠也。

【扈澗】上音户。夏后同姓所封，戰於甘者，在鄠，有扈谷甘亭。鄠，音户。

【搖鞕】於兩切，頸粗也。粗，音怛，柔革也。

【刷黃犍】上數滑切，刮也。下居言切，犗牛也。犗，音戒。

注釋：刷，《廣韻・鎋韻》：“刷拭也。”又慧琳《一切經音義》卷四六“刮刷”引郭璞注《爾雅》“掃刷所以清潔也”。犍，《廣韻》居言切，見母元韻平聲；揵，《廣韻》居偃切，見母阮韻上聲，“犍”與“揵”音近相通。刷黃犍，給牛清潔整理。《天聖廣燈錄》卷一五《汝州風穴山延昭禪師》：“師云：‘炙輠追奔經扈澗，駐車搖靷刷黃揵。’”

【目瞪】丈證切，直視貌。

【口呿】丘伽切，張口貌。

【殢】當作泥，乃計切，滯也。殢，音第，極也，非義。

【常用】當作當體。見《廣燈》。

【賞勞】郎到切，尉也。

注釋：該詞見於《天聖廣燈錄》卷一五《汝州風穴山延昭禪師》：“問：‘九夏賞勞，請師言薦。’師云：‘出袖拂開龍洞雨，泛杯波涌鉢囊華。’”賞勞，即獎賞坐夏有功者。“坐夏”又稱“結夏”，“安居”等。指從陰曆四月十五日（或說十六日）至七月十五日爲雨季，此期間出家人禁止外出，唯恐踩殺地面之蟲類及草樹之新芽，招引世譏，而聚居一處以致力修行。又一夏九旬，故稱九夏。《四分律刪繁補闕行事鈔》卷上《安居策修篇》：“若四月十六日結者，至七月十五日夜分盡訖，名夏竟。至明相出，十六日後至八月十五日已來，名迦提月。《明了論》云：‘本言迦絺那，爲存略故，但云迦提，此翻爲功德（以坐夏有功五利賞德也）。’”由此可知，坐夏之三月爲功德月，又可稱賞勞月。《盂蘭盆經疏鈔餘義》：“開後一月：從七月十六至八月十五名迦提月，賞前安居之勞也。迦提月即賞勞月也。”學人在此三個月修行如何，則需師家勘驗，並獎賞犒勞學者中修行有功的人，故有“請師言薦”。禪籍中又多見“言薦賞勞”之說。《虛堂和尚語錄》卷八：“解夏小參，呼風嘯指，傍若無人，百數成群，不屬王化。及乎言薦賞勞，便如暗中取物。”又同上卷九：“徑山今夏一眾。現大人相，各不相知。主賓彼此偷安，說甚明知故犯。及乎逗到言薦賞勞，直是無啓口處。”

【自恣】《十誦律》云：“好惡相教以三語自恣。”《鈔》云：“九旬之內，人多迷己，不自見過，理宜仰憑清眾，垂慈垂誨，縱宣己罪，恣僧舉過，內彰無私隱，外顯有瑕疵，身口托於它人，故曰自恣。”三語者，謂見、聞、疑。

【香篋】《根本百一羯磨》云：“受隨意比丘應行生茅與僧伽爲座，諸比丘並於草上坐。"又《因果經》云:"一切如來成無上道,以草爲座,故吉祥童子施軟草於世尊。"隨意即自恣也。

【金錫】《根本雜事》云:"比丘乞食,深入長者房,遂招譏謗。比丘白佛,佛云:'可作聲警覺。'彼即呵呵作聲喧鬧,復招譏毀。佛制不聽,遂拳打門,家人怪問:'何故打破我門?'默爾無對。佛言:'應作錫杖。'苾芻不解。佛言:'杖頭安鐶,圓如酸口,安小鐶子,搖動作聲,而爲警覺。動可二三,無人問時,即須行去。'"

【措口】音醋,置也。

【劍梁】當作劍良。

【髆】當作髆,音博,肩甲也。

注釋:"髆",《説文·骨部》:"髆,肩甲也。""膊",《説文·肉部》:"薄脯,膊之屋上。""髆"與"膊"義近,因骨與肉近,或從肉旁的俗作月旁。"膊"當爲"髆"之俗字。慧琳《一切經音義》卷一五:"臂膊,下補莫反,俗字也。正體從骨從博,省聲也。經文從月作膊。"同書卷八一:"覆髆,下音博,作膊,俗字也。"

【钁頭邊】佛日行脚時到夾山,夾山一日普請次,維那命日送茶,日云:"某爲佛法來,不爲送茶來。"那云:"和上令請上座。"日云:"和上即得。"日乃將茶去作務處,見夾山,遂撼茶椀作聲,山不顧。日云:"釅茶三五椀,意在钁頭邊。"山云:"瓶有傾茶勢,藍中幾個甌?"日云:"瓶有傾茶勢,藍中無一甌。"便傾茶。大眾俱以目視之,日云:"大眾鶴望,乞師一言。"山云:"路逢死蛇莫打殺,無底藍子盛將來。"日云:"手執夜明符,幾個知天曉?"山召大眾:"已有人也。歸去來。"乃住普請。

【東堂】晋却詵,遼遷雍州刺史,帝於東堂會送,問詵曰:"卿自以爲何如?"詵對曰:"百[1]舉賢良對策爲天下第一,猶桂林之一枝,崑山之片玉。"帝笑之。

校勘:① "百",《晋書》作"臣"。

【亡羊】見《懷禪師後録》。

【千獀】當作獿,奴刀切,惡犬長毛也。獀,猴也,非義。

注釋:《景德傳燈録》卷一三《汝州風穴延沼禪師》:"問:'西祖傳來,請師端的?'師曰:'一犬吠虛,千獀哇實。'""獀",《廣韻·豪韻》:"獀,猴也。"《集韻·尤韻》:"獀,獿獀,獼猴類。""獿",《説文·犬部》"獿,犬惡毛也。""一犬"與"千獿"呼應。又"一犬吠虛,千獿哇實"

語出王符《潛夫論》卷一："諺曰：'一犬吠形，百犬吠聲。'世之疾。"唐張懷瓘《書斷》卷上："一犬吠形，百犬吠聲；一人措虛，百人傳實。"

【哩】音崖，犬鬥貌。

【毘耶城】見《雪竇頌古》室①。

校勘：①"室"字上，脱"一"。

【望龍床】叢林引唐太宗還魂事以傳諸學者，然意或似之，而唐帝紀不載此。蓋風穴信之於鄽談，作此句語，殊不稽也。如"華嶽三峰""坐不問"等語亦爾。

【前來事】一本作前來使。

【景影】律云："量影，集衆知時之法。凡有七種集法：一、量影；二、破竹作聲；三、作烟；四、吹螺；五、打皷①；六、打犍椎；七、喝時到。量影者，以一尺木，至日中豎之，記其影以量之，計天寸，定時景②之短長也。"

校勘：①"皷"，活字版作"鼓"。②"景"，疑當作"量"。

【尼乾】梵語，此言不繫，謂無所繫著也。

【地獄應收】應收當作難收，見它本。

【鬥勝】東漢永平十四年正月一日，五嶽諸山道士褚善信等，朝正之次，自相命曰："天子弃我道法，遠求胡教，因朝集，可以表抗之。"遂上表，乞比較優劣，如其有勝，乞除虛妄。敕遣尚書令宋庠引入長樂宮，以今月十五日可集白馬寺。道士等便置三壇，各賷《靈寶真文》等五百九卷於東壇；《茅成子》《老子》等二百三十五卷置中壇；帝御行殿在寺南門；佛舍利、經像置於道西。十五日齋訖，道士以柴荻和沈檀爲炬，泣曰："今胡神亂夏，人主信邪，以火取驗，得辨真僞。"便縱火焚經，經從火化，悉成灰燼。時佛舍利光明五色直上，映蔽日光，摩騰法師涌身高飛，坐臥空中，廣現神變。又説出家功德，其福最高。司空劉峻與諸官士庶千餘人出家，道士呂惠通等六百二十人出家。見《漢法本內傳》。潑墨望清皆處也，經傳無文。

【百體汗流】當作霖霖汗流，見《傳燈》。

【裂裳蓋面】《大集地藏十輪經》云："過去有國，名般遮羅，王號勝軍，統領彼國。時彼有一大山丘壙所，名竭藍婆，甚可怖畏，藥叉羅刹多住其中，若有入者，心驚毛豎。時國有人，罪應合死，王敕典獄繫縛五處，送竭藍婆大丘壙所，令諸惡鬼食啖其身。罪人聞已，爲護命故，即剃須髮，求覓迦沙，遇得一片，自繫其頸。時典獄者，如王所敕，送丘壙中。至於夜分，有大羅刹母，名刀劍眼，與五千眷屬來入塚間，罪人遥見，身心驚悚。時羅刹母見有此人，被縛五處，剃除須髮，片赤迦沙繫其頸下，即便右遶尊重，頂禮合掌，恭敬而説頌言：‘人自可安慰，我終不害汝。見剃髮染衣，令我憶念佛。’’偈，丘竭切。

【伯樂】李伯樂，字孫陽。善相馬。行至虞之山坂，有鹽車亦至，有一龍馬，而人不識，用駕鹽車，遥見伯樂，乃嘶。伯樂以坐下馬易之，日行千里。

【白牛無角】謂馬也。《普曜經》云：“時凈居天王及欲界諸天充滿虛空，即共同聲白太子言：‘内外眷屬悉皆昏卧，今者正是出家之時。’爾時，太子即往車匿所，以天力故，車匿自覺，而語之言：‘汝可與我牽楗陟來。’車匿聞已，舉身戰怖：‘云何於此後夜之中，而忽索馬，欲何所之?’太子言：‘我欲爲一切眾生，降伏煩惱結賊，故汝不應違我。’於是諸天捧馬四足，並接車匿，釋提桓執蓋隨從，至彼跋伽仙人苦行林中，即便下馬，遣車匿而還。”

【嚬蹙】上當作矉，音頻。矉，亦蹙也。下子六切，通促也。

注釋：《天聖廣燈録》卷一五《汝州風穴山延昭禪師》：“若立一塵，家國興盛，野老嚬蹙。”“嚬”，《説文》未收。“矉”，《説文・瀕部》：“矉，涉水矉蹙。從頻，卑聲。”段玉裁注：“矉，又或作嚬。”又慧琳《一切經音義》卷四〇“矉蹙”：“上音頻，正體字也。”同書卷七七“矉蹙”：“譜作嚬，笑也，俗字也”。又《正字通・頁部》：“矉，嚬竝同。”“矉”爲“嚬”之俗字。

【下①和】見《祖英》上。

校勘：①“下”，當作“卞”。

【無爲】華嚴疏主云：“爲，作也。作即生滅，寂寞冲虛，湛然常住，無彼造作，故名無爲。”又《瑜伽》云：“無生滅不繫屬因緣，是名無爲。”又《智論》云：“無得故名曰無爲。”又《凈名》云：“不墮數故。”

【簽土】當作鑱舌也，簽寵也。

【王子寶刀】《涅槃》云：“譬如二人，共爲親友，一者王子，一是貧賤，如是二人，互相往返。是時貧子見是王子有一好刀，凈妙第一，心中貪著，王子後時捉持是刀逃至它國。於是貧人後於它家寄卧止宿，即於眼中囈語：‘刀，刀。’傍人聞已，收至王所。時王問言：‘汝言刀者，何處得邪?'是人具以上事答王:'王今設使屠割臣身,分張手足,欲得刀者,實不可得。臣與王子素爲親厚,先與一處,雖曾眼①見,乃至不敢以手振觸,況當故取?'王復問言:'卿見刀時相貌何如類?'答言:'大王!臣所見如羊角。'王聞是已,欣然而笑,語言:'汝今隨意所至,莫生憂怖,我庫藏中都無是刀。'"

校勘: ①"眼",《涅槃經》作"眠"。

【性憑】蘇到切,情性疏貌。

【隙骸】綺戟切。

【蓋面帛】《吳越春秋》:"吳王夫差死,曰:'羞見子胥。'以巾覆面。"今人謂之面巾,猶吳王始也。夫,音扶。差,楚宜切。見顏師古音義。

【荷項】下可切,儋也。

【唱棒】當作喝棒,見《廣燈》。

【塗戶闌】爾時,世尊行至羅閱城,畢陵伽婆蹉在此城中住,而多有所識,亦多徒眾,大得供養酥油、生酥蜜、石蜜,與諸弟子,弟子得便受之,積聚藏舉滿大甕,君持㿻中、攛中、大鉢、小鉢,或絡囊中、搣水囊中,或著櫨土,或象牙曲鉤上,或窗牖間,處處懸舉,溢出流漫,房舍臭穢。時諸長者來,入房看,皆悉譏嫌。比丘白佛,佛集徒眾,方便呵責:"自今已去,制諸比丘有病,殘藥、酥油、生酥蜜、石蜜,齊七日得服,若過者,尼薩耆波逸提。"彼比丘所有過七日者,酥油塗戶響,若石蜜,與守園人。攛,它郎切,木桶也。

【食蜜】食蜜當作石蜜。善見律云:"甘蔗糟堅強如石,是名石蜜也。"
注釋: 食,《廣韻》乘力切,船母職韻入聲;石,《廣韻》常隻切,禪母昔韻入聲;"食""石"音近相通。《善見律毗婆沙》卷一七:"黑石蜜者,是甘蔗糖,堅強如石,是名石蜜。"

【守垣】當作守園。謂守佛寺者,西天以佛寺爲僧伽藍園。垣,墙也,非義。
注釋: "垣""園"《廣韻》皆讀雨元切,云母元韻去聲;"垣""園"音同相通。《天聖廣燈錄》卷一五《汝州風穴山延昭禪師》:"又問:'西天此土皆遊徧。如何是日用底事?'師云:'酥油塗戶響。石蜜守垣人。'"

【指月】見《雪竇瀑泉》話月。

【汨羅】汨,莫壁切,水名。在長沙羅縣,故曰汨羅。《史記》:"屈原,字平。仕楚,爲三閭大夫,上官靳尚譖毀於王,流於江南。楚王終不見省，遂赴汨淵而死。"屈，九勿切。斬，居覲切。

【瞶人】上當从耳作聵，五怪切，聾也。

注釋：瞶，眼病。《廣韻·至韻》："瞶，目疾。"《篇海類編·身體類·目部》："瞶，目病曰瞶。"聵，耳聾。《説文·耳部》："聵，聾也。""瞶"與"聵"義不同，然形近。《廣雅疏證》卷六上："《説文》：'聾，無聞也。聵生聾也。'《釋名》云：'聾，籠也。如在蒙籠之内，聽不察也。'《法言·問明篇》云：'吾不見震風之能動。'聾，聵也。聵，各本譌作瞶。今訂正聾聵皆不能聽之疾。"又慧琳《一切經音義》卷一四："聾聵，上禄東反。耳無聞也。見桂苑。下瓦怪反。《考聲》：'聵，極聾也。從耳貴省聲也。'經文從目作瞶，非也。"由此可知，"瞶"當爲"聵"形近之訛字。

【盟津】當作孟津。《書·泰誓》："文王卒，武王觀兵孟津。"在洛北，都道所凑，故以爲津。

【爆】北教切，火裂也。

【離微】見《祖英》上。

【鞭屍】楚平王殺忠臣伍奢並子伍尚。奢之子員，字子胥，勇而且智，逃於吳，必欲復父之讎。平王薨，昭王立，吳王剋楚入郢，伍子胥以不得昭王，乃掘平王之墓，出其屍，鞭之三百，左右足踐其腹，右手抉其目，誚之曰："誰使汝用讒諛之口，殺我父兄，豈不冤哉！"

【離洛】當作籬落，謂藩籬村落也。

【無絲】當作無私。

【兕】徐姊切，似牛，青色，一角，重千斤。

【三楚】江陵爲南楚，吳爲東楚，彭城爲西楚。

【五陵】漢之五陵，游俠所居之地，高帝長陵、惠帝安陵、景帝陽陵、武帝茂陵、昭帝平陵。

【猪肉案頭】幽州盤山嘗教化於市，至屠肆，見鬻猪肉者謂屠人曰："精底割一斤來。"屠人釋刀而對曰："那個是不精底？"師於言下有省。後出弟子普化云。

【文殊仗劍】五百菩薩得宿命智，知億多劫所作重罪，以憂悔故，不證無生。時文殊師利知其念已，於大眾中把刀害佛，佛言："若欲害我，爲善害我。"文殊白佛："云何名爲若欲害我，爲善害我？"佛因廣説一切諸法皆如幻化，若能如是，是善害我。菩薩由是照知宿罪皆如幻化，得無生忍。五百菩薩异口同音而説偈言："文殊大智士，深達法源底，自手握利劍，持逼如來身。如劍佛亦爾，一相無有二，無相無所生，是中云何殺？”見《寶積》百五。

【打西禪】鎮州寶壽上堂次，有思明上座問：“踏破化城來時如何？”壽云：“不斬死漢。”明曰：“斬。”壽便打，明連道斬數聲，壽隨打數棒。壽復云：“者師僧，將赤肉抵它乾棒，著甚麼死急！”便下座。時有一僧曰：“適來問話僧從大覺處來，有一同參僧亦在者裏，見解一般，若要已後人委悉和上法道，須是趁出者二僧始得；若不趁出，恐已後難得人承嗣和上。”壽即趁出報事僧。思明住汝州西禪，法嗣寶壽。

【拈羊角】即《涅槃》王子寶刀緣。

【思大】寶志傳語與思大：“云何不下山教化眾生，目視雲漢作甚麼？”思云：“三世諸佛被我一口吞盡，有何眾生可度？”

【劈析將去】劈析當作𤃴析，音壁錫。《博雅》云：“極也。”一曰欲死貌。遠浮山九帶作踍跳入虎澗，折腳上漁船。

【禮天王】叢林多指南陽國師禮天王，非也。嘗於經傳見之，如本行經：太子生已，西國之法，合禮天神，其名摩醯首羅。其神極惡而復有靈，抱太子至其神所，神自離座下階，先禮太子。神曰：“此是大聖太子，不應禮。”餘受禮，頭破七分。又《不拜王論》：有五戒信士，見神不禮。王曰：“何爲不禮？”曰：“恐損神故。”王曰：“但禮。”信士乃禮，其神形儀粉碎。又迦昵色迦王受佛五戒，曾神祠中禮，其神像自倒。後守神者作佛形像在神冠中，王禮不倒，怪而問之。曰：“冠中有佛像。”王大喜，知佛最勝而恕之。又《感通錄》云：“唐蜀川釋寶瓊，出家正素，讀誦《大品》。本色①連②比什邠，並是米族，初不奉佛，沙門不入其鄉，故老人女婦不識者眾。瓊思拔濟，待其會眾，便往赴之，不禮而坐。道黨咸曰：‘不禮天尊，非沙門也。’瓊曰：‘邪正道殊，所奉各异。天尚禮我，我何得禮老君乎？’眾議紛紜。瓊曰：‘吾若下禮，必貽辱也。’即禮一拜，道像速②座動搖不安；又禮一拜，反倒狼藉在地。遂合眾禮瓊，一時回信。”予遍覽諸緣，乃知志信奉佛者，不應禮神。禮之，非神所利。詳讀《南陽廣錄》而無此緣，置問者指爲國師，蓋看閱之不審也。

校勘：①“色”，《感通錄》作“邑”。②“速”，《感通錄》作“連”。

【童子戲】此問相傳謂當年風穴浴下普請次，僧以手巾縮髻角髻頂之，戲爲調笑，師見之，不言而去。翌日，學者遂成斯問。又如風穴因有怒色，遂置金剛被羚羊角觸之，問又云：“既是大人相，爲甚麼不具足？”又如作胡餅次，有"猛焰紅爐撈出月"之句，似此之緣頗多。然皆叢林口傳，固難考信。設不引緣，亦自不傷旨意。第因眾中有此商量，遂使晚輩世諦流布，習以爲常。一旦似有不平之氣，輒於人天廣眾之前，唯恃無明，公然譏刺。如此操心，自它何益？但增薄俗誣謗，誠所謂雖是善因而招惡果，不亦悲乎？予嘗讀《大毗婆沙論》，"問：何故名法供養？法供養是何義？答：能爲緣義是供養義。此以法爲初故，名法供養。若爲饒益故，爲它説法，它聞法已，生未曾有善巧覺慧，如是名施，亦名供養；或聞者不信，但名爲施，不名供養。若爲損害故，説譏刺它法，它聞是已，住正憶念，懽喜忍受，不數其過，生未曾有覺慧，此雖非施，而名供養；若爲損害故，説譏刺它法，它聞是已，發恚恨心，此不名施，亦非供養。"思詳觀論意，而學者心不在道，合塵背覺，輒揚家醜，自它何益？豈不慎乎！豈不慎乎！

【鐵楔迸開】莎底比丘營澡浴事，爲眾破薪，有大黑蛇從朽木孔出，螫彼苾芻右足拇指。阿難白佛，佛爲説孔雀王咒而愈。

【熊耳】見《祖英》。

【印客】當作弔客，見《廣燈》。

【白龜】當作盲龜。盲龜事見《雲門録》上。

【喚覺】音教。《俱舍論》云："時一王者，令人賫金遠買智慧。使者奉命，無處不至，後因至一樹下，有人問之何來，曰：'買智。'曰：'我有。'索金賣之。使者與金，但得一偈云：'諦察審思唯，慎勿卒行非。如今無用處，還當有使時。'使得偈，歸奉於王，王在處書窗，復自常念。後公主患瘡，著男子衣在宮幃中與母同寢。王入忽見，索劍欲殺，喚覺方知，猶智慧故。"

【劍客】見《雪竇後録》。

【要斷却】當作須斷却。斷，杜管切，絶也，見《傳燈》。

【赤眉】見《懷禪師前録》。

【變豹】聖人虎，別其文炳也；君子豹，別其文蔚也；辨人狸，別其文萃也。狸變則豹，豹變則虎。見《楊子》。

【咆哮】當作跑虓。上音庖，蹴也。下虛交切，鳴也。

注釋：咆哮，同義複詞，指野獸、牲畜怒吼。"咆"，《説文·口部》："嗃也。""哮"，《説文·口部》："豕驚聲也。"唐薛用弱《集异記·李汾》："豕視汾，瞋目咆哮，如有怒色。""哮"，"虓"之俗體。慧琳《一切經音義》卷一四："哮，俗字也，正體作虓。《集訓》云：'虎怒聲也，從九從虎。'""咆"改作"跑"實無理據，"咆哮"今已習用。檢禪籍文獻，僅見"咆哮"。《大慧普覺禪師語錄》卷一〇："象王行處狐踪絕，師子咆哮百獸危。"《聯燈會要》卷五《潭州華林善覺禪師》："俄，二虎從庵後而出，裴驚悸。師語二虎云：'有客且去，虎咆哮而去。'"

【曾參】魯有與曾參同姓名者而殺人，或以告其母，母不信，織如故，如是告之者三，母投抒①而驚起。

校勘：①"抒"，當作"杼"。

【㑊知音】當作勿知音，見《傳燈》。

【央掘】具云央崛摩羅，此翻云指鬘。《賢愚經》云："波斯匿王輔相家生一男，端正有力，可敵千人，字曰無惱。從學於婆羅門，受請三月，唯婦在室。其婦不貞，意欲無惱作不净行，無惱志固不從，其婦慚愧，反加誣謗。婆羅門適歸，婦即垂泣告訴：'自汝去後，無惱每見侵犯。我適不從，拽裂我衣，壞我身首。'婆羅門曰：'輔相之子，難以治之，當設异謀。'乃謂無惱曰：'汝若於七日之中斬千人手，去十取一指，凡得百指，以爲鬘餝。爾時，梵天便自來下，命終定生梵天。'遂作咒語，竪刀在地，惡心即生，得人便殺。至七日中，得九十九指，唯少一人，求覓不得，時母持食與之，輒欲殺母。爾時，世尊遥見，化作比丘，行於彼邊，遂捨母，趣是比丘。佛見其來，徐行捨去，指鬘極力走不能及，即便唤言：'小住。'佛云：'我常自住，但汝不住。'指鬘復曰：'云何汝住我不住邪？'佛言：'我諸根寂定而得自在，汝從惡師變易汝心，不得定住。'聞是語已，心開意悟，歸投如來，即爲現身説法，出家證果。"

【萬回憨】釋萬回，俗姓張氏，虢州閿鄉人也。年尚弱齡，白癡不語父母哀其濁氣。爲鄉里女童所侮，終無相競之態。口自稱萬回，因爾成名。十歲時，見兄戍遼陽，久無消息，父母憂之，爲設齋禱祈，回忽白曰："兄極易知，爾奚用憂之？"因僧齋時，回別母出門而去。際晚，萬回執兄書與母，母問其所以，並無酬對。自虢州閿鄉往遼陽，來去一萬餘里。其兄它日歸，備言其日與回言話，取餅飯共食而去，父母大驚异，人皆改觀。聲聞①朝廷，中宗詔見，頗加崇重。神龍二年，敕別度回一人，賜號法雲公。外人莫可得見，頗有神异，仍賜綿綉衣服，宫人供侍焉。師所制偈頌流落人閒，罕有得者。《宗鏡錄》嘗引一偈云："黑白兩忘開佛眼，不繫一法出蓮叢。真空不壞靈智性，妙用恒常無作功。聖智本來成佛道，寂光非照自圓通。"憨，呼談切，癡也。閿，音文。

校勘：①"閡"，當作"間"。

【酋帥】上自秋切，長也。

【納璧】見《祖英》牽羊。

【曲親】當作曲跭。音録，行且恭也。親，笑視也，非義。

注釋：該詞目對應的《景德傳燈録》卷一三《汝州風穴延沼禪師》、《古尊宿語録》卷一五《汝州風穴山延昭禪師》均未見。"曲録""曲録""曲碌""曲親""曲跭"爲一組異形詞。"曲録"，木料天然的或加工后的曲屈狀。"曲録木"指禪師説法時的座椅。

【吠堯】《史記》："夫跖之犬，可使吠堯，堯非不仁，犬吠非其主也。"

【祁寒】上音耆，大也。所謂冬祁寒小人怨咨。

【懸頭刺股】孫敬，字文寶。常閉户讀書，睡則以繩繫頭，懸之梁上。嘗入市，市人見之，皆曰閉户先生。帝特徵，不就。見《先賢傳》。蘇秦，洛陽人。與魏張儀師鬼谷先生。讀書至睡，引錐自刺其股，血流至踝，後爲六國相。見《戰國策》。隋高僧智舜，專習道觀，不務有緣，妄心卒起，不可禁者，即刺股流血，或抱石巡塔，須臾不逸其慮也，故髀上刺處，斑駁如鋪錦。見《慧皎傳》。

【囓鏑】正作齧，倪結切，噬也。隋末有督君謨者，善閉目而射，志其目則中目，志其口則中口。有王靈智者，學射於謨，以爲曲盡其妙，欲射殺謨，獨擅其美。謨執一短刀，箭來輒截之，唯有一失，謨張口承之，遂齧其鏑，笑曰："汝學射三年，吾未教汝齧鏑之法。"見《太平廣記》。鏑，音的，箭鏃也。

注釋："齧"，《説文·齒部》："齧，噬也。""囓"，《説文》未載。《正字通·口部》："囓，作齧字加口。"囓爲后起字。《篇海類編·身體類·口部》："囓，噬也。與齧同。"

【孟浪】猶率裕也。

【鴟梟】上稱脂切，鳶也。下堅堯切，不孝鳥也。

【鬼勿】當作鬼物，見它本。

【鞭狐】狐，妖獸也，爲鬼所乘。見《説文》。

【悬首】上音澆，倒首也。賈字説此斷首倒懸悬侍中。

【甄人】見《祖英》上。

【鞭征】當作邊征，見《廣燈》。

注釋：《天聖廣燈録》卷一五《汝州風穴山延昭禪師》：“金星照野饒鋩角，鐵騎邊征大殺傷。”“邊征”，即邊疆征戰，與“鐵騎”“殺傷”前後呼應。“鐵騎鞭征”的“鞭”費解。

【佩攜】當作佩觿。音巂。《説文》：“鋭耑可以解結。”《詩·芄①蘭章》：‘童子佩觿。’”説者曰：“觿所以解結，成人之佩也。人君治成人之事，雖童子，猶佩觿，早成其德。”

校勘：①“芄”，《诗经》作“芄”。

注釋：《天聖廣燈録》卷一五《汝州風穴山延昭禪師》：“問：‘心源未明時如何？’師云：‘纔喜佩觿登弱冠，便遭脱削髮齊眉。’”“攜”“觿”《廣韻》皆讀户圭切，匣母齊韻平聲；“攜”當爲“觿”之異形諧聲假借。佩觿即佩戴牙錐。觿，象骨製成的解繩結用的角錐。亦用爲飾物。佩觿，表示已成年，具有才幹。

【弱冠】音貫，冠束也。男子二十曰弱冠。

【金星】即西方長庚星也。《天文志》曰：“長庚，廣如一匹布著天，此星見即兵起。”

【肩鐍】上古螢切，户外閉關。下古穴切，環有舌也。

【斷臂】圭峰密師門人太恭，從師聞法，斷臂酬恩。叢林或指二祖少林之緣，蓋不明問答之意，二祖豈求明差別之智者哉？

【路布】當作露布。不封詔表曰露布。

【振鈴】《西域記》云：“印土旃茶羅，名爲惡人，如此方魁膾，與人别居，若入城市，則振鈴以自異，人則識而避之，不相唐突。”

【大鄙】《周禮》：“四里爲酇，五酇爲鄙。”鄙，小國也，大鄙爲言王城也。

【旃茶羅】茶，音塗。或云旃陀羅，此云殺者。又云嚴熾，又云恭惡人，又云惡殺。

【成佛無疑】《上生經》云：“爾時，優波離從座而起，而白佛言：‘世尊！往昔於毗尼中及諸經藏説阿逸多次當作佛。此阿逸多具凡夫身，未斷諸漏，此人命終當生何處？其人今者雖復出家，不修禪定，不斷煩惱，佛記此人成佛無疑，此人命終生何國土？’佛告優婆離：‘諦聽！諦聽！善思念之。此人從今十二年後，定生兜率陀云。’”

【夜生光】當作黑生光，見《傳燈》。

【廣額】見《池陽問》。

【拂石仙衣】見《雪竇頌古》劫石。

【懨懦】上當作懨，毋果切。下郎可切。懨懦，慚也。

【麈】之庾切，見《雪竇頌古》麈鹿。

【無憀】音寮，賴也。

【佉羅騫馱】此云吼如雷，四阿修羅王之一。身長二萬八千里，九頭千眼，口中出火，有九百九十九手，八脚立於海中，水但至齊，手擎日月，摩押乾坤。

【鴉鳥噪】梁太尉司馬齊殷之出鎮，辭寶志，志畫一樹，上有鳥。初不甚曉，後殷之果有急，上樹，追者見樹有鳥噪，已爲無人，遂得免。見《志公傳》。

【翳消聞】翳消聞後好昏聞，當作翳根消後好沽聞。蓋見它本。

【磨寸金】當作無十①金。

校勘：①“十”，活字版作“寸”。

【馬嵬】唐天寶中，范陽節度使安禄山大立邊功，上深寵之。禄山來朝，帝令貴妃楊大真姊妹結爲兄弟，禄山母事貴妃。及禄山叛露，檄數楊國忠之罪。河北盜起，玄宗欲親征，以皇太子爲天下兵馬元帥，監撫軍國事。國忠大懼，諸楊聚哭，貴妃銜土陳請，帝遂不行内禪。及潼關失守，從幸至馬嵬，禁軍大將陳玄禮密啓太子誅國忠父子。既而四軍不散，玄宗遣力士宣問，對曰：“賊本尚在。”蓋指貴妃也。力士復奏，帝不獲已，與妃決，遂縊死於佛室。時年三十八，瘞於驛左道。

【靈龜曳尾】莊子釣於濮水，楚王使二大夫往召焉，曰：“願以境内累矣。”莊子曰：“楚有神龜，死已三千歲矣，王巾笥藏之廟堂之上。此龜者，寧其死爲留骨而貴乎？寧其生曳尾於塗中乎?”二大夫曰：“寧生而洩①尾於塗中。”莊子曰：“往矣！吾將曳尾於塗中矣。”濮，音卜。

校勘：①“洩”，《莊子》作“曳”。

【借借】上音積，下子夜切。假也。

【湯湯】上吐郎切，下它浪切①。熱水灼也。

注釋：①“湯”，《廣韻》他浪切。

【漏網】《西漢》云：“漢興之初，雖有約法三章，網漏失吞舟之魚。”顏師古曰：“言法網疏闊，失吞舟之大魚也。”

【能揣骨】此緣多引歸宗揣骨事。予嘗檢禪門諸録並《宋高僧傳》，皆不載。止言師目有重瞳，遂將藥手桉摩，致目眥俱赤，世號赤眼歸宗焉。

今風穴輒取此以對機，後學傳之愈誤。然人之貧賤貴富，莫非定業所主，豈有心而能謝之乎？

【寒食】《荊楚歲時記》云：“冬至節一百五日，即有疾風甚雨，謂之寒食。”

【蒲鞭】東漢劉寬，字文饒，弘農華陰人也。延熹八年，征拜尚書令，遷南陽太守，典歷三郡。溫仁多恕，雖在倉卒，未嘗疾言遽色。常以謂“齊之以刑，民免而無恥”。吏人有過，但以蒲鞭罰之，示辱而已。寬嘗行，有人失牛者，乃就寬車中認之，寬無所言，下駕步歸。有頃，認者得牛而送還，叩頭謝曰：“慚負長者，隨所刑罪。”寬曰：“物有相類，事容脫誤。幸勞見歸，何爲謝之？”州里伏其不校。嘗坐客，遣蒼頭市酒，迂久，大醉而還。客不堪之，罵曰：“畜産。”寬須臾遣人視奴，疑必自殺，顧左右曰：“此人也，罵之畜産，辱孰甚焉！吾故懼其死也。”夫人欲試寬令恚，伺當朝會，裝嚴已不①，使侍婢奉肉羹，翻汙朝衣。婢遽收之，寬神色不異，乃徐言曰：“羹爛汝手乎？”校，猶報也。迂久，猶良久也。

校勘：①“不”，《後漢書》作“訖”。

【劍嶺志公】桉僧傳：“寶志，齊建元中，稍見異迹，武帝延入後堂居之。既而，景陽山猶有一志，與七僧俱。帝怒，遣推檢，失所在，問吏云：‘志久在後堂，自後凡遇出，即以墨塗其身而記云。’”此言景陽山，不言劍嶺也。

【張騫】即漢之博望侯也。乘槎至天河，見《祖英》靈槎。斬龍頭，《廣燈》作斬船頭。然二者皆無所出，恐傳者之妄。

【秦王發問】《譯經記》云：“羅什譯《維摩經》，至‘芥納須彌，毛吞巨海’，姚興閣筆曰：‘後人信否？如何？’什乃謂帝説不思議法。姚興信伏而書之。”三人者，即僧肇預焉。

【四威儀】桉《南陽録》：“肅宗遇國師，師起迎，帝曰：‘何必起也。’師曰：‘檀越何得向四威儀內見貧道邪？’”

【停毒】停當作亭。亭毒，謂天地之氣所以覆載養育蒼生。

注釋：亭毒，義爲養育，化育。《文選·劉孝標〈辯命論〉》：“生之無亭毒之心，死之豈虔劉之志。”李周翰注：“亭、毒，均養也。”“停”通“亭”。

【一即六】《楞嚴》：“文殊偈云：‘一根既返源，六根成解脱。’”又“‘元依一精明，分成六和合。一處成休復，六用皆不成。’”

【無蹤迹】當作身土迹謝。

【三轉法輪】一、示相轉，謂示四諦法相；二、勸修轉，謂勸修行此四諦；三、引證轉，謂我已證，令信受也。

【野馬】《莊子》曰："野馬也，塵埃也。"

【鄰虛】細塵也。

【夔鼓】夔，渠追切。《山海經》云："東海之內，有流波之山，其山有夔，狀如牛，無角，蒼色，一足而行，聲肓如雷。黃帝戰蚩尤，以此皮爲鼓，聲聞五百里。"

【蚌蟧】見《懷禪師後録》。

【掐】苦洽切，爪掐①也。

校勘：①"掐"活字版作"搯"。

【朱點竄】竄當作窄。見《五家宗派録》。

【無著問】見《雪竇頌古》文殊對談。

【漚和】梵云漚和俱舍羅，此言方便。

【傀儡】上口猥切，下落猥切。又云窟此礧①。作偶人以戲，喜欲②舞，本喪家樂也，漢末始用之於喜③會。齊後主高緯尤所好，高麗國亦有之。一本作"但看棚前弄傀儡，抽牽都是裏頭人。"

校勘：①"窟此礧"，《通典》作"窟礧子"。②"喜欲"，《通典》作"善歌"。③"喜"，《通典》作"嘉"。

【六通】一、身通，於一刹那際，身隨智用，周遍十方，對現色身，隨根善應；二、天耳通，耳根常聞十方一切諸聲；三、天眼通，眼根常見十方一切粗細等色；四、宿命通，智隨一切眾生死此生彼，所作業行因果，悉能知之；五、它心通，一念能知三世一切眾生心念所欲；六、漏盡通，隨智遍知一切諸法，而無情欲順癡愛心。

【侏儸】侏與偶同，張流切，乖也。下正作倀，音張，狂也。

注釋："偶"，《廣韻》他歷切。

【那吒】叢林有析骨還父，析肉還母之説。然於乘教無文，不知依何而爲此言。愚未之知也。

【罬棦】當作暗棦。烏含切，羹也。罬，烏答切，網也，非義。

【聱】五交切，説不入也。

【百味】《智論》云："百味，有人言：能以百種供養，是名百味。有人言：餅種數五百，其味有百，是名百味。有人言：百種藥草作歡喜丸，是名百味。有人言：飯食羹餅總有百味。有人言：飲食種種備足，故稱爲百味。”

【磨膏】未詳。

【鎧歌】當作覬歌。苦亥切。見《祖英》。

【艨艫】音蒙倫，戰船也。

【杓卜】風俗抛杓以卜吉凶者，謂之杓卜。

注釋：杓卜，用來占卜的器具。禪籍中多見“杓卜聽虛聲”一語，意指占卜的結果虛不可信，爲人占卜的話不可聽信。這裏用來比喻通過言語說教的方式不能領悟禪法。

【蟾語】當作譫，音詹，寐語也。

注釋：《天聖廣燈錄》卷一五《汝州風穴山延昭禪師》：“清云：‘杓卜聽虛聲，熟睡饒嚕譫語。’”譫語，病中的囈語。《集韻》：“譫，疾而寐語也。”“蟾”當爲“譫”之假借。

【菽麥】上式竹切，豆也。

【盲枷】音茄，枇也。

注釋：按“盲枷”見於《天聖廣燈錄》卷一五《汝州風穴山延昭禪師》：“應云：‘右手即從闍梨，左手作麼生？’師云：‘瞎。’應拈棒。師云：‘老和尚，不要盲枷瞎棒，奪得拄杖，却打和尚。’”“盲枷瞎棒”已凝固成詞。枷，《説文·木部》：“枇也。”《廣雅·釋器》：“枇謂之枷。”王念孫疏證：“枇枷皆擊也。”此處“枷”當取“擊，打”義。盲枷瞎棒，比喻胡亂地懲罰。

【早二三】當作恰二三。

【問那堪】當作問那憨。

【諄】正作諙，與謔同，呼訝切，誑也。

注釋：“諙”寫作“諄”乃字形相近訛寫。“諙”，欺騙，迷惑。《集韻·禡部》：“謔，誑也，或作諙。”《字彙補·言部》：“諙，誑也。”

【隽】當作俊，才千人也。或從人作儁。隽，粗兗①切，非義。

校勘：①“兗”活字版作“兖”。

注釋：見於《天聖廣燈錄》卷一五《汝州風穴山延昭禪師》：“師云：‘一句截流，萬機清峭。’便禮拜。清云：‘俊哉！俊哉！’”“俊”，《説文·人部》：“俊，材千人也。”“隽”，《説文·隹部》：“隽，肥肉也。從弓所以射佳。"朱駿聲《説文通訓定聲》：雋，叚借爲俊。《正字通・佳部》："雋，與俊通。""雋"當爲"俊"之借字。

【天然】見《祖英》上撐耳。

【示眾】僧問萬法歸真，遂以二頌答，當取示眾一頌歸此頌後，即無示眾之題。並見《臨濟宗派集》。

【甥甥】上正作外，下音生。《説文》謂："我舅者，吾謂之甥。"今頌謂猫爲虎舅，蓋風俗相傳。《酉陽雜俎》云："狗豽之舅，遇狗輒跪如拜狀。"亦此類也。

注釋："甥"乃"外"類化所致。

【曟】式亮切，少時，不久也。

【葷茹】上許云切，臭菜也。下如預切，菜茹也。

【闕疑】婆孼愛羅娑孼子、水草蓋閭珠、賀蘭山下暾皮毬、口銜羊角鰾膠粘、日食三千、靈巖到日別磨膏。風穴作對問之句，往往關涉佛經，引用儒典，雖然，亦多委巷風俗之言。今所修譌誤六十餘處，其闕疑者六，無得而詳。叢林或者無稽，妄爲臆説，是由不知風穴一期對機，不在乎語言文字，而又不知事實，謬作猥語，瀆亂學者，是豈知風穴者哉？

【法眼】諱文益，生餘杭，姓魯氏。七歲從全偉禪師受業，得法於羅漢琛。出遊至臨川，州牧請住崇壽。江南國主聞師道譽，迎入住報恩，賜净慧禪師。後遷住清涼。至周顯德五年示滅，謚號大法眼禪師。後因門人行言署玄覺導師，請重謚大智藏大導師。

【能仁】梵云釋迦，此言能仁。《毗奈耶雜事》云："昔古有王，名曰甘蔗，生四子：一名炬口，二名驢耳，三名象背，四名足玔。四子有過，悉皆擯斥。時四童子往詣它方，至雪山側，於一河邊，各葺草庵，以自停息，夫婦婚媾，各生男女。時甘蔗王憶戀諸子，問大臣曰：'我子何在？'左右具陳上事。王曰：'我子能爲如是事。'答曰：'彼能。'因此種族號爲釋氏。"玔，尺絹切。

注釋："能仁"引自《根本説一切有部毗奈耶雜事》第三十四卷。術語，釋迦牟尼。

【十二分】見《雲門録》上。

【先漕】當作先曹，謂先曹山也。然它録未聞以曹山爲先曹。

【中興】王室中否而再興，謂之中興。如周之宣王、漢之光武、唐之中宗。吾道東漸，遭三武之難而後復。或宗匠德業隆重，綱領斯道，使教法中興者，法眼其人矣。三武者，謂魏武十九年、周武七年、唐武一年。

【伏膺】音應，胸也。伏膺，謂首俯伏於膺也。

【弭】綿婢切，息也。

【式旌】音精，表也。

【翰迹】音汗，筆也。

【瑠璃】見《證道歌》。

【蘭亭】見《祖英》下。

【紕訛】上匹夷切，繪欲壞貌。下與譌同，吳禾切。

注釋："紕"，《廣韻·脂韻》："紕，繒欲壞也。"又慧琳《一切經音義》卷五一"紕荃"："紕，繆也。""繆"，《玉篇·糸部》："繆，亦謬字。""訛"，《廣韻·戈韻》："訛，謬也。"

【水潦】音鶴。《毗奈耶雜事》云："阿難陀與諸苾芻在竹林園，有一苾芻，名水老鶴，而說頌云：'若人壽百歲，不見水老鶴，不如一日生，得見水老鶴。'時阿難陀聞已，告彼苾芻曰：'汝所誦者，大師不作是語。然世尊作如是說：若人壽百歲，不了於生滅，不如一日生，得了於生滅。'彼眾聞教，便告其師。師曰：'阿難老暗，無力能憶持，出言多忘失，未必可依信。汝但依我如是誦持。'時阿難陀覆來聽察，見依謬說，報言：'子，我已告汝，世尊不作是說。'時彼苾芻悉以師語白阿難，阿難聞已，作如是言：'今此苾芻我親教授，尚不聽信，今欲如何？假令舍利子、目乾連、摩訶迦葉波事亦同，此諸大德並已涅槃。'於是坐殑伽中流取滅。"

【烏馬】古語云："三寫烏成馬。"

【秒冬】上彌沼切，梢末也。

【謝肇】謝，謂晉康樂侯謝靈運。肇，謂後秦解空法師僧肇。

【廣心】無著頌云："廣大第一常，其心不顛倒，利益深心住，此乘功德滿。"世親論云："云何廣心利益？如經：諸菩薩生如是心，所有一切眾生。云何第一心利益？如經：我皆令入無餘涅槃而滅度之。云何常心利益？如經：如是滅度無量無邊眾生，實無眾生得滅度者。何以故？須菩提！若菩薩有眾生相，即非菩薩。云何不顛倒利益？如經：須菩提！若菩薩起眾生相、人相、壽者相，則不名菩薩。"

【涅槃】此云大圓寂。刊定準①識論說有四種涅槃：一、自性清淨涅槃，凡聖同有；二、有餘依，即出煩惱障，有苦依身故；三、無餘依，身出生死，苦無依故。然小乘以灰身滅智為無餘。無餘有三：一、煩惱餘；

二、業餘；三、果報餘。大乘則以究竟寶所爲無餘，故《智論》説："四住地煩惱，盡名有餘依；四無住處悲智相兼，不住生死涅槃故，即大乘之無餘。"四種之中，無住處涅槃也，謂不住菩薩變易生死，不住二乘灰斷涅槃，即真無住，名爲無餘。

校勘：①"準"，疑當作"唯"。

【卵胎濕化】天獄化生，鬼通胎化，人畜各四。刊定難云："卵生最劣，云何在初?"通約境，謂卵生必具胎，濕化以緣多，故約心從本，謂眾生本因起業，業識即根本無明與本性和合，能所未分，混沌如卵。卵即卵㲉，故《藥師經》云："破無明㲉，竭煩惱河。"無明發業生，在藏識爲胎，受生爲濕，生時從無而忽有爲化。由是義故，故爲此次。

注釋：所述引自《金剛經纂要刊定記》卷四。

【空有浮沉】欲界六天有色四禪：初禪三天、二禪三天、三禪三天、四禪九天。無色四空：空無邊處、識無邊處、無所有處、非想非非想處。又空識二處：有想名浮，無所有處；非想非非想處，無想爲沉。

【薩埵】具云菩提薩埵，摩訶薩埵。有三釋：一、菩提是所求佛果，薩埵是所化眾生，即悲智所緣之境，從境立名；二、菩提是所求之果，薩埵是能求之人，能所合故，故名菩薩；三、薩埵，此云勇猛，謂於大菩提勇猛求故。

注釋：所述當引自《大方廣佛華嚴經疏》卷五。

【晶】子盈切，光也。

【火聚】《智論》偈："若人見般若，是則爲被縛；若不見般若，則亦名被縛。若人見般若，是則得解脫；若不見般若，則亦得解脫。般若波羅蜜，譬如大火焰，四邊不可取，無取亦不取。"

【後得】見《祖英》下。

【我人四相】執取自體，爲我計；我展轉趣於餘趣，爲人計；我盛衰苦樂，種種變異相續，爲眾生計；我一報命根不斷而住，爲壽者。

注釋：所述引自《金剛般若經疏論纂要》卷上。

【羈籠】上居宜切，馬絡頭也。

【方丈】今以禪林正寢爲方丈，蓋取則毗耶離城維摩之室，以一丈之室，能容三萬二千師子之座，有不可思議之妙事故也。唐王玄策爲使西域，過其居，以手版縱橫量之，得十笏，因以爲名。

【銘】音冥。述其功美，使可稱名也。又志也。

【圖厚公久】方丈之居，非私居也，故其圖可久居其地者，非一人，故其處可厚。

【小隱】晋王康琚反招隱詩曰："小隱隱陵藪，大隱隱朝市，伯夷竄首陽，老聃伏柱史。"

【大昏】老氏云："俗人昭昭，我獨若昏①。"説者曰："物我兼忘，不生分別，故若昏。"

校勘：①"昏"，活字版作"昬"。

【窈靄】上於兆切，下於蓋切。雲貌。

【屖顏】上士山切，不齊也，見《西漢》注。

注釋：屖顏，山高險峻之貌。《禪林寶訓》卷四："我生山窟裏，四面是屖顏。有岩號景星。"《禪林寶訓順硃》作釋："屖顏，山高貌。二言，我生長老山阿窟之中，東南西北俱是屖顏。高山中有一岩，名曰景星。"又《禪林寶訓筆説》："我休餘生於山窟裏，四面皆是屖顏之狀。屖顏者，山高貌，殊可愛也。別有一岩，名曰景星。"

【心識】《順正理論》云："心意識三，體雖是一，而訓詞尋義，類有异也。謂集起故名心，思量故名意，了別故名識。"

【成辦】皮莧切，具也。

【六相】《金師子》云："師子是總相，五根差別是別相，共一緣起是同相，眼耳各不相知是异相，諸根共會是成相，諸緣各住自位是壞相。顯法界中，無孤單法，隨舉一法，具此六相，緣起集成，各無自性，一一相中含無盡相，一一法中具無盡法也。"又頌云："總則舉體不分，別則諸緣各別，同則諸緣和合，异則功用各异，成則互遍相資，壞則各住自位。"

【身中定】見《池陽》正受三昧。

【嘍囉】上郎侯切，下良何切。方言。猶點①慧也。

校勘：①"點"，当作"點"。

注釋："嘍囉"，聰明，伶俐。善卿釋義，甚是。《古尊宿語錄》卷一二《池州南泉普願禪師語要》："法過眼耳鼻舌身意心，以無心意而現行。如今知解不是嘍囉漢，此物不是凡聖，不是愚智，强喚作愚智。"《元叟行端禪師語錄》卷五："死却現行，滅却意根，全身放下，方有商量分，聰明智識，嘍囉巧點，豈能希冀萬一。"

《法眼録》

【措大】倉故切,置也。言措置天下之大者。

【和君】當作報君,見它本。

【蓽蓽鼓】京師街衢置鼓於小樓上,以警昏曉。本朝太宗時,張公洎製坊名,列牌於樓上。按唐司馬周始建議置蓽蓽鼓,唯兩京有之,後北都亦有蓽蓽鼓,是則京都之製也。近不作街鼓之聲,金吾職廢矣。見《春明集》。蓽,徒冬切。

【宿】音秀,列星也。

【六街】《十道志》曰:“長安有六街、九陌、九市,以致九州人。”故法眼以金陵爲京闕名,其康衢爲六街也。

【即處】音杵,居也。

【芰荷】上奇寄切,菱也。荷蓮花葉也。

【瀑布】步水切,懸水飛泉也。

【鼦鼠】當作貂鼠。丁聊切。大而黃黑,出胡丁零國。

注釋:“鼦”“貂”《廣韻》皆爲都聊切,端母蕭韻平聲。又“鼦”,《說文·佳部》:“皸也。从佳,周聲。鼦,籀文鼦从鳥。”“貂”《說文·豸部》:“鼠屬。大而黃黑,出胡丁零國。”“鼦”爲“貂”之同音假借。

【十九應身】謂寶志即觀音應化。爲十九者,正指《法華·普門品》,應以佛身得度者等一十九身也。

【拱宸】音辰。當作拱辰。《論語》:“譬如北辰居其所,而眾星拱之。”

注釋:“宸”“辰”《廣韻》皆爲植鄰切,禪母真韻平聲。拱辰:拱衛北極星。“宸”爲“辰”之假借。

【攢眉】遠法師結白蓮社,嘗以書召陶淵明。陶曰:“弟子性嗜酒,法師若許飲,即往矣。”遠許之,遂造焉。遠因勉入社,陶攢眉而去。見《廬阜雜紀》。

【譯之】《王制》曰:“五方之民,言語不通,嗜欲不同,達其志,通其欲。東方曰寄,南方曰象,西方曰狄鞮,北方曰譯。”鄭玄云:“皆俗間之名,依其事類爾。鞮之言知也。”吳興法師云:“今通西言而爲譯者,蓋漢世多事北方,而譯官兼善西語,故摩騰始至,而譯《四十二章經》焉。”復加之以翻者,《宋僧傳》云:“如翻錦綺背面俱花,但其花有左右爾,由是翻譯二名存焉。”鞮，音提。

【鼓儀】《南山鈔》云：“尋常集眾之法，生椎之始，必漸發聲，漸希漸大，乃至聲盡，方打一通。如是至三，名爲三下。佛在世時，但有三下，故《五分》云：‘打三通也。’後因它請，方有長打。其生起長打之初，亦同三下，中間四椎，聲盡方折，如是漸漸斂椎，漸概漸小，乃至微末，方復生椎，同前三下。”概，音冀，稠也。

【眚病】所景切，目病也。

【現】當作見，形練切，顯也。現玉光也。吾釋氏之書，往往多以此字爲顯見之字，雖欲音呼之便，而意義全乖，學者宜識之。

【瞥起】匹篾切，過目也。

注釋：“瞥”，《廣韻》普蔑切。瞥，本義看，眼睛掠過。《説文·目部》：“瞥，過目也。”禪籍中的“瞥起”有兩個義項。第一，“瞥起”即暫現，很快地出現一下。如：《古尊宿語録》卷二六《舒州法華山舉和尚語要》：“絕頂西峰上，峻機誰敢當。超然凡聖外，瞥起兩重光。”第二，瞥起，領悟，徹悟。《古尊宿語録》卷三六《投子和尚語録》：“問：‘十二時中如何行履？’師云：‘一念萬年。’學云：‘瞥起時如何？’師云：‘覺即失。’”

【升天堂】《正法念處經》云：“若持戒心念天樂者，斯人污淨戒，如雜毒水。以天樂無常，壽盡必退，當受大苦，是故當求涅盤。”

【窈】鳥[①]皎切，深也。

校勘：①“鳥”，當作“烏”。

【變影緣如】叢林説者多引《雜譬經》云：“夫婦二人向蒲桃酒瓮內欲取酒，夫妻兩人云見人影，二人相妒[①]，謂瓮內藏人。二人相打，至死不休。時有道人爲打破瓮，酒盡了無二人，意解知影懷愧。佛以爲喻者，譬三界人不識五陰、四大苦空，身有三毒，生死不絕。”竊觀法眼命題，即與此説懸殊。詳讀《唯識論》偈，即符清涼所立題意，故唯識頌云：“現前立少物，謂是唯識性。以有所得故，非實住唯識。”又頌曰：“菩薩於定慧，觀影唯是心。義想既滅除，審觀唯自性。如是住內心，知所取非有。次能取亦無，後觸無所得。”學者宜細思頌意，當曉如如之旨。

校勘：①“妒”活字版作“妬”。

【咒咀毒藥】上職救切，祝也。下莊助切，謂使人行事，阻限於言。《法華·觀音普門品》重頌，什公不譯，諸師皆謂梵本中有。荆[①]谿云：

"此亦未測什公深意。"《續高僧傳》云："偈是闍那掘多所譯，智者出時，此偈未行。"《感通傳》韋將軍云："什師位階入地，深明佛理，善會秦言，翻譯《法華》尚遺《普門》之偈。"禮法師義疏云："凡咒②毒藥，乃用鬼法欲害於人，前人邪念，方受其害。若能正念，還著本人。"《譬喻經》中：有清信士，初持五戒，後時衰老，多有廢忘。爾時，山中有渴梵志從其乞飲，田家事忙，不暇看之，遂恨而去。梵志能起屍使鬼召得殺人，敕曰："彼辱我，往殺之。"山中有羅漢知，往詣田家，語言："汝今夜早然燈，勤三自歸，口誦守口，身莫犯偈，慈念眾生，可得安隱。"其人如教，通曉念佛誦戒。鬼至曉，求其微，尤無能害。鬼神之法，人令其殺即便欲殺，但彼有不可殺之德法，當却殺其使鬼者。其鬼乃恚，欲害梵志，羅漢蔽之，令鬼不見。田家悟道，梵志得活。《輔行》引云正是《觀音經》"還著於本人"之文。

校勘：①"荆"，當作"荆"。②"咒"，活字版作"呪"。

【朝烟】上知遙切，旦也。

【從緇】側持切，黑色繒也，謂釋氏之服飾也。僧傳謂僧慧、玄暢皆黑衣之傑。

【乞與】上音氣，亦與也。

【汪汪】烏光切，深廣貌。

【叏】正作夰，與鬧同，擾也。女教切。

注釋："叏""夰"乃"鬧"之俗字。

【卸腕】上四夜切，舍車解馬也。下烏貫切，腕握也。

【求戒】《五百問經》云："出家者，王法、父母不聽，爲得戒否？答云：不得。"《五分》云："一切殘疾惡狀貌，毀辱佛法者，皆不得度。"

【出家】《三千威儀經》云："出家行有終始，上中下三業。下者以十戒爲本，盡形壽受持，雖捨家緣，執作與俗人等；中者應捨作務，具受八萬四千向道因緣，身口意業未能具足清净，心結猶存，未能出離；上者根心猛利，應捨結使纏縛，禪定慧力，心能解脱，净身口意，出於緣務煩惱之家，永處閑静清凉之室。"

【羅睺羅】此云障蔽，亦云障月。《維摩詰經》："佛告羅睺羅：'汝行詣維摩詰問疾。'羅睺羅曰：'我不堪任詣彼問疾。憶念昔時，毗耶離諸長者子來詣我所，稽首作禮，問我言：唯羅睺羅，汝佛之子，捨轉輪王位，出家爲道，其出家者有何等利？我即如法爲説出家功德之利。時維摩詰來謂我言：羅睺羅！不應說出家功德之利。所以者何？無利無功德，是爲出家。有爲法者，可説有利有功德。夫出家者，爲無爲法，無爲法中無利無功德，乃至若能如是，是真出家。於是維摩詰語諸長者子：汝等於正法中，宜共出家。所以者何？佛世難值。諸長者子言：我聞佛説，父母不聽，不得出家。維摩詰言：然汝等便發阿耨多羅三藐三菩提心，是即出家，是即具足。'"

【桉指】《楞嚴》："如我桉指，海印發光；汝暫舉心，塵勞先起。"

【三業】《攝論》云："菩薩戒以身口心三業爲體，聲聞戒以身口二善業爲體。"

【四攝】一、布施攝，饒益衆生故；二、愛語攝，方便開導故；三、利行攝，以利它行故；四、同事攝，作業同它故。

【馬勝】馬勝比丘入城乞食，威儀可觀，飛鳥爲之盤旋，奔馬爲之駐足。

【驚懾】質涉切，失氣貌。

注釋：驚，恐懼，惶恐。《爾雅・釋詁上》："驚，懼也。"《古今韻會舉要・庚韻》引《增韻》："驚，惶也。"懾，害怕，恐懼。《玉篇・心部》："懾，怯也，懼也。""驚""懾"同義復詞，驚懾，同義復詞，義謂驚慌，害怕。

【殄】徒典切，盡也。

【斟酌】音針灼。斟，勻也。酌，盛酒行觴也。

【名邈】上彌正切，目諸物也。下當作貌，墨覺切，容也。名物之形容，故曰名貌。

注釋："貌"原來應該作"邈"。蔣禮鴻《敦煌變文字義通釋》："貌'本義爲容貌，當動詞用時，爲圖寫容貌義，讀入聲。""貌""邈"通用，始見於唐代，如韓愈楸樹詩"不得畫師來貌取"，朱文公校注："貌'音邈，或作'邈'。"禪籍中二者亦可通用。《雪竇顯和尚頌古》："啄覺猶在殼，重遭撲天下。衲僧徒名邈。"《古尊宿語録》卷三六《投子和尚語録》："問：'如何是祖佛未經歷處？'師云：'名邈不得。'"又《天聖廣燈録》卷二〇《益州鐵幢覺禪師》："上堂云：'正法無言，何勞名貌。'"同書卷二五《郢州興陽山法深禪師》："道無方所，非言語之所論；法非名相，豈意識三度量。本自圓成，何勞名貌。"可見"邈"與"貌"皆作"圖寫"義解。

【彌忒】上民卑切，益也。下惕德切①，疑也。

注釋：①"忒"，《廣韻》他德切。

【我生太晚】道藏《化胡經》："天尊敬佛，説偈云：'願採優曇花，願燒㮹檀香，供養於佛身，稽首禮定光。佛生何以晚？泥洹一何早？不見釋迦文，心中常懊惱。'"《辨正論》桉《西域傳》云："老子至罽賓國，見浮圖，自傷不及，乃説偈供養，對像陳情云：'我生何以晚？佛出一何早？不見釋迦文，心中常懊惱。'"裴子野《高僧傳》云："晋惠帝時，沙門帛遠，字法祖，每與祭酒王浮共諍邪正，浮屢屈焉。既嗔不自忍，乃托《西域傳》爲《化胡經》以誣佛法。遂行於世，人無知者，睞有所歸，致患累載。"《幽冥録》云："蒲城李通死，來云：'見道士王浮身被鏁械，見沙門法祖爲閻羅王講《楞伽經》，王浮求祖懺悔，祖不肯赴。孤負聖仁，死方悔也。'"

【因道德經】《昔之得一章》云："貴以賤爲本，高以下爲基。是以侯王自謂孤、寡、不穀，此以其賤爲本邪？非乎？故致數輿無輿。不欲琭琭如玉，落落如石。"《天下皆謂章》云："我有三寶，保而持之。一曰慈，二曰儉，三曰不敢爲天下先，故能成器長。"《不尚賢章》云："不尚賢，使民不爭；不貴難得之貨，使民不盜；不見可欲，使心不亂。是以聖人之治，虛其心，實其腹。"

【疏古】山於切，通也，疏通古人之二意。一、《信心銘》云："眼若不睡，諸夢自除。心若不異，萬法一如。"其二明洞山悟無情説法頌："也大奇！也大奇！無情説法不思議。若將耳聽終難曉，眼裏聞聲方得知。"

【謎】彌計切，隱語也。

【仰山氣毬】見《祖英》氣毬頌。

【四皓】見《祖英》商山頌。

【稟】筆錦切，依也。

【爰自】上元切，引也。謂引辭也。

【累稔】忍甚切，秋穀熟也。

【隨色摩尼】《圓覺》："譬如摩尼寶珠映於五色，隨方各現。"

【馴淑】上松倫切，順也。下神六切①，善也。

注釋：①"淑"，《廣韻》殊六切。

【八功德水】《稱讚净土經》云："八德者：輕、清、冷、軟、美、不臭、飲時調適、飲已無患。"吳興①法師云："清是色入，不臭是香入，輕、冷、軟是觸入，美是味入，調適、無患是法入。"

校勘：①"臾"，當作"興"。

【東堂】見《風穴》。

【南華】莊子號也。莊姓，名周，字子休，生宋國睢陽蒙縣。師長桑公子，受號南華真人。

【越嶠】渠廟切，山銳而高也。山之別名。如藥山，或云藥嶠是矣。

【設利】具云設利羅，又云舍利，並翻骨身。

【起獻】起塔以獻佛僧，生天之報明矣。

【傷薤】漢田橫死，門人傷之，遂爲悲歌言："人命如薤上露，易晞滅也。"亦謂人死精魂歸於蒿里，故辭有二章。其一曰："薤上朝露何易晞？明朝更復露。人死一去何時歸？"其二曰："蒿里誰家地？聚斂魂魄無賢愚。鬼伯一何相催促？人命不得久踟蹰。"至李延年，乃分爲二章，《薤露》送王公富貴，《蒿里》送大夫士庶，使挽柩者歌之，呼爲挽歌。《世說》云挽歌起於田橫。工部郎中嚴厚本云其來久矣。桉《左氏傳》云："會吳子伐齊，將戰，公孫夏命其徒歌虞殯，示必死也。"

【對川】見《祖英》逝水。

【榑桑】音符。《說文》云："神木也，日所出。"

【裹裹】當作嫋嫋。乃了切。嫋，妍也。杜詩所謂隔户楊花弱嫋嫋。裹，騕裹，馬名。非義。

注釋："裹""嫋"《廣韻》皆爲奴鳥切，泥母篠韻上聲。二字音同。又《古今韻會舉要》卷十四"上聲"："嫋，《楚辭》：'嫋嫋兮秋風。'通作裹。""裹"爲"裹"之俗字。《正字通·女部》："嫋，通作裹。"可知"裹"爲"嫋"之假借。

【虬龍】上渠幽切，龍屬。一曰龍子，有角者一。

【嵋】音眉。山嵋如山顏、山腰之類是矣。

【城隍】音皇。《說文》："城，池也。有水曰池，無水曰隍。"

【龍安都監】都監，南唐僧徒職事之稱。

【一漚】木平善導初參洛浦，問："一漚未發已前，如何辨其水脉？"浦云："移舟諳水勢，舉棹別波瀾。"導不愜意，乃參龍盤，語同前問。盤云："移舟不別水，舉棹即迷源。"洛浦，本作樂普。

【窈絕】當作杳絕，杳冥也。故字從日，在木下。窈，深遠也，非義。

注釋："杳"，《說文·木部》："杳，冥也。"段玉裁注："杳，引申爲凡不見之稱。”“杳”“絶”同義連文，義謂消失。“窈”與“杳”相通，世俗文獻已見。《莊子·在宥》：“至道之精，窈窈冥冥。”《意林》《神仙傳》引窈窈作杳杳。《莊子·天運》：“居於窈冥。”《北堂書鈔》卷一○五引窈作杳。

【筠籜】上於倫①，竹青皮。下音托，筍皮。

校勘： ①“倫”字下，脱“切”字。

【紈素】上胡官切，細絹也。

【禪宛】當作禪苑。吾佛始説法於鹿野苑中，故名禪居爲禪苑也。

注釋：“宛”，《説文·宀部》：“宛，屈草自覆也。从宀，夗聲。”“苑”，《説文·艸部》：“苑，所以養禽獸也。从艸，夗聲。”“宛”通“苑”。《詩·秦風·蒹葭》：“宛在水中央。”陸德明釋文：“本亦作苑。”《莊子·天地》：“適遇苑風於東海之濱。”陸德明釋文：“苑，本亦作宛。”

【笑我爲僧】《正理論》云：“爲僧者，完聲色，遵梵行也；剃除須髮，去華競也；俯容蕭質，不忘敬也；分衛乞食，拾糞掃衣，支身命也；清虛恬淡，順道性也。”

【猿狖】音抽①。鼠屬，善旋。

校勘： ①“抽”，當作“柚”。

【睳】玄圭切①，盯睳也。

注釋： ①“睳”，《廣韻》户圭切。

【偶竊古人】古人，謂南嶽齊己師也。《宋傳》云：“師諱齊己，秉節高亮，氣貌劣陋，性耽吟詠，視其名利，悉若浮雲。初參德山，後於石霜法會請知僧務。頸有瘤贅，時號詩囊。栖約自安，破衲擁身，枲麻纏膝，愛樂山水，懶謁王侯。有夏日草堂詩云：‘沙泉對草堂，紙帳卷空床。静是真消息，吟非俗肺腸。園林坐清影，梅杏嚼紅香。誰住原西寺？鍾聲送夕陽。’”枲，想止切，麻也。

【伽陀】此云諷頌，亦云不頌頌，謂不頌長行故。或名直頌，謂直以偈説法故。今儒家所謂游揚德業，褒讚成功者，諷頌也。所謂直頌者，自非心地開明，達佛知見，莫能爲也。今時輩往往謂頌不尚綺靡，率爾可成，殊不知難於世間詩章遠甚。故齊己龍牙序云：“其體雖詩，其旨非詩者，則知世間之雅頌與釋氏伽陀固相萬矣。”

【眠槎】鉏加切，枯木也。

【白菌】渠殞切。地生曰菌，木生曰蕈。

【壞地】汝兩切，柔土也。

【黃菁】《博物志》云："天姥謂黃帝曰：'太陽之草名黃菁，餌之可以長生。'"八月採根，九蒸九暴作，果甚甘美，而黃黑色，今山谷皆有。菁，音精。

【高座寺】西域三藏吉友，此云高座。國王之子，讓國與弟，出家。譯《孔雀經》，善咒法。謝琨爲建寺，故以爲名。

【城闕】當作城闕。

【遠墅】上與切，田廬也。

【竹屨】俱遇切，履也。

【鷗共樂】海上之人有好鷗鳥者，每旦之海上，從鷗鳥遊，鷗鳥之至者，百數而不止。其父曰："吾聞鷗鳥皆從汝遊，取來吾玩之。"明日之海上，鷗鳥舞而不下也。說者曰："心動於内，形變於外，禽鳥猶覺，人理豈可詐也？"見《列子》。

【菊隨歌】晉陶潛九月九日無酒，於宅邊菊叢中，摘盈滿把，坐其側，望見白衣人，乃王弘送酒，即便就酌而後歸。

【龍鍾】當作躘蹱。行不進貌。

注釋：龍鍾，義謂身體衰老，行動不靈便。北齊杜弼《檄梁文》："委慈母似脫屣，弃龍弟如遺芥，龍鍾稚子，痛苦成行。"按韓愈《五百家注昌黎文集》卷九《送侯喜》"已作龍鍾後時者"，韓曰："《廣韻》龍鍾，竹名。世言龍鍾，蓋取此謂年老如竹之枝葉摇曳，有不能自恃也。""龍鍾"理據義已明，無須改作"躘蹱"。

【蓮比目】《維摩》寶積長者偈云："目净修廣如青蓮，心净以度諸禪定。久積净業稱無量，導眾以寂故稽首。"楚法師云："西方青蓮花葉有大人目相，故以蓮比目也。"

【貽】盈之切，與也。

【木鐸】《論語》："天將以夫子爲木鐸。"說者曰："木鐸，施政教時所振也。言天將命孔子制作法度，以號令於天下。"

【寬樹陰】《本行經》云："太子與父王釋種出野遊觀，見世間眾生極受諸苦，所謂生、老、病、死，不能得離。欲求寂靜，發遣左右，悉令散已，於閻浮樹下結跏趺坐，諦心思惟，即得初禪。時净飯王須臾之間不見太子，遂遣尋覓，乃見太子在閻浮樹下，一切樹影悉移，唯閻浮陰悉覆太子。"

【乞食頭陀】《善見律》云："乞食者，三乘聖人悉皆乞食。"《薩婆多》受乞食法者："一、以在眾因緣故，多諸惱害；二、以鞭打僧祇人民，共相嗔惱，多諸非法，食不清淨；三、以觀它意色，心常不安；四、少欲知足，修四聖種，受檀越請，亦有過失。以請因緣，先粗者更令精細，若少勸多，若無兼味，教增眾饌，心有希望，即非久欲聖種之法，常懷彼我得失之心，若乞食者蕭然無繫意，無增減。又眾食有盡，乞食無盡。佛教弟子修無盡法。"梵云頭陀，此言抖擻。謂抖擻煩惱，離諸滯著也。

【倉堵】上千剛切。《說文》云："穀藏也，倉黃取而藏之，故曰倉。"下董五切，坦也，五版爲堵。

【康衢】四達謂之衢，五達謂之康。

【過午】時迦留陀夷日下晡時，著衣持鉢入舍衛城乞食。天陰夜黑，厚雲掣電霹靂，光亘然明。有一妊身婦女，出外汲水，電光中見迦留陀夷，大驚惶怖，便失聲言："毗舍支！"迦留陀夷言："我是沙門，非鬼。"婦人答言："若沙門者，不殺汝父，不害汝母，而墮我身。"時婦人往語十二法比丘，比丘往白世尊。世尊結戒："若比丘過中食者，波逸提。"毗舍支，此言顛狂鬼。

【匡阜】上曲王切，姓也。周有匡續先生，結廬於江州南障山，遂易名匡山，亦曰廬山。下扶缶切，大陸也。又山無石者曰阜。

【乾闥婆城】見《雪竇祖英》。

【螺女英】事見《閩越記》。其略云："有任氏子，家貧，以孝稱世。因釣得一巨螺，中有一女子，既將而歸，善織布。有識者曰：'此龍須布也。'倍與重價。任益喜，且足以養親。或曰：'此必龍女，領下必有明珠，可殺而取之，何止龍布之直耶？'任歸，將謀之，女遂化龍而去。"今閩中有螺江是也。

【飢饉】求貴切，餉饋也。

【酣】胡甘切，酒樂也。

【終豪】當作終豪，豪俠也。

【艷曳】上以贍切，下以制切。好而長也。

【馨香】上呼刑切，香而清遠曰馨。

【司徒大德】司徒，姓也。漢有複姓五氏：司馬、司功、司徒、司寇、司空，並以官爲氏。古沙門尚從俗姓，或從師姓，始道安法師以沙門從佛出家，方稱釋氏。今村俗猶以俗姓稱吾儕者，多矣。

【縷褐】隴主切，綫也。

【紀】音己。記也，記實而贈曰紀。

【隳】與墮同，許規切，毀也。

【玷】都念切。玉之内病曰瑕，瑕謂體破；外病曰玷，玷謂色污。

【僧伽】釋僧伽，何國人，姓何氏。始至西涼府，次歷江淮。當龍朔初年也，即隸名於山陽龍興寺。初將弟子慧儼同至臨淮，就信義坊居人乞地，下標志之言：「決於此處建立伽藍。」遂穴土，獲古碑，乃齊國香積寺也。得金像，衣葉刻普照王佛，居人嘆異。嘗臥賀跋氏家，身忽長其床榻各三尺許，次現十一面觀音形，其家舉族欣慶，遂捨宅焉，即今寺是也。中宗景龍二年，遣使詔赴内道場，帝御法筵，言談造膝，占對休咎，契若合符，仍褒飾其寺，曰普光王寺。四年，示疾，敕自内中往薦福寺安置；三月二日，儼然坐亡，神彩猶生，止瞑目爾。俗齡八十三，僧臘罔知。帝慘悼黯然，于時穢氣充塞而形體宛如，多見靈迹，敕有司給絹三百匹，俾回葬淮上，令郡官祖送，五月五日，抵于今所。帝以仰慕不忘，因問萬回公曰：「彼僧伽何人也？」曰：「觀音菩薩也。經不云乎，應以比丘身得度者，故見沙門相也。」見《宋僧傳》。

【謚應聖】應聖，南唐李氏謚也。楚、泗、江，此諸郡皆爲屬下，至李景時，方歸世宗，故李氏朝謚此偽號。《白虎通》曰：「謚者，何也？謚之爲言引也，引烈行之迹也，所以進勸成德，使上務節也。死乃謚之，何言人行始終不能若一，故據其始終，後可知也。」又曰謚者，別尊卑，彰有德也。

【三十二身】見《楞嚴·圓通品》，凡三十二應。

【異朕】當作異朕。

【忿怒】上撫吻切，恚也。

【捷疾】上疾葉切。鬼名。

【澄諠】況元切，雜也。

【焚黄】寵謚聖應之號，所以焚其敕黄。唐高宗上元二年，詔曰：詔敕施行既爲永式，比用白紙多有蟲蠹，宜令今後尚書省頒下，諸司州縣並用黄紙。

【哲后】明君也。

【關畿】音祈。王畿象日，地方千里。

【豪侈】敞爾切，奢也。

【睟容】雖遂力①，潤澤也。

校勘： ①“力”，當作“切”。

【元良】一有元良，萬國以貞太子之謂。見《禮記》。

【寶公】《梁傳》云：“釋寶誌禪師，金城人，姓朱氏。少出家，止道林寺修習禪定。宋大始初，忽居止無定，飲食無時，髮長數寸，徒跣執錫，杖頭摜翦刀、尺、銅鑑，或挂一兩尺帛，數日不食無飢容。時或謌吟，辭如讖記。天監十三年冬將卒，忽告眾僧，令移寺金剛神像出置於外，乃密謂人曰：‘菩薩將去。’未及旬日而終。”摜，古患切，貫也。

【柱天】展吕切，支也。

【副君】猶儲君也。

【縑緗】音兼厢。縑，並絲繒。緗，淺黃也。

【岑】小山而高。

【萬籟】落蓋切，物之有竅，風聲曰籟。

【簧】胡光切，笙中黃也。

【涯】音宜。

【邈不得】當作貌，莫角切，人顏狀也。

【僧繇】繇當作繇，音遥。張僧繇，吳人也。梁天監中，爲武陵王國侍郎直秘閣知畫事，歷右將軍、吳興太守。武帝以諸王在外，思欲見之，遣僧繇乘傳寫貌，對之如面也。張公骨氣奇偉，師模宏遠，真當世异。人見王彦遠名，盡記乘傳，若今之驛。傳，直戀切。

【金峰】師名從志。前住撫州金峰，嗣曹山寂。嘗有僧問：“金杯滿酌時如何?”師云：“金峰不勝酪酊。”後住金陵報恩。入滅，謚圓廣禪師。

【伽耶】此言城。

【雲居】師諱懷岳，嗣雲居膺，爲第四世，號達空禪師。嘗有僧問：“如何是一丸療萬病底藥?”師云：“汝患甚麽?”

【尼連】此云不樂著，又云有金河。

【鐘虛】當作鍾虛。當也，聚也。

【巘翠】語寒切，山形似甑也。

【寥沈】上正作寥，下呼決切。寥，沈空貌。下傚此。

注釋：“寥”“寥”《廣韻》皆讀落蕭切，來母蕭韻平聲。又《韓非子·主道》“寥乎莫得其所”，王先慎集解引顧廣圻曰：“寥，讀爲寥。”“寥”與“寥”通，而非正俗體關係。“寥沈”與“沈寥”當爲同素异序詞。沇溟，空曠貌。《楚辭·九辨》：“沇溟兮天高而氣清。”王逸注：“沇溟，曠蕩空虛也。”

【其被】平義切，及也。

【喻月】如標月指。

【示筌】取魚以筌。

【乃兆】直紹切①。《說文》云：“灼龜坼也。”

注釋：①“兆”，《廣韻》治小切。

【鼓山】師諱神晏，大梁李氏子。幼不茹葷，聞鐘梵即欣然。年十五感疾，夢神人與藥即愈，遂依衛州白鹿山受業。具戒，杖錫遊方，造雪峰，峰撫而印之。閩師開鼓山，創禪居，請揚宗旨。僧問：“如何是包盡乾坤底句?”師曰：“近前!”僧近前。師曰：“鈍躓殺人!”曰：“如何紹得?”師曰：“犴豾無風，徒勞展掌。”後賜號興聖國師。

【峭】七肖切，峻也。

【木平】袁州木平山真寂禪師，諱善導。頂有肉髻螺文。金陵李氏慕其道，待以師禮，嘗問：“如何是木平?”師曰：“不勞斤斧。”曰：“如何不勞斤斧?”師曰：“向道木平。”師滅後，門人建塔，刊石影，故法眼贊之。

【巨溟】忙經切①。巨溟，大海也。

校勘：①“溟”，《廣韻》莫經切。

【繕妙】上時戰切，治也。

【華亭裔】木平嗣龍盤文，文嗣夾山會，會嗣華亭船子誠。

【挺】待鼎切，拔也。

【寫氎】後漢永平十年乙丑正月十五日，孝明帝夜夢金人，身長丈六，紫磨金色，頂有圓光，赫奕如日，來詣殿前。帝驚異，詔群臣問曰：“此爲何瑞? 是何神人?”時有通事舍人傅毅及大史令蔡愔等，對曰：“臣聞得道天竺者，號之爲佛，不言而自信，不治而不亂，巍巍乎獨出三界之外，飛行自在，人無能名焉。此聖者滅後一千年，外有教當被此土。陛下所夢，將必是乎。”帝即遣羽林郎秦景、博士王遵等一十四人迎佛教，至大月氏國，果遇摩騰、竺法蘭，以白氎畫釋迦像，並《四十二章經》，載以白馬及修多羅等教。至永平十四年戊辰之歲十二月三十日，摩騰達於洛陽。明晨，竺法蘭至。

【雕檀】見《池陽問》優填雕像。

【刊】丘寒切，削也。

【奕奕】音亦，太也。

【道歟】音余，與歟同，語終之辭。

【師名】尋僧史，師號遠起梁武帝，號婁約法師。次隋煬帝號智顗禪師並爲智者，無大師二字。唐中宗號萬回爲法雲公，加公一字。玄宗開元中，有慧日法師。中宗朝，得度師義淨遊西域回，進真容梵夾，賜號慈敏，亦未行大師之字。穆宗朝，天平軍節度使劉總奏乞出家，賜紫衣，號大覺師，止師一字。至懿宗朝，咸通十一年十一月十四日延慶節，因內談論左街雲顥，賜三慧大師；右街僧徹，賜淨光大師。師號，懿宗朝始也。顥，音皓。

【二世】五代亂離，十國遍霸，劉陟據廣州稱漢，僭帝號，據嶺南北四十七州。至大有十五年卒，子玢立號二世。陟更名龑，音儼。份①，音彬。

校勘：①“份”，當作“玢”。

【不員俗拜】當作不負俗拜。負，恃也。一曰受貸不償。

【耆年】渠伊切，老也。一曰至也，至於老境。又云指也，謂指事於人，不自執役也。

【迥】戶頂切，遠也。

【陂】音碑，潭障也。

【凜】力錦切，寒也。

【駢羅】上蒲眠切，交駢也。

【永安淨悟】嗣福州怡山長慶稜。師名懷烈，住撫州永安。僧問：“怡山親聞一句，請師爲學人道。”師曰：“向後莫錯舉似人。”

【不確】克角切。謂不類也。

【橋杓】酌音，橫木渡水。

【峰峙】之里切，峻也。

【和龍妙空】師名守訥，福州閩縣人，姓林氏。受業於古田之壽峰，嗣法於雪峰存禪師，住池州和龍山壽昌院，號妙空禪師。嘗有僧問：“如何是傳底心？”師曰：“再三囑你莫向人說。”

【百丈明照】安禪師，本新羅人，參疏山仁，住洪州百丈，號明照禪師。嘗有僧問：“如何是和上家風？”師云：“巾寸半布。”

【嚴陽尊者】尊者得法於趙州諗，洪州武寧縣新興人也。所居常有一蛇一虎從其左右，常手飼之。僧問："如何是佛？"曰："土塊。""如何是法？"曰："地動。""如何是僧？"曰："喫粥喫飯。"

【一馬】萬物一馬，謂絕待也。

【汝江】在撫州。襲嗣疏山仁，仁嗣洞山价，价嗣雲岩晟，晟嗣藥山儼。

【澄澹】須閏切，深通川也。

【涵潤】胡南切，水澤多也。

【遊刃】《莊子》："恢恢乎其於遊刃必有餘地。"

【氿潭】當作泐，音勒，水石理也。《周禮》："石有時而泐。"氿，水聲，非義。

注釋：按：泐潭，潭名。在江西省高安縣洞山。相傳唐代禪宗曹洞宗良价禪師與其弟子本寂曾居此習禪。"氿"與"泐"通。

【泥空】乃計切，滯泥也。

【儼若】《曲禮》："儼若思。"説者曰："儼，矜莊貌。人之坐思，貌必儼然。"

【瀛海】上怡成切，亦海也。

【淡泞】下文呂切，澄静也。

【荷玉】師諱光慧，嗣曹山寂。初住龍泉，後住撫州荷玉山，號玄悟大師。嘗有僧問："機關不轉，請師商量。"師曰："啞得我口麼？"

【蟾蜍】下正作蜍，音余。

注釋："蜍"乃"蜍"的訛誤字。

【法旛】正作幢，寶江切。《釋名》："幢，童也。其貌童童然。"《演義》云："如猛將幢，降伏一切魔軍也。"

注釋："幢"，《廣韻》宅江切。楊慎《古音叢目》卷一："旛，幢同。"《康熙字典》"方部"："旛，'轉注古音'與幢同。"法幢指寫有佛教經文的長筒形綢傘或刻有佛教經文、佛像等的石柱。

【拘尸焚燎】拘尸，此云角城。城有三角，故以名焉。《涅盤》云："爾時，世尊在拘尸那城告諸大眾：'吾今背痛，欲入涅槃。'即往熙連河側娑羅雙樹下，右脅怕然宴寂。瞿那慟哭，八部傷薤，以至金棺從座而起，高七多羅樹，往返空中，化火三昧，須臾頃間，灰生四樹，收舍利八斛四斗。"燎，音了。

【同安】師名常察，居九江鳳栖之同安院，嗣九峰虔。虔嗣石霜普會諸，諸嗣道吾智，智嗣藥山儼。師於藥山爲第五世。僧問："學人未曉時機，請師指示。"師曰："參差松竹凝烟薄，重疊峰巒月上遲。"

【霧學】當作務學。楊子："務學不如務求師。"

【逴憧】尺容切。《易》："憧憧往來，朋從爾思。"

【霰】蘇佃切，雨雪雜貌。《釋名》曰："星也，雨雪相搏，如星而散。"

【歸宗章】師名弘章，嗣法歸宗懷惲。後繼住歸宗，爲第四世。嘗有僧問："混然覓不得時如何？"師云："是甚麼？"

【誰何】猶如何，借問也。見《西漢·注》。

【闇投】明月之珠，夜光之璧，以闇投人於道路，眾莫不按劍相眄。見《文選》。

【囊錐】見《雲門》壽穎。

【瞻顒】魚容切，仰也。《爾雅》云："顒顒卬卬，君之德也。"

【日東】即日本國也。《唐書》："日本，古倭國也。去京師萬四千里，直新羅東南，在海中，島而居，東西五月行，南北三月行。國無城郭，聯木爲柵落，以草茨屋，左右小島五十餘，皆自名國，而臣附之。其俗多女少男，有文字，尚浮圖法。其俗推①髻，無冠帶，跣以行，幅巾蔽後，貴者冒錦。婦人衣純色裙，長腰襦，結髮於後。元②亨元年，遣使賀平高麗，稍習夏音。惡倭名，更號日本。使者自言，國近日所出，以爲名。"秦徐福止此爲蓬萊，至今子孫皆曰秦氏。

校勘：①"推"，《唐書》作"椎"。②"元"，《唐書》作"咸"。

【華夏】謂中華大夏。

【疨承】上去吏切，數也。

【雞林】《十洲記》云："雞羅國、雞林府，皆海外國名。"

【華京】京，大也。中國之大，無如京師。《公羊傳》曰："京者，大也；師者，眾也。天子之居，必以眾大之辭言之。"

【宸宸】上音辰，下隱豈切。戶牖之間謂之宸。言天子之所居。

【赬紫】上丑貞切。赤色謂朱紫也。

【蝟張】上音謂。蝟張，言其鋒鋩不可觸也。

【廬山開先】開山圓智禪師，諱紹宗，姑蘇人。得法於長慶稜，結庵於虔州了山二十載。國主李氏建開先道場，命師主之，主躬入山請宣法要。僧問："如何是開先境？"云："最好是一條界破青山色。""如何是境中人？""拾枯葉，煮布水。"師後終於所栖，遂塔焉。

【遺珦】上以醉切，下音向。

【焰水】陽焰如水，言其幻也。

【矗直】上音畜，長直貌。

【布袋和尚】居明州奉化縣，未詳氏族，自稱名契此，時號長汀子。五代初，示滅於岳林寺東廊，端坐石上，説偈云：“彌勒真彌勒，分身千百億，時時示時人，時人自不識。”偈畢，怡然而化。本朝諡定應大師。

【籌盈一馬】《莊子》：“萬物一馬。”注：“馬，戲籌也。”

【齅】與齅同，許救切。鼻就臭也。

注釋：“齅”“嗅”爲古今字。“齅”，《説文·鼻部》：“以鼻就臭也。”朱駿聲《説文通訓定聲》：“齅，字亦作嗅。”《漢書·叙傳上》“不齅驕君之餌”，顏師古注：“齅，古嗅字也。”《六藝之一録》卷二百五十四：“齅，古嗅字。”《論語·鄉黨》“三嗅而作”劉寶楠正義：“嗅，即齅別體。”

【薝蔔】此云黃色花，其香甚盛，花似此方梔子。

【無生忍】《五門禪經》云：“於一切眾生忍辱不嗔，是名眾生忍。得眾生忍者，易得法忍。得法忍者，所謂諸法不生不滅畢竟空相。能信受是法忍者，是名無生忍。”

【保大】即江南李景所立年號。

【獼猴】吾佛隨類化身獼猴、鹿、馬、巨嶽、巔山。

【雪髯】如占切，頰須。

【須彌頂】孤，此贊斷章，脱“孤”字，見古本。

【循省】猶善察也。

【苦空】謂苦空無常四諦之法。

【花巾結】見《雪竇瀑泉》花巾。

【參同契】法眼作注，似不相貫攝，竊觀上堂稱提，頗符石頭之意，今謹録之。云：“出家人但隨時及節便得，寒即寒，熱即熱。欲知佛性義，當觀時節因緣。古今方便不少，不見石頭和上因看《肇論》，云：‘會萬物爲己者，其唯聖人乎！’它家便道：‘聖人無己，靡所不己。’有一片言語喚作《參同契》，末上云：‘竺土大仙心。’無過此語也，中間也只隨時説話。上座今欲會萬物爲己者，蓋爲大地無一法可見。它又囑云：‘光陰莫虛度。’適來向上座道，但隨時及節便得。若也移時失候，便是虛度光陰，非色中作色解。且道色作非色解，還當不當？上座若與麼會，便是没交涉，正是癡狂兩頭走，有甚麼用處？上座但守分隨時過好。”

卷七

《蓮華峰語録》

蓮華峰，即天台之別山，韶國師示寂之地。國師生處州龍泉，俗姓陳氏。年十五，有梵僧見而异之，因勸出家，具戒於信州。至後唐同光中，遊方，謁投子大同、龍牙居遁、疏山本仁，凡五十四過，皆未領旨。晚謁撫州崇壽文益，隨眾坐夏，忽聞僧問："如何是曹源一滴水？"益曰："是曹源一滴水。"師豁然知歸。後遊天台，訪智者遺踪有若舊居，遂卜築焉，人皆謂之智者後身。師後於般若寺開堂説法。僧問："櫓棹俱停時如何？"曰："慶汝平生。"問："如何是三種病人？"曰："恰問著。"問："如何是古佛心？"曰："此問不弱①。"問："如何是無憂佛？"曰："愁殺人。"問："如何是沙門眼？"曰："黑似漆②。"問："絶消息時如何？"曰："謝指③示。""如何是絶滲漏底句？"曰："汝口似鼻孔。"後吳越國王事以師禮，因扣法要。師志好岑寂，不遊聚落，畢身林泉，王臣高之，所集禪要故以"韶國師蓮華峰語録"爲題。師終於開實④四年，年八十二。

校勘：①"弱"，五山版作"溺"。②"漆"，五山版作"漆"。③"指"，五山版作"拮"。④"實"，當作"寶"。

【國師】西域之法，推重其人，外内攸同，邪正俱有，舉國歸依，乃彰斯號。聲教東漸，唯北齊高僧法常，齊主崇爲國師。國師之號，自常公始。陳隋之代，天台智顗爲陳宣隋煬菩薩戒師，故時號國師。唐則天朝，神秀召入京師，及中、睿、玄，凡四朝，皆號爲國師。後有慧忠，肅、代二朝入禁中説法，亦號國師。元和中，敕署知玄號悟達國師。若偏霸①之國，則蜀後主賜右街僧録光業爲祐聖國師，吳越稱德韶爲國師。見贊②寧《僧史》。漸，音尖，流入也。

校勘：①"霸"，活字版作"覇"。②"贊"，五山版作"讃"。

【揣度】上初委切，試也。下徒落切，量也。

注釋：揣度，同義復詞，義謂忖度，估量。揣，《說文・手部》："揣，量也。從手，耑聲。度高曰揣。"《方言》卷十二："度高曰揣。"

【纂】作管切，集也。

【玄樞】昌朱切，本也。

注釋：玄樞，深奧微妙的義理。慧琳《一切經音義》卷一百"玄樞"："《周易》云：'樞，機口發。'韓康伯曰：'樞，機制動之主也。'《廣雅》云：'本也。'《文字典說》：'扇樞也，從木區聲。'""樞"之"機制動之主"，"本也"皆引申爲中心、關鍵。

【同岐】當從山，作岐道也。跂①足，多指也，非義。

校勘：①"跂"，五山版作"歧"。

【龜鑑】龜所以決猶豫，鑑所以辨妍蚩。

注釋：見卷二"龜鑑"條。

【阿那律陀】《楞嚴經疏》云："阿那律陀，此云無滅。白飯王子。以多睡故，如來呵之。從此精進，七日不眠，則失以目。佛令修天眼，繫念在緣，四大凈色，半頭而發，見障內外，明闇皆矚，臨①三千界如觀掌果，故云無目能見。"

校勘：①"臨"，五山版作"照"。

【跋難陀龍】此云賢喜。與難陀龍常護摩伽陀國，雨澤以時，國無饑年。瓶沙王年設大會①。報龍之恩，人皆歡②喜，從此得名。爲目連所降，無耳而聽，未詳緣起。跋，蒲末切。

校勘：①"會"，五山版作"會"。②"歡"，五山版作"歡"。

【殑伽神女】殑伽亦云恒伽，此云天堂來。河從無熱惱池南面銀象口出，流入東印土。主河之神是女，非鼻①聞香，未見其緣。殑，其陵切。

校勘：①"鼻"，五山版作"鼻"。

注釋：所述引自《首楞嚴義疏注經》卷四。

【驕梵鉢提】正云笈房鉢底，此云牛相。故經云："我有口業，於過去世輕弄沙門，世世生生有牛呞病。"呞者，牛凡食後，常事虛哨，時人稱爲牛呞也。异舌者，未見別緣，或可既爲牛相，即牛舌也，而能辨了人所食味，故云异舌知味。呞，音詩。

注釋：所述引自《首楞嚴義疏注經》卷四。

【舜若多神】此云空，即主空神也。無色界天亦是此類，隨其所主亦無色質。既爲風質者，此約體不可見，故云元無，以佛力故，故曰能暫見，亦顯有定自在色無業色也。無色界天泪下如雨，正同此事。

【摩訶迦葉】得滅盡定，大小俱有。然修意不同，謂滅六全，盡七染分。摩訶迦葉入雞足山待彌勒佛，《俱舍》即云已入涅[①]槃，餘説入定。聖説雖爾[②]，若今《楞嚴》付囑阿難，故知入定、涅槃俱不可測。既知身在，已滅意根，圓明了知，不妨作用。故維摩云"不起滅定而現諸威儀"即斯義也。然上所説，欲顯真覺，不假根塵，且引六人略以爲比，於中有業報者，有修得者，有發真者，修得發真正是真用業報所感，以淺況深，俱是[③]不由於根而覺知無失耳。

校勘：①"涅"，五山版作"涅"。②"爾"，五山版作"尔"。③"是"，五山版"足"。

注釋：所述引自《首楞嚴義疏注經》卷四。

【騰古】徒燈切，傳也。

注釋：騰，《廣韻》徒登切。"騰"作"傳"義，不妥。騰，超，過也。慧琳《一切經音義》卷六九："騰，《考聲》：'超也。'集作騰，俗字也。"《楚辭·離騷》："路脩遠以多艱兮，騰眾車使徑待。"王逸注："騰，過也。"騰古，即越古，超越古代。明群珍《西洋番國志·自序》："製作謀謨，騰古邁今。"

【無適】都歷切。無適無莫，謂無親疏也。

注釋："無適"非詞。"適莫"，指用情的親疏厚薄。以《後漢書·李燮傳》"時潁川荀爽、賈彪，雖俱知名而不無適莫，世稱其平正"爲例。"無"否定詞。"無適莫"，用情沒有親疏厚薄。

【音聲佛事】華嚴疏主引《楞伽》四云："大慧！非一切佛土言語説法，故有國土直視不瞬，口無言説，名爲説法，乃至云有佛國土動身名説。又香積世界食香飯而三昧顯，極樂佛國聽風柯而正念[①]成，絲[②]竹可以傳心，目擊以之存道。既語默視瞬皆説，則見聞覺知盡聽，苟能得法契神，何必要因言説？況華嚴性海，雲臺寶網同演妙音，毛孔光明皆能説法，花香雲樹即法界之法門，刹土眾生本十身之正體。"

校勘：①"念"，五山版作"念"。②"絲"，五山版作"絲"。

注釋：人於耳根者，稱爲音聲。佛濟度眾生之事業，或以光明，或以佛身，或以香飯、衣服、臥具等，總稱爲佛事。在娑婆世界中，不依他種方法，而獨以音聲爲説法，稱爲音聲佛事。

【風幡】國師上堂云："古聖方便猶如河沙。祖師道：'非風幡動，仁者心動。’斯乃無上心印法門。我輩是祖師門下客，合作麼生會祖師意？莫道風幡不動，汝心妄動；莫道不撥風幡，就風幡通取；莫道風幡動處是甚麼。有云道附物明心，不須認物；有云色即是空；有云非風幡動，應須妙會。如是解會，與祖師意旨有何交涉？既不許如是會，諸上座便合知悉。若於者裏徹底悟去，何法門而不明？百千諸佛方便一時洞了，更有甚麼疑情？所以古人道：‘一了千明，一迷萬惑。’上座豈是今日會得一則，明日一則又不會也？莫是有一分向上事難會？下劣凡夫不會麼？如此見解，設經塵劫，只自勞神乏思，無有是處。”見《傳燈》。

【風鈴】伽耶舍多初見十七祖僧伽難提時，持一寶鑑趨迎於前，難提問曰：“汝持圓鑑，意欲何爲？”舍多童子乃以偈答曰：“諸佛大圓①鑑，內外無瑕翳，兩人同得見，心眼皆相似。”父母以其與難提應對有異，遂使之出家。難提受之，携還精舍。它日風撼其殿之銅鈴，鎗然發聲，復問曰：“鈴鳴乎？風鳴耶？”答②曰：“非風非鈴，我心鳴爾。”鎗，音湯。

校勘：①“圓”，五山版作“圓”。②“答”，五山版作“荅”。

【舜視】上當從目作瞬，音舜，開合目數搖也。

注釋：瞬視，同義複詞，即目眨動。“瞬”，正作“瞚”。《說文·目部》：“瞚，開闔目數搖也。”徐鉉曰：“今俗別作瞬。”“舜”，本作“舜”。《說文·舜部》：“舜，艸也。从舛，舛亦聲。”“舜”當爲“瞬”之借字。

【五運】《乾鑿度》云：“夫有形者，生於無形，則乾坤安從而生？故有太易，有太初，有太始，有太素，有太極。太易者，未見氣也；太初者，氣之始也；太始者，形之始也；太素者，質之始也。氣形質具而未相離，謂之渾沌。”渾沌即太極也，運即運數也。

【採菽氏】梵云大目乾連，此言採菽，姓也。上古有仙居山寂處，常採菉豆而食，因以爲姓，目連其母是其族也。字拘律陀，此樹名也，即無節柳樹神。父母無子，求此樹而生，故以爲名。

【奔驟】鉏祐切，疾走貌①。

校勘：①“貌”，活字版作“皃”。

【燥動】當作躁，則到切，動也。燥，先到切，乾也，非義。

【鼓籥】以灼切。囊籥，無底器也。

【俱尸羅】見《祖英》三尺丈六說。

【楞嚴三昧】《智論》云：“秦言健相。分別知諸三昧行相多少深淺，如六①將知諸兵力多少。菩薩得是三昧，諸煩惱魔及魔、人無能壞②者，譬如轉輪王兵寶將所住至處，無不降伏。"

校勘：①"六"，《大智度論》作"大"。②"壞"，五山版作"壞"。

【節樏】當作節峻。

【唯諦】當作唯帝。按草堂沙門飛錫撰《南陽國師碑①》云："白雲志高，青松節峻，唯帝之師，親傳法印。解深貌古，言巇理順，不有定門，將何演頓？"蓋叶韻而作，即知節樏、唯諦之誤矣。

校勘：①"碑"，五山版作"碑"。

【蟾影臨天】蟾，蝦蟆也。羿妻姮娥竊不死藥服之，奔於月宮居焉，是爲蟾蜍也。故今以月影爲蟾影。

【醶澹】澹當作淡，薄味也。澹，水也，非義。

注釋：按"澹""淡"《廣韻》皆爲徒敢切，定母敢韻上聲；"澹"與"淡"相通。

【無心】《寶積》："恒河上優婆夷言：'所說無心，欲明何義？'世尊告曰：'此法非思惟之所能知，亦非思惟之所能得。何以故？此中心尚不可得，何況心所生法？以心不可得，是即說名不思議處。此不思議處，無得無證，非染非净。'"

【珂雪】丘何切，石次玉也，亦瑪瑙潔白如雪者，一曰螺屬。

【該】古開切，備也。

注釋：該，《廣韻》古哀切。

【三性】賢首《金師子》云："迷心所執，計有相生，以爲實者，謂之遍計性也；不了緣生，依它性也；依它無性，即圓成。隨舉一法，三性具矣。"謂師子情有，名爲遍計。説者曰："謂一切眾生無始以來煩惱業習癡迷不了，周遍計度心外有法，顛倒取捨，隨情起惑，自纏自縛，枉受輪回①。"師子似有名爲依它②。説者曰："謂一切眾生依真起妄現，似有之法，妄執依心，內外不實，故論云：依它起自性，分別緣所生。"金性不變，故名圓成。説者曰："圓而不減，成而不增。師子雖則相殊，金且不壞。謂與自心爲緣，心法方起，今了緣無體，依心方現。無自體生，是爲依它。無生性由二義現前，乃爲圓成勝義性也。經云：'從無住本，立一切法。'"

校勘：①"回"，五山版作"迴"。②"心"，五山版作"它"。

【雜毒】見《池陽問》智爲雜毒。

【佛佛授手】《泥①洹經》云：“佛將入滅，命羅漢十萬比丘授手，又將左手伸向阿難、羅云，又將阿難、羅云手授與它方化佛，表囑累故。”

校勘：①“泥”，五山版作“尼”。

【顛倒】顛，頂也。顛倒則首不正，而與草木爲類。

【海印三昧】海印者，真如本覺也。妄盡心澄，萬象齊現，猶如大海，因風起浪。若風止息，海水澄清，無象①不現。《起信》云：“無量功德藏，法性真如海。”所以名爲海印三昧也。

校勘：①“象”，五山版作“像”。

注釋：所述引自《修華嚴奧旨妄盡還源觀》。

【曦光】語見杜順《還源觀》：“用則波騰鼎沸，全真體以運行，體則鏡净水澄，舉隨緣而會寂。若曦光之流彩，無心而朗①十方；如明鏡之端形，不動而呈萬象。”曦光謂日也。堯命羲氏、和氏掌之，故以日爲曦光。曦或作爔，或作羲，一義也。

校勘：①“朗”，五山版作“郎”。

【逝多】此云師子。

【九十六種】見《雪竇頌古》。

【四姓】一、婆羅門，此云净裔，又净行，又梵志，又捨惡法，貴族慕①道之種。二、刹帝利，此云土田主，王種。三、毗②舍，或云吠舍，此云商賈，又云坐，謂坐賈也。天竺多重寶貨，此等營求，積財巨億，坐而出納，故以爲名。四、首陀，又云戍達羅，此云農人，亦皂隸之徒。賈，音古。行曰商，坐曰賈。

校勘：①“慕”，五山版作“摹”。②“毗”，同“毗”。

【穆帝】當作刹帝。

【長者】一稱長者，體具十德：一、姓貴；二、高位；三、大富；四、威猛；五、智深；六、年耆；七、行淨；八、備禮；九、上嘆；十、下歸。

注釋：釋義出自《妙法蓮華經文句》卷五“世長者”之“十德”。

【居士】見《祖英》上。

【降誕】音但，育也。

【逆順入】謂入於初定。從初定起，入第二定；從第二起，入第三定；從第三起，入第四定；從第四起，入空處；從空處起，入識處；從識處起，入無所有處；從無所有處起，入非想非非想處；從非想非非想處起，次第逆入至初静慮。此皆諸佛、聲聞眾共有之法。若如來入自受用三昧，超諸等持，非諸聲聞可能測知。

【娑竭羅】此云鹹海。

【奮迅三昧】《大般若》五十二云："師子奮迅三昧者，於諸垢穢，縱任弃捨，如師子王自在奮迅。"奮迅，振毛羽狀。

【忉利】此云三十三，即須彌頂三十三天也。

【二諦】真諦、俗諦。諦，以審實爲義。

【八相】一、受胎；二、降生；三、處宮；四、出家；五、成佛；六、降魔；七、説法；八、涅盤①。

校勘：①"盤"，五山版作"槃"。

【括】古活切，至也。

【能遘】古候切，遇也。

【匡徒】去王切，正也。

【世表】陂矯切，外也。

【或地】或與惑①同，亂也。

校勘：①"或"，當作"惑"。

【龍華三會】龍華，樹也，其樹有華，華形如龍，故名龍華。經言：當來彌勒於此樹下説法度人，而有三會，初會先度釋迦所未度者，次度其餘，凡六十八億人，第二會六十六億，第三會六十四億。故曰龍華三會。

【渺】當作眇，亡①沼切，小也。渺，水貌②，非義。

校勘：①"亡"，五山版作"土"。②"貌"，五山版作"皃"，活字版作"兒"。

【踏寔】當作踏實。寔，音植，是也，非義。

注釋："踏實"的"實"當訓作"誠，不浮誇"。"寔"，《説文・宀部》："寔，止也。""寔"通"實"。朱駿聲《説文通訓定聲》：寔，叚借又爲實。《正字通・宀部》："寔，與實通。"

【橫生】上户孟切，非理而來曰橫。

【泯跡】弭盡切，盡也。

【料揀】上音寮，量也。下與柬同，分別揀之。

注釋："柬"，《説文・柬部》："柬，分別簡之也。"這個意義後來寫作"揀"。《集韻・産韻》："柬，或從手。"

【戢】阻亡切，斂也。

【詰】去言①切，問也。

校勘：①"言"，當作"吉"。

【薩婆若】此云一切智。

【懆動】當作躁動。懆，憂心也，非義。

注釋："懆"《廣韻》采老切，清母皓韻上聲；"躁"《廣韻》則到切，精母号韻去聲；"懆""躁"同屬宵部。"懆"與"躁"音近相通。"躁"《廣韻》："動也。"

【雲屯】徒渾切，聚也。

【鹿菀】當作鹿苑。苑，所以養禽獸。菀，草名，非義。

注釋："菀"通"苑"。"菀"《説文·艸部》："菀，茈菀，出漢中房陵。从艸，宛聲。"朱駿聲《説文通訓定聲》："叚借又爲宛；叚借又爲苑。"《詩唐風山有樞》："宛有其死矣。"李富孫異文釋："古宛與苑、菀字並通。"

【闃爾】苦息切，靜①也。

校勘：①"靜"，五山版作"静"。

【空假中】天台智者以龍樹偈云："因緣所生法，我說即是空，亦名爲假名，亦名中道義。"乃依一心三諦之理，示三止三觀。嘗云："破一切惑①，莫盛乎空；建一切法，莫盛乎假；究竟一切性，莫大乎中。故一空一切空，無假無中無不空；一假一切假，無空無中無不假；一中一切中，無假無空無不中，如摩醯②首羅天之三目，非縱橫並別故也。"

校勘：①"惑"，五山版作"或"。②"醯"，五山版作"醖"。

【楞伽】此云不可到。

【蠢動】上尺尹切，蟲動也。

【帝釋千名】或名鑠羯羅，或名補爛達羅，或名莫伽梵，或名婆颰縛，或名憍尸迦，或名舍芝夫，或名印達羅，或名千眼，或名三十三天尊。見《大毗婆沙論》。

【蛣蜣】蛣正作蜣，却羊切。下音良。推糞蟲也。史云："如弃蘇合之丸，而取蛣蜣之轉。"

【構取】古候切，成也。

【國師自贊】誰真誰寫？真唯我。我真不真，寫者你也。此贊錢忠懿時，康憲公寫師真，求師自贊。見《康憲文集》。

【國師真贊】人天心師，大地宗匠，真如界内。華頂峰①上，堂堂顯見，逈②絕塵相，一法不生，河沙見量。奉國軍節度使錢億贊。

校勘：①"峰"，活字版作"峯"。②"逈"，五山版作"迴"。

《八方珠玉集》

【一則】宗門因緣不言一節一段①，而言一則者，蓋則以制字，從貝、從刀。貝，人所寶也；刀，人所利也。所發之語，若刀之制物，以有則也，故人皆寶之，以爲終身之利焉。是知謂一則者，不無深意也。

校勘：①"段"，五山版作"叚"。

注釋："則"，金文從刀，從鼎，義謂宰割鼎肉。因鼎與貝古文中形近，遂篆文將鼎訛作貝。《説文·刀部》："則，等畫物也。從刀，從貝。籀文則從鼎。"善卿忽視"則"字原形而談禪宗因緣事用"一則"的原因，疑不妥。則，法則，準則。《詩·大雅·烝民》："天生烝民，有物有則。"《管子·形勢》："天不變其常，地不易其則。"又《玉篇》："則，法也。"《增修互注禮部韻略》："則，凡制度品式之有法者皆曰則。"禪宗雖提倡"不立文字，以心傳心"，但用大量的公案、典故及師生間的機鋒對答教化學人，長此以往，這些公案、典故、機鋒對答也就成爲法則，以供學人學習。佛教用"一則"更是如此。無著道忠曰："以佛祖語爲法則故言也，如言一條亦是一條章義。"

【潙山】師諱靈祐，生福州長谿，姓趙氏。出家受戒於杭①州龍興寺，博②究三乘，遍參知識。晚因百丈示火知歸，爲百丈典座。應司馬頭陀之相，開潙山，作第一世，領徒四十餘年。終於八十三歲，即唐太中七年，謚大圓禪師。

校勘：①"枕"，當作"杭"。②"博"，五山版作"愽"。

【法嗣】音寺。從口以言傳，從冊①以書記，記而主之，必有傳嗣者矣。宗門之嗣法，猶諸侯之嗣國也。

校勘：①"冊"，五山版作"册"。

注釋：嗣，《説文·册部》："諸侯嗣其國也。從册從口，司聲。"段注："引申爲凡繼嗣之稱。"

【列破】當作裂破。

【原夢】音無①，究也。

校勘：①"無"，五山版作"元"。

　　注釋：《拈八方珠玉集》："潙云：'聽老僧説个夢。'仰低頭作聽勢。潙云：'爲我原看。'仰取一盆水，一條手巾來。潙洗面了，纔坐。""原夢"一詞未見於《拈八方珠玉集》，"原夢"當爲善卿簡約而成。潙山"爲我原看"即要仰山探究他的夢。原夢，解夢。《梵網經菩薩戒略疏》卷六："解夢，謂原夢，以斷吉凶禍福。"原，推究。《易·系辭下》："《易》之爲書，原始要終，以爲質也。"孔穎達疏："言《易》之爲書，原窮其事之初始……又要會其事之終末。《漢書·薛宣傳》："《春秋》之義，原心定罪。"顔師古注："原，謂尋其本也。"

　　【狌狌】當作山山。此緣與《傳燈》不同。《傳燈》云："仰山問中邑：'如何得見性?'邑云："譬如有屋，屋有六窻①，内有一獼猴，東邊喚山山，山山應，如是六窻俱喚俱應。'仰山禮謝起，云：'只如内獼猴困睡，外獼猴欲與相見，如何?'師下繩床②，執仰山手作舞，云：'山山與汝相見了，譬如蟭螟蟲在蚊子眼睫③上作窠，向十字街頭叫④喚云：土曠人稀，相逢者少。'"中邑即朗州也。師名洪恩，嗣馬祖。

　　校勘：①"窻"，五山版作"窓"。②"床"，活字版作"牀"。③"睫"，五山版"睫"。④"叫"，五山版作"呌"。

　　注釋：《大正藏》本《景德傳燈録》卷六《朗州中邑洪恩禪師》作"山山"。與善卿所見《景德傳燈録》版本同。善卿據《景德傳燈録》改"狌狌"爲"山山"甚是。《景德傳燈録》卷六中的此段對話前還有一段洪恩禪師與仰山的對話，現摘録如下："仰山初領新戒到謝戒。師見來，於禪床上拍手云：'和。和。'仰山即東邊立，又西邊立，又於中心立，然後謝戒了却退後立。師云：'什麼處得此三昧?'仰云：'於曹谿脱印子學來。'師云：'汝道曹谿用此三昧接什麼人?'仰云：'接一宿覺用此三昧。'仰云：'和尚什麼處得此三昧來?'師云：'某甲於馬大師處學此三昧。'"由此可見，仰山用不同的站立位置來闡釋佛法，中邑通曉了仰山之義，故有了"獼猴"之譬喻。"山山"當指"仰山"。

　　【三平】師名義忠，福州人，姓楊氏。初①謁石鞏，後答②大顛，住漳州三平山。

　　校勘：①"初"，五山版作"樸"。②"答"，五山版作"參"。

　　【高安】師諱本仁，得旨於洞山价。五代天復中，居供①井高安之白水院。因設洞山忌齊，僧問："洞山還來也無?"師曰："更下一分供養著。"師將順世，營齋集眾，焚香跏趺而坐，香烟息處，儼然示化。

校勘：①“供”，當作“洪”。

【五爻】當作五行。見《傳燈》。浮右在漳州。

注釋：《拈八方珠玉集》：“浮石云：‘山僧開个卜鋪子，能斷人貧富生死。’僧便問：‘離却貧富生死，不落五爻，請師直指。’石云：‘金木水火土。’”與善卿所見底本同。上文中浮石和尚回答的“金木水火土”是“五行”的内容，而非“五爻”。又《大正藏》本《景德傳燈録》卷一一《漳州浮石和尚》作“五行”。故善卿改“五爻”爲“五行”，甚是。

【天仙】一本作仙天。師嗣潭[1]州大湖，亦曰大川。

校勘：①“潭”，五山版作“澤”。

注釋：《拈八方珠玉集》：“天仙有僧到，纔禮拜。仙云：‘這野狐兒，見个什麼?’便禮拜。僧云：‘這老和尚，見个什麼。’便恁麼道。仙云：‘苦哉！苦哉！天仙今日忘前失後。’僧云：‘要且得時終不補失。’仙云：‘争不如此。’僧云：‘誰甘。’仙大笑云：‘遠之遠矣。’”仍作“天仙”仙天爲潭州川禪師法嗣。《五燈會元》卷五《仙天禪師》，《高峰原妙禪師語録》卷上《拈古》，均爲“仙天”。善卿依《八方珠玉集》另一版本校“天仙”爲“仙天”，甚是。

【大川】有僧到來，當作有江陵僧到。

注釋：《拈八方珠玉集》：“舉大川。有僧到來。川云：‘幾時發足江陵府?’僧提起坐具。川云：‘特謝遠來。’”上文中“有僧到來”，不知爲何人。善卿於該處明確指出是江陵僧，爲潭州大川禪師與江陵僧的對話。又《景德傳燈録》卷一四作“有江陵僧新到”，《五燈會元》卷五《潭州大川禪師》作“江陵僧參”。《宗門拈古彙集》卷一四作“因江陵僧來參”。雖文字稍有差异，但皆指明“江陵僧”。

【丁行者】下參見石頭住字，當作大字寫。

【斤斗】斤，斫木具也。頭重而柯[1]輕，用之則斗轉，爲此技者似之。

校勘：①“柯”，五山版作“抲”。

【且致】當作且置。

【奯】呼括切。

【剳窒】當作謺讋，言無倫脊也。或作偺㕢，抵鋙[1]也。一曰不循理。上竹狹切，下知栗切。

校勘：①“鋙”，五山版作“悟”，當作“牾”。

注釋：《拈八方珠玉集》：“奯上座參百丈，喫茶了。丈云：‘有事相借問，得麼？'龕云：'幸自非言，何須劄窒。'"劄窒"與善卿所見底本及修正皆異。"劄窒"，義爲抵觸，違拗。善卿引《集韻》所釋"諮諮""㑌㑌"含義，未確取何義。"㑌"，《集韻·質韻》："㑌，㑌㑌，牴牾也。"

【冲天】音蟲。《説文》云："滔①搖也。"

校勘： ①"滔"，五山版作"酒"。"滔"當爲"涌"之誤字。

注釋： "冲天"見於《拈八方珠玉集》："山纔見，撫掌三下云：'猛虎當軒，誰人敢敵？'龕云：'俊鶻冲天，誰人捉得。'""冲"，《説文·水部》："涌搖也。""冲天"當爲直上雲空義。冲，直上，升。

【紅莧】侯澗切。

【怨苦】當作冤苦。

【距死】當作倚死。倚，巨綺切，立也。距，音巨，雞距也。或作伎，與也，並非義。

注釋：《拈八方珠玉集》："有澄一禪客，見婆問云：'南泉因什麼少機關？'婆哭云：'可悲！可痛！'一罔措。婆云：'會麼？'一合掌而立。婆云：'跂死禪和，如麻似粟。'"作"跂死禪和"。按：善卿改作"倚"，確。"距"，《説文·足部》："距，雞距。""倚"，《廣雅·釋詁四》："倚，立也。""伎"，《説文·人部》："伎，與也。"善卿依字書、韻書爲三字注音釋義，可看出"距""伎"二字義與文意不符。據上文中凌行婆見澄一禪客一臉罔措而站立，故罵他是只知站立的禪客。"跂"與前一句禪客"合掌而立"的"立"對應。由此可見，此處"跂"亦不對，當作"倚"。又上述異文《景德傳燈録》卷八《浮杯和尚》作"倚死禪和"，《聯燈會要》卷五作"伎死禪和"，《大慧普覺禪師語録》卷一〇引此公案，作"猗死禪和"。"倚死禪和"謂禪僧如死人一般站立著，比喻禪人不能通變，不識機要。

【攫】九縛切，搏也。

【夾山】師諱善會，廣州峴亭廖氏子。披剃於潭州龍牙山，受戒學業於江陵。初住京口，因對話不稱，道吾笑以語之，而悟其前非，因往參華亭船①子。師資道契，復還湖湘，住澧州之夾山。僧問："如何是夾山境？"師曰："猿抱子歸青嶂裏，鳥銜②花落碧岩前。"金陵法眼嘗云："我二十年作夾山境語會。"師山居十二載，學者始螚慕。至唐中和初，示疾于本山，謚傳明大師。

校勘： ①"船"，五山版作"舩"。②"銜"，五山版作"啣"。

【蛺蝶】上古拹切。蛺蝶，粉翅有須，一名胡蝶。《列子》曰："胡蝶胥也。烏足之根爲蠐蟠，其葉爲胡蝶。"嘗見園蔬，其葉爲蝶者，三分其二爲蝶矣，其一尚菜①于②寶，曰："稻成螢，麥成蛺蝶。"螢，音拱，蟋蟀也。

校勘：①"菜"，《毛詩》作"葉"。②"于"，《毛詩》作"干"。

注釋：所述引自《毛詩名物解》卷十二《釋蟲》。

【古靈】師諱神贊，受業於大中寺，得法於海禪師。因歸覲得度和上，以方便繫①悟之。由是其師扣其得法之緣，爲召眾設食，命說法要。師升座，舉："百丈示眾曰：'靈光獨耀，迥脫根塵。體露真常，不拘文字。心性無染，本自圓成。但離妄緣，即如如佛。'"和上於言下感悟。師後住本州之古靈數載。俄一日，聲鐘召眾曰："汝等還識無聲三昧麼？"眾無語。師良久曰："汝等静聽，莫別思量。"眾方測然，師儼然示化。

【丹霞】師諱天然，幼習儒①，會禪客於長安道上話選佛之緣，有所警發，因往謁馬大師。既見，以手托起幞頭，大師顧示良久②，且曰："石頭汝師也，宜造焉。"因抵南嶽，見遷，復以手托幞頭，遷曰："著槽廠去。"參扣三載。一日，應剗草之機，遂剃落。再謁馬祖，祖賜名天然。唐元和初，出遊京洛，與香山伏牛和上爲莫逆之友。過慧林寺，適天寒，燒木佛附炎，人或譏之，師恬不介意。三年，師横臥③於天津橋，會留守鄭公出，呵之不起。吏問何人，師徐曰："無事僧。"留守异之，因加敬慕，洛下翕然歸信。晚思林泉，結茅於南陽之丹霞山，玄學雲臻，遂廣締構。長慶末年，備湯沐，整衣戴笠策杖，授屨垂一足，未及地而化，壽八十六。謚智通。

校勘：①"儒"，五山版作"需"。②"久"，五山版作"火"。③"臥"，五山版作"卧"。

【一泓】烏宏切，水深也。

【戽】荒故切，吹水器。

注釋：《拈八方珠玉集》："佛海云：'相戽相澆，總非外物。'""戽"，本義取水器，名詞。《玉篇・斗部》："戽，抒水器也。"《廣韻・暮韻》："戽斗，欲水器也。"上文"戽"與"澆"對文，當爲動詞。由舀水器引申爲動詞義"汲水"。《廣雅・釋詁二》："戽，抒也。"王念孫疏證："《大雅・生民》釋文引《倉頡篇》云：'抒，取出也。'"

【老耄】音帽，惽忘也。《春秋傳》曰："謂老將知，耄又及之。"

【嵩山安】師名慧安，荊州枝江人，姓衞氏。生於隋開皇二年，終於唐景龍三年，凡一百二十八歲。世所謂老安國師者，是矣。文帝開皇十七年，括天下私度僧尼，師因遁於山林。至唐太宗正觀中，謁忍祖，發明心地。高宗麟德年，止終南山之石壁，帝召之，力辭，入嵩少居焉。自爾，學者依之。後應武后之詔，待以師禮①。至中宗，延入宮禁者三載，既而辭歸。俄萬回公過，師握手與語，侍者莫之能解。後八日，閉戶偃臥示寂。

校勘：①"禮"，五山版作"礼"。

【絕朕】當作絕眹。兆也。

注釋：見卷二"朕"條釋義。

【頑嚚】五巾切，愚也。

【動賵】上彌充切，下胡典切。肥也。

注釋：《拈八方珠玉集》："濟云：'頑嚚少智，動賵多癡。'""賵"，《廣雅·釋訓》："賵賵，肥也。"善卿依辭書釋義，然該義與文意不符。此處當作"糊塗、懵懂"義。

【藥山】師名惟儼，河東絳州韓氏子。少從潮陽慧照師出家，具戒於衡嶽希操律師，晚參石頭遷，深明法要。師生於代宗之世，終於文宗之太和八年。臨滅之日，召眾曰："法堂倒矣！"眾競至。師曰："汝等不會我意。"嗒①焉示寂，壽八十四。諡曰弘道，塔曰化城。

校勘：①"嗒"，五山版作"塔"。

【毗陵芙蓉】師名大毓，金陵人，姓范氏。幼從牛頭忠禪師受業，具戒於長安，得馬祖之法。來居常州義興之芙蓉山，即憲宗之元和十三年也，終於敬宗寶曆二年。安宗太和年，諡大寶禪師，塔曰楞伽。毓與育同。

【生心受施】《維摩詰經》："佛告須菩提：'汝行詣彼問疾。'曰：'我不堪任。憶念我昔入其舍從乞食，時維摩詰取我鉢盛滿飯，謂我言：唯須菩①提！若能於食等者，諸法亦等；諸法等者，於食亦等。如是行乞，乃可取食，汝得無諍三昧，一切眾生亦得是定。其施汝者，不名福田，供養汝者，墮三惡道。與諸眾魔及諸塵勞等無有異，於一切眾生而有怨心，謗諸佛，毀於法，不入眾數，終不得滅度。汝若如是，乃可取食。'"維摩詰，此言净名。

校勘：①"須"，五山版作"湏"。

【長髭】長髭曠和上，在潭州攸縣。

【教招】招當作詔，音昭，言説也。

注釋：《拈八方珠玉集》：“髭云：‘這漢猶少教詔在。’僧却回云：‘有一人，不從人得，不受教詔，不落階級。師還許麼？’髭云：‘逢之不逢，逢必有事。’”教詔，教導，勸誡。詔，《爾雅·釋詁下》：“詔，導也。”郭璞注：“詔，教導之。”《莊子·盜跖》：“夫爲人父者，必能詔其子；爲人兄者，必能教其弟。”陸德明釋文：“詔，如字教也。”“教”“詔”同義連言。慧琳《一切經音義》卷二一：“教詔，教，古孝古包二反。詔，章曜章遥二反。《尔雅》曰：‘詔，導也。’郭璞曰：‘謂教導也。’”“詔”與“招”音同假借。

【漸源】名仲興，即道吾典座。一日，隨道吾吊喪，扣請，誤毆道吾。遂往石霜，乃舉前語，石霜曰：“汝不見和上道：‘生也不道，死也不道。’”師由是領旨。一日，將鍬子於法堂上東西往來，霜曰：“作麼？”曰：“覓先師靈骨。”霜曰：“洪波浩渺，白浪滔天，覓甚麼靈骨？”曰：“正好著力。”霜曰：“者裏鍼劄不入，著甚麼力？”太原孚代云：“先師靈骨猶在。”此緣與《雪竇頌古》小异。

【欽山】師諱文邃，生福唐。幼事杭州大慈寰中師爲弟子。從巖頭、雪峰問道諸方，師獨有皆[1]於洞山价。年五十七，住欽山。

校勘：[1] “皆”，當作“契”。

【碌碌】當作轆轆，車聲也。碌，石也，非義。

【巖退後】云看看，當作岩云退後著，連[1]後著。

校勘：[1] “連”，當作“退”。

【投子】師名大同，舒州懷寧人也，姓劉氏。少從西洛滿禪師出家爲沙門，習安那般那。後謁京兆終南山無學禪師，問西來密旨。無學駐步少時，師曰：“乞師垂示。”學曰：“更要第二杓惡水作麼？”師由是領旨。晚歸里閈，結茅於投子山，學者如輻凑。師謂眾曰：“汝等來者裏覓個甚麼？我老人家氣力稍劣，唇口遲鈍，且無攢花四六新鮮語句，終不説向上向下蹲坐繫縛汝等。”師示眾凡此類也。唐昭宗乾寧四年示寂，壽九十六，謚慈濟大師。

【湖州道場】師名如訥，得法於無學禪師。結茅道場山，學者依之，因構禪刹，杖屨存焉。

【胡家】當作胡茄，見《洞庭録》。

【靈雲】師諱志勤，受業於本州之長溪，訪道潙山，見桃花豁然開悟，求證於祐禪師。晚歸鄉里，住靈雲山，禪徒依焉。

【葬熊耳】當云葬龍耳。蓋有其緣：西晉文帝聞璞郭①爲人相墓地，遂微服觀之。謂主人曰："此葬龍角當滅族，何爲葬此？"主人曰："郭璞云：'此是龍耳，三年當有天子至。'"帝曰："出天子耶？"主人曰："非出天子，能致天子也。"《傳燈》作呂才葬虎耳，亦非也。呂才，唐博州清平人也。官至太常丞，善陰陽術數。嘗撰《卜宅篇》，凡七章。甚袪俗執，因附一二於下。其六曰："且人有初賤而後貴，始泰②而終否者，子文爲令尹，仕三而已；展禽三黜於士師，彼家墓已定而不改，此名位不常。何也？故知榮辱升降，事關諸人而不由葬也。世之人爲葬巫所欺，悉③擗踊荼④毒以期微幸，由是相塋壟，希官爵，擇日時，規財利，謂辰日不哭欣然而受吊；謂同屬不得臨壙，吉服避送其親。詭斁禮俗，不可以法也。"詭，過委切，詐也。斁，音亦，猒也。

校勘：①"璞郭"，當作"郭璞"。②"泰"，五山版作"泰"。③"悉"，五山版作"忘"。④"荼"，五山版作"茶"。

注釋：《拈八方珠玉集》："舉僧問靈雲：'君王出陣時如何？'雲云：'郭璞葬熊耳。'僧云：'如何是郭璞葬熊耳？'雲云：'坐見白衣天。'僧云：'當今何在？'雲云：'莫觸龍顏。'佛鑑拈云：'從苗辨地，因語識人。'靈雲見桃花便悟，名不虛傳，如何辨的？不見他道，郭璞葬熊耳。"此段對話爲一位僧人與靈雲志勤禪師的對話，佛鑑又拈提此古則。"葬龍耳"的典故出自《世說新語·術解》，故事說明郭璞要墓主"葬龍耳"的地方可招來天子的妙算果然靈驗。依善卿所校釋，該古則之意已然。又佛鑑拈提該古則夸贊靈雲見桃花便悟，是"名不虛傳"的"從苗辨地，因語識人"就如郭璞指示墓主"葬龍耳"，三年后天子到來一樣準確。此外，善卿又發現《景德傳燈録》作"呂才葬虎耳"，一並改之。所述呂才之生平傳記，《新唐書》卷一二一有記載，並收録《葬篇》等三篇著作，但據《葬篇》文意可知呂才對當時埋葬迷信風水是痛斥的，故善卿認爲《景德傳燈録》一文作"呂才葬虎耳"有誤。

【曹山】師諱本寂，泉州蒲田黃氏子。生於會昌之世。年十九，於福州靈石山出家。咸通初，訪道於洞山。一日，請益洞山。曰："闍梨名甚？"師曰："本寂。"山曰："向上更道。"師曰："不道。"山曰："爲甚不道？"師曰："不名本寂。"洞山深器之，密印所證。及受洞山五位詮量，特爲叢林標準。後請止撫州曹山，學者雲集。至昭宗天復辛酉季夏月夜間，問僧："今是何日月？"對曰："六月十五日。"師曰："曹山一生到處，只管九十日爲一夏。"至明日告寂，年六十有二，謐元證大師。曹山即洞山之嗣子，今不言洞曹，言曹洞者，亦猶慧遠即慧持之的兄，但言持遠而不言遠持，蓋由語便而無它。叢林或指曹爲曹溪，蓋不知世裔來歷之遠近，妄自牽合，迺絶知者之聽。

【四山】《別譯阿含》云："一、老山能壞少壯；二、病山能壞色力；三、死山能壞壽命；四、衰耗山能壞一切榮華富貴。"又問《諫王經》："譬如四山四面合之，其中物類如何能免？"王曰："如人四大俱壞，有情命可免否？在須臾間不可保也。"

注釋：《拈八方珠玉集》："僧問曹山：'四山相逼時如何？'山云：'曹山在裹許。'僧云：'未審還求出也無。'山云：'在裹許，即求出。'""四山相逼"即人身常爲生、老、病、死四苦相逼迫。按睦庵善卿引《別譯雜阿含經》"老山、病山、死山、衰耗山"作"四山"一詞的出處。又《大明三藏法數》卷一一"四山"條亦注云："出《別譯雜阿含經》。"可知"四山"之義已見於南朝宋前。

【秀谿】在潭州。《傳燈》嗣馬祖。此集參見臨濟者，誤矣。

【華嚴】師諱休静，參洞山知歸，留洛浦作維那。嘗白椎普請曰："上間般柴，下間鋤地。"第一座問："聖僧作甚麽？師曰："當堂不正坐，不赴兩頭機。"先住福州東山之華嚴，聞蜆子和上常日取蝦蜆充腹，夜卧於東山白馬廟，師异之。因夜潛於廟中，子方歸，師把住問："如何是祖師西來意？"子答曰："神前酒臺盤。"果知其异人也。師後被莊宗之詔，闡化洛京。僧問："大悟人爲甚麽却迷？"曰："破鏡不重照，落花難上枝。"晚遊河朔，示滅於平陽。題曰京兆府華嚴者，乃建塔葬舍利之地，非當日所居。

【鹽官】師諱齊安，姓李氏，海門人。出家受具得法於大寂，行道於鹽官。當宣宗大中年，無疾而終。謐悟空禪師。

【大珠】師名慧海，生建州朱氏子。從越州大雲寺道智出家，晚參大寂。寂爲説求佛法因緣，即於言下通悟，執事六載。以道智師年邁，東歸侍養，遁迹於所居。嘗著《頓悟入道要門論》，偶傳於江西，大寂一見，稱之曰："越州有大珠，圓明光透，無所遮障。"由是世號大珠和上云。

【子胡】本或作湖。師諱利踪，生澧州，姓周氏。出家受具於幽州之開元寺，遊方得法於池陽之南泉。唐文宗開成初，過三衢，大姓翁氏施子湖巖，然師創院。咸通中，賜安國之額，禪衲雲萃。嘗於中夜遽呼有賊，眾紛至，師把住一僧云：「維那！捉得也！」僧曰：「不是某甲。」師曰：「是即是，只是汝不肯承當。」師住山四十餘載，至僖宗廣明元年無疾而終，年八十一，塔本山。澶，音蟬。

【九峯】師諱道虔，福州候官劉氏子。訪道諸方，得法於石霜諸。化徒於筠州之九峰。後住洪州泐潭終焉。諡天①覺禪師，塔曰圓寂。

校勘： ①「天」，五山版作「大」。

【功德天】如一女人，入於它舍，顏貌偉麗，以好瓔珞莊嚴其身，主人見已，「汝字何等？」答言：「我身即是功德大天，我所至處，能與七寶具足。」主人聞已，心生歡喜。復於門外更有一女，形貌醜陋，主人復問：「汝字何等？」答曰：「我字黑闇，我所住處，所有財寶一切衰耗。」主人聞已，即持利刀言：「汝若不去，當斷汝命。」曰：「汝甚愚癡，汝舍中者，即是我姊。我常與姊進止共居，汝若驅我，亦當驅彼。」功德天言：「實是我妹，未曾相離。我常作好，彼常作惡。若愛我者，亦應愛彼。」主人即言：「若有如是好惡事者，我俱不用，各隨意去。」見《涅槃》。

【忠國師】師諱慧忠，得法於曹溪。或問師氏族，則曰：「姓冉，鵝州鴻鶴①縣人。」晚因問僧生緣，僧曰：「越州諸暨縣。」師云：「我鄉人也。」方知共為越人也。師居南陽縣白崖山黨子谷四十年間，分衛聚落，王公慕焉。奏之朝廷，玄宗召居龍興寺。至肅宗，召入宮，事以師禮。及代宗臨御，眷遇如初。師奏請置寺於武當、白岸②二山，即師舊隱③之地也。至大曆十年臘月十九日，右脇累足，怡然長往。詔諡大證禪師。歸葬於黨子谷。

校勘： ①「鶴」，五山版作「鵠」。②「岸」，五山版作「崖」。③「隱」，五山版作「隱」。

【杉山】名智堅，嘗與歸宗、南泉為方外之遊，皆兄弟也。

【痒和子】痒和子，即如意也。古謂爪杖，或骨角、竹木刻人手，指爪具焉，柄可三尺許。背脊之痒，手不可及，用以搔爬，如人之意，故以名焉。觀古人質朴，刻指爪形，後世以銀銅作爪如尺許，闊似雲之狀，便抓也。見雜錄名義。

【搴】當作暮①，莫曰切，急取也。

校勘： ①「暮」，五山版作「蔦」。

【長沙】師名景岑，初住水西鹿苑，爲第一代。既而居無定常，故人呼長沙和上者，即岑也。後因仰山見師曝背於庭下，因問："人人盡有者個，只是用不得。"師云："恰請汝用。"仰云："作麼生用?"師蹋倒仰山。山云："直下似個大蟲!"自此諸方號爲岑大蟲。

【尋思】石頭希遷禮六祖爲師，未受具，屬祖將示滅，遷曰："和上百年後，希遷當何所依?"祖曰："尋思去。"及祖順世，遷每於靜處端坐，寂若忘生。第一座問曰："汝師已逝，空坐奚爲?"遷曰："我稟遺誡，故尋思爾。"座曰："汝有師兄行思在青原，汝當依焉。師言甚直，汝自迷爾。"遷遂詣靜居，即嗣青原之道。

【呿】當作口呿。丘伽切，張口貌。

【黃龍】師名智顒，嗣前鄂州黃龍誨機禪師，即玄泉之的孫，岩頭之遠裔，爲黃龍第三世。

【拖】徒何切，引也。

【永明】師河中府武氏子。師常看《華嚴經》。法眼居臨川之崇壽，因造焉。法眼嘗問："虛空還具六相也無?"師茫然無對。法眼曰："子問吾，與汝道。"師如所問，眼曰："空。"師頓然顯悟，遂禮拜。曰："子作麼生會?"師曰："空。"法眼然之。晚爲忠懿王師，爲建慧日永明伽藍，聚徒半千。一日，示眾曰："諸上座! 佛法顯然，因甚麼却不會? 欲會佛法，問取張三李四；欲會世間法，參取古佛叢林。無事，久立。"署慈化定慧應真禪師。

【百丈】師諱懷海，姓王氏，生福州長樂縣。幼學三乘，鄉里稱之。聞馬祖唱道於建陽佛迹嶺，遂有遊方之志。祖一見，異之。馬祖上堂示眾，以拂子倒垂，手點拂柄三下，珍①重下座，師默而有省。三日後，方舉似馬祖，祖曰："吾何憂矣!"師爲祖侍者，而有卷席之緣。後於洪州新吳受檀信之請，住大雄山，以其山之高，而得百丈之名。然天下禪林説法住持，命僧職事，立規矩以率其徒，而權輿於師。四方遵守，洋洋日盛，使其道之不廢於今日者，師實有力焉。至唐憲宗元和九年示滅，年九十五。穆宗長慶初，謚大智禪師。

校勘：①"珍"，五山版作"珎"。

【中郎】即東漢中郎將蔡邕。野舍薪，見《祖英》焦相①。

校勘：①"相"，五山版作"桐"。

【咿】當作昵，乃倚切，聲也。咿，尔者切，應聲，非義。

【南泉】師諱普願，生鄭州新鄭縣王氏家。得度於大隗山，受戒於嵩嶽。學三乘教，修中百門觀。後參馬祖，豁然知歸。一日行益，馬祖問：“桶裏是甚麼？”師曰：“者老漢合取口，休作與麼語話！”祖然之。德宗貞元間，隱於池州之南泉不下三十載。文宗大和初，宣城廉使陸亘慕師之道，請下南泉，自此道駕諸方，即馬祖之高弟。八年臘月二十五日示寂，年八十有七。塊①，五罪切。

校勘：①“塊”，當作“隗”。

【陸亘】字景山，吳郡人。官至宣歙觀察使，加御史大夫。大和年九月，先南泉數月而卒，年七十一。

【雙陸】博戲也。如樗蒲、雉盧是也。

注釋：雙陸，相傳是從印度傳入的一種古代賭博遊戲，盛行於南北朝和隋唐之間。樗蒲、雉盧亦指博戲。唐李翱《五木經》：“樗蒲，古戲。其投有五故白呼爲五木。”唐杜佑《通典》卷一四九：“兵二諸軍中有樗蒲博戲賭一錢以上同坐所賭之物没官。”雉盧，本指博戲五種彩色中的兩種。李翱《五木經》：“雉，鳥也。取二投於白上刻爲鳥。”又同書：“盧，黑白色也。《書》曰：‘旅弓旅矢。’謂所投盡黑也。”由兩種彩色代指博戲。宋方夔《送春》詩：“此生歲月隨泡影，末路功名等雉盧。”

【骰子】上音頭，傳齒也。

注釋：骰子，博戲所用的器具。初爲木制，有“五木”之稱；又爲玉製，有“明瓊”之稱；從唐代開始改用骨製，始稱“骰”。

【唔唔】正作吧，音巴，大口貌。

注釋：“吧吧”，形容説話多而響。“唔”乃“吧”之訛。

【趙州】師諱從諗，姓郝氏，曹州郝鄉人。作沙彌時，造南泉之室，穎拔不群，南泉待之異於流輩。一日，問：“如何是道？”泉曰：“平常心是道。”師曰：“還可趣向否？”曰：“擬向即乖。”師曰：“不擬，那知是道？”曰：“道不屬知不知，知是妄覺，不知是無記。若真達不擬之道，猶如大虛廓然，豈可强是非邪？”師既領旨，却往嵩嶽，請戒而歸。晚遊河朔，被檀越之請，唱道於趙州之觀音。一日，真定帥王公鎔訪師，師坐而問曰：“會麼？”王曰：“不會。”師曰：“自小持齋身已老，見人無力下禪床。”公益加敬仰。至唐昭宗乾寧未①年仲冬二日右脇示寂，諡真際大師。

校勘：①“未”，當作“末”。

【大王】即鎮帥王鎔也。鎔祖王庭湊，本回鶻種族，穆宗時據河朔，稱留後，至鎔封趙王。唐室中興，至明宗朝，爲大將王德明所殺，至於赤族。所謂見趙州之趙王也。

【道吾】師諱圓智，豫章海昏張氏子。得度於鄉里，聞道於藥山。後住潭州道吾。至唐文宗大和之末，將欲示滅，召眾曰：“吾當西邁，理無東移。”卒年六十七。然道吾有二，襄①州關南道吾和上，因聞巫者樂神入道。嘗作《樂道歌》《一鉢歌》，盛行於世。予嘗讀贊寧《高僧傳》且曰：“前蜀王氏僞乾德初，有小軍吏陳公，娶高中令駢諸孫女，若人持不殺二十餘年。後在蜀爲男婚娶，禮須屠宰，高初不欲，親戚言：‘自己持戒，行禮酒筵，將何以娛賓也？’依違之際，遂多庖割。俄未浹旬，得疾頗異，口但慌言。已而三宿還穌，述冥間之事。初被黑衣使者追攝，入岐府城隍廟，廟神羲冠大袖，與金甲武士晤坐。使者領高見神，武士言語紛紜讓高破戒，仍扼腕罵曰：‘吾護戒神也，爲汝二十年食寢不遑，豈期忽起殺心，頓虧戒檢？命雖未盡，罪亦頗深，須送冥司懲其故犯。’城隍神問高曰：“汝更修何善，追贖過尤乎？’高常誦《上生經》，其數已多，于時懵然都無記憶，恐懼之間，白曰：‘誦得自在和上《三傷歌》、道吾和上《一鉢歌》。’遂合掌向神屬聲而念，神與武士聳耳擎拳立聽，顏色漸怡，及卒章，神皆涕泣，乃謂高曰：‘且歸人間，宜切營善。’拜辭未畢，颯然起坐，備陳厥事。”乃知禪宗唱道歌頌明於所證法門，誦之者幽顯獲福，不可忽也。師印記於道常禪師。後凡示眾，必戴蓮花笠，披襴衫，執簡吹笛，口稱魯三郎，此法名道吾者也。今潭州道吾，因山而名焉。

校勘：①“襄”，五山版作“襄”。

【佛桑花】幹葉如桑，花房如桐，長寸餘，似重臺蓮，其色淺紅，故得佛桑之名。見《酉陽難①俎》。

校勘：①“難”，當作“雜”。

【疏山】師諱光仁。參洞山，有時譽。晚住臨川疏①山。遷化之日，作偈曰：“我路碧空外，白雲無處閑。世有無根樹，黃葉風送還。”師嘗著《四大等頌略》《華嚴長者論》傳於世。洞山會中稱矮②師叔者是矣。

校勘：①“疏”，五山版作“踈”。②“矮”，五山版作“矬”。

【馬大師】師諱道一，生漢州什仿①，姓馬氏。生而奇偉，牛行虎視，引舌過鼻，足有輪相。出家於羅漢寺，受具於渝州。唐玄宗開元中，結侶游衡湘，讓和上一見而獨異之。然亦應般若多羅之讖，所謂金雞解銜一粒米，供養十方羅漢僧是也。又六祖謂南嶽曰：“向後佛法從汝邊去，生一馬駒子，踏殺天下人。"師道行江西，時人稱之爲馬祖。師自建陽之佛迹嶺遷臨川，及灘上，其遊化不常。至代宗大歷中，至洪都開元，連帥路嗣恭敬受宗旨，禪學輻湊②，説法無量。至德宗貞元四年，登建昌石門山，謂侍者曰："吾没後，當托質兹地。"卒年八十。後門人得舍利，歸葬於泐潭山。敕謚大寂禪師。王莽改郡守曰連師③，見《西漢書》。灘，水名，音紺。

校勘：①"仿"，當作"邡"。②"湊"，五山版作"奏"。③"師"，當作"帥"。

【麻谷】師名寶徹，住麻谷山。

【三角】名總印，住三角山。

【凸】徒結切，高也。

【石霜】師諱慶諸，盧陵新淦陳氏子。事師於洪井之西山，受具於嵩嶽，學毗尼①法。尋遊方至大潙，充米頭。一日，簸精於米寮，潙山曰："施主物，莫抛撒。"師應之。潙山於地上拾得一粒，云："者個是甚麼？"師無語。山又曰："莫欺者一粒，千粒萬粒從者一粒生。"師曰："未審者一粒從甚麼處生？"山大笑，歸謂眾曰："米裏有蟲。"後得旨於道吾，方年三十五。值會昌沙汰，托身於瀏②陽陶家坊，人不之識。洞山价訪而得之，辟居石霜山，實道吾之嗣。師居山二十年中，眾盈五百，而長坐不卧者多矣，世謂枯木眾云。唐③僖宗光啟④三年示疾而終，年八十有二。敕謚普會大師。淦，古暗切。

校勘：①"尼"，五山版作"屁"。②"瀏"，五山版作"劉"。③"唐"，五山版作"康"。④"啟"，五山版作"啓"。

【徑山】師名洪諲，嗣潙山之道，爲徑山第三世。時石霜會中有許州全明上座，尚氣自若，眾號爲明半面。嘗曰："聞徑山道行江浙，門庭切似石霜，若果然，即爲執園務；不爾，掀倒禪床。"未晚，遂先問石霜一毫等緣，石霜如録對次，持此語往問徑山。山對如所録，明遂留徑山，執粗務者三載。見《徑山三祖實録》。予嘗看《傳燈》，即與此緣差異。

【拔萃】萃，音悴。《孟子》："拔乎其萃，出乎其類。"

【蟭螟】音焦冥，細蟲。江浦之間有麼蟲，曰蟭螟，集於蚊睫而弗相觸，栖①宿往來而蚊未之覺。以言其細也。

校勘：①"栖"，五山版作"辰"。

【大巓】本作顛，未詳名氏。參石頭遷，遷問以心法，言下領旨。後辭往潮州，隱居靈山，學者慕焉。予嘗讀韓退之與孟簡書，且曰："潮州有一老僧，號大顛，頗聰明，識道理。因召至州郭，留十數日，實能外形骸，以理自勝，不爲事物侵亂。"竊觀韓公之言大顛，趣向可尚矣。

【水空】嗣石頭，即大顛之兄弟也。

【清化】師諱全付，生長洲之崑山。幼隨父作商於豫章，過清平，願從出家。具戒，遊方至仰山，禮南塔光涌和上，一言契理。尋游廬陵安福，邑宰命居應國禪林，學徒甚盛，名達於上，賜清化之額。錢氏文穆王闢雲峰山，別建精舍，迎之居焉，因以清化爲名。僧問："如何是佛法大意？"師曰："華表挂①頸②木鶴飛。"至忠獻王，賜以樬袍，固辭，因改賜禪衲及純一禪師號。至晉開運間示滅，壽六十六。

校勘：①"挂"，五山版作"柱"。②"頸"，五山版作"頭"。

【韶山】師名寰普，謚無畏禪師。

【去遵】近前把住，它本無此四字。

注釋：《拈八方珠玉集》："山以手指云：'嗚那青青黯黯處去。'遵近前把住云：'久響韶山，莫便是否？'"可知"去遵"非詞，"去"乃韶山之句的語尾詞。"遵"爲僧人"遵布衲"的簡稱。

【尉遲】嘗讀《尉遲公傳》，而且無金牙弧矢之説，亦未詳於何而作此言。尉，音鬱。尉遲本虜複姓。

【宵内】本作霄路。

【雀兒】本作鵲兒。

【魯般】音班。般輸也。

【玉漏】當作玉樓。謂樓犁也。耕人用樓，所以布子種。禪録所謂看樓打樓，正謂是也。《魏略》曰："皇甫陰爲燉煌太守，民不曉耕種，因教民作樓犁，省力過半。"然樓乃陸種之具，南人多不識之，故詳出焉。音樓。

注釋：樓，農具。樓犁，用於播種。《玉篇·耒部》："樓，樓犁也。"《廣韻·侯韻》："樓，種具。"樓，音樓。因而禪籍中可見"看樓打樓"，多用來比喻根據來機不同，採取相應的施設。

【行家】上户删①切。

校勘：①"删"，五山版作"剛"。

【洛浦】本作樂普。師諱元安，鳳翔麟遊談氏子。剃頭、受具於鄉里。初參翠微、臨濟，每蒙印可。晚卓庵於澧陽之夾山，機緣相投，遂爲會公高弟，宴坐洛浦山。未幾，遷朗州之蘇溪，道播天下，如烏牙、青峰，皆其嗣子。唐昭宗光化二年臘月二日示寂。

【鴻門】見《懷禪師後録》。

【雲居】師諱道膺，姓王氏，生幽州玉田。出家習毗尼法，既而曰："大丈夫豈可桎梏於律儀也？"遂詣翠微，問道不契。聞洞山法席甚盛，因造焉。山問："名甚麼？"曰："道膺。"山曰："向上更道。"曰"向上道即不名道膺。"山曰："與吾在雲岩時祇對無異。"山一日問："吾聞思大生倭國作王，如何？"曰："若是思大，佛亦不作，況國王乎？"洞山然之。師初止三峰，後開雲居，遂廣玄①化，南昌鐘氏尤所敬仰。唐昭宗天福②元年臘月二十八日示疾，越明年正月三日跏趺長往。謚弘覺大師。倭，烏禾切。

校勘：①"玄"，五山版作"広"。②"福"，當作"復"。

【田厙】當作田舍。詳見《頌古》。

【沿臺盤】沿當作緣，與專切，因循也。

注釋：《拈八方珠玉集》下："居云：'元來不會。'僧作舞出去。居云：'沿臺盤乞兒。'佛果拈云：'識機宜，別休咎。有回互轉關底眼，千百個中，難得一個半個，爲什麼却成沿臺盤去，也是憐兒不覺醜。'正覺云：'然雖一種乞兒，會沿臺盤底，也可賞。'佛海云：'雲居老兒，略露半面。者田厙奴，一見便見，打破大唐國，覓個沿臺盤底也難。'""沿臺盤"即僧徒化緣，持杯盤乞討。"沿"，順着。"臺盤"，杯盤。"緣"，本義爲沿衣服邊子所鑲的裝飾衣邊。《説文·糸部》："緣，衣純也。"引申出沿着、順着等動詞義。《廣雅·釋詁四》："緣，循也。"《管子·侈靡》："故緣地之利。"尹知章注："緣，順也。""沿"通"緣"，見卷五"夤沿"條釋義。

【羚羊話】中有僧云："直得恁麼難會。"此節誤收也。按《傳燈·雲居傳》："新羅僧問：'是甚麼得與麼難道？'居云：'有甚麼難道？'曰：'便請和上道。'居曰：'新羅！新羅！'"此板自僧云至新羅，衍二十六字。

注釋：《拈八方珠玉集》："其僧舉似趙州。州云：'雲居師兄猶在。'僧便問：'羚羊未挂角時如何？'州云：'九九八十一。'僧云：'直得恁麼難會。'州云：'有什麼難會？'僧云：'請師説。'州云：'新羅。新羅。'"與善卿所見底本同。善卿所引"僧云：'直得恁麼難會。'州云：'有什麼難會？'僧云：'請師説。'州云：'新羅。新羅。'"當是衍文。《景德傳燈録》卷一七《洪州雲居山道膺禪師》此段爲道膺禪師與新羅僧的對話。《拈八方珠玉集》誤收作趙州禪師與僧人的對話，當改。

【同安】師名常察，嗣九峰虔。本作處者，誤矣。

【負笈】音及。負書箱。

【公文】公當作攻，治也。

【莫閑】閑習也。

【嬰兒】女曰嬰，男曰兒。

【擬跨】苦化切，越也。

【精陽】曰①實也。太陽之精有炎精陽德，故曰精陽。

【徒跨】當從言，作誇，詑也。

注釋：《拈八方珠玉集》："精陽不剪霜前竹，水墨徒誇海上龍。""跨"《廣韻》苦化切，溪母禡韻去聲；"誇"，《廣韻》苦瓜切，溪母麻韻平聲；"跨""誇"通。"誇"，《廣韻》："大言也。""徒誇"，説大話。此處釋"誇"爲"詑也"實有不妥。

【胡人飲乳】《涅槃》云："譬如國王，闇鈍少智，有一醫師，性復頑嚚①，而王不別，厚賜俸祿②，療治眾病，純③以乳藥。後有一醫，明曉八種術，善療眾病，即爲王説種種醫方。王聞是語，方知舊醫愚騃無智。王宣令國中有病之人，皆不聽以乳爲藥，別以眾藥和合而療。其後不久，王復得病，即命是醫，醫占王病，當用乳藥。王語醫言：'汝今狂邪！而言服乳。汝先言毒，今何言服？'醫語王言：'王今不應作如是語，如蟲食木，有成字者，此蟲不知是字非字，智人見之，終不唱言是蟲解字，亦不驚挫。當知舊醫亦復如是，不別諸病，悉與乳藥。是乳藥者，亦名毒害，亦名甘露。'王聞是語，即便服之，病得除愈。尋④時宣令一切國內從今已往，當復乳藥。國人聞之，皆生嗔⑤恨，'大王今者爲鬼⑥所持，爲顛狂邪！'"

校勘：①"嚚"，五山版作"嚚"。②"祿"，五山版作"祿"。③"純"，五山版作"純"。④"尋"，五山版作"寻"。⑤"嗔"，五山版作"瞋"。⑥"鬼"，五山版作"児"。

注釋：《拈八方珠玉集》："察云：'眾中有人在。'僧云：'同安門下，道絕人荒。'察云：'胡人飲乳，返怪良醫。'""胡人飲乳"一詞的典故源自《涅槃經》。禪籍中用此詞比喻學人不深自思考，全盤接受的行爲。后常接"反怪良醫"。

【養由】見《雪竇頌古》。

【田蝸】當作田蠬。烏瓜切，蝦蟇。蝸，音瓜，小螺也，非義。

【夤晡】上當作寅，下奔孤切。謂早晚也。

注釋：晡，《廣韻》胡孤切。《拈八方珠玉集》："夤晡飲啄，無處藏身。""晡"，申時，即十五時至十七時。《玉篇·日部》："晡，申時也。"《集韻·模韻》："日加申時也。""寅"，《説文·寅部》："寅，髕也，正月陽氣動，去黄泉欲上出，陰尚强，象宀不達，髕寅於下也。"引申爲表具體時間。如"寅正"，即凌晨四點。"夤"，《説文·夕部》："敬惕也。"段玉裁注："凡尚書'寅'字，皆叚'寅'爲'夤'也。""夤"與"寅"通。

【撲手】當作攘臂。

【陶淵】本作陶潛。

校勘："潛"，山本作"潜"。

【名稱】尺證切。

注釋：稱，《廣韻》處陵切。名稱，名聲。《大正藏》本《拈八方珠玉集》："察云：'安南未伏，塞北那降。'僧禮拜。察云：'名稱普聞。'"

【入太廟】《論語》："子入太廟，每事問。或謂鄹人之子知禮，入太廟，每事問。子聞之，曰：'是禮也。'"

【斧爛】當作柯爛。《异苑》曰："樵人王質入山，見洞中二老人弈棋，乃觀之，忘歸，俄然柯欄。"

注釋：柯，即斧子的柄，代指斧子。"柯""斧"意義相通，故易混寫。

【忘羊】見《祖英》赤松子。

【赫】當作赫，呼格切，以口非人也。

【一漾】當從木，作樣，法也。漾，水貌①，非義。

校勘：①"貌"，五山版作"皃"。

【抨】悲萌切。

【洞山】師諱良价，生會稽①郡，姓俞氏。幼從五泄默禪師出家，請戒於嵩山。遍參諸哲匠，得法於雲岩晟，即藥山之的孫。唐宣宗大中之末，唱道於新豐。晚遷洞山，大駕其道。立偏正五位，爲當時首唱。兩處行道，甫經十載。至懿宗咸通中，無疾示化，學②者號慕，師還視而誠之曰："夫出家之人，心不附物，方能入道，今復何悲？"召主事作愚癡齋。復留七日，長往。諡悟本大師。

校勘：①"稽"，五山版作"稽"。②"學"，五山版作"孝"。

【一僧】即紙衣道者。事見《廣燈①》。

校勘：①"燈"，五山版作"灯"。

【師良久】誤矣。當作師云："大闡提人家男女作麽生救得？"見藥山宗派①錄。

校勘：①"派"，五山版作"泒"。

【粟畬】式車切，大①種畬田。

校勘：①"大"，五山版作"火"。

【無間說】當作無間歇。

【覆船】師名洪荐，謚紹隆大師。

【燕金】見《懷①禪師前錄》。

校勘：①"懷"，五山版作"懷"。

【蝃蚋】上音拙，蜘蛛也。下音蓺①，蚊也。

校勘：①"蓺"，五山版作"藝"。

注釋：見於《大正藏》本《拈八方珠玉集》："僧云：'欲透龍門，却遭點額。'黃云：'燕金塞海，蝃蚋搖山。'"蝃，《玉篇·虫部》："蜘蛛。"蚋，《集韻·祭韻》："蚋，蟲名。《說文》：'秦、晉謂之蜹，楚謂之蚊。'"蝃、蚋皆爲很小的昆蟲。"蝃蚋搖山"當比喻自不量力。

【不㬠】正作燥，音嫂，乾也。俗作燨，由形近之譌也。㬠，書無此字。

【一撓】當作撓，尼交切，抓也。

【德山】師諱宣鑒，劍南人。自幼出家，深明經律，最長於《金剛般若》。從師俗姓周氏，時謂之周金剛。聞南方禪宗大興，罔測其由，因散眾，負①經南遊，謁龍潭信，觀②滅燭入道。翌日，取經疏示眾曰："窮諸玄辨，若一毫置於太虛；竭世樞機，似一滴投於巨壑。"遂焚之。遊戲禪林，道播寰宇，閑居澧陽幾三十載。屬會昌之難，托身於獨浮山之石室。大中初，被德山之命，爲第二世。至咸通六年示疾，謂弟子曰："捫空追響，勞汝心神，夢覺覺③非，竟有何事？"言訖，坐而示化，即臘月三日也，壽六十八，謚見性大師。師生於德宗貞元之末年，卒於懿宗之世。至會昌之難，道未及行。洎④大中，佛法重興，師已六十七矣。傳道之者，命若懸絲，豈不然乎？

校勘：①"負"，五山版作"負"。②"觀"，五山版作"覩"。③"覺"，五山版作"竟"。④"泪"，五山版作"泪"。

【鏡清】師諱道怤，永嘉陳氏子。生不茹葷。剃髮受具，問道於閩川，雪峰①一見而問曰："汝甚處人?"曰："不敢道是溫②州人。"峰曰："恁麼則一宿覺鄉人邪。"曰："只如一宿覺是甚處人?"峰曰："尿床③鬼子，好與一頓棒，且放過。"師證道之後，眾所欽服，皆謂小怤布衲。尋④被越人之命，居鏡清禪苑。副使皮光業嘗師問焉，光業即日休之子也。吳越國王錢氏致禮甚勤，賜號順德大師。爲開天龍、龍冊二寺延之。晉天福二年示滅，茶毗於大慈山，得骨舍利，建塔於龍母之陽。鏡清本朝賜額曰景德者是矣。

校勘：①"峰"，活字版作"峯"。②"溫"，五山版作"溫"。③"床"，活字版作"牀"。④"尋"，五山版作"尋"。

【成褫】音池。藉褥也。

注釋：《大正藏》本《拈八方珠玉集》："侍者云：'和尚適來成褫伊?'清云：'無。'者云：'無成褫伊。'清云：'無。'""褫"當爲"持"之借字。"持"有促成、輔助義。成褫即扶助，成就，引導義。《禪林寶訓合註》褫：音池，成就也。無著道忠《虛堂錄犁耕》："成褫，扶助人成其事，如藉褥承物也。"

【玄沙道底】見《雪竇瀑泉》。

【廝兒】上音斯，從使者也。方言。入聲呼。

注釋：《拈八方珠玉集》："洋豎起痒和子云：'江西還有這個麼?'僧托膝閉目。洋云：'東家廝兒，却向西家使喚。'""廝"，《廣雅·釋詁一》："使也"。善卿釋義是，但於文不契，禪籍中多指小孩。《祖堂集》卷三《慧忠國師》："時十月中旬，有諸座主來禮拜和尚。師問：'城外草作何色?'曰：'作黃色。'師遂喚少童子問：'城外草作何色?'對曰：'作黃色。'師曰：'座主解經解論，與此廝兒見解何殊?'

【椑樹】師名慧省。

【魯祖】魯祖教和上，《傳燈》嗣灌①溪閑。

校勘：①"灌"，五山版作"潅"。

【餧】於偽切。

【剋已】當作克，負何之名。剋，殺也，非義。

注釋：按"克"，《說文·克部》："肩也。"段玉裁注："克，俗作剋。"

《六書故》卷三十三："克，俗又作剋。""剋"當爲"克"之俗體。克己，克制、約束自己。克，約也。《論語·顏淵》："克己復禮爲仁。"何晏集解引馬融注："克己，約身。"

【骿】部田切。

【一撥良琴】晋平公謂師曠曰："寡人所好者，音也，願聞之。"師曠不得已，援琴而鼓之。一奏之，有玄鶴二，入集於郭門；再奏之，延頸而鳴，舒翼而舞。平公大喜，起而爲師曠壽。見《史記》。

【良籌】漢高帝封功臣，或謂張良未嘗有戰鬥功。高帝曰："運籌策帷帳中，決勝千里外，子房功也。"

【周下】或本作周苛。楚圍漢王，榮陽急，漢王遁出，去而使周苛守榮陽。楚破榮陽城，欲令周苛將，苛罵曰："若趣降漢王！不然，今爲虜矣！"項羽怒烹①周苛。苛，下可切。

校勘：①"烹"，五山版作"亨"。

【鎮縣】不遙①，第二十四板六行下少不字。

校勘：①"遙"，五山版作"遙"。

注釋：《拈八方珠玉集》："僧問金峰：'如何是金峰正主？'峰云：'此去鎮縣不遙，闍梨莫造次。'"已有"不"字。又《景德傳燈錄》卷二〇、《永覺元賢禪師廣錄》卷二八亦作"此去鎮縣不遙"，可見善卿對其所用底本的校改精當。

【磉盤】上蘇朗切，柱下石。

注釋：《拈八方珠玉集》："僧問金峰：'如何是金峰正主？'峯云：'此去鎮縣不遙，闍梨莫造次。'僧云：'何不道？'峰云：'你口是磉盤。'"磉，柱下石墩。《廣韻·蕩韻》："柱下石也。"《正字通》："俗呼礎曰磉。"該處的"口是磉盤"即口重如柱下石墩，謂閉口不言狀。

【酩酊】音茗鼎，醉甚也。

【鳳皇】鳳皇山强禪師。

【卧龍】師諱慧球，生泉州之蒲田。受業於龜洋，參於玄沙備。一日，問："如何是第一月？"玄沙曰："用月作麼？"師遂領旨。朱梁開平二年，玄沙示寂，遺言於閩師王氏。請居卧龍，爲第二世，亦曰中塔。後五年，不疾而終，號①寂照禪師。閩師嘗問玄沙："繼②師之道誰乎？"玄沙曰："球子得。"

校勘：①"號"，五山版作"号"。②"繼"，五山版作"継"。

【巖頭】師諱全豁，泉州何①氏子。剃頭受具，久習經律，晚遊叢席。自餘②杭與雪峰、欽山議參臨濟，屬濟亡，由仰山參德山，氣類相投，若合符節。晚結茅於洞庭之臥龍山，學者依焉。遭會昌沙汰，著襴衫，戴席帽，遊諸聚落，乃於洞庭之別港艤舟其下，兩岸置板，人欲過，即扣板以召師，師舞橈而渡之。未幾，牽復舊居。至僖宗光啓三年，賊寇中原，四海擾攘，師端居自若，俄被割刃，大叫一聲而終。僖宗諡清嚴大師。剚，側吏切。

校勘：①"何"，五山版作"柯"。②"餘"，五山版作"余"。

【桫】子末切。

【香嚴】師諱智閑，生青州。參道於潙山祐，機緣未契，往依南陽國師。一日，薙草於園中，俄擊①竹作聲，忽悟前非，遙禮潙山曰："和上若爲某說破，何有今日？"因述偈，略云："一擊忘所知，更不用修持。"自爾，長於伽陀，世所稱誦。示滅之後，諡襲燈大師。

校勘：①"聲"，五山版作"声"。

【有一老宿】此緣宜作《臨濟錄編》，又不當云有一老宿。

【夜冥符】當作夜明符。

【峭崺】上七肖切，下直里切。嶮峻也。

【頂】奴頂切。頂顛也。

【醶】魚欠切，味厚也。

【假銀城】霍光，漢人。書傳無賣城易角之說，蓋出於委巷之劇談，禪人往往資以爲口實，不亦謬乎！

【居牂】當从爿，作壯，側亮切，大也。牡，莫后切，非義。爿，音床①一②。

校勘：①"床"，活字版作"牀"。②"一"，疑衍。

注釋：見於《拈八方珠玉集》："僧云：'不睹王居壯，焉知天子尊。'國師云：'貪觀天上月，失卻手中橈。'""王居"與後文"天子"相對，指帝王的居所，"壯"與"尊"相對，用來修飾帝王的居所。"居壯"非詞。

【朱谿】朱谿謙禪師，後住兜①率而終。

校勘：①"兜"，五山版作"兠"。

【攙】初銜①切，旁掣也。

校勘：①"銜"，五山版作"衘"。

【忙然】當作茫然。

【平田】天台平田普岸禪師，生洪州。得法於百丈海。南游勝槩，結廬於天台山，四眾依仰，因建伽藍，號平田禪院，本朝賜額曰壽昌。師開山之始祖也。嘗示眾曰：“神光不昧，萬古徽猷，入此門來，莫存知解。”又曰：“大道虛曠，常一真心。善惡莫思，神清物表。隨緣飲啄，更復何爲？”後終於本院，遺塔存焉。

【寶壽】沼和上，參臨濟領旨，更不它遊，住寶壽，爲第一世。師將示寂，謂門人曰：“汝等知我履踐處否？”對曰：“和上一生長坐不臥。”師曰：“非吾眷屬。”言訖長往。世謂寶壽不渡河者，即師也。

【西堂】師諱智藏，虔化廖氏子。冲幼從師，晚①從大寂問道，爲馬祖高弟。寂付衲迦沙，令學者親近。至唐德宗貞元間，開堂於虔州。至憲宗元和九年四月八日示化，年八十歲。

校勘：①“晚”，五山版作“晚”。

【仰山】師諱慧寂，韶州湞昌縣葉氏子。初生頗有异迹。爲童穉，依番禺安和寺不語通出家。年十四父母欲奪其志，遂斷二指以爲誓，因從剃落。通累加接引，而師無所啓發。年十八，通卒，因往謁乳源，洎筠州處微①、吉州性空、鵶山躭②源皆不契。至大和三年，參大潙祐，舉性空如人在井之緣，潙山召曰：“寂子！”師應咿。山云：“出了也。”師因而有省。山指令請戒於襄陽之大悲，師曰：“慧寂平生不妄語。”山云：“你但依沙門法。”師從之，時年三十三矣。復還潙山作直歲，尋領眾居郴州之王莽山，既而移錫來袁居仰山，眾盈數百。一日，有梵僧負貝葉造師，師問：“近離甚處？”曰：“早別西天。”師曰：“太遲生。”曰：“遊山玩水。”師曰：“神通不無你，佛法未夢見。”曰：“來此禮文殊，却遇小釋迦。”語訖隱去。師住仰山，神异具它傳。大中十三年，韋宙中丞爲師創洪州觀音院居之。咸通中，歸韶州之東平。至中和三年二月十三日集眾說偈，以兩手抱屈膝，儼然而終，歸葬於仰山。師行道於世，蒙寵賜者三：懿宗賜號知宗，僖宗賜澄虛，昭宗謚智通。湞，音貞。番禺，音藩禺。郴，丑林切。

校勘：①“微”，五山版作“微”。②“躭”，五山版作“耽”。

【龍濟】師名紹修，嗣地藏，即羅漢琛也。

【雪峯】師諱義存，泉州安南曾氏子。生不茹葷。幼聞鐘梵，見華幡，必動容。年十七，從蒲田玉澗寺玄律師落髮，具戒於幽州。久遊叢林，發明於德山，至鼇山頓證。唐咸通中，結茅於福州之雪峰①，後成大伽藍，爲第一世。懿宗賜紫僧伽梨，號真覺大師。學者甚盛，道行於四十餘載。至梁開平二年五月二日無疾而終，壽八十七。

校勘：①"峰"，活字版作"峯"。

【明招】師名德謙。既於羅山得旨，出遊。婺女之智者命居第一座，尋常點净，師輒不受。主事僧曰："首座觸净也不識。"師下床，拈起净器曰："者個是净是觸?"主事無語，即撲破。晚居明招山四十餘載。一日，問侍者："世尊示滅展雙足，放百寶光明。吾今行矣，且道放多少光?"侍者曰："昔日鶴林，今朝和上。"師以手拂眉曰："莫孤負麼?"復說偈，奄化。

【雙峰】師名敬欽，生緣益州。受業於峨①嵋山，造雲門法席，密承印可。尋居雙②峰③，爲第一世。至太平興國二年五月，指日而逝。

校勘：①"峨"，活字版作"戝"。②"雙"，五山版作"双"。③"峰"，活字版作"峯"。

《證道歌》

永嘉大師，諱玄覺，俗姓戴氏。齠年出家，弱冠登具，博通三乘，練習天台止觀，內心明静，求證於曹溪六祖。祖方踞坐丈室，師振錫遶座三匝，卓然於前，祖曰："夫沙門具三千威儀，八萬細行，大德自何方而來，生大我慢?"師曰："生死事大，無常迅速。"祖曰："何不體取無生，了無速乎?"曰："體即無生，了本無速。"祖曰："如是! 如是!"方具威儀參禮畢，辭還永嘉，祖曰："返太速乎?"曰："本自非動，豈有速邪?"祖曰："誰知非動?"曰："仁者自生分別。"祖曰："汝甚得無生之意。"曰："無生豈有意邪?"祖曰："無意誰當分別?"曰："分別亦非意。"祖曰："善哉! 善哉! 少留一宿。"世謂之一宿覺。既歸，大唱其道。所作《證道歌》泳①播天下。後六祖兩月而亡，即先天二年十月十七日也。睿宗謚無相大師，塔曰净光。本朝淳化中，詔修龕塔。

校勘：①"泳"，五山版作"流"。

【五陰】謂色、受、想、行、識。變礙曰色，領納曰受，取像曰想，造作曰行，了知曰識，亦名五蘊①。蘊以積聚爲義，陰以言其覆蔽也。

校勘：①"蘊"，五山版作"蘊"。

【三毒】謂貪、嗔、癡。《四解脫經》云："三毒感三塗。嗔忿，火塗；

慳貪，刀塗；愚癡，血塗。”

【阿鼻】此言無間。生此界者，所受苦報無有間歇。

【如來禪】楞伽云：“禪有四種：愚夫所行禪、觀察義禪、攀緣如實禪、如來禪。如①何如來禪？謂入如來地，行自覺聖智相三種樂住，成辨眾生不思議事，是名如來禪。”

校勘：① “如”，《楞伽經》作“云”。

【六度】一、布施；二、持戒；三、忍辱；四、精進；五、禪定；六、智慧。度以到彼岸爲義。

【萬行】清涼曰：“萬法不離自心，一念萬法行備。心不起，止也；知不起，觀也；不緣萬境，捨也；止妄不，戒也；安心諦理，忍也；心無間斷，進也；心體離念，法也；心之本覺，佛也；體相無人，僧也。”《圓覺經大疏釋義鈔》卷一：“故清涼大師云：‘所說萬行並不離心，但能覺了自心現量，畢竟清净，即一念之中萬行備足。心不起，止也；知不起，觀也；不緣萬境，捨也；止妄不生，戒也；安心諦理，忍也；心無間斷，進也；心體離念，法也；心之本覺，佛也；體相無違，僧也。”善卿節略了“但能覺了自心現量，畢竟清净”。

注釋：《永嘉證道歌》：“頓覺了如來禪，六度萬行體中圓。”所釋當引自《圓覺經大疏釋義鈔》卷一：“故清涼大師云：‘所說萬行並不離心，但能覺了自心現量，畢竟清净，即一念之中萬行備足。心不起，止也；知不起，觀也；不緣萬境，捨也；止妄不生，戒也；安心諦理，忍也；心無間斷，進也；心體離念，法也；心之本覺，佛也；體相無違，僧也。’”

【六趣】一、地獄趣，梵云泥黎，此翻苦具。言地獄者，此趣在地之下，故言地獄，有八寒八熱等，有眷屬，其類無數。宂重者，一日有八萬四千生死。二、畜生趣，亦云旁生。披毛戴角，鱗甲羽翮，四足多足，有足無足，互相吞啖，受苦無窮。三、餓鬼趣，有福德者，作山林塚廟神；無福德者，居不净處，不得飲食，常受鞭打，被苦無量。四、阿修羅趣，此翻無酒，又無端正，又無天，或在海岸、海底，宮殿嚴飾，常好鬥戰①，怕怖無極。五、人趣，四洲不同，皆苦樂相間。六、天趣，有二十八天不同，欲界六、色界十八、無色界四。此六趣也。

校勘：① “戰”，五山版作“戰”。

【覺後】音教，寤也。

【大千】謂大千世界也。一四洲爲一小世界。千四洲，千六欲天，千梵天，名一小千世界；一千小千世界，一千二禪天，名中千界；一千中千界，一千三禪天，名大千界。

注釋： 所釋當引自慧寶注《北山錄》卷一："是謂一小世界（一四洲也）千小世界謂之小千（一千四州，一千六欲天，一千個梵世，名一小千界）千倍，小千名。一中千（一千個小千界，一千個二禪，名中千界）千倍中千爲一大千（一千個中千界，一千個三禪，名一大千界也）。""大千世界"爲佛教語，"三千大千世界"之省稱，是古印度的宇宙觀，后成爲佛教的宇宙觀。此説以須彌山爲中心，以鐵圍山爲外郭，同一日月所照之空間，稱爲"小世界"。一千個小世界爲小千世界，一千個小千世界爲中千世界，一千個中千世界爲大千世界，因小中大三種千世界組成了一個大千世界，故爲"三千大千世界"，后亦指廣闊無邊的世界。

【機關木人】《大般若》四百五十六云："如巧工匠，或彼弟子有所爲故，造諸機關，或女或男，或象馬等，此諸機關雖有所作，而於彼事無所分別。何以故？機關法爾，無分別故，甚深般若波羅蜜多亦復如是。有所爲故，而成立之。既成立已，雖能成辨，所作所説，而於其中都無分別，法爾無分別故。"

注釋： 善卿立《大般若》作爲"機關木人"的語源出處，時代過晚。西晉竺法護譯《生經》卷三《佛説國王五人經》已見："王有五子：第一智慧、第二工巧、第三端正、第四精進、第五福德，各自嗟嘆己之所長。……第二者，嗟嘆工巧，以偈頌曰：工巧有技術，多所能成就。機關作木人，正能似人形。舉動而屈伸，觀者莫不欣，皆共歸遺之，所技可依因。"

【摩尼珠】 此云無垢光，又云離垢，又云增長。論云：摩尼珠多在龍腦中，有福眾生自然得之，亦名如意珠。常出一切寶物，衣服飲食，隨意皆得。得此珠者，毒不能害，火不能燒。或是帝釋所執金剛與修羅鬥時，碎落閻浮提，變成此珠。又云過去久遠佛舍利，法既滅盡，變成此珠，以爲利益。

【如來藏】 如來成就過於恒①沙，具解脱智不思議法，説名法身。世尊如是法身不離煩惱，名如來藏。如來藏即是如來空性之智，一切聲聞、獨覺所未曾見，亦未曾得，唯佛了知，及能作證。此如來藏空性之智，復有二種：謂空如來藏，所謂離於不解脱智一切煩惱；不空如來藏，具過恒沙佛解脱智不思議法。

校勘：①"恒"，活字版作"恆"。

注釋：所述引自《大寶積經》卷一一九："如來成就過於恒沙，具解脫智不思議法，説名法身。世尊，如是法身不離煩惱，名如來藏。世尊，如來藏者，即是如來空性之智，如來藏者，一切聲聞、獨覺所未曾見，亦未曾得，唯佛了知，及能作證。世尊，此如來藏空性之智，復有二種，何等爲二，謂空如來藏，所謂離於不解脫智一切煩惱；世尊，不空如來藏，具過恒沙佛解脫智不思議法。"善卿省略了兩處"世尊"和一處"如來藏者"，但不影響對文意的理解。

【五眼】《智論》云："肉眼見近不見遠，見前不見後，見外不見内，見晝不見夜，以此得故，求天眼。天眼見和合因緣生假名之物，不見實相，所謂空、無相、無作、無生無滅，如前中後亦爾，爲實相故，求慧眼。得慧眼，見①眾生，盡滅一異相，捨離諸著，不受一切法，智慧自内滅，是名慧眼。但慧眼不能度眾生，無所别故，以是求法眼。法眼令是人行是法，得是道，知一切眾生各各方便門，令得道證。法眼不能遍知度眾生方便道，以故求佛眼。佛眼無事不知，覆障離密，無不見知者。"

校勘：①"見"字上，《大智度論》有"不"。

【五力】謂信、精進、念、定、慧。一、信力，信一切法從因緣生，顛倒妄見心生，如旋火輪，如夢如幻。二、精進力，晝夜常行精進，除却五蓋，貪欲、嗔恚、睡眠、掉悔、疑，攝護五根，諸深經法欲得欲知，欲行欲論。三、念力，常一心念欲具布施、持戒、禪定、智慧解脫，欲身口意業諸法生滅，住異智中，常一心念。四、定力，善取定相，能生種種深定。五、慧力，爲盡苦聖智慧，成就是智慧，爲離諸佛爲涅盤，以智慧觀一切三界無常。力者，能破煩惱，度眾生，得無生法忍，是名爲力。又天魔外道不能沮壞，故名爲力。

【涅盤】此云圓寂，又云圓常。

【貌悴】當作顇，音萃。顦，顇也。悴，憂也，非義。

注釋：《永嘉證道歌》："貌顇骨剛人不顧。"《普庵印肅禪師語錄》卷二、《慈受懷深禪師廣錄》卷四作"貌顇"，宋顏琪注《證道歌》、《嘉泰普燈錄》卷三〇、《聯燈會要》卷三作"貌悴"。按慧琳《一切經音義》卷一七九："顦悴，《説文》或作憔，亦作醮悴，或從頁作顇，並通也。"同書卷五："顦顇，亦從心作憔悴，或作癄瘁，並同。"又《左傳·昭公七年》："或憔悴事國。"《漢書·五行志》引憔悴作盡顇。

【三身】謂法、報、化也。法身毗盧遮那，此云遍一切處；報身盧舍那，此云淨滿；化身釋迦牟尼，此云能仁寂默。在眾生身中，即寂、智、用。寂是法身，智是報身，用是化身。

【四智】前眼等五識是成所作智，第六意識是妙觀察智，第七末那是平等性智，第八阿賴耶識是大圓鏡智。在眾生時，智劣識強，但名為識；當佛地時，智強識劣，但名為智。六七因中轉，五八果上轉，所謂轉名而不轉其體也。《傳燈》："智通禪師，看《楞伽經》約千餘遍，而不會三身四智，遂詣曹溪謁六祖，求解其義。祖曰：'三身者：清淨法身，汝之性也；圓滿報身，汝之智也；千百億化身，汝之行也。若離本性別說三身，即名有身無智；若悟三身無有自性，即名四智菩提。聽吾偈曰：自性具三身，發明成四智。不離見聞緣，超然登佛地。吾今為汝說，諦信永無迷。莫學馳求者，終日說菩提。'通曰：'四智之義可得聞乎？'祖曰："既會三身，便明四智，何更問耶？若離三身，別談四智，此名有智無身也。即此有智，還成無智。'復說偈曰：'大圓鏡智性清淨，平等性智心無病，妙觀察智見非功，成所作智同圓鏡。五八六七果因轉，但用名言無實性。若於轉處不留性，繁興永處那伽定。'"

注釋：《傳燈》前的文字引自《心賦注》卷三。

【八解】一、有色觀諸色解脫；二、內無色想觀外諸色解脫；三、淨解脫身作證具足住解脫；四、空無邊處解脫；五、識無邊處解脫；六、無所有處解脫；七、非想非非想處解脫；八、想受滅身作證具足住解脫。

注釋：所述引自《瑜伽師地論》卷一一。

【六通】一、天眼通；二、天耳通；三、它心通；四、宿命通；五、如意通；六、漏盡通。

【善知識】《摩訶般若經》云："能說空、無相、無作、無生無滅法，及一切種智，令人心入歡喜信樂，是名善知識。"又《華首經》云："有四法是善知識：一、能令人入善法中；二、能障礙諸不善法；三、能令人住於正法；四、常能隨順教化。"

【訕】所晏切，毀語也。

【慈忍力】修慈忍有十五利：一、謂臥安；二、覺安；三、天護；四、人護；五、眠①無惡夢；六、寤常歡喜；七、水不能漂；八、火不能燒；九、刀不能傷；十、毒不能害；十一、常生善處；十二、鎮②受快樂；十三、正報梵世；十四、殘報人王；十五、遠果作佛，皆慈忍之果也。

校勘：①"眠"，五山版作"眼"。②"鎮"，五山版作"鎮"。

【宗說俱通】清涼云："宗通自修行，說通示未悟。"

校勘：《永嘉證道歌》原文："宗亦通說亦通，定慧圓明不滯空。""宗說俱通"當爲縮略。

【師子吼】宗炳《師子擊象圖序》曰："梁伯玉說沙門釋僧吉云：'嘗①從天竺欲向大秦，其間忽聞數十里外哮吼歔歔，驚天怖地。頃之，但見百獸率走蹌地之絶，而四巨象虓焉而至，以鼻卷②泥自厚塗數尺，數數噴鼻隅立。俄有師子三頭，崩血若檻泉，巨樹如草偃。'"歔，許鑒③切，別④也。蹌，七亮切，走也。虓，許交切，虎聲。

校勘：①"嘗"，五山版作"甞"。②"卷"，五山版作"捲"。③"鑒"，五山版作"鑒"。④"別"，五山版作"吼"。

【忍辱仙】見《金剛般若》歌利王緣。

【蘭若】梵云阿蘭若，此言寂靜處。

【岑崟】上鉏簪切，下音吟。高貌①。

校勘：①"貌"，活字版作"皃"。

【闃】苦息切，靜也。

【住相布施】《智論》三云："以財寶布施，是名下布施；以身布施，是名中布施。種種施中，心不著者，是爲上布施。"

【瑠璃】應法師云：或加吠字，或加毗字。又言毗頭梨，從山爲名，乃遠①山寶②也。遠山即須彌山也。此寶青色，一切寶皆不可壞，亦非烟焰所能鎔鑄，唯鬼神有通力者能破壞。又言金翅鳥卵殼，神鬼得之，出賣與人。《魏略》云："大秦國出赤、白、黑、黃、青、綠③、縹、紅、紫十種流離，此蓋自然之物，采澤光潤，踰於眾玉。其色不恒④，今俗所用皆銷冶石汁，加以眾藥，灌而爲之，尤虛脆不堅實，非真物。"

校勘：①"遠"，五山版作"逺"。②"寶"，五山版作"寶"，下同。③"綠"，五山版作"綠"。④"恒"，活字版作"恆"。

【降龍鉢】《本行經》云："佛初轉法輪，降三迦葉於火神堂，放威火滅彼火龍毒火，四面一時洞然熾盛，唯有如來所坐之處寂靜，不見火光。火龍見已，漸向佛所，便即踊身入佛鉢中。爾時，世尊手擎於鉢，至頻螺迦葉所。"又晉高僧涉公，以符堅建元十一年長安大旱，請涉咒龍，俄爾龍在涉鉢中，雨遂告足。

【解虎錫】齊①高僧稠禪師，在懷州王屋山習禪間，有虎闘，師往，以錫杖解之，虎②遂各去。又曇詢禪師因山行值二虎相鬬③，累時不歇，詢乃執錫分之以身，爲嚲語曰："同居林籔④，計無大乖，幸各分路。"虎低⑤頭受命，飲氣而散。又稠禪師磁州石刻云："昔齊高歡帝時，稠隱於都之西北一百二十里，有桃源山定晋岩，岩下有寺曰均慶。其岩嵌空，高以覆寺，岩之中去地百許尺，危構一閣，以設禪榻，獨木爲梯，乃師平日宴寂之地。師一日聞澗下虎鬬，經日不已，遂往以錫解之，後二虎常隨師左右。師因有頌書於岩壁間云："本自不求名，剛被名求我，岩前解二虎，障却第三果。'"多引王屋者，由僧傳也。

校勘：①"齊"，五山版作"齊"。②"虎"，五山版作"虝"。③"鬬"，五山版作"鬭"。④"籔"，五山版作"數"。⑤"低"，活字版作"伍"。

【法財】法財有七：一、聞；二、信；三、戒；四、定；五、進；六、捨；七、慚愧。

【龍象】《大毗婆沙①》云："有大龍象，以信爲手，以捨爲牙，以慧爲頭，以念爲頸，於其兩肩擔集善法。"

校勘：①"沙"，五山版作"娑"。

【蹴蹋】上子六切，下敵盍切。踐也。

【三乘】一、聲聞；二、緣覺；三、菩薩。乘，以負載爲義。

【五性】一、無種性闡提；二、定性聲聞；三、定性緣覺；四、不定性；五、菩薩性。

【雪山肥膩】涅槃云："雪山有草，名曰肥膩，牛若食者，純得醍醐。"

【解何宗】長慶稜和上因卷簾悟道，嘗有頌云："大差！也大差！卷起簾來見天下。有人問我解何宗，拈起拂子劈口打。"集事者曰："永嘉貪觀白浪，失却手橈；長慶佛法雖無，要且超今邁古。"

【法幢】諸佛菩薩建立法幢，猶如猛將建諸幢幟，降伏一切諸魔軍故。如帝釋幢不怖惑業，以法義有所建立故。幟，音熾。

【二十八代】嗚呼！愚讀《證道歌》止比，未嘗不掩卷太息。永①嘉遊心三藏，秉志四儀，晚詣曹溪，以求印可，乃知六祖爲如來正統，即二十八代祖師。後世講學輩獨以二十四爲然，得非自昧於心證之法者乎？

校勘：①"永"，五山版作"氶"。

【西天記】法東流，脱此三字一句。盖見古本《永嘉集》，以文勢推之，固無疑也。然《證道歌》《十玄談》《六祖壇經》《潙山警策①》，雖盛傳於禪林，而絕無完本。盖各以臆論妄自改易者多矣。鑱石入木，印行天下，梁簡文所謂烟墨不言，受其驅染；紙札無情，任其搖襞爾。誠哉！

校勘：①“策”，五山版作“策”。

【菩提達磨】或云達摩多羅，此云道法，義翻大通量。

【正法輪】輪以喻言，如王寶輪，運轉無礙，摧壞煩惱，愈動愈遠，信住行位，至於果地，無不轉者。又轂輻輞①軸，體用周備。所言法者，軌持一切義地也。

校勘：①“輞”，五山版作“輞”。

【栴檀林】此云與樂。以白檀能治熱病，赤檀能去風瞳，皆除疾身安之藥，故名與樂。或云此土無故不翻。《慈恩三藏傳》云：“秣羅炬①吒國有秣剌耶山，產②谷崇深，中有栴檀香樹，樹類白楊，其質凉冷，蛇多附之，至冬方蟄，用之別檀也。”

校勘：①“炬”，五山版作“矩”。②“產”，《慈恩三藏傳》作“崖”。

注釋：僧眾聚居的寺院稱爲叢林，又以芳香之栴檀樹林比喻佛門龙象所住之清净丛林，故亦称栴檀林。現在均可指禪宗寺院。

【三歲哮吼】《涅槃》云：“猶如野干，雖學師子，至百千年，終不能作師子之吼。若師子子，三歲則能哮吼。”

注釋：《永嘉證道歌》原文爲“三歲便能大哮吼”。

【野干】梵云悉迦羅，此言野干，亦名夜干，或射干。色青黄，如狗群行，夜鳴其聲如狠①。又野干形小尾大，能上樹，疑枯枝不登。狐即形大，疑冰不渡，不能上樹。

校勘：①“狠”，當作“狼”。

【龍女】《妙經》：“智積菩薩①問文殊師利言：‘仁者！往龍宮所化眾生，其數幾何？’文殊云：‘其數無量，不可稱計。我於海中唯常宣說《妙法華經》。’智積問云：‘此經微妙，頗有眾生修行此經速得佛否？’文殊師利言：‘有娑竭羅龍王女，年始八歲，智慧②利根，能至菩提。乃至眾會皆見龍女忽然之間變成男子，具菩薩行，即往南方世界，坐寶蓮華，成等正覺。’”

校勘：①“薩”，五山版作“薩”。②“慧”，五山版作“惠”。

【善星】《涅槃經》云：“佛語善星比丘：‘諸佛如來誠言無二。’善星即言：‘如來爾時雖作是說，我於是事都不生信。’‘我亦常爲善星說真實法，而彼絕無信受之心，雖復讀誦十二部經，獲得四禪，生惡邪見，作如是説：無佛無法，無有涅槃。沙門瞿曇善知相法，是故能得知它人心。如來雖復謂我説法，我真實謂無因果。善男子！汝若不信如是事者，善星今者近在尼連禪河，可共往問。'爾時，如來即與迦葉往善星所，善星遥見佛來，見已即生惡邪之心，以惡心故，生身陷入至阿鼻獄。"

【數它珍寶】如人數它寶，自無半錢分。於法不修行，多聞亦如是。見《華嚴》十三。

注釋：《永嘉證道歌》有關此詞條的原文爲"數他珍寶有何益"。"它"，《景德傳燈録》《證道歌注》《證道歌頌》皆作"他"。

【蹭蹬】上七鄧切，下唐豆切。失道也。

注釋：蹭，《廣韻》千登切；蹬，《廣韻》徒亘切。

【駭】諧楷切，癡也。

【勇施】《净業障經》云："過去久遠劫，眾香世界無垢光如來，時有比丘名曰勇施，善修戒身，多聞智慧，顔①貌端正，成就第一清净妙色。著衣持鉢，入城乞食，到長者舍，其家有女，容貌端正，見勇施已，生染愛心，若不得以爲夫，當自殞②命。欲心内結，遂以成病。爾時，其母問女：'何緣而致斯病？'女時默然，遂不飲食。爾時，女母密③遣餘女而往間言，時女答言："我見一比丘，顔貌端正，便生欲心，以致斯病。'餘女聞已，還向母説。時母作計，請勇施言：'數至我家，當使此女從受經法。'勇施默然許可。其後勇施數到其家，轉相親厚。數相見故，便失正念，即與彼女共行婬④法。"時彼女夫見此比丘往來頻數，心生疑恚，即設方便，欲斷⑤其命。勇施聞已，即以毒藥持與彼女，時女即以毒藥和著食中，敕其婢使：'以飯我夫。'夫食飯已，即便命終。勇施聞已，心生大悔：'受行婬法，又斷人命。咄哉！怪⑥哉！我今即是地獄眾生。'時有菩薩名鼻掬多羅，語勇施言："比丘莫怖，我今力能施汝無畏。'即入寶印三昧，於其身上出無量佛，同聲説是偈言：'諸法同鏡像，亦如水中月。凡夫愚惑心，分别癡恚愛。'勇施比丘見諸化佛神通變現，於諸法中思惟選擇，離諸盖纏，得無生忍。今已成佛，在於西方，去此佛土恒⑦河沙數有國名常光，佛號寶月如來。"

校勘：①"顔"，五山版作"顏"。②"殞"，五山版作"殞"。③"密"，五山版作"宻"。④"婬"，五山版作"媱"。⑤"斷"，五山版作"輌"。⑥"怪"，活字版作"恠"。⑦"恒"，活字版作"恆"。

【懵懂】上母總切，下音董。懵懂，心亂貌①。

校勘：①"貌"，活字版作"皃"。

注釋："懵"，《玉篇·心部》："懵，心亂，心迷也。"《廣韻·董韻》："懵，心亂貌。"懂，《廣韻·董韻》："懵懂，心亂。"善卿依字書、韻書釋義無誤，但上文中"懵懂"釋爲"心亂"義，與文意不契。《明覺禪師語錄》中"懵懂"與"癡"同義連言。癡，呆傻、愚鈍。又《永嘉證道歌》中"懵懂"與"頑皮靼"同義連文。頑皮靼，形容根性遲鈍、不開竅的參學者。"懵懂"與"癡""頑皮靼"意義均同。"懵"，《集韻·董韻》："懵，《廣雅》："闇也。'""懵"之"昏昧無知"義顯然。"懵懂"當爲"昏鈍、愚昧"義。又《佛果圜悟禪師碧巖錄》卷八："僧云：'喫飯了也，懵懂漢元來不會。'霞云：'將飯與汝喫底人，還具眼麽?'僧無語。"《景德傳燈錄》卷二一《福州安國慧球禪師》："問：'如何是靈山會上事?'師曰：'少得靈利底。'僧曰：'忽遇靈利底作麽生?'師曰：'遮懵懂。'""懵懂漢"，昏昧無知的人。"懵懂"與"靈利"相對。

【頑皮靼】靼①，之列切，柔熟皮也。《智論》云："譬如牛皮，未柔不可屈折，無信人亦如是；譬如牛皮，已柔隨用可作，有信人亦如是。"

校勘：①"靼"，五山版作"靼"。

注釋：見於《永嘉證道歌》："師子吼無畏説，深嗟懵懂頑皮靼。秖知犯重障菩提，不見如來開秘訣。""靼"應作"靼"。《正字通·革部》："靼，靼字之譌。""靼"，指牛脖頸上又粗又硬的皮。宋知訥《證道歌注》："靼，乃牛領上極粗皮也。"粗，粗糙，粗劣。《玉篇·粗部》："粗，不精也。"善卿釋字之本義，但與文義不協。頑皮，堅硬的外皮。皮日休《嘲歸仁紹龜詩》："硬骨殘形知幾秋，屍骸終不是風流。頑皮死後鑽須遍，都爲平生不出頭。""頑皮"與"靼"同義連言，指堅硬、粗糙的表皮，用牛身上堅硬不易破的粗皮比喻人的冥頑不化、混沌愚昧。禪籍中用來形容根性遲鈍，不開竅的參學者。

【二比丘】《維摩詰經》："佛告優波離：'汝行詣維摩詰問疾。'言：'我不堪任詣彼問疾。所以者何？憶念我昔有二比丘，犯律行以爲恥，不敢問佛，來問我言：唯優波離！我等犯律誠以爲恥①，不敢問佛，願解疑悔，得免斯咎。我即爲其如法解説。時維摩詰來謂我言：唯優波離！無重增此二比丘罪，當直除滅，勿擾其心。所以者何？彼罪性不在内，不在外，不在中間，如佛所説，心垢故衆生垢，心净故衆生净。心亦不在内，不在外，不在中間，如其心然，罪垢亦然，諸法亦然，不出於如如。優波離！以心相得解脫時，寧有垢否？我言不也。維摩詰言：一切眾生心相無垢，亦復如是。其知此者，是名奉律；其知此者，是名善解。其二比丘疑悔即除，發阿耨多羅三藐三菩提心。'"

校勘：① "耻"，五山版作 "恥"。

【波離】此云近執，持戒第一。

【四事】一、飲食；二、衣服；三、臥具；四、湯藥。

【崢嶸】上鉏耕切，下音宏。

【螳蜋拒轍】《莊子》："季徹謂將閭葂曰：'夫子之言於帝王之德，猶螳蜋之怒臂以當車軼，則不勝任矣。'" 說者曰："用小擬大，故不能任。" 葂，音免。軼，音轍。

注釋：《永嘉證道歌》有關此詞條的原文爲 "螳蜋能拒轍"。"螳"，《景德傳燈錄》《證道歌註》《證道歌頌》皆作 "螗"。

【管見】古語云："持蠡酌海，握管窺天。"

卷八

《十玄談》

序

　　叢林所行《十玄談》皆無序引，思①曩遊廬阜，得其序於同安影堂，今②録之。云："夫玄談妙句，逈③出三乘④。既不混緣，亦非獨立。當臺應用，如⑤朗⑥月以晶空；轉影泯機，似明珠而隱海。且學徒有等，妙理無窮，達事者稀，迷源者眾。森羅萬象，物物上明。或即理事雙祛，名言俱喪⑦。是以殷勤指⑧月，莫錯端倪。不迷透水之鍼，可付開拳之寶。略序微言，以彰事理。"

　　校勘：①"思"，疑当作"愚"。②"今"，五山版作"仐"。③"逈"，活字版作"迴"。④"乘"，五山版作"乘"。⑤"如"，五山版作"安"。⑥"朗"，五山版作"朖"。⑦"喪"，五山版作"喪"。⑧"指"，五山版作"拮"。

　　【辨題目】竊觀《十玄談》所作題目，不無深旨①，而後人輒②自删改，盖③由不知當時命題製作之由，妄建私意，良可嘆也！而《傳燈》又復削去祖意、轉位二題，所幸者，後之四首不失舊目。若夫不明祖意，何由得造玄機？果未回機，安能轉位？此《傳燈》之誤也。而又近世④題目，全不與頌意相符，學者宜自攷⑤之。

　　校勘：①"旨"，五山版作"肯"。②"輒"，活字版作"輙"。③"盖"，活字版作"蓋"。④"世"，五山版作"卋"。⑤"攷"，五山版作"改"。

　　【立題】一、心印；二、祖意；三、玄機；四、异塵；五、佛教；六、還鄉①曲；七、破還鄉曲；八、回機；九、轉位歸；十、止②位前。

校勘：①"鄉"，五山版作"鄉"。②"止"，當作"正"。

【心印】達磨①西來，不立文字，單傳心印，直指人心，見性成佛。

校勘：①"磨"，五本版作"摩"。

【三賢十聖】華嚴明十住、十行、十回向爲賢，十地爲聖，妙覺爲佛。十聖者，即十地聖人：一、歡喜；二、離垢；三、發光；四、焰①慧；五、難勝；六、見前；七、遠行；八、不動；九、善慧；十、法雲。《涅槃》云："菩薩位階十地，尚不能了了知見佛性，何況聲聞、緣覺之人能得見邪？譬如醉人欲涉遠路，蒙②籠見道。十地菩薩於如來知見少分，亦復如是。"

校勘：①"焰"，五山版作"熖"。②"蒙"，五山版作"朦"。

【尚未那能】叢林商搉，往往謂行布差殊，語言顛錯。殊不知作句有聲律，命意無漸次，如斷句云"莫問西來及與東"是也。雖然，愚讀至此，未嘗無惑焉。頃遊京師，俄於檀越劉氏書府中得故本禪錄，書尾有《十玄談》，而不見序引。其第二章曰："三賢固未明斯旨，十聖那能達此宗？"予得此句，渙然冰釋，方知後人傳寫之誤。

【三乘】一、聲聞；二、緣覺；三、菩薩。

【次第演】佛初①成道，三七日思惟已，便往仙苑②及諸住處，十二年間説諸有爲法，緣生、無我然猶未説。然無我理名初時教，即《阿含》等一藏小乘經是矣。次依諸遍計所執，説諸法空，然於依它圓③成猶未説，有名爲空教。次説法相大乘，境空心有，名中道教，即《深密④》等經是矣。次開示一切眾生如來知見，會⑤三乘爲一乘，會權歸實，名同歸教，即《法華經》是矣。臨入涅⑥槃，説一切眾生乃至闡提皆有佛性，凡是有心，定當作佛，常樂我净，名常教，即《大涅槃經⑦》是矣。

校勘：①"初"，五山版作"祖"。②"苑"，五山版作"苑"。③"圓"，五山版作"圓"。④"密"，五山版作"密"。⑤"會"，五山版作"會"。⑥"涅"，五山版作"涅"。⑦"經"，五山版作"経"。

【龍宮】按《華嚴疏①》，佛滅度後六百年，龍樹菩薩入龍宮，見《華嚴大經》，凡有三本，上中二本非凡力所持，遂誦出下本，流於天竺。此土晋譯成五②十卷，唐譯成八十卷。然於下本四十八品，止有三十九品，餘九品未至此土。

校勘：①"疏"，活字版作"疏"。②"五"，當作"六"。

【滿字】梵書製文有半字、滿字者，字義未足，方有半偏，猶漢文月字虧其傍也；理既究竟，文義圓滿，猶漢文日字滿而實也。半字惡義，以譬煩惱；滿字善義，以譬常住。又半字爲體，如漢言字；滿字爲體，如漢語字。兩合即滿之例也，言字單立即半字例也。半字雖單，爲滿根本，緣其半字而成滿字，譬凡夫無明爲因，而得常住。因字製義。皆此類也。

【鶴樹】世尊臨般涅槃，其娑羅林垂覆寶牀^①，時即慘然變白^②，猶如白鶴，故曰鶴樹。

校勘：①"牀"，活字版作"床"。②"白"，五山版作"自"。

【終談】《涅槃》捃拾殘機，爲眾經之殿後，故曰終談。

【優鉢羅】此云黛華，又曰青蓮花。此華葉似梨，而果大如拳，其味甘，無華而結子。亦有華而難值，故經中以喻希有者也。

釋名識辨

【七佛】《傳燈》敘七佛，引《長阿含》偈及雲黃故事，斷自七佛，而下文意粗略，未能通曉。如《增^①一阿含》四十二云："阿難白佛言：'如來亦説過去恒沙諸佛取滅度者，如來亦知當來恒沙諸佛方便^②來者，如來何故不記爾許佛所造，今但説七佛本末？'佛告阿難：'皆有因緣本末故，如來説七佛之本末，過去恒沙諸佛亦説七佛本末，將來彌勒之徒亦當記七佛之本末。若師子膺如來出世時，亦當記七佛之本末；若柔順佛出世時，亦當記七佛之本末；若光焰佛出現世時，亦當記七佛之名號；若無垢佛出現世時，亦當記迦葉之本末；若寶光佛出世時，亦當記釋迦文之本末。由此因緣故，如來記七佛名號^③爾^④。'"又圭峰密禪師答^⑤裴拾遺云："若據真諦，本絕名數，一猶不存，何言六七？今約俗諦。有其所表。如國立七廟，七月而葬，喪^⑥服七代，福資七七，道釋皆同。經説七佛持念遍數壇場，物色作法方便三遶，請僧之限皆止於七，過則二七、三七，乃至七七。不止於六，不至八九。順世生信，何所疑焉？"然圭峰之説雖冥合世諦，亦未能必信於後人，故引此經以爲證焉。

校勘：①"增"，山本作"增"。②"便"，《增一阿含經》作"當"。③"號"，山本作"号"。④"爾"，山本作"尔"。⑤"答"，山本作"荅"。⑥"喪"，谷本作"葬"。

【傳燈】《般若》四百八云："大者善現謂舍利子言：'諸佛弟子凡有所説，一切皆承佛威神力，何以故？'舍^①利子：'如來爲它宣説法要，與諸法性常不相違。諸佛弟子依所説法，精勤修學，證法實性，由是爲它有所宣説，皆與法性能不相違，故佛所言如燈傳照。'"

校勘：①"舍"，五山版作"舍"。

【祖師】《涅槃》云："復至它方有諸煩惱①毒箭之處，示見作祖爲其療治。"又期城太守楊衒之禮問達磨②大師云："西土五天竺國，師承爲祖，其道如何？"曰："明佛心宗，寸無差誤，行解相應，名之曰祖。"復成偈曰："亦不觀惡而生嫌，亦不觀善而勤措，亦不舍愚而近賢，亦不抛迷而就悟。達大道兮過量，通佛心兮③出度，不與凡聖同纏④，超然名之曰祖。"

校勘：①"惱"，五山版作"惱"。②"磨"，活字版作"摩"。③"兮"，活字版作"兮"。④"纏"，活字版作"纒"。

注釋：祖師，術語。

【禪師】《善住意天字①所問經》："天子問文殊師利：'何等比丘得名禪師？'文殊曰：'於一切法，一行思量，所謂不生。若如是知，得名禪師。乃至無有少法可取。不取何法？所謂不取此世、後世，不取三世，至一切法悉不取，謂一切法悉無眾生。如是不取，得名禪師。無少取、非取、不取，於一切法悉無所得，彼無憶念。若不憶念，彼則不修。若不修者，彼則不證，故名禪師。'"

校勘：①"字"，當作"子"。

【長老】今禪宗住持之者，必呼長老。正取《長阿含經》有三長老中，所謂了達法性，內有智德之人，以訓領學者。

注釋：長老，指年齡長而法臘高，德治俱優的比丘。

【祖偈翻譯】禹門太守楊衒之《名系記略》云："東魏興①和年中，高僧雲啟往西域求法，至龜茲，會天竺三藏那連耶舍欲傳法至東夏。雲啟②曰：'東夏佛法未振，宜③且留此。'耶舍遂出祖師傳法偈梵文與啟翻譯。既而啟遊印土，耶舍乃將新譯華言祖偈至於西魏。值時多事，乃入高齊，齊文宣帝延居石窟寺。以齊方受東魏禪，未暇翻譯，耶舍乃將龜茲所譯祖偈授於居士④萬天懿。天懿聞魏有西域三藏吉迦夜、昭玄寺沙門曇曜所譯《付法藏傳》缺⑤於佛祖傳法偈，遂寫本進於魏。梁簡文帝聞魏有本，乃遣使劉玄運往魏，傳歸建康。唐貞元中，金陵沙門慧炬同西竺勝持三藏編入《寶林傳》。"雲啟，一名曇啟。龜茲⑥，或云屈隨，音丘茲。禪，音繕。

校勘：①"興"，五山版作"興"。②"啟"，活字本作"啓"。

③“宜”，山本作“冝”。④“士”，山本作“亡”。⑤“缺”，山本作“欽”。⑥“兹”，山本作“慈”。

【注祖師讖】諸祖讖①偈自雲啟②翻譯，編③於智炬《寶林傳》。編二十八首：般若多羅十一、那連耶舍一十三、竺大力一、志公一、達磨④一、六祖一。雖録於傳，而罕知其由。或聞仰山箋注頗詳，竟不獲見。晚於雲門曤禪師録中，得曤所注十八首，般若多羅止有三首見注，今並録於後。禪師諱重曤，嗣天台韶國師，名振當時，爲錢氏禮重。其讖注手澤尚存，今閟於會稽⑤雲門雍熙之影堂云。

校勘：①“讖”，五山版作“識”。②“啟”，五山版作“啓”。③“編”，五山版作“總”。④“磨”，五山版作“摩”。⑤“稽”，五山版作“稽”。

【般若多羅】昔在天竺授達五不偈一十一首，見注者三。其一曰：“路行跨水忽逢羊，獨自棲①棲暗渡江。日下可憐雙象馬，二株嫩②桂久③昌昌。”此讖達磨西來始終之事。達磨始來見梁④武帝。帝名衍，衍從行，從水，故云路行跨水。帝既不契，祖師遂有洛陽之遊，故云逢羊；羊，陽聲相近也。祖師不欲人知其行，是夜航葦西邁，故曰暗渡江也。祖師西來，見梁、魏二帝，此言日下雙象馬也。九年面壁於少林，故曰二株嫩桂也。久，九聲之近也。其二曰：“震旦雖闊無別路，要假兒孫腳下行。金雞解銜一粒米，供養十方羅漢僧。”此讖馬大師得法於讓和上之緣。無別路，其道一也，故馬大師名道一。兒孫，嗣子也。腳下行，所謂一馬駒子踏殺天下人也。金雞銜⑤米，以讓和上金州人，雞知時而鳴，以覺未寤。羅漢僧，馬祖生漢州之什仿⑥縣，受讓師法食之供。其三曰：“心中雖吉外頭凶，川下僧房名不中。爲遇毒龍生武子，忽逢小鼠⑦寂無窮。”此讖周武帝名邕，破滅佛教，至庚子興復，故云小鼠；寂寞，謂邕也。

校勘：①“棲”，五山版作“悽”。②“嫩”，五山版作“嫰”。③“久”，五山版作“夊”。④“梁”，五山版作“梁”。⑤“銜”，五山版作“銜”。⑥“仿”，当作“邡”。⑦“鼠”，五山版作“鼡”。

注釋：人名。禪家所立西天二十八祖中之第二十七祖也。

【未見注八首】其一曰：“路上忽逢深處水，等①閑見虎又逢猪。小小牛兒雖有角，青谿龍出總須輪。”其二曰：“八月商尊飛有聲，巨福來群②鳥不驚。懷抱一雞來赴會，手把龍蛇在兩楹。”其三曰：“寄公席脫權時脫，蚊子之蟲慚小形。東海象歸披右服，二處蒙恩總③不輕④。”其四曰：

"日月並行君不動，郎無冠干⑤上山行。更惠一峰添⑥翠岫，王教人識始知名。"其五曰："高嶺逢人又脫衣，小蛇雖毒不能爲。可中井底看天近，小小沙彌善大機。"其六曰："大浪雖高不足知，百年凡木長乾枝。一鳥南飛却歸北，二人東往却還西。"其七曰："可憐明月獨當天，四個龍兒各自遷。東西南北奔波去，日頭平上照無邊。"其八曰："鳥來上高堂欲興，白雲入地色還青。天上金龍日月明，東陽海水清不清？首捧朱輪重復輕，雖無心眼轉惺惺。不見耳目善⑦觀聽，身體元無空有形。不說姓字但驗名，意尋書卷錯開經。口談恩幸心無情，或去或來身不停。"

校勘：①"等"，五山版作"芍"。②"群"，五山版作"祥"。③"總"，五山版作"緫"。④"輕"，五山版作"輊"。⑤"干"，五山版作"子"。⑥"添"，五山版作"添"。⑦"善"，五山版作"善"。

【耶舍】那連耶舍，作讖偈一十三首，授五戒優婆塞萬大懿。其一曰："尊勝藏今古，無肱又有肱。龍來方受寶，奉物復嫌名。"此偈讖二祖也。尊持①勝事，今古自藏，遇大聖人，即能發見。祖既斷左臂以求法，即達磨大師有股肱矣。龍象西來，即可祖獲法寶之日。奉物，即易名慧可。嫌名，神光不足道也。其二曰："初首不稱名，風狂又有聲。人來不喜見，白寶初平平。"此偈讖三祖也。師初以白衣謁二祖，竟不稱名氏。示有風疾，來繼②祖位，人所不喜③，以赤頭璨名之。白寶，師名僧璨也。初④平平，師雖已⑤傳二祖之道，初不顯⑥赫，已當周武滅教之時也。其三曰："起自求無礙⑦，師言我勿繩。路上逢僧禮，腳下六枝生。"此讖四祖也。祖初見三祖，即求解脫法，謂無礙法也。三祖云誰縛汝，即勿繩也。路上，道也；逢僧禮，信也，師名道信。腳下六枝生，四祖之下旁生一枝，相繼六世，即牛頭懶融也。其四曰："三四全無我，隔水受心燈。尊號過諸量，從嗔不起憎。"此讖五祖也。三四，七也，師七歲⑧見四祖，問答相契，達無生無我之法。隔水，謂四祖所居隔一水之間。心燈，所傳法炬也。尊號，佛也。過諸量，祖也。不起憎，師名弘忍也。其五曰："奉物何曾奉，言勤又不勤。唯書四句偈，將對瑞田人。"此讖六祖也。奉物何曾奉，言勤又不勤，師名慧能也。四句偈，對北秀作頌，因以傳衣。瑞田，即神秀也。其六曰："心裏⑨能藏事，說向漢江濱。湖波探一月，將照二三人。"此讖南嶽讓和上。心裏藏事，懷讓也。漢江濱，弟子馬祖生漢州。探一月，謂師於曹溪晝月也。二三人，師嘗謂門人曰："汝等六人同證吾身：常浩得吾眉，善威儀；智達得吾眼，善顧盼；坦然得吾耳，善聽理⑩；神照得吾鼻，善知氣；嚴峻得吾舌，善談説；道一得吾心，善古今。”其七曰：“領得珍⑪勤語，离鄉日日敷。移梁來近路，余氣脚下途。”此讖馬祖也。珍勤，謂得讓師法寶，勤而受用。有本作彌勒語，非也。离卿⑫，南也。日日，昌也。馬祖闡化於南昌。有本作日月，非也。移梁，度人也。來近路，被洪州連帥路嗣恭之請，入城説法也。余氣，我息也，言傳法之子息，猶我而行天下也。其八曰：“艮地生玄旨⑬，通尊媚亦尊。比肩三九族，足下一毛分。”此讖北宗神秀也。艮地，東北也，神秀於五祖下，別出一枝於北京。通尊，國賜大通之號也。媚亦，秀也。三九，秀下相承，凡一十二人。足下，五祖下也。一毛分，號北宗。其九曰：“靈集媿天恩，生牙二六人。法中無氣味，石上立功勛。”此讖荷澤神會也。靈集，荷澤之舊名。天恩，荷澤也。二六，即神會門弟子十二人也。法中無氣味，所謂知解宗師也。石上立功勛者，蓋當時有北秀弟子普寂，説法盛於京都，倚⑭恃勢位，謂神會邪法惑眾。義當擯⑮逐。會因有南陽之行，寂乃毀能大師豐碑⑯，別竪神秀行狀，爲傳法六祖，寂自爲七祖。至天寶五年，侍郎宋融知其前非，復奏請召會歸洛居荷澤寺，却毀秀碑，竪六祖石刻。其十曰：“本是大蟲男，回成師子談。官家封馬領，同詳三十三。”此讖印宗和上。本講經論，爲教之虎；晚參心宗，爲師子兒。官家封，印也。馬領，宗也。三十三，華梵祖師下自六祖，凡三十三人，印宗嗣六祖也。其十一：“九女出人倫，八個絶婚姻。朽床添六脚，心祖眾中尊。”此讖嵩山老安和上。九女，少室也，嵩少安所居也。八女，爲安字。朽床，老安也。六脚，安之甚也。眾中尊，則天禮安爲國師也。其十二：“走戊與朝鄰，鷄烏子出身。二天雖有感，三化寂無塵。”此天⑰忠國師。走戊，六⑱師越人也。朝鄰，東二也。鷄烏，即鵝州也。越之諸暨，昔號鵝州，國師出身處⑲也。二天，肅⑳宗、代宗二帝興敬也。三化，第三次問大耳三藏：“老僧在甚麼處？”三藏茫然，是寂無塵也。戊，王伐切。鷄，三云切。其十三：“説少何曾少，言流又不流。山若除其草，三四繼門修。”此讖石頭希遷和上也。説少，希也。何曾少，道付於斯人也。言流，遷也。又不流，希遷也。山除草，石頭也。三四繼門修，未詳。右十三頌即那連耶舍之讖。達磨一首，授期城太守楊衒之，以讖服毒之緣。江槎分玉浪，管炬開金鑰。五口相共行，九十無彼我。謂流支、光統密毒於吾，所以致九十也。竺大力一首，讖吳主孫權帝祚。青宵喫飯，雲間鬥走。十二二年，逢豬閉口。青宵喫飯，天口也，口天爲吳。雲間鬥走，各去爭天下。十二二年，止有十四之數。逢猪閉口，至亥年絶也。志公一首：仰觀雨㉑扇，伝㉒腰捻鈎。九烏射盡，唯有一頭。至則不至，要假須刀。逢龍不住，遇水即逃。此讖未見注。

　　校勘：①"持"，疑當作"特"。②"繼"，五山版作"継"。③"喜"，五山版作"喜"。④"初"，五山版作"初"。⑤"巳"，五山版作"巳"。⑥"顯"，五山版作"顕"。⑦"礙"，五山版作"碍"。⑧"歲"，五山版作"歳"。⑨"裏"，五山版作"裏"。⑩"理"，五山版作"埋"。⑪"珍"，五山版作"珎"。⑫"卿"，五山版作"郷"。⑬"旨"，五山版作"吉"。⑭"倚"，五山版作"偺"。⑮"擯"，五山版作"擴"。⑯"碑"，五山版作"碍"。⑰"天"，当作"識"。⑱"六"，当作"大"。⑲"處"，五山版作"處"。⑳"肅"，五山版作"肅"。㉑"雨"，五山版作"兩"。㉒"伝"，五山版作"伍"。

　　【辨楞伽經】《寶林傳》《傳燈録》皆謂達磨以《楞伽》四卷之經傳於學者，何得禪宗謂之教外別傳？答：此蓋慧炬編修之率略，後人看閲之不審也。《傳燈》："達磨謂學者曰：'吾觀漢地，唯有此經，仁者依行，自得度世。'"蓋方便逗接初機，令其生信爾。故馬祖示眾曰："達磨大師從南天竺國來至中華，傳一心之法，令汝等開悟。又引《楞伽經》以印眾生心地。恐汝顛倒，不自信此一心之法各自有之。故《楞伽》云：'佛語心爲宗，無門爲法門。'"夫是豈可祖師專以一經遞相傳授？此後人看閲之不審也。又況此經但①覺大慧等，談佛性義，意激發二乘，令舍小慕大，安足爲祖門之要道邪？此經即宋元嘉中天竺三藏求那跋陀羅之所譯也，豈可宋經而反使梁菩提達磨持來？以此攷之，謬妄之論，不待攷②而自破矣。

　　校勘：①"但"，五山版作"佀"。②"攷"，五山版作"攻"。

　　語緣
　　禪家流聲前體道，豈涉言詮？然古人接物應機，不無兼帶。聊出數緣，以示來學。

　　【阿閦國】總持尼①所證語緣。《摩訶般若》二十二云："佛於大眾前而現神足變化，一切大眾皆見阿閦佛國種種功德成就。佛攝神足，皆不復見，不與眼作對。佛告阿難：'如是！阿難！一切法不與作對，法法不相是②，法法不相知，如阿閦佛國亦如是。何以故？一切法無知無見、無作無動、不可捉不可思議，如幻人無受、無覺、無真實。菩薩如是行，爲行般若波羅蜜，亦不著諸法。'"總持，號也。諱明練，梁武之女。事達磨爲弟子，悟道示滅。塔云少林五里許，事具褚詢望所寫塔碑。

校勘：①"尼"，五山版作"尼"。②"是"，《摩訶般若經》作"見"。

【彌勒説法】《西域記》曰："無著菩薩與弟世親、弟子師子覺二三賢哲，每相謂曰：'凡修行業，願覲慈氏。若先捨壽，得遂宿心，當相報語。'其後師子覺先捨壽，三年不報。世親菩薩尋亦捨壽，時經六月，亦無報命。無著於初夜分，方爲門人教授定法，忽空中大明，有一天仙乘空而下，即進階庭禮無著足。著云：'爾來何暮？分①名何謂？'對曰：'從此捨壽命，往睹史天慈氏内眾蓮花中，蓮花才開，慈氏曰：善來廣慧！善來廣慧！旋遶才周，便來報命。'無著曰：'師子覺者，今在何處？'曰：'我旋遶時，見師子覺在外眾中，耽②著③欲樂，無暇相顧，詎能來報？'無著曰：'慈氏何相？演說何法？'曰：'慈氏相好，言莫能宣，演說妙法，義不异此。然菩薩妙音清暢和雅，聞者忘倦，受者無猒。'"

校勘：①"分"，《大唐西域記》作"今"。②"耽"，五山版作"躭"。③"著"，五山版作"着"。

【賓頭盧見佛】《雜阿含》云："無憂王集諸聖眾，問佛如何，賓頭羅漢①以手舉眉，語王曰：'佛如金山，巍巍堂堂，難可名也。'"

校勘：①"漢"，五山版作"難"。

【多子塔】青蓮目顧視迦葉處也。《辟支論》曰："王舍城大長者，財當①無量，生育男女各三十人。適化遊觀，到一林間，見人斫於大樹，枝柯條葉繁美茂盛，使多象挽不能令出。次斫一小樹，無諸枝柯，一人獨挽都無滯礙。"見是事已，即説偈言：'我見伐大樹，枝葉極繁多，稠林相鈎挂，無由可得出。世間亦如是，男女諸眷屬，愛增②繫縛心，於生死稠林，不可得解脱。小樹無枝柯，稠林不能礙，觀彼覺悟我，斷絕於親愛，於生死稠林，自然得解脱。'即於彼處得辟支佛，以至現通入滅。時諸眷屬爲造塔廟，時人因名多子塔。"

校勘：①"當"，《辟支論》作"富"。②"增"，《辟支論》作"憎"。

【信位行位】《傳燈》："信位即得，行位即未。"《金剛三昧經》："佛言：'從闡提心乃至如來，如來實相住五等位：一者信位，信此身中真如種子爲妄所翳，捨離妄心，净心清白，知諸境界，意言分別；二者思位，思者觀諸境界，唯是意言分別，隨意顯現，所見境界，非我本識，知此本識非法非義、非所取非能取；三者修位，修者常起能起，起①同時故，先以智導，排諸障難，出離蓋纏；四者行位，行者離諸行地，心無所②捨，極净根利，不動心如，決定實性，大般涅槃，唯性空大；五者捨位，捨者不住性空，正智流易，大悲如相，相不住如，三藐三菩提虛空③不證，心無邊際，不見處所，是至如來。善男子！五位一覺，從本利入，若化眾生，從本來處。'"

校勘：①"起"字下，《金剛三昧經》有"修"。②"所"，《金剛三昧經》作"取"。③"空"，《金剛三昧經》作"心"。

注釋："信位行位"出自《金剛三昧經》，《傳燈錄》不見。《傳燈錄》中"信位人位"的"信位"指超越知解的境界。"人位"與"信位"相對，即向下救濟眾生。

【長養聖胎】《仁王護國經》："佛言：'善男子！初伏忍位起習種性，修十住行，初發心相有恒河沙眾生，見佛法僧於十信，所謂信心、念心、精進心、慧心、定心、不退心、戒心、願心、護法心、回回①心。具此十心而能少分化諸眾生，超過二乘一切善地，是爲菩薩初長養心爲聖胎故。'"

校勘：①"回"，《仁王護國經》作"向"。

【赤縣神洲】達磨初觀赤縣神洲，有大乘種氣立世。《毗曇藏》二云："四大洲各有八洲①圍繞，南八洲曰牛洲、羊洲、椰子洲、寶洲、猴洲、象洲、女洲、神洲。"張衡《慮圖》云："崑崙東有赤縣之州，風雨有時，寒暑有節。苟非此土，南則多暑，北則多寒，西則多陰，故聖王不處焉。"又《史記》鄒衍著書云："中國於天下八十一分居其一分耳。中國名赤縣，内有九州，禹之叙九州是也。"

校勘：①"州"，活字版作"洲"。

【師子咬人】《大般若論》云："有擲塊於犬，犬逐塊也，塊終不止；有擲於師子，師子逐人，其塊自止。"

【爲蛇畫足】《戰國策》曰："昭陽適楚伐齊，齊王使陳軫見昭陽，曰：'臣切譬：楚王有祀者，賜其舍人酒一卮，舍人相謂曰：數人飲之不足，一人飲之有餘。請畫蛇，蛇先成者飲。有一人先成，引酒且飲，乃右手持杯曰：吾能爲之足。未成者奪其卮曰：蛇固無足。今伐齊，乃爲蛇畫足耳。'"

【入水見長人】見《雲門錄》下。

【看樓打樓】見《八方珠王①集》王漏。

校勘：①"王"，當作"玉"。

【紀信詐降】項羽急攻紫①陽，漢王甚患之。將軍紀信曰："事急矣！臣請誑楚，可以間出。"於是陳平夜出女子東門二千餘人，楚因四面擊之。紀信乃乘王車，黃屋左纛，曰："食盡，漢王降楚。"楚皆呼萬歲，之城東觀，以故漢王得與數十騎出西門。羽見紀②信，"漢王安在？"曰："已出去矣。"羽怒亨紀信。

校勘：①"紫"，《漢書》作"滎"。②"紀"，五山版作"記"。

【李廣上霸橋】廣自匈奴生得至漢，當斬，贖爲庶人。居藍田南山中射獵。嘗夜從一騎出，從人田間飲。還至霸陵亭，霸陵尉醉，呵止廣。廣騎曰："故李將軍。"尉曰："今將軍尚不得夜行，何乃故也！"上①廣宿亭下。居無何，匈奴入，天子乃召拜廣爲北平大②守。廣請霸陵尉與俱，至軍而斬之。

校勘：①"上"，《史記》作"止"。②"大"，五山版作"太"。

【二鼠侵藤】《賓頭盧爲優陀延王説法經》云："我今爲王略説譬喻，王至心聽。昔日有人行在曠路，逢大惡象，爲象所逐，狂懼走突，無所依怙，見一丘井，即尋樹根入井中藏，上有黑①白二鼠，牙齧樹根；此井四邊有四毒蛇，欲螫其人，而此井下有三大毒龍。旁畏四蛇，下畏毒龍，所攀之樹其根動搖，樹上有蜜三兩滴墮其口中。于時動樹敲壞②蜂窠，眾蜂散飛唼螫其人，有野火起，復來燒樹。大王！當知彼人苦惱不可稱計，而彼人得味甚少，苦患甚多。大王！曠野者喻於生死，彼男子者喻於凡③夫，象喻於無常，井喻於人身，根喻於人命，白黑鼠者喻於晝夜，樹根者喻念念滅，四毒蛇者喻於四大，蜜者喻於五慾，眾蜂喻惡覺，野火燒者喻其老邁，下有三毒龍喻其死去墮三惡道。是故當知慾味甚少，苦患甚多。"

校勘：①"黑"，五山版作"黒"。②"壞"，五山版作"壞"。③"凡"，五山版作"几"。

【蚌含明月】月望則蚌蛤實，餘時則虛①。故《選》曰："蚌蛤珠胎，與月虧全。"

校勘：①"虛"，活字版作"虛"。

【兔子懷胎】《論衡》云："兔舐①毫而孕，及其生子，從口而出。"一説北人捕兔，剥其皮毛，資用爲筆。常同中秋月夜，如無雲翳，則其年多兔②矣。云兔向月有孕。

校勘：①"舐"，五山版、活字版均作"舐"。②"兔"，五山版作

"免"。

【弓落醆】晋樂廣，字彦輔，善談論。群賢美之曰："此人如水鏡，見之瑩然，若坡①雲霧覩②青天也。"嘗有親客，久聞③不來，廣問其故，答曰："前在坐，蒙賜酒，方欲飲，見杯中有蛇，意甚惡之，既飲而疾。"於時河南聽④壁上有角弓，漆畫作蛇，廣杯中即角影也。復置酒於前處，謂客曰："酒中復有所見不？"曰："所見如初。"廣乃告其所以，客意豁然意解，沉痾頓愈。故借用此緣答疑不疑問。

校勘：①"坡"，《晋書》作"披"。②"覩"，活字版作"睹"。③"聞"，五山版作"閒"，《晋書》作"闊"。④"聽"，活字版作"廳"。

【秦無人】《春秋·文傳十三年》："秦大夫繞朝謂土①會曰：'子無謂秦無人，吾謀適不用爾。'"

校勘：①"土"，活字版作"士"。

【華表柱】《古今注》曰："堯設誹謗之木，即華表也。以橫木交柱頭，如華形，如桔①橰，大路交衢悉設焉。或②謂表木以表王者納諫，亦表識衢路。秦乃除之，至後漢重修。"

校勘：①"桔"，五山版作"姞"。②"或"，五山版作"或"。

【木鶴飛】《搜神記》云："遼犬①城門外有華表柱，忽有一白鶴集頭，時有一少年舉弓欲射之，鶴乃飛去空中而言曰：'有鳥有鳥丁令威，去家千載今來歸。城郭如故人民非，何不學仙塚纍纍。'遂冲天而上。"今人以木肖之，以置於杵上。

校勘：①"犬"，《搜神後記》作"東"。

【金雞鳴】見《懷禪師前錄》。

雜志

志，記也。積記其事，故曰雜志。如世書、律曆、食貨、五行皆有志也。

【宗門】謂三學者莫不宗於此門，故謂之宗門。《正宗記》略云："古者謂禪門爲宗門，亦龍木祖師之意爾，亦謂吾宗門乃釋迦文一佛教之大宗正趣矣。但其所謂宗門之意義者，散在眾經，隱覆故①今，未如②章章見於天下也。大凡其人預吾教者，盡當務此秘密極證，乃爲之正見。《涅槃》曰：'我今所有無上正法，悉以付囑磨訶迦葉，能爲汝等作大依止。'是豈非謂而今而後皆可依止於迦葉無上妙微密法而爲之正乎？出世者，乃據是妙心密語，以爲後之明證也。若《智度論》曰‘般若波羅蜜非秘密法’者，其旨亦在大聖人之遺意，以妙微密法爲其教之大宗也，欲世世三學之者，資之以爲其入道之印驗標正。乃知古者命吾禪門謂之宗門，而尊於教迹之外殊是也。”

校勘：①“故”，《正宗記》作“古”。②“如”，《正宗記》作“始”。

注釋：宗門，術語。本爲諸宗之通稱，後爲禪宗自贊之稱，因之稱餘宗曰教門。

【禪居】自達磨①來梁，隱居魏地，六祖相繼至於大寂之世，凡二百五十餘年，未有禪居②。法③州百丈大智禪師懷海方且創意，不拘大小乘，折中於經律法，以設制範。堂布長床，爲禪宴食息之具；高橫椸架，置巾單瓶鉢之器；屏佛殿，建法堂，明佛祖親屬④受，當代爲尊行；普請法，上下均力；置諸寮務，各有司存；齊⑤粥二時，賓主均遍，示法食之平⑥等也。後世各隨所宜，別立規式。嗚呼！禪居之設，其益殊甚。今當代主者，果不能遵守而自爲己利，誠何心哉！誠何心哉！椸，音移。屏，音餅。

校勘：①“磨”，活字版作“摩”。②“法”，當作“洪”。③“居”，五山版作“屋”。④“屬”，五山版作“囑”。⑤“齊”，五山版作“齋”。⑥“平”，五山版作“乎”。

【住持】子潛子云：“教謂住持者，何謂也？住持也者，謂藉人持其法，使之求①住而不泯也。夫戒定慧者，持法之具也；僧園物務者，持②法之資也。法也者，大聖人之道也。資與具，待其人而後舉。善其具而不善其資不可也，善其資而不善其具不可也，皆善可以持而住之也。昔靈山住持以大迦葉統之，竹林住持以身子尸之，故聖人之教盛，聖人之法長存。聖人既隱，其世數相失茫然久乎！吾人傲倖，乃以住持名之、勢之、利之，天下相習沓焉，紛然幾乎成風成俗也。聖人不復出，孰爲正之？外衛者，不視不擇，欲吾聖人之風不衰，望聖人之法益昌，不可得也。悲夫！吾何望也！”

校勘：①“求”，當作“永”。②“持”，五山版作“待”。

注釋：住持，術語。安住於世而保持法也。

【開堂】開堂迺譯經院之儀式。每歲誕節，必譯新經上進，祝一人之壽。前兩月，二府皆集，以觀翻譯，謂之開堂。前一月，譯經使、潤文官又集，以進新經，謂之開堂。今宗門命長老住持演法之初，亦以謂之開堂者，謂演佛祖正法眼藏，上祝天筭，又以爲四海生靈之福，是亦謂之開堂也。

注釋：開堂，儀式。

【拈香】世典所謂人而無信，不知其可也。曰大車無輗，小車無軏，其何以行之哉？是以釋氏之作佛事，未嘗不以拈香爲先者，是所以記①香而表信。經曰："信是道源功德母，長養一切諸善根。"此其意也。今開堂長老必親拈香者，以所得之法。必有所自；所行之道，其外衛者，必藉乎王臣，俾②福慧雙資，必圖報於此日。豈偶然乎？然古今尊宿拈香，多云一瓣。瓣，皮莧切，瓜辨也。以香似之，故稱焉。或作爿，步還切，片也。後世相襲，皆爲此言，何必爾也？當云一片、一炷，庶免薄俗之譏。

校勘：①"記"，五山版作"託"。②"俾"，五山版作"俾"。

【白椎】世尊律儀，欲辨①佛事，必先秉白，爲穆眾之法也。今宗門白椎，必命知法尊宿以當其任。長老才據座已，而秉白云："法筵龍象眾，當觀第一義。"長老觀機，法會酬唱既終，復秉白曰："諦觀法王法，法王法如是。"此蓋先德之真規，皆不失佛意。且見叢林多舉世尊升座，文殊白椎。或謂遍閱藏乘，不見其緣。然秉白儀範既出聖製，復何區區求文殊之說，以恣無益之論耶？

校勘：①"辨"，山本作"辨"。

注釋：白椎，又作白槌，一般律院告大眾肅靜時敲打之器具，禪林於開堂或舉行重大說法儀式時打槌。

【上堂】或問：每質諸佛經，所集四眾，未嘗不坐。今禪門上堂，必立而聽法，何謂也？曰：此百丈禪師之深意也。且佛會說法，四眾雲萃，所說法義，不局性相，所會時節，未知久暫。今禪門自佛教東流後六百年，達摩祖師方至漢地，不立文字，單傳心印，直指人心，見性成佛，所接學者俾於一言之下頓證無生，所聚之眾非久而暫，故不待坐而立也。百丈曰："上堂升座，主事、徒眾雁立側聆，賓主問酬，激揚①宗要，示依法而住。"此其深意也。

校勘：①"揚"，山本作"楊"。

注釋：立聽爲佛制，而非百丈創立。《大智度論》卷一〇："佛法中諸外道出家，及一切白衣來到佛所，皆坐。外道他法，輕佛故坐；白衣如客，是故坐。一切五眾身心屬佛，是故立。若得道諸阿羅漢，如舍利弗、目蓮、須菩提等，所作已辨，是故聽坐。餘雖得三道，亦不聽坐，大事未辨，結賊未破故。譬如王臣，大有功勛故得坐。是諸菩薩中，雖有白衣，

以從遠來供養佛，故立。"又立聽佛法乃恭敬供養法。《大智度論》卷一
〇："爲來故不應行，爲恭敬供養故不應臥，此事易明，何足問耶？應問
或坐，或立。坐者，於供養不重；立者，恭敬供養法。"立聽當閉合手掌
於胸前站立。《大方廣佛華嚴經》卷六四："善財童子頂禮其足，合掌而
立。"又同書卷六五："善財既見具足優婆夷已，頂禮其足，恭敬圍遶，合
掌而立。"

【入室參問】祖師傳云："五祖大師至夜密令侍者於碓坊召盧行者入
室，遂傳衣法。"又《法華》云："著如來衣，入如來室。"《阿含經》云：
"佛告苾蒭①："吾欲兩月宴坐，汝等不須參問，唯除送食及灑地時可
至。'"於此應知佛祖當時有入室參問之儀也。

校勘：①"苾蒭"，五山版作"芻"。

【巡寮】《僧祇》云："世尊以五事故，五日一桉行僧房：一、恐弟子
著有爲事；二、恐著俗論；三、恐著睡眠；四、爲看病僧；五、令年少比
丘觀佛威儀庠序，生歡喜故。"禪門巡寮，正擬大聖之遺範，今天下率叢
林爲師匠者，莫不遵依此式。

【小參】禪門詰旦升堂謂之早參，日晡念誦謂之晚參，非時説法謂之
小參。夫是皆以謂之參者，何乎？曰：參之爲言其廣且大矣。謂幽顯皆
集，神龍並臻，既無間於聖凡，豈輒分於僧俗？是以謂之參也。其主法
者，以平等一心，應勤①植萬類，令法久住，豈曰小補？或以小參爲家
訓，愚未之前聞。

校勘：①"勤"，五山版作"動"。

注釋：小參，不定時垂説，善卿謂之"非時説法謂之小參"，甚確。
然善卿所言"或以小參爲家訓，愚未之前聞"却有不妥。小參多垂説家
風，故可稱"家教、家訓"。又百丈禪師稱爲"家訓"。《禪林備用清規》
卷二："百丈謂之家訓。古法只就寢堂箴誨，垂示，委曲提撕。"

【首座】即古之上座也。梵語悉替那，此云上座。此有三焉，《集异足
毗曇》曰："一、生年爲耆年；二、世俗財名與貴族；三、先受戒及證道
果。"古今立此位，皆取其年德幹局者充之。今禪門所謂首座者，即其人
也。必擇其己事已辦，眾所服從，德業兼備者充之。

注釋：首座，坐於上座者，故長老可稱首座。

【監寺】《僧史》曰："知事三綱者，若網罟之巨繩①，提之則百目正
矣。梵語摩摩帝，此云寺主，即今之監寺也。詳其寺主，起於東漢白馬

也。寺既爰處，人必主之。於時雖無寺主之名，而有知事之者。至東晉以來，此職方盛。”今吾禪門有內外知事，以監寺爲首者，蓋相沿襲而然也。《大集》等經云：“僧物難掌，佛法無主，我聽二種人掌三寶物：一、阿羅漢；二、須陀洹。所以爾者，諸餘比丘皆不具足，心不平等，不令是人爲知事也。更復二種：一、能持淨戒，識知業報者；二、畏後世罪，有諸慚愧者。”今吾禪門必擇心通法道而不著諸有，身忘利養者，以掌僧務，此先德之遺意也。

校勘：①“繩”，《大宋僧史略》作“綱”。

【維那】《寄歸傳》云華梵兼舉也。維，是綱維，華言也。那，是略梵語，删去“羯磨陀”三字，此云悦①眾也。又《十誦》云：“以僧坊中無人知時，限唱時至，及打犍椎，又無人塗治掃灑講堂、食處，無人相續鋪牀，眾亂時無人彈指等，佛令立維那。”又《聲論》翻爲次第，謂知事之次第者也。今禪門令掌僧藉②及表白等事，必選當材。

校勘：①“悦”，五山版作“恱”。②“藉”，五山版作“籍”。

注釋：維那，梵漢合璧詞。維，綱維，統理之義；那，梵語 karma-daˆna 略譯，唐言悦眾。維那源於佛制，是寺中統理僧眾雜事的職僧。

【典座】桉《僧史》：“謂典主牀座九事，今舉一色以攝之，迺通典雜事也。”今禪門相沿①以立此名耳。

校勘：①“沿”，活字版作“沿”。

注釋：典座，職位。禪林主大眾牀座及齋粥等雜事之役也。

【直歲】桉《僧史》，謂直一年之務，故立此職。今禪門雖不止定歲時，立名亦法於古制也。

【辨服色】禪家所服黲衣，按《寶林傳》，達摩所傳屈眴衣，此云第一布，正青黑色，蓋祖其先制也。律本無文，或多譏譤①。然梵語迦沙，此云不正色。且佛制毀形壞色，固欲异俗而有慚愧。今之黲色，俗所不用，又非正色，道人服之正得其宜。且林下禪人既遠城市，染衣猶難，黲淡之色不繁不費，又從其簡也。如誠法師云：“律有三種壞色，謂青、黑、木蘭。《鈔》云：‘青謂銅青，黑謂雜泥，木蘭即樹皮。’注云：此説壞雜②衣之色，今云染色，亦無出此三也。今詳禪僧多著黑黲衣若染色者，可是律中皂黑衣攝緣用墨靛與雜泥不遠故；若淡而青白者，可是律中青衣攝以用銅青板緣③雜墨染故。”正符律意，安得謂之無文邪？西方服色，佛滅後亦隨部類不同。有部博通敏智，道利法化，應著絳色衣；經部奉持重戒，斷當法律，應著皂衣；上座部精勤奉決，承護衆生，應著木蘭色衣；彌沙塞部禪思入微，究暢玄理，可著青色衣；摩訶僧祇部勤學衆經，敷演義理，應著黄色衣。《僧史》云："後梁有慧朗法師服青衲，志公預記云：'興皇寺當有青衣開士廣行大乘。'至朗，果符其言。唐末，豫章有觀音禪師，見南方禪客多搭白納，常以瓿器盛染色，勸令染之，今天下皆謂觀音衲也。近有衣白色者，失之太甚，佛記迦沙變白不受染色，此得非是乎？或有識如法衆生④奪之而壞其色，真謂有力之勝士也。"今長老披絳色大衣，世謂紅綃；及碧色衣，乃西方道人多被此服。如《西域記》云："商那和修九條衣，絳赤色，入滅時，以智願力，留待遺法盡方壞。奘云：'今已少有損。'"詳此傳法大士所被絳色衣，乃紹傳授之風。所謂法衣者，如法之衣也。碧色衣者，或謂則天嘗取曹溪衣入内供養，以碧絹裓⑤之，故後世當位者尚之。又法眼《傳通記》云："衲衣，或青絹者，或貼相者，始於唐肅宗詔南陽國師入内，衲衣損壞，宫嬪以青絹幫紫絹貼相，國師多著，由此相承矣。"靛，音殿，以藍染也。瓿，蒲口切，小甖⑥也。

校勘：①"謏"，五山版作"諻"。②"雜"，《釋氏要覽》作"新"。③"緣"，《釋氏要覽》作"綠"。④"生"，《僧史略》作"主"。⑤"裓"，活字版作"裱"。⑥"甖"，活字版作"罌"。

【辨制衣】世尊制比丘畜六物，其三皆衣也：一、安陀會；二、鬱多羅僧；三、僧伽梨。僧伽梨，大衣也。自九條、十一條、十三條，皆兩長一短，謂之下品。竊見禪人多作九條衣，而不問長短之數，但取方整可觀，而不顧佛制，良可悲也。比又見作墨黲短回，此盖取宣律師《感通傳》問天人黄瓊之説。其略曰："'比見西域僧來，多縫衣葉者何？'答：'此佛滅後二百年，北天竺僧與外道同住，外道嫉之，密以利刃内衣葉中，同往王所。外道告王：沙門釋子衣藏刀刃，將欲害王。因即撿獲，由是普誅一國比丘。時有耶舍羅漢，令諸比丘權且縫合，爲絶命難。此乃北方因事權且立制，非佛所開。今有南方比丘，皆亦縫合，無識者亦學縫之。'黄瓊又曰：'西國比丘披著迦沙，多不齊整，諸離車子譏言：無有威儀，所披衣服，狀如婬女，猶如象鼻。佛因此制上安鉤紐，又曰：今以衣角達於左臂，置於左腋之下，不得令垂如上過也。'宣曰：'子①備聞雅論，前後憲章縱無此示，情或廣之。《五分律》云：餘方爲不清净者，雖制不行。據此可依準的，况復天人賜降，周統制開，恨知之晚也。'"愚詳讀宣公駕天人之説，爲覼縷之論，意易其舊制，以衣角達於左臂，置於左腋之下。

嘻！借如正撲右角使其不露，置其左臂之上，行於此方，何爲不清净邪？又謂南方比丘縫合衣葉，有違②佛制，以學之者爲無識。今以衣角置左腋之下，又豈得謂之佛制耶？其學以從之者，必得爲有識者乎？且耶舍之制縫合衣葉，所以避絶命之難，又以見昔之存葉不爲置物而然也，雖縫之，盖未失爲福田之相。今使挂衣腋下，復何緣乎？置衣色於腋下，則援引雖制不行之文以爲準的，縫衣葉以防難，而餘方不爲清净之言，豈不然乎？唐玄嶷有言：天上人間境界全别，非唯净穢有異，諒亦言語不同。至於文字尚好，是事懸隔，但方域之言，隨地改革，萬里之外，音音③不通，況在諸天，固殊聲韻。今禪人不問乎然與不然，但取便於披挂，輒作此衣，何無識之甚邪！嶷，鄂力切。

校勘：①"子"，當作"予"。②"違"，五山版作"蓮"。③"音"，五山版作"旹"。

【易挂子名】誠法師云："挂子，或呼絡子。此盖先輩僧始創，後僧效之，又亡衣名，見挂絡在身故，因之稱也。今南方禪僧一切作務皆服，以相不如法，諸律無名，幾爲講流非之。予因讀《根本百一羯磨》第十卷云：'五條有三品，上者竪三①肘橫五肘，下者減半，二内名中。又佛言安陀會有二種：一者竪三肘橫五肘；二者竪二肘橫四肘。此謂守持衣，最後之量限，盖三輪，上盖臍，下揜膝。'因詳，頗是今挂子之量，若作之，但五幅一長一短，或褔或貼，呼安陀會。即色②謗，一切處著，合律無過，實勝空身矣。"予每觀此説。益見法師之公議，而嗟乎叢林禪人凡③所制作，未嘗取此爲則，而又不更挂絡之名，復何意邪？世典尚云必也正名，況釋氏乎？褔，音摺。

校勘：①"三"，《根本百一羯磨》作"二"。②"色"，當作"免"。③"凡"，五山版作"九"。

【打包】《毗①奈耶雜事》云："時有苾芻作三衣竟，置在肩上，隨路而行，遂被汗霑並塵土污。佛言：'應以袋盛，其袋可長三肘，闊一肘半。所置之衣，常用者在上，非常用者在下。'"今禪人腰囊雖裝束小异，亦乃承佛之制。遊方之人，束囊之時，亦當念佛祖遺德之重，無自忽也。言肘者，準佛肘也，尺則用姬周尺爲準，人長八尺，佛長丈六，今言三肘，即六尺也。

校勘：①"毗"，活字版作"毘"。

注釋：打包指僧徒行乞或行脚時裝置隨身携帶常用物件的袋囊，鉢囊則爲專門放置鉢盂的袋子。

【行脚】行脚者，謂遠離鄉曲，脚行天下，脱情捐累，尋訪師友，求法證悟也。所以學無常師，遍歷爲尚。善財南求，常啼東請，盖先聖之求法也。永嘉所謂遊江海，涉山川，尋師訪道爲參禪，豈不然邪？《中阿含》帝釋偈云：“我正恭敬彼，能出非家者，目在遊諸方，不計其行止，往則無所求，唯①無爲爲樂。”又高僧慧乘，事祖强爲師，年十六，啟②强曰：“離家千里，猶名在家沙門，請遠遊都鄙，以廣見聞。”强廼③從之。夫是行脚之利。豈不博④哉？

校勘：①“唯”，五山版作“唯”。②“啟”，活字版作“啓”。③“廼”，五山版作“迺”。④“博”，五山版作“愽”。

注釋：行脚，又作遊方，僧侶無一定住所，或尋訪名師，或自我修行，或教化他人，而廣遊四方。

【挂錫】西域比丘，行必持錫，有二十五威儀。凡至室中，不得著地，必挂於壁牙上。今僧所止住處，故云挂錫。二十五威儀，具《錫杖經》。

【展坐具】《僧史》云：“昔梵僧到此，皆展尼師壇，就上作禮。後世避煩，尊者方見開尼師壇，即止之，便叙暄凉。又展猶再拜也，尊者還止之。由此只將展尼師壇擬禮爲禮之數，所謂㬻拜也。如此設恭，無廼太簡乎？然隨方清净者，不得不行也。”今叢林尊宿亦行此禮，所未便者，僧方展坐具，即反答一拜，實爲倒置，往往輒謂一展即當二拜，不知據何而爲此言。所謂㬻者，詐也。卑以詐拜，而尊實答之，既重輕之不分，使後世將何以爲法邪？而今而後，慎勿言答拜之禮，以取笑於傍觀。㬻，祖臥①切。

校勘：①“臥”，五山版作“卧”。

【鉢囊】佛在施鹿林中，有一苾蒭手擎鉢去，在路脚跌，鉢墮遂破，因斯缺事，以緣白佛。佛言：“苾蒭不應手擎其鉢。”便以衣角裹鉢而去，廢亦同前。佛言：“應作鉢袋盛去。”苾蒭手携①，招過如上。佛言：“不應手持，應可作襻，挂髆持行；若異此者，得非法罪。”跌，音凸。襻，普患切。

校勘：①“携”，活字版作“攜”。

【净瓶】《四分律》云：“有比丘遇無水處，水或有蟲，渴殺。佛知制戒，令持觸净二瓶，以護命故。”

【戒刀】《根本雜事》云：“佛在室羅伐城，苾蒭欲裁三衣，便以手裂，衣財損壞。佛言：'可刀子裁。'六眾便以雜寶飾之，加以太長。佛制：'不聽，此是大刀，不是刀子，汝等應知有三種刀子，謂大、中、小。大者可長六指，小者四指，二內名中。其狀有二：一、如鳥羽曲；二、似雞翎，不應尖直。'"《僧史》云："比丘畜刀名戒者，蓋佛不許斫截一切草木，壞鬼神林①故。草木尚戒，況其它也？"

校勘：①"林"，《釋氏要覽》作"村"。

【拄杖】佛在鷲峰山，有老苾芻登山上下，脚跌倒地。佛言："應畜拄杖。"聞佛許已，六眾即便以金銀雜綵等物雕飾其杖，俗旅嫌賤。苾芻白佛，佛言："苾芻有二種緣應畜拄杖：一、爲老瘦無力；二、爲病苦嬰身。"又制大小不得過粗指。正如今禪家遊山拄杖，或乘危涉險，爲扶力故，以杖尾細怯，遂存小枝許，串鐵永①者是也。行脚高士多携粗重堅木，持以自衒，且曰："此足以禦寇防身。"往往愚俗必謂禪家流固當若是，豈不薄吾佛之遺訓乎？

校勘：①"永"，當作"汞"。

【拂子】佛在廣嚴城獼猴池側高閣堂中，時諸比丘爲蚊蟲所食，身體患痒，抓搔不息。俗人見已，問曰："聖者何故如是？"以事具答。彼言："聖者何故不持拂蚊子物？"答言："世尊不許。"以緣白佛，佛言："我今聽諸苾芻畜拂蚊子物。"是時六眾聞佛許已，便以眾寶作柄，犛牛尾爲其拂。俗人既見，"此是何物？"答言："佛令苾芻畜拂蚊子物，是故我持。"彼言："聖者仁雖剃髮，貪染未除。"以緣白佛，佛言："有五種袪蚊子物：一者撚羊毛作；二、周①麻②作；三、用細裂氎布；四、用故物；五、用樹枝梢。若用寶物，得惡作罪。"氀，音茅。袪，音墟，舉也。

校勘：①"周"，當作"用"。②"麻"，活字版作"麻"。

注釋：拂子，本爲佛掃蚊蟲的用具，禪宗中則爲祖師教學常用的道具之一。

【眠單】時佛在給孤園，有一比丘赤體而睡，不護旆褥臥具，人皆譏嫌。佛言："宜令著臥①具。"即今禪家所用眠單是矣。《寄歸傳》云："禮拜敷坐具，五天所不見行。其所須者，但擬眠護它旆席也。若用它物，新故並須安替，不令汗②染，虧損信施。"

校勘：①"臥"，活字版作"卧"。②"汗"，《寄歸傳》作"污"。

【枕子】《寄歸傳》云："南海十島、西國五天，並皆不用木枕支頭，神洲獨有斯事。西方枕囊樣式，其類相似，或取帛或布染色，隨意縫爲直袋，長一肘半，寬①半肘。中間財②者，隨處所出，或可摛③毛，或盛麻緼，或蒲黃柳絮等，或決明麻豆，隨時冷熱，量意高下，斯乃取適安身，實無堅强之患。然爲木枕疏硬，頭④下通風。致使時人多苦頭疼。既而軟物除風，麻豆明目，且能有益，用實無爽。又爲寒鄉凍頂，多得傷風，冬月鼻流，斯其過也。"今禪人多畜木橋枕。蓋便於行腳收抬⑤易然，故利時之用，亦不可革也。緼，音醖。

校勘：①"寬"，五山版作"寬"。②"財"，《寄歸傳》作"貯"。③"摛"，五山版作"填"。④"頭"，五山版作"項"。⑤"抬"，當作"拾"。

【腳絣】律所謂護腨衣也。《僧祇》云："我弟子著三衣，足遮寒苦，若性不忍寒者，弊故衣隨意重著。"《五分》云："三衣、儭身衣、被衣、雨浴衣、護髀①衣、護踝護腨衣等，皆禦寒，故許畜之。"然此衣最爲凡下，趣得不破足矣。今見禪人行界細刺②，動廢時序，而又煩暑如焚③，高裙緊禮④，自謂雅合禪規，豈知佛爲禦寒而設？腨，豎兖切，腓腸⑤也。髀，部禮切，股也。

校勘：①"髀"，五山版作"髀"。②"刺"，五山版作"剌"。③"焚"，五山版作"焚"。④"禮"，五山版作"札"。⑤"腸"，五山版作"腸"。

【皮鞋】《央掘經》云："施主買施，不見殺故，如有施主牛死，賣與屠生，轉買皮令人作革屣施，許受用著。"《説文》云："皮作曰履，麻作曰屝，黃帝臣於則製。"屝，所綺①切。履，音句。

校勘：①"綺"，五山版作"綺"。

卷八（終）

睦菴①卿上人作《祖庭事苑》

正宗爲之序，其説甚詳。九江道嵩禪客，以子熟遊叢林，而篤信此道，持其書示予，欲傳於世，予覽而嘉之。然此書之出坐曲木禪床，以有心挂唇齒道著一字者，能無媿乎？若實不會，且向葛藤裏看。

大觀二年八月二十七日建武軍節度使同知大宗子學事上柱國謹題

校勘：①"菴"，五山版作"庵"。

紹興甲戌季夏重別刊行

達磨西來，純接大根，而僧群不學，例言不立文字。愚不自量，甘餤而斃。是真可閔也。三世如來始於學，終於無學，果有不學而至者，亦鮮矣。《法花》曰："其不習學者，不能曉了。"此豈徒言哉？

《祖庭事苑》者，初機之善物也，异時獨絶於記問之表，其由此焉。澄兄再刊，志可見矣。中間一二尚當辯，學者詳之。

紹興甲戌中秋盡庵比丘師鑒　跋

後序

睦庵道人集《祖庭事苑》刊行於世，於兹有年。或謂前輩以聾瞽後進，嘗毀之。余曰宗門下一棒一喝，開眼蹉過，容有傳注乎？雖然玉屑碎金，苟以備藥劑，待鎔而成器，亦將有見月忘指者。九頂澄公得遺本，藏之篋中，住靈泉之七年，燕坐無事，義然出施緡，鏤板再廣其傳。知我罪我，其在春秋，公之志也。故重爲題其首。

紹興甲戌夏六月玉津比丘紫雲　序